MINERVA
社会福祉叢書
57

改正精神衛生法時代を戦った 保健所のPSWたち

――萌芽するコミュニティソーシャルワークを支えた開拓型支援モデル――

加納 光子 著

ミネルヴァ書房

は じ め に

　精神保健福祉法が改正されようとしている。2016（平成28）年 7 月に起こっ
た相模原障害者施設殺傷事件を受けての動きである。1987（昭和62）年成立の
精神保健法は1984（昭和59）年の宇都宮病院事件が契機となって成立した。
1965（昭和40）年 6 月に成立した改正精神衛生法は，1964（昭和39）年 3 月に
起こったライシャワー事件が契機となっていた。

　このように，何か重大事件が起きると法律が成立するという精神障害者を取
り巻く状況は，改正精神衛生法が成立した時代と，基本的な部分はあまり変わ
っていないようである。障害者に対する差別偏見がずいぶん薄らいできたとは
いえ，今なお根強いものがあるからである。

　改正精神衛生法によって，保健所に配置することができるとされた精神保健
福祉相談員（当時，精神衛生相談員）には，ソーシャルワーカー，保健師（当時，
保健婦）以外にも，政令で知事の定める資格があれば，都道府県知事または保
健所を設置する市の長が任命することになっていた。しかし，精神保健福祉相
談員を配置した保健所のほとんどが，相談員にはソーシャルワーカーか保健師
を配属していた。大阪府は1967（昭和42）年 6 月の時点では19人の精神保健福
祉相談員を配置していたが，ほぼ全員が福祉職として採用されたソーシャルワ
ーカーであった。

　本書は，差別偏見が現在よりももっと強く，社会資源が皆無といってよい状
況にあった改正精神衛生法の時代（「改正精神衛生法」が制定された1965〔昭和
40〕年頃から「精神保健法」が制定された1987〔昭和62〕年頃までの時代）の精神
障害者に対して，大阪府保健所の精神保健医療領域のソーシャルワーカー（以
下，保健所 PSW と記す）がいかにその業務を開拓し，展開していったかを明ら
かにしたものである。著者は1974年 4 月から1982年 4 月まで，保健所 PSW の
一員としてその業務に従事していた。そして，2002（平成14）年に精神障害者

i

の社会復帰業務が市町村に移行された以降の，めまぐるしい展開を示す精神保健医療福祉の状況の中で，変化していくソーシャルワークのあり方に危惧を覚え，当時の保健所 PSW の実践を貴重な時代の証言として残しておく必要を強く感じた。単に事実をそのまま残すのではなく，その実践を形成過程と推進要因から分析・考察して，その研究結果から学ぶべきものを導き出し，障害者に対して今なお根強い偏見と差別のある現在において，現状の打開に，その成果が積極的に活用されることを願った。

本書では研究手法として質的研究の「ライフ・ヒストリー法」を採用した。半構造化のインタビューを当時の保健所 PSW に対して行い，当時の資料・文献を参照しながら，その業務の状況を丹念に分析・考察した。改正精神衛生法の時代の保健所の PSW たちは，為すべきことがよくわからず暗中模索の中で，必要と思われることを開拓して業務に取り組んでいた。結果的にそれは方法において，昨今の「コミュニティソーシャルワーク」と呼ばれるものであった。まさしく萌芽期の「コミュニティソーシャルワーク」であった。

そして，そのような業務がどのように形成されたかという形成過程と，どのような要因がその推進には働いたかという推進要因を探っていくことによって，現在もなお有効であると思われる「開拓型支援モデル」なる実践モデルの存在が明らかになった。これはまさに，質的研究の醍醐味であった。なお，「開拓型支援モデル」は著者が名づけたものである。

本書の構成は，序章，終章，補章を含めて10章から成っている。

序章は，「地域精神保健医療と保健所 PSW の抱える問題」について述べている。研究の背景には，(1)改正精神衛生法の時代に，地域で発展した精神障害者の社会復帰業務が市町村へ移行することとなり，保健所精神保健福祉業務に一つの区切りがついたこと，(2)精神保健福祉士の職域と雇用が拡大をみせてきていたこと，(3)コミュニティケアとコミュニティソーシャルワークの目覚ましい台頭があること，(4)社会福祉士・精神保健福祉士養成教育の変化——実務家養成に特化——したこと，などがあるということを述べた。そして，新しい変化の時代に対して保健所 PSW が行ってきたことの総括を行い，その蓄積を未

来に役立てるための研究であることを述べた。

第1章は「日本における精神障害者支援とソーシャルワーク」に関する先行研究について述べ，第2章では「改正精神衛生法をめぐる精神障害者施策と精神保健医療福祉実践」について述べた。この中で大阪府の精神障害者施策と実践についても述べた。第3章では「大阪府保健所精神衛生相談員を中心とするインタビュー調査」についてその実施方法やデータ分析方法について述べている。半構造化によるインタビューを，改正精神衛生法時代に大阪府保健所に勤務したPSWのうち，研究の主旨を理解し調査に同意した人（調査対象者）に行った。分析は「ライフ・ヒストリー法のナラティブ分析」を基盤にして行った。その他，行政資料や先行文献の検討・分析に加えて，状況把握や分析・考察の正確さを期して，大阪府の精神科病院や改正精神衛生法以降の保健所PSW，精神科医，現在の地域事業所のPSW，大阪府以外の保健所精神保健福祉相談員にも調査協力者としてインタビューした。

第4章では「大阪府保健所における地域PSWの形成過程」について述べている。地域PSWとは地域における精神保健医療ソーシャルワークのことである。4名の当時の大阪府保健所PSWのインタビュー結果はライフ・ヒストリー，その他の6名はエピソードという形で，行政資料・文献を加えてどのように業務が展開されてきたかを具体的に示した。保正友子氏の分類を参考資料として，新人期，中堅期，ベテラン期に分けて内容をまとめた。経験を積むにつれて，手探りの中から業務が形を成してくる様子が具体的に映し出されている。そして，公衆衛生領域に理解しがたい違和感をもって迎えられたPSWたちの苦闘ぶりもその語りの中から知ることができた。

第5章では「大阪府保健所における地域PSWの推進要因」について述べた。10人の保健所PSWへのインタビュー調査の結果について，5つのリサーチクエスチョンを設けて，それに従ってデータをカテゴリー化した。そして，その結果，業務の推進要因として①自由，②主体性，③連帯，④意欲，⑤育成（する人），⑥環境，⑦時代が導き出された。改正精神衛生法時代の大阪府保健所PSWたちは，自由に，主体性をもって，連帯し，意欲をもって業務を行い，自分たちを育成する人や機会とそれを容認する環境と時代に恵まれていたとい

えよう。

第6章は、「大阪府保健所PSWの業務観・PSW観と開拓型支援モデル」についてまとめた。そこには調査対象者の、不足している社会資源はつくりだす、専門職性優先、（物事には）迅速に対応、職場研修・教育は必要、PSWとして精神科領域の病気を知ることは重要、公的機関のソーシャルワーカーの果すべき役割はある（イニシアティブをとること等）、といった業務観・PSW観が浮上していた。そして、その実践の特徴は、①個別発の支援から新しいことに向かう業務の拡がりを基本とする先駆性（本書の場合は結果としてそれは萌芽期のコミュニティソーシャルワークであった）、②2つの開拓的ベクトルをもつ開拓性、③枠にはまらない自由、④引き受ける覚悟、⑤同職種間の連帯、⑥汎用性、であった。前述のようにこれを開拓型支援モデルと名づけた。このモデルは、ソーシャルワーカーがはじめて配置される職場・職域や、PSW配置の歴史はあるが低迷している職場・職域では、ぜひ活用していただきたいモデルである。

第7章では「地域精神保健医療福祉の現状と未来への提言」について述べている。精神障害者福祉の現状と次々と新しい職種が誕生し、コマ切れ的になっていくソーシャルワークのあり方を憂慮して、現在、この時期にこそ、一貫して対象者に向き合える「かかりつけ医」ならぬ「かかりつけソーシャルワーカー」が必要であることを述べた。そしてそのためには、ソーシャルワークが希薄な状況でより重要となる「開拓型支援モデル」が必要であることを提言している。

終章は、本書を総括し、保健所PSWが精神障害者支援に果たした画期的な貢献について述べ、大阪府保健所PSW業務の推進要因として抽出された7要因が、現在もぜひとも満たされることを願いつつ、「開拓型支援モデル」の精緻化を含む次なる研究課題を呈示した。

補章は、「日本と海外における精神障害者の医療とソーシャルワークの歴史」というテーマで、ヨーロッパ（主としてイギリス）・アメリカと日本の精神病者・精神障害者の医療・施策とソーシャルワークの歴史について述べた。PSWが対象とした人々が、どのような医療と処遇の歴史を経て現在に至るのかを、本書をお読みくださる人に理解していただきたいと願ったからである。

この領域のことをよくご存じの人は，飛ばしていただいても構わないと思う。逆にこの領域のことをそれほどご存じでない人はこの章からお読みいただくほうが本書の内容を理解しやすいかもしれない。

　以上が本書の概略である。

　本書は，博士学位論文『改正精神衛生法時代の地域精神保健医療ソーシャルワーク——保健所における開拓型支援モデルの形成過程と推進要因』（社会福祉学 同志社大学，2015年9月授与）をもとにしている。著者は50歳を過ぎて教育・研究職に就いた。それまでは大阪府の精神科病院と保健所と研究所にPSW として勤務していた。本書は著者の半世紀に及ぶ職業生活の総括であり，無我夢中で駆け抜けてきた青春の記念碑でもある。

　本書が，現在，現場で多くの困難や葛藤に直面している多くのソーシャルワーカーに，少しでも役立つことを願っている。

　なお，既述のように，本書は大阪府保健所のPSW 実践に焦点を当てて書いたものである。したがって改正精神衛生法の時代を戦った人たちは，ご家族はもちろんであるが，当時の病院や地域のPSW にも，そして本文にも出てくるが，他機関，他職種，ボランティアの人たちの中にも，多くおられたということを，申し上げておきたい。

著　者

改正精神衛生法時代を戦った保健所の PSW たち
―萌芽するコミュニティソーシャルワークを支えた開拓型支援モデル―

目　次

はじめに

序　章　地域精神保健医療と保健所 PSW の抱える問題………………1

　　1　研究の背景　1

　　2　問題の所在　5

　　3　研究の枠組み　8

　　4　本書の構成　13

第1章　日本における精神障害者支援とソーシャルワーク…………15

　　1　日本における精神障害者支援　15

　　2　ソーシャルワーカー自身に関するもの　26

　　3　ソーシャルワークの用語・概念規定　28

　　4　精神障害者支援とソーシャルワークの先行研究　43

第2章　改正精神衛生法をめぐる精神障害者施策と

　　　　精神保健医療福祉実践……………………………………47

　　1　日本の精神障害者施策と精神保健医療福祉実践　47

　　　　──改正精神衛生法に至るまで

　　2　日本の精神障害者施策と精神保健医療福祉実践　51

　　　　──改正精神衛生法の成立

　　3　保健所精神衛生相談員　59

　　4　地域における精神保健医療福祉実践　66

　　5　大阪府の精神障害者施策と精神保健医療福祉実践　73

　　6　社会福祉職としての大阪府保健所精神衛生相談員　77

　　7　改正精神衛生法をめぐる精神障害者施策

　　　　と精神保健医療福祉実践の変遷　87

目　次

第3章　大阪府保健所精神衛生相談員を中心とする
　　　　　インタビュー調査……………………………………………… 91
　1　研究対象とデータ収集の方法　91
　2　ライフ・ヒストリー法　94
　3　データ分析　101
　4　倫理的配慮とデータ分析の信憑性　104

第4章　大阪府保健所における地域 PSW の形成過程……………… 107
　1　改正精神衛生法時代に大阪府保健所に勤務した PSW の語り　108
　　　──藤田ふみさん
　2　改正精神衛生法時代に大阪府保健所に勤務した PSW の語り　127
　　　──星山ひとみさん
　3　改正精神衛生法時代に大阪府保健所に勤務した PSW の語り　141
　　　──剛力由紀さん
　4　改正精神衛生法時代に大阪府保健所に勤務した PSW の語り　154
　　　──陣谷まりこさん
　5　大阪府保健所の PSW ──個々人の語りの構造　162
　6　資料とエピソードにみる改正精神衛生法時代の大阪府保健所の地域
　　　PSW の形成過程　171
　7　大阪府保健所における地域 PSW の形成過程　187

第5章　大阪府保健所における地域 PSW の推進要因……………… 189
　1　業務の内容──RQ1　190
　2　業務の仕方──RQ2　197
　3　時代の流れと業務状況──RQ3　203
　4　業務観・PSW 観とそれを育んだ業務環境──RQ4　214
　5　影響を受けた人やこと，強く印象に残っていること等──RQ5　227
　6　改正精神衛生法時代の大阪府保健所における地域 PSW の推進要因　237
　7　大阪府保健所における地域 PSW の推進要因　250

ix

第6章　大阪府保健所 PSW の業務観・PSW 観と開拓型支援モデル
……………………………………………………………………… 255

　1　大阪府保健所 PSW たちの業務観・PSW 観　255
　2　インタビュー調査からみえてきた開拓型支援モデル　265
　3　他府県・他職種・他領域における現場実践と開拓型支援モデル　274
　4　業務観・PSW 観と開拓型支援モデル　283

第7章　地域精神保健医療福祉の現状と未来への提言……………… 285

　1　現在の地域精神保健医療福祉実践　285
　2　今，必要なこと　289
　3　精神障害者福祉の現状と打開策　298

終　　章　保健所 PSW が精神障害者支援に果した貢献……………… 301

　1　研究の総括　301
　2　保健所 PSW が精神障害者支援において果した貢献の小括と実践現場への提言　309
　3　今後の課題　311

補　　章　日本と海外における精神障害者の医療と
　　　　　　ソーシャルワークの歴史……………………………………… 315

　1　精神医療の歴史──近代に至るまで　315
　2　近代以降の精神医療・施策と PSW の状況　326
　3　精神科領域における医療とソーシャルワークの歴史　338

参考文献・資料　343
おわりに　355
索　　引　359

序　章
地域精神保健医療と保健所 PSW の抱える問題

　本章では，研究の背景と問題の所在，研究の枠組み——研究の目的と課題，研究の視点，研究の方法，研究の意義と限界，そして，本研究の構成について述べる。

1　研究の背景

　研究の背景には以下に述べる4つの事柄がある。

保健所精神保健福祉業務の一つの区切り——保健所から市町村へ

　1964（昭和39）年，アメリカの駐日大使ライシャワー（Reischauer, E. O.）博士を統合失調症（当時，精神分裂病と呼称）の青年が刺傷するという事件を契機として，日本では1965（昭和40）年に改正精神衛生法が成立した。そして，これ以降，保健所には精神衛生相談員[1]という精神衛生に関する業務を主に行う専門職が誕生し活動することとなった。ただ，精神衛生相談員は必置ではなかったし，知事の任命により医師，心理臨床家（この頃は，士でなく師を用いて臨床心理師と呼んでいた。Clinical Psychologist：CP のこと。以後 CP と表す）保健婦（2003年から保健師と改称。以後，原則的には保健師と表す）等のソーシャルワーカー以外の職種からの就任も可能であった。

　しかし，1995（平成7）年に全国の精神保健福祉相談員会と全国精神保健福祉センター長会とで行った精神保健福祉相談員（専従者）の全国調査によると（天野宗和 1998：92-93），843保健所のうち精神保健専従配置保健所は366保健所で，社会福祉を基盤とする精神保健福祉相談員は276人で全相談員526人のう

ち52.4％であった。保健所における地域精神保健医療実践は福祉業務としての比重が強くなっていた。

1999（平成11）年の精神保健福祉法改正に関しての公衆衛生審議会精神保健福祉部会で，市町村へ精神保健福祉業務を移譲することが論議された。移譲することへの積極派は，身近な市町村でサービスを受けることをメリットとし，消極派は精神保健福祉支援についての蓄積のない市町村に移譲することはサービス低下を招くデメリットがあるとしたが，結局は，精神障害者居宅生活支援事業と社会復帰施設の一つとなった精神障害者地域生活支援センターを中心的施策に置いて，精神保健福祉業務は市町村への移譲となった。同時に支援機関として，都道府県の保健所，精神保健福祉センターを位置づけた。

こうして，市町村への権限委譲と障害者政策の統合化の流れを背景にして精神障害者の社会復帰業務は，2002（平成14）年を境にして，保健所から市役所へと移行し，保健所の精神保健福祉業務は保健師も加わってチーム制となった。

先を見越したのだろうか，この時期に，大阪府保健所の精神保健福祉相談員の中には，保健所ではやりがいのある仕事ができにくくなったとして職を辞し，地域で精神障害者のための社会復帰事業を始めた人もいた。

なお，本書では特に必要としない場合は，精神保健福祉相談員を文脈に応じて保健所相談員としたり[2]，ソーシャルワーカーとしてのアイデンティティをもっている保健所相談員を保健所 PSW あるいは PSW の相談員と表すことにする。PSW は人の場合も行為の場合も用いる。相談員については保健所にはほかに「相談員」はいなかったので重複することはない。また，PSW（Psychiatric Social Worker）は精神保健医療ソーシャルワーカーのことで，精神医学ソーシャルワーカー，精神科ソーシャルワーカーと同義である[3]。なお，「精神保健医療」以外のソーシャルワーカーも必要に応じて SW と表す。SW も人の場合も行為の場合もある。短くワーカーとのみ表す場合もある。

精神保健福祉士の職域と雇用の拡大

精神保健福祉士についての法律上の定義をみる。「精神保健福祉士法」によると，1997年に誕生した「精神保健福祉士」とは，「第二十八条の登録を受け，

精神保健福祉士の名称を用いて，精神障害者の保健及び福祉に関する専門的知識及び技術をもって，精神科病院その他の医療施設において精神障害の医療を受け，又は精神障害者の社会復帰の促進を図ることを目的とする施設を利用している者の地域相談支援（障害者の日常生活及び社会生活を総合的に支援するための法律（平成十七年法律第百二十三号）第五条第十六項に規定する地域相談支援をいう。第四十一条第一項において同じ。）の利用に関する相談その他の社会復帰に関する相談に応じ，助言，指導，日常生活への適応のために必要な訓練その他の援助を行うこと（以下「相談援助」という。）を業とする者をいう。」（第2条）となっている。

　従来からPSWが対象としてきた問題には，

①　精神障害に起因する不利益な問題

②　精神障害に起因する場合もそうでない場合も含めて，虐待・自殺・引き
　　こもり等の通常でない問題

があった。

　しかし，従来から，①の精神障害に起因する不利益な問題への対処がPSW業務の大半を占めていた。谷中輝雄（2004）らが推進してきた支援の形がさまざまな試みをしながら，生活支援という形で進展してきたので，このことが精神保健福祉士の業務として，法律上は①が挙げられた理由になったと思われる。

　こうした経緯をもつ精神保健福祉士の業務であるが，現在，現状に加えて2つの方向に職域を拡大している。一つは，精神障害者支援の延長上にあるが，今までは保健・医療関係に限られていたPSWの配置が，池田附属小事件を契機とする2003年の「心神喪失等の状態で重大な他害行為を行った者の医療及び観察等に関する法律（心神喪失者等医療観察法）」の成立以来の，司法関係への配置である。

　もう一つは，②の虐待・自殺・ひきこもり等の通常でない問題が課題となり，2007年の「自殺対策大綱」の策定や，2008（平成20）年の「スクールソーシャルワーカー活用事業」等が開始され，2008年の「精神保健福祉士の養成の在り方等に関する検討会中間報告書（厚生労働省社会・援護局障害保健福祉部精神・障害保健課，平成20年10月21日）」にみられるように，②も精神保健福祉士の業

務として注目されはじめたのである。こうした問題には，今まで PSW の現場，特に地域機関である保健所の多くは，精神障害者か否かを問わず対応していたのであるが，改めて，精神保健福祉士の業務として考えられはじめたのである。

　しかし，こうした問題に関しては社会福祉士も対応している。例えば，地域包括支援センターの高齢者虐待には福祉職では社会福祉士が対応していることが多い。精神保健福祉士も社会福祉士も業務独占はしていないからであるが，業務独占の可否は別として，今後両福祉士の役割の調整を考える必要が生じてきている。また，スーパー救急等の制度による PSW の必置や，精神科病院のグループホームの設置運営の開始による PSW の配置等の雇用の拡大が，ここにも生じてきている。

コミュニティケアとコミュニティソーシャルワークのさらなる台頭

　ソーシャルワークは，セツルメント運動や慈善組織協会の動きにみるように，もともとコミュニティの中で育ってきた。しかし，専門職としての発展の中で，ケースワーク，グループワーク，コミュニティワークというように個々ばらばらで発展してきて，個別に焦点を置いたケースワークは，精神分析の影響もあって特にアメリカでは主流を占めた。その間，1929年のミルフォード会議にみるように統合化の図られた時期もあったが，速やかには進まなかった。

　イギリスにおいても同様にケースワークが主流をしめていたが，1960年代および1970年代初期の社会福祉政策において，より広い観点に回帰しようとする動きが基本的潮流の一つとしてあった。この時期には戦後の福祉立法の成果が批判的に検討されており，新たな総合的介入が模索されていた。普遍的アプローチの採用や州の行う温情的介入が，人々の関心やかかわりを妨げているので，選別的アプローチや住民参加型のサービス運営方式が推進されるべきだという議論が生まれたといわれている（山縣文治 1993：2-3）。

　このようなコミュニティへのアプローチの改革は，その目的の一つとして施設ケアと在宅ケアおよび，福祉サービスと保健サービスの双方にまたがる統合的なコミュニティケアのシステムを構築することにあった。そして，こうした政策は日本にも取り入れられてきていた。

序　章　地域精神保健医療と保健所 PSW の抱える問題

　日本の社会福祉は1990年の「社会福祉関係八法改正」により，市町村におけ
る在宅サービスを軸にした地域福祉の時代に入ったといわれている。これ以降
の社会福祉の課題が「区市町村における在宅福祉サービスを軸にした地域福祉
の計画的実施の時代」だとすると，そこでは否応なしにコミュニティソーシャ
ルワークと呼ばれる手法が必要になってくるといわれた（大橋謙策 2005：47）。

社会福祉士・精神保健福祉士養成の変化──実務家養成に特化

　2007（平成19）年の「社会福祉士法及び介護福祉士法」の改正に伴い社会福
祉士養成のための新カリキュラムが2009（平成21）年 4 月から始まった。2012
（平成24）年 4 月から精神保健福祉士養成においても新カリキュラムが始まっ
た。厚生労働省によって示された「新たな教育カリキュラムの全体像」の一つ
のカテゴリーに「総合的かつ包括的な相談援助」がある。

　「総合的かつ包括的な相談援助」は，ジェネラリストソーシャルワークとい
う援助方法でなければ遂行できない援助である。そして現在のところ，それを
実行できる主たる場は地域機関なのであるから，「総合的かつ包括的な相談援
助」は岩間伸之（2009：1）のいう「地域を基盤としたソーシャルワーク」，も
しくは「地域で展開する総合相談」とも表現できる実践概念であるということ
になる。

　以上のことから，この転換期にあたって，1965（昭和40）年の改正精神衛生
法を受けて地域に配置された保健所 PSW の業務を整理し記録として残し，そ
の中から明確な地域における PSW 像を把握して，実践に有効なこととして後
世に残し役立てる必要を感じた。

2　問題の所在

保健所の精神保健福祉業務の市町村への継承の困難さ

　前節の一つ目の小見出しと関連するが，市町村では専門職確保が多くなされ
ていないという状況があるので，蓄積されてきた保健所の精神保健福祉業務が，
市町村に継承されにくい現状がある。

5

精神障害者支援は，既述のように，都道府県の保健所，精神保健福祉センター（改正精神衛生法当時は，精神衛生センター）を支援機関として位置づけてきたが，市町村という公的機関が精神障害者支援業務を主として担うことになって以降は，実際の業務は外部機関が委託される形をとるところが多い。

この理由としては，

市町村では精神保健福祉を行う職員に関しては何も規定がない。

行政においては，一般的にはなるべく広い視野で業務をすることが必要であるという理由で所属を変わることが良いとされている。そしてこれは，昇進・昇格に影響するといわれている。しかし，事務職と異なり，1カ所に留まらないと一定の成果を上げにくい専門職は，異動にはなじまない。

以上のことは，今後も市町村には，精神保健福祉に関しても，その他に関しても，専門職が育ちにくいことを意味しており，保健所の精神保健福祉業務の市町村への継承が困難であることを意味している。

サービス提供の具体的な実践面における調整はどこがする

1990年の福祉八法改正，1999年の精神保健福祉法改正等により，市町村が社会福祉・精神保健福祉の第一線機関としての役割を果たすことが期待されることとなった。事務的な処理はともかくとして，SW を行えるほど市町村では専門職確保がなされていない現状があり，精神障害者領域や高齢者領域では，地域の社会福祉施設や機関にその任を委託する傾向が強い。

平成24年度老健事業「地域包括支援センターにおける業務実態に関する調査研究事業報告書」（平成24年4月現在）（三菱総合研究所 2013：3）によれば，地域包括支援センターはすべての保険者に設置されており，全国で4328カ所となり，ブランチ・サブセンターを合わせると設置数は7072カ所となるが，設置主体は直営が3割，委託が約7割で委託が圧倒的に多い。公的機関の運営が良くて民間がいけないということでは決してないが，民間には，運営や経営面の経済的・財政的責任がその肩に重くかかっている。経済的・財政的思惑にとらわれずに行動できるのは公的機関の長所である。そして，全体をみて全体の動きを調整する役割ができるのもまた公的機関だけである。地域包括支援センター

序　章　地域精神保健医療と保健所 PSW の抱える問題

に関していえば，社会福祉協議会等に調整を委任して，社会福祉協議会が基幹
センターの役割を果たしている現状もあるが，社会福祉協議会も民間機関であ
り，利潤に関する制約のもとにある。ゆえに，利潤とは関係なく全体を統括す
る役割を実際に担えるところが必要である。このことは，障害者福祉分野の基
幹相談支援センターにもあてはまる。

地域における PSW のあり方

自己完結的な医療機関による社会復帰資源の運用も含めて，医療機関と地域
における PSW のあり方や，PSW と SW のあり方があいまいである。

① 職種間の協働

今後の課題であるが，精神保健福祉士は，主として精神科医療にかかってい
る人を対象にすることになっている。精神科医療にかかっているかどうかでい
ってみれば線引きをしている。しかし，既述のように精神障害による場合もそ
うでない場合も含めて，虐待・自殺・引きこもり等の通常でない問題が起こっ
てきており，そうした問題への対処を両福祉士の間でどうするか等の専門職間
の協働体制の構築が今後の課題となろう。

また，医療機関，介護施設，社会福祉施設等では，複数の職種が存在するが，
PSW を置いている所は多くはない。その中でどのように協働を進めていくか
まだ手探りの状態にあるところが多い。

ちなみに，ノルウェーにおいては，高齢者虐待は，介護疲れが原因というよ
り，アルコールやドラッグの問題，精神疾患をもつ配偶者や子どもから受ける
暴力や経済的搾取によるほうが大きい（小林篤子 2004：158）といわれており，
虐待には精神保健福祉士もしくは PSW の関与があるほうがよいと考えられる。

② 機関間の協働

民間福祉機関，民間医療機関（精神科クリニック等），民間介護福祉機関との
連携をとる場合，既述のように公的機関の PSW の役割が希薄化されている現
在，誰がイニシアティブをとるか，どこがとるか，行政からの委託を受けてい
る機関（社会福祉協議会等）が行うのか等の問題がある。また，社会福祉士，
精神保健福祉士の両方の資格をもっていても，精神保健福祉士として日常的に

7

機能していなければ，事実上 PSW として機能できるのかという問題もある。

そのほか，医療機関の社会復帰施設が自己完結的であり地域に向かって常に開かれた状態となっていない場合も考えられる。

③　PSW の独自性の検討

2005年の障害者自立支援法の施行以来，身体障害，知的障害，精神障害の3障害者が，一緒に障害者となり，3障害への対応も，社会福祉士，精神保健福祉士のどちらもが区別なく対応する所も増え，精神保健福祉士の独自性が揺らいでいる。その是非も含めた検討の必要性がある。

3　研究の枠組み

研究の目的と課題

①　改正精神衛生法の時代の，大阪府保健所における PSW の実践の形成過程と，推進要因を明らかにする。

②　改正精神衛生法の時代を生きた大阪府保健所 PSW のもっていた PSW 観・業務観とその特徴を明らかにする。

③　改正精神衛生法の時代の，大阪府保健所における PSW の実践の特徴とその背景を明らかにする。

④　以上の結果を今後の地域における PSW, SW 実践に役立てる。

前節で述べたように2002年の精神障害者社会復帰業務の市町村への委譲によって，それまでに培ってきた保健所の，地域での精神保健業務に関する知識や技術が断絶してしまった観がある。保健所の PSW と関係のあった当時の小規模作業所等に，これらの PSW のもつ知識・方法が伝播されている所もあるが，制度として伝えられているわけではない。そのことから，保健所精神衛生業務での先進的役割を果たしてきた府県の一つである大阪府の実践を，調査し，記録化し，後世に伝える必要を感じた。それには，単に相談員たちの研究・調査発表や行政資料等の文献資料だけではなく，生きて活動した相談員たちの生の声を文章化することによって，より真実に迫ることができると考えた。

そして，当時の精神障害者の置かれていた状況と，彼らに対する PSW とし

てのアイデンティティ形成を含む保健所 PSW 業務の形成過程とそれらの推進に影響を与えたと考えられる要因を知ること、そして、それらがどのような結果を残してきたかを明らかにすることによって、今後の精神保健医療福祉の地域実践に役立たせたいと思った。

また、保健所の PSW 実践の分析・考察をすることは、地域ばかりでなく、近年とみに広がってきた PSW の新しい職場領域でも、SW が SW として機能するためには何が必要であり、その必要な何かがどのように、SW が SW として機能するうえに効果をもたらすかを知ることは、時代や、状況の隔たりを超えて、有効な実践をするうえでは大いに役立つと思われた。

なお、本研究において、1965年の改正精神衛生法によって、はじめて保健所に配置された精神衛生相談員が1995年の精神保健福祉法成立に至るまで（特に、1987年の精神保健法成立まで）に行ってきた改正精神衛生法時代の PSW 実践を、「開拓型支援モデル」と名づけた。後述するように「開拓型支援モデル」は、その先駆性と開拓性（職場内開拓と組織化を経た実際の社会資源の開拓・創設）をはじめとするいくつかの特徴をもつ。

研究の視点

研究の視点は以下である。

① 精神障害者とその処遇の歴史と背景について明らかにする。これは、PSW が対象とする人たちの置かれている状況をより深く理解するためである。

② コミュニティの動きも精神障害者の処遇も、施策とは無関係ではない。ゆえに、保健所の PSW たちが活躍を始めた改正精神衛生法の時代と、その頃の精神障害者の置かれた状況と施策を知る。

③ 精神保健福祉行政の流れの中で、保健所に精神衛生相談員が必置ではなかったがはじめて配置された。すべての精神衛生相談員が福祉職ではなかったが、そのうち自らを PSW、すなわち精神保健医療領域の SW と位置づけた人たちが、この新しい職種の業務をどのように築き展開させてきたか、そしてその動きを推進したものはあるのか、あるとすればそれは何かを知る。

④　保健所の PSW たちはいかなる業務観（公的機関の SW の役割も含めて）・PSW 観をもっていたかを知る。

⑤　改正精神衛生法の時代の大阪府保健所精神衛生相談員の実践の特徴をみる。

⑥　保健所の PSW の行ってきたことの今日的意義を考える。

研究の方法

研究は，文献・資料の分析とインタビューによる質的調査の分析によって行った。

①　改正精神衛生法時代の大阪府保健所の精神衛生相談員の業務の展開に焦点を当てて，それを支えた要因を明らかにするために，大阪府を中心とする保健所 PSW 業務について，インタビュー調査を行い，基本的な質的研究の処理方法で，何を，いかなる目的をもって，どのような状況で，どのように行ったか，それを支えた人や事がら，理念・理論・思想はどのようなものであったか等を解明する。なお，研究のテーマは「改正精神衛生法時代」としているが，連続性も意識しており，インタビューはその後の「精神保健法時代」「精神保健福祉法時代」に関することにも及んでいる。

②　当時に関する研究調査報告や，行政資料，その他の資料・文献を調べインタビュー調査の結果と照合し，より正確な情報を得る。

③　インタビュー調査は，桜井厚（1992：144-149）のいう「ライフ・ヒストリーを手法として，その個人の属する社会・時代をとらえようとする志向」をもち，谷富夫（1996：ⅲ）のいう「個別を通して普遍にいたることは可能である」という考え方にたって行う。

④　フィールドとしては大阪府を選んだ。フィールドとして大阪府を選んだ理由としては，以下のことが挙げられる。

・最初から保健所 PSW が最多であった。1967年 6 月 1 日現在，大阪府19人，東京都11人，愛知県10人，名古屋市 8 人，川崎市 6 人であった（加藤薗子 1969：43）。

・最初のこととも関連するが PSW が活躍をした都道府県の一つであった。例

えば，2000（平成12）年に大阪府が，「社会的入院解消（退院促進）事業」と
「ピアヘルパー等養成事業」を２年間の単独事業として開始した。この事業
を2003年に「精神障害者退院促進事業」「ピアカウンセリング事業」として
国が追随し事業化した（全国精神保健福祉相談員会 2007）等，先進的な試み
をしている。
・他府県保健所の PSW の相談員が大阪府を先進県として評価している（高木
秀 2001：56-62）[5]。
・筆者が勤務していたので当時の事情の正確な理解が行いやすい。

研究の意義

精神障害者を対象にした PSW 研究には，第１章で述べるような谷中輝雄
（2004）や，岡村正幸（1999），田中英樹（2001），藤井達也（2004），寺谷隆子
（2008），向谷地生良（2006）らの研究がある。また，ソーシャルワーカー自身
の変化や成長に関する研究には，横山登志子（2008）や保正友子（2013）の研
究がある。しかし，歴史的視点を加えた，改正精神衛生法の時代の地域におけ
る SW の基盤形成とその推進要因に関する研究はない。

本研究は，改正精神衛生法の時代に地域で実践していた PSW へのインタビ
ューを中心とした，つまり，地域における PSW 実践に焦点を当てた研究であ
る。

その意義は以下のようである。

① 本研究は，PSW のそのものの開拓期であると同時に，公衆衛生領域で
も開拓的役割を果たした保健所での PSW 実践（コミュニティソーシャルワ
ークの萌芽でもあった）という，二重の意味で開拓的であった精神科領域
の地域での SW 実践を文章化して後学の参考にするという点でまず，意
義がある。

② 社会福祉が第一義的目的でない公衆衛生という領域において，PSW を
いかに実践してきたか，そしてそのために，もし働いたとすれば，どのよ
うな要因が働いたかをみることは，今後 PSW・SW が他領域，あるいは
混沌とした状況でその活動範囲を広げていく際に参考になることが多々あ

ると考えられる。

③　①②とも関連するが，病院を中心に活動してきた病院PSWや精神保健福祉士の業務のあり方を含めて，精神障害者の地域支援の流れ中で，地域におけるPSWの今後の望ましいあり方について参考になるデータを提供することができる。なお，本研究でいう開拓型支援モデルは特殊なモデルではなく，通常のSWに比べて，先駆的，開拓的仕事の比重が高いモデルであるということである。SWといったのは，Pだけでなく，開拓型支援モデルの基本は，SWにもあてはまるからである。

④　以上を踏まえて，地域SW・PSW実践における公的機関のソーシャルワーカーの役割についても考察を深めることができる。

研究の限界

研究の限界としては以下のようなことが挙げられる。

①　改正精神衛生法当時と現在では時代背景が異なるので，当時も今も共有できることと，そうでないことがあるであろう。

②　大阪府の保健所PSWを中心にしているが，改正精神衛生法時代のPSW実践に関しては，その少し前からも含めてさらに，当時の精神科病院のPSW実践を知り，その相互関係をも把握するほうがより精緻なデータを得ることができる。他府県の精神科領域に関する歴史・施策についても同様である。

③　①とも関係するが，改正精神衛生法の時代を中心にしているので，現在の保健所の動き等には深く言及していない。現在への直接的な応用を考えるのであれば，現在の保健所，地域，医療機関その他のPSWの業務の状況等を調査し，考察を加えることが必要である。また，地域に関しては地域の高齢者問題等の現状を知り，PSW実践との連携を考えていく必要がある。

4 本書の構成

　本書は，9つの章で構成されている。

　序章では本研究の問題の所在と研究の枠組みについて述べている。第1章では先行研究の検討と概念規定として，先行研究をレビューすることによって，日本における精神障害者支援と地域におけるソーシャルワーク実践の変遷を把握し，同時にソーシャルワーカーに焦点を当てたソーシャルワーカーの成長等の研究の成果を検討している。第2章では改正精神衛生法をめぐる歴史的状況について述べている。第1節，第2節では日本の精神障害者施策と精神保健医療福祉実践について述べ，第3節では保健所精神衛生相談員とその業務について述べた。第4節では日本のベストプラクティスに認定された施設のうち3ヶ所をとりあげてその実践を紹介した。そして第5節，第6節では大阪府の精神障害者施策と保健所PSWの実践について述べた。

　第3章では改正精神衛生法当時に活動した大阪府保健所の精神衛生相談員（当時）を対象に行ったインタビュー調査について述べている。第4章では，改正精神衛生法時代に業務を開始したベテランの4人の保健所PSWを事例としてあげている。そして調査の結果と行政資料等を合わせて，改正精神衛生法の時代の大阪府保健所精神衛生相談員のライフ・ストーリーを分析して，大阪府保健所における業務観・PSW観を含むPSWの形成過程を明らかにした。そして，第5章では，大阪府保健所のPSW業務を推進した要因について分析し考察している。第6章では，インタビュー調査を通してみえてきた大阪府保健所相談員の業務観・PSW観について述べ，そのPSW実践を開拓型支援モデルと名づけて，その開拓型支援モデルを改正精神衛生法時代の他府県保健所等の業務状況との関連について述べている。第7章は現在の地域精神保健医療実践の状況と問題点を挙げ，それらへの対応を開拓型支援モデルに関連づけて述べている。

　終章では，研究の総括と，今後の研究課題について述べている。

注

⑴ 改正精神衛生法では精神衛生相談員，精神保健法では精神保健相談員，精神保健福祉法では精神保健福祉相談員と名称が変わった。精神保健福祉業務がチーム制になって以降は，大阪府のように業務において，精神保健福祉相談員という名称を用いていないところもある。

⑵ 公務員の採用は，その職員採用を行政職として採用するところと，行政職，技術職（福祉職を含む）という分け方をして採用するところがあった。大阪府では行政職と技術職は別々に採用された。技術職の中に福祉職があり，福祉職採用の保健所相談員は，社会福祉を学んだ人が多く，そうした人々は，自らをソーシャルワーカーと規定していた。他府県など技術職採用でない場合も，自らをソーシャルワーカーと規定している人はいるので，以後はソーシャルワーカーにアイデンティティをもつ保健所相談員は必要に応じて保健所 PSW とも表す。

⑶ 精神保健福祉士＝精神科ソーシャルワーカーではない。ベテランに多いが，精神科ソーシャルワーカーのうち，受験資格の関係で精神保健福祉士の資格をもたない人もいる。また，精神保健福祉士は法律で決められた業務を有するが，精神科ソーシャルワーカーは，精神保健福祉士業務を含んで精神保健的課題も扱う。すなわち，精神科ソーシャルワーカーのほうが業務の範囲は広い。しかし，本書では文章の表現の必要上両方を使い，ほぼ同義として用いる。

⑷ 附属池田小事件：2001 年 6 月 8 日，大阪教育大学附属池田小学校に刃物を持った男（宅間守，当時37歳）が乱入。児童 8 人が死亡，教師を含む15人が重軽傷を負った。この事件が契機となって，2003年，「心神喪失等の状態で重大な他害行為を行った者の医療及び観察等に関する法律」が制定された。

⑸ 元神奈川県の保健所精神保健相談員であった高木秀は，その論文「精神障害者の地域生活支援システムの研究――神奈川県保健所における実践過程の検証を中心に」の中で，先駆的な保健所の自治体として大阪府を挙げている。

第1章
日本における精神障害者支援とソーシャルワーク

　本章では，第1節において，日本における精神障害者支援の先行研究を検討する。坪上宏，谷中輝雄，岡村正幸，田中英樹，藤井達也，寺谷隆子，向谷地生良の思想，実践理念等を検討する。第2節において，ソーシャルワーカーに焦点を当てたソーシャルワーク研究の代表的な先行研究を検討する。第3節においては，本書で用いるソーシャルワークおよびソーシャルワーカー論の用語・概念を規定する。

1　日本における精神障害者支援

弁証法的支援——坪上宏

　坪上宏は1924年生まれで学生時代に結核に罹患し3度の手術の末退学し，29歳のときに1年間，日本社会事業大学研究科で社会福祉を学び，卒業後再び東京大学経済学部に再入学して卒業し，後，研究生や非常勤 MSW（Medical Social Worker，医療ソーシャルワーカー）や研究員を経て52歳で研究・教育の分野に転じた人である。谷中輝雄との親交があった。

　坪上は日本福祉大学在職中に鍼灸治療を受けて，共生の発想に基づく東洋の哲学・医学に触れた。病気，医学・医療に関していえば，人間に害になるものをなくしてしまおう，排除しようというのが西洋医学の哲学であり，病気は病気としてかかえながら，全体のバランスをとっていくことにより結果として病気もおとなしく生体と共存するというような考え方が，東洋医学の哲学であるという治療観をもつことになった（坪上宏 1998-a：34-35）。そして，東洋的な考え方を精神科治療の中核に置き，こうした素地のうえに，ロジャース（Rog-

図1-1 援助の過程

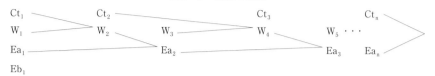

出所：坪上宏（1998）「社会福祉的援助活動とはなにか——ケースワーク論の再検討より試論へ」坪上宏・谷中輝雄・大野和夫編『精神医学ソーシャルワーク叢書2 援助関係論を目指して——坪上宏の世界』やどかり出版，224頁。

ers, Carl Ransom）やマズロー（Maslow, Abraham Harold）の影響を受けながら，弁証法的支援という彼の考え方を成立させた。

ケースワークにおいては，ワーカー，クライエントおよびクライエントにとっての外界環境を形成する人々のいずれもが，自らが展開する可能性を秘めた存在であるとして，援助の過程を図1-1のように，ワーカー，クライエントおよび外界の人々の三者の都合の絡み合いと，三者それぞれの自己展開を通してそれぞれが自分の都合をみなおしていく過程としてとらえた。そして，社会福祉とワーカーの二重性についてワーカーは通常，病院や国，地方公共団体等のクライエントにとっての外界の人々の側に雇用されている。資本の論理に支配されつつクライエントの論理に貫かれた存在であると説明している。

Ctはクライエント，Wはワーカー，Eはクライエントとワーカーにとっての環境をつくる人たち，つまり家族，同僚，友達等をいう。Ct_1とW_1は初対面で共同作業を終え，Ct_2とW_2となる。W_2はEa_1に会い，W_3となる。家族はEa_2となる。こうしたプロセスをたどって，Ct_n，Ea_nまでいくと，ワーカーがいなくてもクライエントと家族が交流できるという新しいつながりが回復されるとしている（坪上 1998-b：224-225）。

坪上は，「ソーシャルワーク学派」と「社会問題学派」をつなぐものとして，この援助関係における循環的環境を提唱し，そこにワーカー・クライエント関係には抜け落ちているとされた歴史性，社会性があると主張した。発想がきわめてクリニカルであるが，基本には必要な考え方である。ただ，家族療法のようであり，歴史性・社会性は過程の中に刻まれる時間と出来事を指すのだろうかという疑問も湧く。

第 1 章　日本における精神障害者支援とソーシャルワーク

ごく当たり前の生活の支援──谷中輝雄

　谷中輝雄は，「ごく当たり前の生活」の支援（谷中輝雄 2004）という考え方を提唱し，実践したことで有名である。前出の坪上宏をスーパーバイザーとしていた。

　谷中は，1939年生まれで，明治学院大学卒業後，鉄道弘済会で 4 年間福祉の仕事（企画や研修主務とするところ）にかかわって，もう一度勉強をするために1965年に大学院に戻ると同時に，国立精神衛生研究所の研究生として 2 年間学んだ。その後民間の精神病院の PSW として勤めたが，そこでの精神障害者の遇され方に疑問をもち， 3 人の退院患者とともに外勤先の工場の 2 階を借りて，1970年に埼玉県大宮市に中間宿舎「やどかりの里」をつくった。

　谷中（2004：13）によると「やどかりの里は親病院をもたず，病気や薬についてはメンバーと主治医との診察の中でのことを重視し……中略……必要な医師連絡は電話か本人に手紙を託す」という形をとっている。ソーシャルワーカーが医師の代行的な役割を取ることを極力避けている。

　やどかりの里の社会復帰施設（当時の通所授産施設，援護寮）が生活支援体制の中で果たしている役割は，①活動利用に際しての見極めの部分（アセスメント）の止まり木的な役割，②危機的対応，③24時間の電話の対応，④相談は面接室を利用しての相談で年金問題や人生設計等，時間の確保の必要な相談が多い，⑤憩いの場，⑥イベントの場，⑦生活支援本部の機能，である。

　また，生活支援の具体的方法は，以下のようである（谷中 2004：55-80）。

①　選択肢がいくつもあるということ〈説明・同意から，説明・選択へ〉。

②　当事者中心の支援ということ。

③　主体性の促し。

④　目標を設定するということ：病院の面接は診断するのに役立つ情報を集めているが，やどかりの里での対面は今何をしたいのかをはっきりさせることが出発点となる。これは，利用者が自分の生活を設計する人であるとの認識に立っている。

⑤　共同して作戦を練ること：これは，計画し，実行したことのアセスメントをし，自分を振り返ること，そして他者の意見に耳を傾け，異なった考

えに触れる機会と自分がサポートされているという実感に守られて現実と対決させようとしている。自信喪失を防ぐため，無理はしないことがよいとする。そしてサークルをつくり，同じ目標に向かうことで仲間意識を育て，人間関係に慣れることを習得させている。

⑥　試みと修正ということ：生活支援の方法には失敗も成功もなく，ありのままでよいとする。駄目であれば修正すればよいということである。

⑦　困っていることに関しては外側から提供して補っていく。

⑧　一定の期間を定めるということ：目標を設定して振り返る。安定している人は１年単位。長期の大きな目標に対して，短期という具体的な目標，大きな目標に対する架け橋として中期の目標を立てる。自分で立てるところに意味がある。スタッフは待ちの姿勢もよく使ったであろうと思われる。

⑨　仲間の支援ということ。

⑩　周りの支援の役割：し過ぎないということをいっている。支援を自分から求めることに意味があるとしている。与えられたものはすぐに不要になるといっている。

⑪　能力の開発ということ：回復時には，まず得意科目から始めること。残されているもの（健康な面）で勝負する。これはまさしくエンパワメントである。

⑫　資源の開発ということ：新しくつくることも大切だが，眠っている資源を起こすことも大切だという。まさしくその通りである。

⑬　持ち味を発揮するということ。

　その他，患者の自己決定権を尊重すること，個性を尊重するということ，グループ活動の有効性，患者同士の支え合い（セルフヘルプ），病の自己受容と自らの語りを大切にすること，客観視すること，健康の自己管理能力（セルフコントロール）があること，病識はないのではなく情報を与えられていないからであること，失敗は一つの体験であるということ，そして，いつでも帰れる場所があるということ，という考えに基づいて，地域にいる精神障害者の生活支援をしている。

　この時期にこれだけのことを考え，実行できたということは，よほど深く精

神障害者に接し，彼らのしんどさに共感し，彼らを隣人として遇していたからであろう。

また，「働く」についても，「働く」ということが，必ずしも労働の対価として賃金をもらうことだけを指すのではなく，社会的貢献をしたり，生きがいややりがいになる「働き」をもつということもその人なりの働きとして許容しており，生活支援の中では多様な価値観を許容することが重要であるという。この考え方も素晴らしい。

谷中はこの時期にきわめて新しい発想であり，しかしあって当然であった「ごく当たり前の生活」が可能となる状況，ノーマライゼーションの世界をつくり出していった。当事者から学び，当事者のニーズを尊重していきながら，である。今，いわれているエンパワメント，ストレングス視点，ケアプラン，ピアサポート，病気の客観視等がすでに実践理念，対応理念として語られ実践されている。本研究の調査協力者のうち，彼のところに直接学びにいった人もいる。知らず知らずに彼をモデルとして学んでいることが筆者自身も多いと思う。

居宅型支援システム（統合ケアモデル）──岡村正幸

岡村正幸は，大阪府の保健所精神衛生相談員として勤務した経験をもつ。1990年代の精神病者問題のパラダイムシフトの意味と意義について，主として社会福祉政策と実践の立場から明らかにしようとした。つまり，精神病者の労働と生活の変遷を単居精神病者の10年に焦点を当て追跡調査を行うことによりパラダイムシフトの政策的なターニングポイントでもある脱施設・入院化の実証研究を行った。

岡村は精神病者問題を4つの区分に分けている（岡村正幸 1999：5-6）。①放置的在宅主義，②病院中心主義，③現在（1990年代当時）の地域中心型アプローチ，④未来（2000年代）の統合型アプローチ（統合ケアモデル）である。岡村は，パラダイム転換と社会福祉政策，実践との関連について，精神病者の生活困難の解決は社会の到達度に比して遅れているが，その解決を可能とする社会における政策環境の変化があるとしている。そして，「まち」を精神病者の労

働と生活の現実であり，人類がもちえた高い生産力を具体的な形へと転化していく統合された場であり，生産と消費を人間的に回復していくための機会と資源配備の舞台であるとして位置づけた（岡村 1999：13-14）。

岡村は，労働と生活の確保を機会の平等化によって行うことを政策の中核とするアメリカでは，脱施設化政策後の基本施策において，1964年の公民権法，1973年のリハビリテーション法改正，1988年の公正住宅法改正等を受けた1990年10月の ADA（The Americans with Disabilities Act）等で「『障害者の社会参加と平等の実現』を目指してはいるが，市場原理における結果としての生活には政策範囲は及ばないし，公的施策での関与は想定していない」としている。一方，「北欧型の社会施策は結果としての生活の平等化に政策の目標設定がなされており，政策手法もきわめて対象的である」という（岡村 1999：153-154）。

パラダイムシフトの追求されるべきシステムとして提示した統合ケアモデルは，広く社会に形成されつつある供給・需要ネットワークのそれぞれの成熟と相互の調整を基礎として進めなければ実行力をもちえない。しかもそれは，相互のネットワークにとっては，新しい自治能力をもった当事者と市民，そして企業が重要な役割をもつものとしている（岡村 1999：215）。具体的にどうすればいいのか，当事者と市民，そして企業への自治能力の涵養のためにはどうすればいいのかといった具体的なことへの言及がほしい。

統合的生活モデル──田中英樹

田中英樹は川崎市の保健所やリハビリテーション医療センターで精神保健福祉担当の SW として約27年間の実践を経てきた。そして，精神障害者の医療のあり方と社会福祉分野における精神障害者の地域生活支援という新しい視座と課題を明らかにした。

田中によれば，対象としての精神障害者は，「疾患をもつ患者」「障害をもつ者」「健全さをもつ者」という，医学モデル，障害モデル，健康モデルの三位一体でとらえられ，社会福祉アプローチの焦点は「生活のしづらさ」を見据えた統合的なモデルとしての「生活モデル」に立脚している。『精神障害者の地域生活支援』（田中英樹 2001）の推薦の辞で，大橋謙策は「障害者の地域生活

第 1 章　日本における精神障害者支援とソーシャルワーク

支援をエンパワメントや地域ネットワーク，あるいは精神障害者自身のオルタ
ナティブサービスという新しい実践理論を統合的に，地域でシステムとして展
開しようとするもので，まさにケア・バイ・ザ・コミュニティを形成していく
うえでの必要な実践の視点でもある」と述べている。

　こうした視点に立って，田中（2006：365）は，「統合的生活モデル」として，
次のようなモデルの内容を提案している。

①　地域基盤のソーシャルワーク実践

②　援助の個別化と脱個別化の統合

③　パーソナルアセスメントとコミュニティアセスメントの結合

④　専門職と非専門職の結合によるチームアプローチ

　なお，田中（2001：65）は社会福祉を，個人の努力では解決が困難な生活問
題に対する社会組織的な方策であり，社会福祉の目的は人々の自立と社会的統
合にあるとしている。生活と社会関係からの脱落防止，生活回復，完全参加を
レベル目標に，対象者の生活主体力の形成と自己実現および社会参加の支援を
制度政策と具体的援助活動を通じて展開しているのが社会福祉であるとしてい
る。そして，社会福祉は「政策科学であると同時に実践を伴う臨床科学でもあ
る」と述べ，社会福祉が精神障害者を対象とするとき精神障害をかかえた人と
いう対象の質に対応した有効な支援方策を体系化することの必要性を述べてい
る（田中 2001：70）。

　統合的生活モデルのうち，②の援助の個別化と脱個別化は対立する要素を含
んでいるので，視点としては必要であろうが実際には行いにくいであろう。そ
して，④の専門職と非専門職の結合についても，非専門職の責任範囲はどこま
でなのかを明確にしていく必要があると思う。生活支援という基盤は支援者に
とって一つであるし，精神障害は身近な障害とはなったが，精神障害の多様性
のゆえに精神障害をかかえた人へのケアは，非専門職がどこまで介入可能なの
かといった問題が他分野より考慮されなければならない。

生活支援モデルとパートナーシップ──藤井達也

　藤井達也はその著『精神障害者生活支援研究──生活支援モデルにおける関

21

係性の意義』で，生活支援モデルと関係性について論じている（藤井達也2004）。

　藤井は田口義子の『生きている仲間』を読み理想郷を求めて，1983年に海外研修を変更して「やどかりの里」に来た。「やどかりの里」が経済的にも厳しい状況で廃品回収等をしていた頃であった。のちには常務理事にまでなったが，給与が「やどかりの里」の財政を圧迫することを知り他の仕事に転じた。

　藤井（2004：62）によれば，生活支援モデルとは，精神障害者の生活者の面を第一として，環境・生活を整えることに焦点を当てて精神障害者が望む生活を支援するモデルである（社会復帰活動という言葉のかわりに生活支援活動という言葉を用いた）。

　パートナーシップの形成という論述の中で，坪上宏からの示唆として，ワーカー・クライエント関係でのかかわりの重要さとして，クライエントを変えるのではなく，クライエントが変わるようなワーカー・クライエント関係を重視している。藤井もまた，精神障害者がありのまま受け入れられることによって，自分なりの暮らしがつくられていくことに同感している。

　また，谷中輝雄の言葉として，かかわりを「人と人との出会いとそこに繰り広げられる関係」として，精神障害者とソーシャルワーカーとのキャッチボールにたとえて，精神障害者の投げるボールを受け止めること，よく聴いてその人の希望や悩みを確認することが大切で，次に，それらが出てくるのを待つ，つまり，精神障害者のパーソナル・イニシアチブを尊重し，その後その解決のための当面の目標を一緒に立てて確認し，一緒に取り組む，この過程では，ソーシャルワーカーもボールを投げ返していくことであると話していた，として紹介している。

　そして，精神障害者とのパートナーシップ形成については，援助者は援助者であることを一時停止して，一人の人間として精神障害者のＡさんと向き合い，パーソナル・イニシアチブの活性化を待って，ソーシャルサポートネットワークの重要な一員になることが要請されるとしている（藤井 2004：173）。システムというより，個々人への対応を丁寧に行っていくことを大切にする姿勢がうかがえる。坪上や谷中の影響が強くあり，対人支援の基本であり根幹にな

ることが述べられている。優秀な支援者なら有している姿勢である。具体的には環境の改善であり，そのやり方は，支援者個々人に任されているということであろう。

参加・協働型地域生活支援システム──寺谷隆子

　寺谷隆子は，精神障害者の「参加・協働型地域生活支援システム」において普遍性を志向した。寺谷は，その著『精神障害者の相互支援システムの展開』(2008) で，精神障害者の生存権や参加して意見を表明する機会を有する自由権は，特別なものではなく法の下での平等に基づいて享受されるべき権利であり，援助の機能は，インフォームドコンセントを必須とした人間として等しくもつ権利を擁護するアドボカシーとエンパワメントの機能で，年齢や障害の有無にかかわりなく普遍的なものであるとしている（寺谷 2008：9-10）。この考え方は，日本精神保健福祉士協会の倫理綱領 (2003) の「人権上の擁護」「サービス利用上の権利」「専門職業上の自立性に関する責務」の中にある。

　寺谷は，予防・治療・リハビリテーションを焦点としたコミュニティ精神医学としての社会精神医学[1]に立脚した，コミュニティケアチームの一員として，他職種と協働するチームの構成員として，独自性の発揮を期待され果たしてきた人である。寺谷の相互支援を柱にした地域生活支援システムを構築する実践は，環境を調整・開発するソーシャルサポートネットワークづくりを必須としたコミュニティソーシャルワーク機能を有するものと考えられた。寺谷はこうした認識に基づいて，自己実現，社会貢献の自立生活を支援するための新しい独自なサービス形態「相互支援」を確立し統合するための「参加・協働型地域生活支援システム」の形成を探究した。そして，普遍性を指向する実践とその根拠となる支援施策の創設を促し，伝達可能な理論になり得ることを志向した。その実践の道程で一貫して探究してきたことは，精神障害者のニーズを，人間に共通する社会的条件として普遍化してとらえた地域生活支援の方法と統合システムづくりであった。その地域生活支援とは，精神障害者が直面する課題に挑戦し，安心した自立生活を営めるようにする「個別支援」と，その過程を通して支え合いのネットワークを形成し，ともに生きるまちづくりの「環境形

成」を目指すものであった。そして，その直面する課題を人と環境の相互作用に焦点を当て「人と状況の全体性」に関連させて把握し，症状ではなく，生活のしづらさをもつ生活主体者として理解する「生活モデル」の視点に立つことにあると唱えた（寺谷 2008：9-10）。

寺谷は谷中の「生活のしづらさ」という考え方を踏まえて，生活モデルに立脚した支援の相互性と普遍性を追求している。地域生活支援の中で，個別支援も環境形成も視野に入れており，個別支援はクリニカルソーシャルワーク的な側面をもっている。相互性ということで，JHC のプログラムの中にピアカウンセリングを取り入れたりしており，具体的で実践的である。普遍性の追求が新たな視点であり，この視点は，近年，地域活動支援センター等で取り入れられている重要な視点である。

企業と社会進出——向谷地生良

向谷地生良は，1978（昭和53）年，北海道日高地方の病院に精神科専属のソーシャルワーカーとして赴任し，後に数人の精神障害をかかえる人たちとキリスト教会でともに生活を始めた。その著の『「べてるの家」から吹く風』の前書きには「精神障害を抱えながら生きるということは，『暮らす』という当たり前の現実に対して，人の何倍ものエネルギーを費やし，負荷をかかえて生きることを意味する。それは，チェーンのはずれた自転車を当てもなくこぎ続けるような徒労感と，『この世界は自分を必要としていない』という圧倒的な空虚さの渦に当事者を巻き込む」と記している（向谷地生良 2006：5）。これは，精神障害者とともに暮らしともに歩んできた良き隣人，良き理解者としての彼の姿勢がうかがえる文章である。

2014（平成26）年の「べてるの家」のホームページには，「べてるの家は，1984年に設立された北海道浦河町にある精神障害等をかかえた当事者の地域活動拠点です。社会福祉法人浦河べてるの家，有限会社福祉ショップべてる等の活動があり，総体として『べてる』と呼ばれています。そこで暮らす当事者達にとっては，生活共同体，働く場としての共同体，ケアの共同体という3つの性格を有しており，100人以上の当事者が地域で暮らしています」と紹介され

ている。

べてるの家の理念は以下のようである。

・三度の飯よりミーティング　　・それで順調

・自分でつけよう自分の病名　　・苦労を取り戻す

・安心してサボれる職場づくり　・偏見差別大歓迎

・べてるに関われば商売繁盛　　・弱さを絆に

・手を動かすより口を動かせ　　・弱さの情報公開

・利益のないところを大切に　　・幻聴から幻聴さんへ

・昇る人生から降りる人生へ

　表現が意表を突く形で面白い。そして，精神障害者が，「まずありのままの自分を受け入れるようにする。それでよいのだ」と励ましている。認知行動療法を応用した当事者研究では自らと自らの困難について，仲間の力を借りながら洞察を深めている。セルフヘルプグループ的な雰囲気でもある。そして，何より画期的なのは，名産品の昆布の販売等で，年商1億円も計上する事業を地元商店街の協力のもとに興していることである。幻覚や妄想を語り合うユニークな「幻覚＆妄想大会」等への見学も含めて，年間2000人もの見学者が訪れるなど，過疎の町浦河に貢献する存在にもなっている。地域性もあると思うが，地場産業を活用した収入のある運営ぶりがみていて安心感がある。経済的な保障があるということは強みである。当事者研究という形で自らの疾患を考え，受け入れ，しかもピアサポート的な雰囲気に身を置くことができる。「やどかりの里」では，スタッフは人間的な部分への付き合いを目指しているが，「べてる」ではスタッフは，当事者が面と向かって疾患と向き合うことに付き合っている。より医療に近い所にスタッフが位置しているが，これもまた一つのあり方だと思う。願わくば，より地域に向けて出て行く仕組みがほしいと思う。最近は，訪問看護ステーションや，診療所等が開設されている。

　以上，精神障害者支援における代表的な先行研究を検討してきたが，共通していえることは，どの研究も，精神障害を有する人の主体性を尊重し，人間として対等な視点をもっていることである。しかも，別のところで語られている

黎明期の谷中氏の資金繰りの苦労談にあるように，補助金のない中での実践は
さぞ大変だっただろうと推察できる。時代が現在に近づくほど，先人の知恵と
補助金のうえに，新たな実践が行われ，今の地域生活支援が生み出されてきた
といえる。

　本研究の大阪府相談員へのインタビューの中で，それぞれの相談員はその実
践において，これらの研究で主張されている考え方をモザイク的に有していた
ように思った。良き理論のエッセンスが何らかの形（おそらくは研修）で実践
者に伝わっていたようであった。基盤として谷中の「生活のしづらさ」論は他
所の実践でもそうであったように，大阪府相談員の実践に多大の影響を与えて
いた。

2　ソーシャルワーカー自身に関するもの

　ソーシャルワーカー自身に関する研究には，まず，ソーシャルワーカーの業
務過程と行為者としてのソーシャルワーカーに視点を向けた研究として，保正
友子の『医療ソーシャルワーカーの成長への道のり──実践能力変容過程に関
する質的研究』(2013) や，横山登志子の『M-GTA　ソーシャルワーク感覚』
(2008)，岩本操の「ソーシャルワーカーの『役割形成』に関する研究──精神
科病院におけるソーシャルワーク実践に焦点をあてて」(2012) がある。あと
ワーカーとクライエント関係へと少し視点はそれるが，大谷京子の『ソーシャ
ルワーク関係──ソーシャルワーカーと精神障害当事者』(2012)，その名の通
り人間学的にソーシャルワーカーを考察した清水隆則の『ソーシャルワーカー
論研究──人間学的考察』(2012) がある。京極高宣と村上須賀子は『医療ソ
ーシャルワーカー新時代──地域医療と国家資格』(2005) を著しているが，
これは，主に MSW を取り巻く状況について地域実践を意識しながら説明を
加えている。これらのうち，本研究と類似度が高いのは，保正，横山，岩本の
研究である。

　保正は，MSW の力量形成にむけてその関心を注ぎ，小松源助ら (1982：
201) の，MSW としての成長段階モデルである「知識学習レベル」「クライエ

第 1 章　日本における精神障害者支援とソーシャルワーク

ントへの対応レベル」「職場内外での対応レベル」の 3 段階に分けて区分した
MSW の専門性についての先行研究や，岩田泰夫（1996：29）の 3 年目に「知
識と実践の関係づけができるようになる」，7 年目に「一般的なソーシャルワ
ーカーになる」，13 年目に「自分の持ち味を生かしたソーシャルワーカーにな
る」という言葉を引用して，3 年目と，6 年目・7 年目頃に成長の節目がある
としている（保正・横山 2008：18-19）。その他，経験年数による SW の実践能
力の異同に関する先行研究（保正・横山 2008：22）等に積み上げて MSW の実
践能力の過程や変容促進契機について研究し，変容促進契機として「学びの活
動」「ケース対応」「他者からの影響」「社会的活動」「時代の影響」「職場環境
の変化」「その他」を挙げている（保正・横山 2008：84）。また，専門的自己の
生成として「何でも屋からの脱却」「客観的視座への移行」「黒子への転化」
「上に立つ腹括り」「業務水準の保持志向化」「MSW の視点の俯瞰化」「自信獲
得」「受けとめ力の涵養」（保正・横山 2008：141）を挙げている。こうした保
坂の研究は，本研究にとって大変参考になったが，対象が病院の MSW であ
るということ，ライフヒストリー法のように時代背景をみていないということ
において相違があった。

　横山は，M-GTA 法（実践的グラウンデッド・セオリー・アプローチ法）を使
い，感覚として身体に埋め込まれている「ものの考え方や行動の型」をソーシ
ャルワークに引きつけて「ソーシャルワーク感覚」と呼んだ。そして，ソーシ
ャルワーク感覚とは「ソーシャルワークという理論的枠組みを持ったソーシャ
ルワーカーが，自らの実践経験の中で身体感覚を含めて改めてソーシャルワー
クとは何か，ソーシャルワーカーとはどのような人かを納得していくことであ
る」（横山 2008：35-36）とした。そして援助観を「ソーシャルワーク感覚とし
ての援助観」であるとして，その援助観生成プロセスを分析した。そして，
「あるべき PSW 像への自己一体化」から「限界から始まる主体的再構成」「互
いの当事者性にコミットする」に至り，そこを基点として「経験の深化サイク
ル」が形成されていたとした（横山 2008：111）。

　横山の援助観の生成プロセスはきわめて内面的なものであり，その社会的，
時代的背景をみているものではなかった。そして，対象は同じく PSW である

27

が，横山は病院であり，本研究は保健所であるという職場の違いがあった。ただ，ソーシャルワーク感覚は本研究で使用したソーシャルワーカー魂と通じるものがある。

　岩本は，精神科病院の PSW が経験する「違和感のある仕事」を PSW として「役割形成」していくプロセスを理論化し，その実践モデルを提示した。ジャーメイン（Germain, Carel B.）の「組織介入」実践理論と M-GTA による岩本の精神科病院 PSW を対象とした調査研究結果を対比させて，違和感のある仕事の中で双方の利益を結びつけるプロセスを構成する最も主要な特性を「アイデンティティの止揚によるミッションの具体化」であるとした。そして，生活モデルを実践に反映させる技法として従来のアイデンティティ論の再考を促した（岩本 2012：87）。要するに「違和感のある仕事」を組織にとっても可，対象者にとっても可，そして「アイデンティティの止揚によるミッションの具体化」等を通して，PSW 本人をも納得させる形で解決をすることを提案したということであった。本研究の職場環境の開拓に通じるものがあるが，本研究の職場環境の開拓は PSW にとって「違和感のある仕事」の職場環境との融和を図るものではなかった。

3　ソーシャルワークの用語・概念規定

　2000年代に入って，日本における「日本のソーシャルワーク論」が多く目に入るようになった。それ以前は，アメリカやイギリスのソーシャルワーク理論が紹介されていて，自らの問題を人に語り，人に救いを求めることを恥とする日本人や日本の風土には，適合しにくいことが多かった。

　近年は，国際ソーシャルワーカー連盟（International Federation of Social Workers: IFSW）の影響もあって，「人権」と「社会正義」を守る活動がソーシャルワークであるとされているようである。そこから出てくるソーシャルワーク論は様々であるが，基本的なところは，おおむね以下のあたりで落ち着いている。

第 1 章　日本における精神障害者支援とソーシャルワーク

ソーシャルワークの定義

ここでは IFSW の定義を引用する。

「ソーシャルワーク専門職は，人間の福利（ウェルビーイング）の増進を目指して，社会の変革を進め，人間関係における問題解決を図り，人びとのエンパワーメントと解放を促していく。ソーシャルワークは，人間の行動と社会システムに関する理論を利用して，人びとがその環境と相互に影響しあう接点に介入する。人権と社会正義の原理は，ソーシャルワークの拠り所とする基盤である」（2000年採択。IFSW 日本国調整団体による訳）。

また，2015年のソーシャルワーク専門職のグローバル定義では，「ソーシャルワークは，社会変革と社会開発，社会的結束，および人々のエンパワメントと解放を促進する，実践に基づいた専門職であり学問である。社会正義，人権，集団的責任，および多様性尊重の諸原理は，ソーシャルワークの中核をなす。ソーシャルワークの理論，社会科学，人文学，および地域・民族固有の知を基盤として，ソーシャルワークは，生活課題に取り組みウェルビーイングを高めるよう，人々やさまざまな構造に働きかける」（社会福祉専門職団体協議会国際委員会と日本福祉教育学校連盟による日本語定訳）としている。

ソーシャルワークの分類

① コミュニティワーク

コミュニティワークは以前の社会福祉援助技術の中の地域援助技術に該当する。瓦井昇（2015：123-124）によると，コミュニティワークの源流は，19世紀後半からのイギリスでの慈善組織協会の活動やセツルメント運動にあり，アメリカに伝えられて民間団体が活躍する中で，アメリカではコミュニティ・オーガニゼーションと称される援助技術となった。双方の方法論は英米間でも相互に影響があり，厳密に区別するのは困難である。その機能は住民を組織化して調整や情報を共有する一方，関係機関や団体等と調整を図り，社会資源の活用や開発を目指す計画を立案すること，および住民が行政や公的機関と協働し，主体的に地域社会の問題を解決するプロセスを展開することにあるとしている。そして，山口稔（2006：276）によると，日本におけるコミュニティワーカーの

多くは，1951（昭和26）年の社会福祉協議会設立以降，市区町村社会福祉協議会に所属してきたが，コミュニティワークという専門技術を用いて活動する専門職は社会福祉協議会以外にも数多く存在しているという。

　本書でも，伝統的な社会福祉援助技術の分類に従って，コミュニティワークは住民を組織化して調整や情報を共有する一方，関係機関や団体等と調整を図り，社会資源の活用や開発を目指す計画を立案すること，および住民が行政や公的機関と協働し，主体的に地域社会の問題を解決するプロセスとしておく。

②　コミュニティソーシャルワーク

　日本では1990年代にその必要性と重要性が意識されはじめたのであるが，その源流は，1970年代に生じた社会福祉方法論の統合化の波として2つの流れを有していた。大橋謙策（2006：22-23）によると，一つはエコロジカルアプローチやシステム理論を踏まえたアメリカでのジェネラルソーシャルワークの動向であり，もう一つは，イギリスにおいてコミュニティケアの進展に伴うケアマネジメントとコミュニティソーシャルワークに導きだされてくる流れであったという。少し長くなるが，大橋が「バークレイ報告を日本的に位置づけた」とするコミュニティソーシャルワーク（CSW と略記することもある）の説明を引用してみる。

　　　コミュニティソーシャルワークとは，地域に顕在的，あるいは潜在的に存在する生活上のニーズを把握（キャッチ）し，それら生活上の課題を抱えている人や家族との間にラポールを築き，契約に基づき対面式（フェイス・ツー・フェイス）によるカウンセリング的対応も行いつつ，その人や家族の悩み，苦しみ，人生の見通し，希望等の個人因子とそれらの人々が抱える生活環境，社会環境のどこに問題があるかという環境因子に関して分析，評価（アセスメント）し，それらの問題解決に関する方針と解決に必要な支援方策（ケアプラン）を本人の求めと専門職の必要性の判断とを踏まえて両者の合意で策定し，そのうえで制度化されたフォーマルケアを活用しつつ，足りないサービスに関してはインフォーマルケアを創意工夫して活用する等，必要なサービスを総合的に提供するケアマネジメントを

手段として援助する個別援助過程を重視しつつ，その支援方策遂行に必要なインフォーマルケア，ソーシャルサポートネットワークの開発とコーディネート，ならびに「ともに生きる」精神的環境醸成，福祉コミュニティづくり，生活環境の改善等を同時並行的に推進していく活動及び機能といえる（大橋 2006：22-23）。

なお，大橋は，2014年の定義では，コミュニティソーシャルワークを個別支援と支援ネットワークの組織化とともにケアリングコミュニティを連続的に一貫させる機能であり営みであるとしているが，大意は変わらない（大橋 2015：まえがき）。

大橋と内容的には，ほぼ同じことを述べていると思われるが，田中（2006：365）は，既述のように，CSW を地域における統合的なソーシャルワーク実践モデルとして，(1)地域基盤のソーシャルワーク実践，(2)援助の個別化と脱個別化の統合，(3)パーソナルアセスメントとコミュニティアセスメントの結合，(4)専門職と非専門職の結合によるチームアプローチの4つの特徴を挙げているが，ここでは項目を述べるにとどめる。

また，藤井博志（2002：172）によると「コミュニティソーシャルワークとは，1982年に英国で刊行されたバークレイ報告において提案されたコミュニティケアを進めるソーシャルワークの方法である。……中略……ソーシャルワーカーがカウンセリングと社会的ケア計画の総合的対応を行うことが提案されている」という。藤井は CSW をコミュニティケアを進める方法としてとらえている。

本書では，CSW を，「個別支援を基本にして地域に根差したコミュニティケアを進める方法であり，そのアプローチとしてジェネラリストアプローチを用いる SW」とする。

なお，大阪府は2004（平成16）年度から「コミュニティソーシャルワーク機能配置促進事業」を実施していたが，2008（平成20）年度に廃止し，「地域福祉・子育て支援交付金」制度をつくって市町村が交付金を活用して，引き続きCSW の配置事業を行えるようにしている。これによって，要援護者に対する

個別支援だけではなく，要援護者を「本来対応する機関につなぎ」ながら，当該要援護者を地域で支えることができる「ケア・ネットワーク」の構築および普遍的な仕組みの開発・提言を今後の CSW に求められる役割としている（大阪府福祉部地域福祉推進室地域福祉課 2011：1-4）。2009（平成21）年度からは市町村がこの交付金も活用して引き続き CSW の配置事業を実施しており，2017（平成29）年度には府内37市町村（政令市・中核市を除く）において160人の CSW が市町村社会福祉協議会や高齢者施設等に配置されている。そして，CSW の定義として，「イギリスにおいて提案されたコミュニティに焦点をあてた社会福祉活動・業務の進め方で，地域において，支援を必要とする人々の生活圏や人間関係等環境面を重視した援助を行うとともに，地域を基盤とする支援活動を発見して支援を必要とする人に結びつけたり，新たなサービスを開発したり，公的制度との関係を調整したりすることをめざすものです。」としている（大阪府ホームページ：コミュニティソーシャルワーカー（CSW）2017）

　ゴミ屋敷，ホームレス，引きこもり等その他の支援も業務範囲としている豊中市等の例はあるが，行政では，コミュニティソーシャルワーカーは主に，介護・子育ての支援を業務の中心に据えている観がある。地域包括支援センターにもコミュニティソーシャルワークを期待する声がある。

　③　コミュニティ・ソーシャルワーク

　コミュニティ・ソーシャルワークについていえば，ハドレイとクーパーら（Cooper, Mike）（Hadley, Roger）らの著作を訳した小田兼三・清水隆則（1987=1993：9）は，原題は *A COMMUNITY SOCIAL WORKER'S HAND* であるが，コミュニティ・ソーシャルワークとして，「・」中黒丸をつけて訳している。そのことについての説明は特にない。原本は1982年のバークレイ報告後，1987年に出版されたものであり，バークレイ委員会の定義として「コミュニティ・ソーシャルワークとは，公式的なソーシャルワークの技法であり，個人やグループに影響を与えている様々な問題，さらに社会サービス部や民間団体の責務と資源という点から出発し，われわれがコミュニティの基本的構成要素と考えているフォーマル，インフォーマルな地域ネットワーク，さらにはクライエント集団の重要性を開発，援助，資源化，さらに強化しようとするも

第 1 章　日本における精神障害者支援とソーシャルワーク

のである」を引用しているので，ここでいうコミュニティ・ソーシャルワーク
はコミュニティソーシャルワークと同義と考えてよいであろう。

④　臨床（クリニカル）ソーシャルワーク

小関康之（1997：19-21）によれば最初に，臨床ソーシャルワークという用語
を用いたのは1931年，シカゴ大学の社会事業教授であったアボット（Abbott,
E.）であるという。そして臨床ソーシャルワークは，1978年に全米ソーシャル
ワーカー協会で公認され「個人，家族，小集団の心理社会的機能化（Psychososo-
cial funnctioning）の向上と維持を目標とするすべてのソーシャルワーク実践と
にかかわる。臨床ソーシャルワーク実践は，心理社会的不全（Psychososcial
dysfunnction），情緒，精神障害を含む諸障害，損傷（impairment）の治療・予
防に対してソーシャルワークの理論と方法を専門的に適用する。臨床ソーシャ
ルワークは，心理社会的脈絡において人間発達に関わる諸理論を基盤としてい
る」という定義をもつ。

ドルフマン（Dorfman, R. A. 1999：2）によっても，「臨床ソーシャルワーク
実践は情緒的および精神障害を含む心理社会的損傷および機能不全の改善，防
止のためにソーシャルワークの理論と方法を専門的に応用することである。」
とされる。しかし，実際にはきわめて制限された心理療法—心理社会的療法
（非医学的性質）がソーシャルワーカーに認められているにすぎない（小関
1997：19-21）という。

本研究では，制限されていても心理療法を用いる，きわめて心理療法に近い
ソーシャルワークを臨床ソーシャルワークと考える。

⑤　ケアマネジメント

わが国にケアマネジメントの考え方がはじめて紹介されたのは1982年のこと
であった。その後，厚生労働省（当時，厚生省）や，全国社会福祉協議会での
検討を経て，「在宅介護支援センター」等で，在宅ケアサービスをパッケージ
する方法として普及していった。そして，2000年の介護保険制度の導入によっ
て，高齢者領域でのケアマネジメントをする人，すなわち，ケアマネジャーの
存在が広く知られるところとなった。

ここでは，ケアマネジメントとは「利用者が在宅生活をするのに不可欠なニ

ーズと適切なサービスを調整（cordinate）することである。対象者とサービスの結合サービス（linkage service）ないし，情報提供・送致サービス（information and referral service）を高度化させたもの，インテーク部門を独立・強化させたものとも理解することができる」（白澤政和 2006：418）という定義に従っておきたい。

⑥　伝統的ソーシャルワーク

図 1-2 に示すようにソーシャルワークを大別すると，クリニカルソーシャルワークとコミュニティソーシャルワークがある。そして，より治療的な対人支援としてはカウンセリングがあり，よりソーシャルアクションやソーシャルムーブメントを行う支援としてはコミュニティワークがある。カウンセリングはスペシャル，コミュニティワークはジェネラルな領域を対象とする。

クリニカルソーシャルワークと，コミュニティソーシャルワークの間に伝統的ソーシャルワークがある。伝統的ソーシャルワークは，日本においては児童相談所等で用いられてきた従来通りのソーシャルワークである。ミクロとスペシャルな傾向をもち，ケアマネジメントよりは，人格が育つことを意識するが，クリニカルソーシャルワークほど治療的ではない。コミュニティソーシャルワークが，ミクロとマクロの間の，ややマクロに寄った所に位置しているのに比べ，伝統的ソーシャルワークはかなりミクロ寄りに位置している。また，社会資源の開拓や開発はほとんど行わない。

⑦　対象者分野・領域限定型コミュニティソーシャルワーク

コミュニティソーシャルワークは，その方法としてジェネラリストアプローチを用いると先に述べたが，一般にジェネラリストアプローチでは，対象者分野・領域も，用いる方法・手段もジェネラル，つまり，包括的・総合的なものをいうとされている。しかし，本書では，対象者分野・領域が限られ，方法・手段のみが包括的・総合的な場合もジェネラリストアプローチに含めている。

前述のように，一般的にいわれているコミュニティソーシャルワークを，個別基盤から地域基盤への広がりをみせ，ソーシャルワークの方法・手段が総合的でかつ，対象者分野・領域も包括的なコミュニティソーシャルワーク，つまり，対象者分野・領域非限定型コミュニティソーシャルワークというならば，

34

第 1 章　日本における精神障害者支援とソーシャルワーク

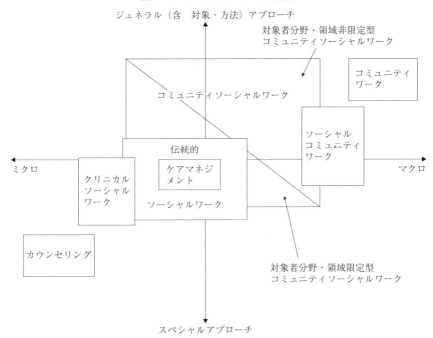

図 1-2　ソーシャルワークの類型

出所：精神保健福祉士養成講座編集委員会編（2003）『精神保健福祉援助技術総論』（精神保健福祉士養成講座⑤）中央法規出版，155頁を一部変容。

　精神障害者支援を課題とする PSW は，対象者分野・領域を精神科領域に限定した対象者分野・領域限定型コミュニティソーシャルワークである。地域PSW は，原則では対象者分野・領域を精神科領域に限定し（実際は幅がある）ているが，個別を基盤としつつ個別のための地域基盤へと広がりをみせ，地域でソーシャルアクション等も行って資源開発や開拓も行い，方法的にはジェネラルなソーシャルワークを展開するものである。改正精神衛生法時代の保健所PSW が取り組んできたのは，この対象者分野・領域限定型コミュニティソーシャルワークであった。

　既述のように，保健所の PSW が行ってきたことは，原則は精神障害者に対象者を限定したコミュニティソーシャルワークであったが，昨今 PSW そのものはその職域を広げて，精神障害者に対象者を限定しない動きになってきてい

る。つまり，精神に軸足を置きながらも，「精神障害者」から「誰も」へ，つまり狭義の精神保健から広義の精神保健へと移行しつつある。

　なお，本研究で扱う精神障害者支援を課題とする地域 PSW は，既述の田中（2006：365）の挙げるコミュニティソーシャルワークの特徴の，「④専門職と非専門職の結合によるチームアプローチ」は現段階では考えにくい。精神障害者を主対象としているので，精神科領域では，個別ではまだ守秘されなければならない状態にあることが多く，残念ながらオープンで専門職と非専門職が手を携えて協働できる段階には至っていない（ただ，非専門職を地域住民ではなく当事者とその周辺の人ととらえるならば，その段階にはきていると考えられる）。「個人情報の保護」と，「情報の共有」がせめぎ合っている段階である。

　また，図1-2では，「コミュニティワーク」を新たに書き加えた。筆者は，コミュニティワークは地域を対象にして，ソーシャルワーカー以外の人も行う活動ではあるととらえている。これは公衆衛生領域でも保健師たちによって行われてきた。地域の社会福祉領域においてコミュニティワークを活発に行ってきたのは，社会福祉協議会のソーシャルワーカーたちであった。彼らの活動は「ソーシャルコミュニティワーク」，正確にいえば，このようにソーシャルという社会福祉の視点の入った，コミュニティワークとしてとらえられる。

⑧　ソーシャルコミュニティワーク

　既述のように，従来，社会福祉協議会が行ってきた地域支援，コミュニティワークは社会福祉実践であったということで，ソーシャルという語を付け加えるならば，「ソーシャルコミュニティワーク」といえよう。田中も，同様の意見を述べている（田中 1996：87）。よって，地域におけるソーシャルワークは，個別支援から出発するコミュニティソーシャルワーク，いうならば個別発支援モデルと，地域支援から出発するソーシャルコミュニティワーク（社会福祉協議会が行ってきたコミュニティワーク），いうならば地域発支援モデルの2種類があるということになる。

　前述の対象者分野・領域限定／非限定を加えて，ソーシャルコミュニティワークとコミュニティソーシャルワークについてまとめると，表1-1のようになる。

36

第 1 章　日本における精神障害者支援とソーシャルワーク

表 1 - 1　コミュニティにおけるソーシャルワークの類型

	地域発支援 （ソーシャルコミュニティワーク）	個別発支援 （コミュニティソーシャルワーク）
対象者分野・領域限定型		改正精神衛生法の時代の保健所 PSW 実践（開拓型支援モデル）
対象者分野・領域非限定型	従来の社会福祉協議会等の実践等	最近の社会福祉協議会や，一部の 施設や，地域包括支援センター等 での実践等

出所：著者作成。

開拓型支援モデル

　本研究においては「開拓型支援モデル」とは，既述のように，1965年の改正精神衛生法によって，はじめて保健所に置かれた精神衛生相談員が1987（昭和62）年の精神保健法成立に至るまでに主として行ってきた SW を指すものである。

　田中（1996：41）は，「こんにち求められているコミュニティワーク実践はその中心的な機能として社会資源やサービスの開拓が最も急がれるものであり，いわば開拓型コミュニティワークを必要としてきている」と「社会資源やサービスの開拓」を行うものとして，開拓型コミュニティワークを位置づけている。故に，社会資源やサービスの開拓を行ったという意味において，本研究の地域保健医療領域における PSW 実践は，田中のいう「開拓型」に近い。ただし，本研究の PSW 実践はコミュニティワークというよりは，その実践内容からはコミュニティソーシャルワークと位置づけるほうが適切である。しかしながら，「開拓型コミュニティソーシャルワーク」と名づけなかったのは，この改正精神衛生法時代の保健所 PSW の実践方法の特徴はコミュニティ以外にも応用が可能で，つまり汎用性があると判断したからである。

　したがって，本研究の「開拓型支援モデル」の厳密な定義は，最終的に本書全体を通して明示するという論理構造となるが，以下の特徴をもつといえる。すなわち，改正精神衛生法時代に，まだクリニカルなソーシャルワークモデルの多いときに，コミュニティソーシャルワークを行ったということで，(1)行ったソーシャルワークが，当時，先駆的であった地域における個別発支援である

37

コミュニティソーシャルワークであったということ，(2)開拓が2方向に向かうということ。一つには，職場での，いってみればソーシャルワーク環境の開拓（職場の人から「隣は何をする人ぞ」といった違和感をもたれた状況から，違和感をもたれずソーシャルワークができる環境への転換等）が必要であったということと，もう一つには，社会資源やサービスの開拓を主目的にする外に向けての開拓が必要であったということで，「開拓」に2つのベクトルをもっていること，そして，(3)枠にはまらない自由があるということ，(4)（さまざまな責任を）引き受ける覚悟があるということ，(5)同職種間の連帯があるということ，(6)汎用性（地域以外のところでも，このモデルが応用可能）があるということ，以上6点にその特徴をもつ。

さらにいえば改正精神衛生法時代の保健所 PSW が最も苦しかった点は，コミュニティソーシャルワークそのものが日本においては育っていなかったという点であった。ゆえに，初期の保健所 PSW は公衆衛生領域であるということと，SW として何をするかがわからなかったということで，二重のしんどさを受けていた。

精神科領域のソーシャルワークおよびソーシャルワーカーの用語説明

① 精神保健福祉士

精神保健福祉士については，序章で記述しているように，1997年12月制定の精神保健福祉士法によって定められた国家資格である。社会福祉士，介護福祉士と同じく国家資格ではあるが名称独占のみの専門職である。

② 精神衛生相談員

既述のように，1965（昭和40）年の改正精神衛生法で保健所が地域における精神衛生行政の第一線機関として位置づけられて，精神衛生相談員を置くことができるとされたときに誕生した。

③ 精神保健相談員

1987（昭和62）年の精神保健法の改正で法律名に合わせて精神保健相談員となった。

38

④　精神保健福祉相談員

　1995（平成7）年の精神保健福祉法の改正で，現在の精神保健福祉相談員となった。2002年以降は業務の中で，精神保健福祉相談員という名称を用いていない自治体もある。

⑤　精神科ソーシャルワーカー（PSW）

　Psychiatric Social Worker の略で PSW と略記して用いられることが多い。もともとは精神医学ソーシャルワーカーと訳され，次に精神科ソーシャルワーカーという呼称で広まった。最近では精神医療ソーシャルワーカー，精神保健ソーシャルワーカーまたは精神保健医療ソーシャルワーカーとも呼ばれる。精神科病院・診療所や精神障害者関係の機関・施設に勤務するソーシャルワーカーを指す。既述のように，PSW は精神保健福祉士とほぼ同義であるが，現時点では精神保健福祉士の資格をもたず，精神科領域でソーシャルワークを行っている人も含める。

⑥　精神保健ソーシャルワーカー

　「精神科ソーシャルワーカー」ほど一般化していない言葉である。保健所の福祉職採用の精神衛生相談員（現，精神保健福祉相談員）は，精神科治療を受けている人々の社会復帰を中心に業務を行ってきたが，所属は保健機関であった。所属機関の目的としては精神の健康を保つこと，そして職種の特性としては精神科疾患，精神障害のある人の生活支援を行うことであった（治安に関しては，保健所 PSW は業務としては認識していない人がほとんどであった）。

　ただ，保健所の精神衛生相談員は，精神疾患的な問題はあるが未治療の人や，不安定ではあるが精神障害のない人の相談・援助にも従事していた。例えば，嫁との関係が上手くいかず，精神状態が不安定になっている姑の相談にものったりすることもあった。

⑦　精神医療ソーシャルワーカー

　精神科の病院や診療所に勤務しているソーシャルワーカーをいう。精神科の治療の促進と，入院，退院，通院患者の生活支援を行うことが主業務となる。PSW の日本語訳である精神医学ソーシャルワークや，精神科ソーシャルワークは病院からはじまった。

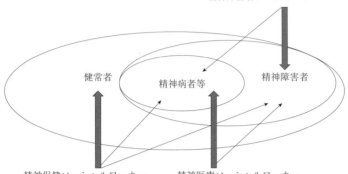

図1-3 精神保健医療ソーシャルワーク——対象者の状況による分類

出所：厚生省保健医療局精神保健課が1995年に作成した資料を元に著者作成。

⑧ 精神障害者ソーシャルワーカー

耳慣れない言葉であるが，厳密にいえば，このように表現できる。精神障害者の社会復帰（社会再参加）のために働くソーシャルワーカーである。

⑨ 精神保健医療ソーシャルワーカー

まず，精神保健SWと精神医療SWと精神障害者SWの関係を示すと，図1-3のようになる。

精神保健SWは精神の保健・予防と，対象者の生活支援を主目的とし，精神医療SWは精神疾患の治療と対象者の生活支援を主目的とする。精神障害者SWは，精神障害者の社会復帰（社会再参加）と生活支援を目的とする。

各SWをSWの所属する場所で分ければ，保健機関，医療機関，精神障害者の社会復帰施設ということでその境界は明瞭である。対象者で分けると，健康な状態，あるいはグレイゾーンの状態のときは，主に精神保健SWで，医療機関で精神科治療を受けていれば主に精神医療SWで，精神障害者の社会復帰施設で社会復帰を目指しているときは，主に精神障害者SWが担当するということになるが，実際には，三者を厳密に区別せずにPSWと呼ぶことが多い。しかし，社会復帰施設の3障害共同が常態になりつつある現在では，社会復帰施設では，他の障害をもつ人へも対処することになる。

また，医療ソーシャルワークの領域では，厚生労働省保健局長通知の「医療

ソーシャルワーカー業務指針」によると，医療ソーシャルワーカーの働く場は「病院，診療所，介護老人保健施設，精神障害者社会復帰施設，保健所，精神保健福祉センター等様々な保健医療機関」となっており，医療ソーシャルワーカーは病院で働くソーシャルワーカーのみを指しているわけではない。

　なお，本書においては，精神保健医療実践，精神保健医療福祉実践，精神保健医療ソーシャルワークという表現と精神保健業務，精神保健福祉業務という表現があるが，法律用語では精神保健業務や精神保健福祉業務が用いられているので，業務の場合は原則，法律的表現に従っている。

PSW が対象とする問題

　序章で述べたように，図1-4に示された以下の問題がある。

(1)　精神障害に起因すると思われる問題

(2)　精神障害による場合もそうでない場合も含めて，虐待・自殺・引きこもり等の社会病理的な問題

「精神保健及び精神障害者福祉に関する法律」（2005年）第5条によれば，「この法律で『精神障害者』とは，統合失調症，精神作用物質による急性中毒又はその依存症，知的障害，精神病質その他の精神疾患を有する者をいう」ということである。精神保健福祉士が対象とする人は「精神保健福祉士法」に従えば，上記の(1)が主たる対象であるが，昨今は(2)も対象となる。

　図1-4において，(1)から(2)への広がりが近年のPSWの業務の広がりであり，(2)の部分は，SWとオーバーラップするが，実はPの部分は，それなりの専門性を必要とするのである。そのことについては本書の後半で明らかにしていく。

　なお，田中（2001：88）はPSWの機能と特徴として，(1)社会福祉学を基盤とし生活（生活のしづらさ）を支援する，(2)精神障害者の社会的入院や無権利状態を解決し，自立と社会参加を支援するために包括的なリハビリテーションの展開と，住む場と働く場の創出に役割を発揮する専門職として社会的要請があった，(3)精神障害者（健康モデル，医学モデル，障害モデルの3側面をもつ）に対する精神疾患を配慮した相談業務により，継続した良質の治療とリハビリテ

41

図1-4　PSW が対象とする問題

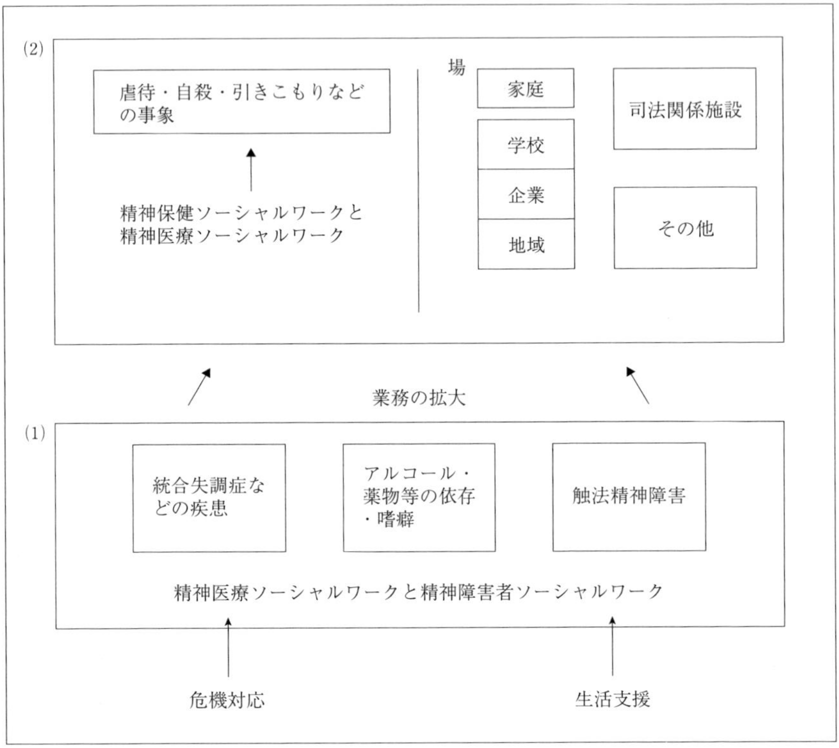

```
┌─────────────────────────────────────────────────────────────────┐
│ (2)                                        場                      │
│  ┌──────────────────────────┐        ┌──────┐   ┌──────────────┐ │
│  │ 虐待・自殺・引きこもりなど │        │ 家庭 │   │ 司法関係施設  │ │
│  │ の事象                    │        ├──────┤   └──────────────┘ │
│  └──────────────────────────┘        │ 学校 │                    │
│              ↑                         ├──────┤   ┌──────────────┐ │
│   精神保健ソーシャルワークと           │ 企業 │   │   その他      │ │
│   精神医療ソーシャルワーク             ├──────┤   └──────────────┘ │
│                                        │ 地域 │                    │
│                                        └──────┘                    │
│                                                                     │
│        ↗              業務の拡大              ↖                     │
│ (1)                                                                │
│  ┌──────────┐   ┌──────────┐   ┌──────────┐                      │
│  │ 統合失調症な│   │ アルコール・│   │ 触法精神障害│                  │
│  │ どの疾患   │   │ 薬物等の依存│   │           │                  │
│  │           │   │ ・嗜癖    │   │           │                  │
│  └──────────┘   └──────────┘   └──────────┘                      │
│     精神医療ソーシャルワークと精神障害者ソーシャルワーク            │
│                                                                     │
│         ↑                              ↑                           │
│       危機対応                      生活支援                        │
└─────────────────────────────────────────────────────────────────┘
```

出所：著者作成。

ーションを生活の支援とともに行うとしている。そして，PSW には，精神疾
患とその治療構造，対象特性に関する基礎理解が必要である。用いる技術はソ
ーシャルワーク，臨床心理技術，精神科リハビリテーション技術であるとして
いる。筆者はこれに加えて，精神疾患に陥らないようにする予防的業務を行う
こともあると考えている。

4 精神障害者支援とソーシャルワークの先行研究

　本章では，第1節で日本における精神障害者支援における先行研究の検討をした。「弁証法的支援」の坪上宏，「ごく当たり前の生活の支援」の谷中輝雄，「居宅型支援システム（統合ケアモデル）」の岡村正幸，「統合的生活モデル」の田中英樹，「生活支援モデルとパートナーシップ」の藤井達也，「参加・協働型地域生活支援システム」の寺谷隆子，「企業と社会進出」の向谷地生良を取り上げて検討した。

　坪上は，自身の闘病生活から，共生の発想に基づく東洋の哲学・医学に共感し病気と生体の共存というような考え方が精神科治療の中核になるとして，ワーカー・クライエント関係をあるがままの自然な発展，自分の都合を見直していく過程ととらえ弁証法的支援と呼んだ。

　谷中は「ごく当たり前の生活」というあまりにも有名な言葉で，1970年代にノーマライゼーション，エンパワメント，ストレングスモデルに基づく支援をしていた。岡村は「まち」を精神病者の労働と生活の現実であり，人類がもちえた高い生産力を具体的な形へと転化していく統合された場であり，生産と消費を人間的に回復していくための機会と資源配備の舞台であるとして位置づけた。

　田中は，いわゆるコミュニティソーシャルワークを地域生活支援の場にもたらし，生活のしづらさを見据えて医学，障害，健康を三位一体でとらえて，統合的に地域システムとして展開しようとした。

　藤井は，坪上の影響によって，ワーカー・クライエント関係に注目してワーカー・クライエント関係をパートナーシップととらえて，精神障害者をありのままに受け入れ，その望む生活を支援することを説いている。

　寺谷は，クラブハウスモデルの相互支援を実践し，援助の機能は，インフォームドコンセントを必須とした，人間として等しくもつ権利を擁護するアドボカシーとエンパワメントの機能で，年齢や障害の有無にかかわりなく普遍的なものであるとしている。社会精神医学の影響が強い。

向谷地は，医療に近い立場ながら，精神障害者が自由に主体的に生きていくことを，当事者研究や妄想大会，地場の名産品販売，講演出張等を取り入れて支援している。これらの人すべてに共通しているのは，障害者を対等の人としてとらえ，その人間性，主体性，自主性を尊重し，ともに生きて行こうとする姿勢である。そして保健所 PSW たちが実践したその根底にあったのもこの共生の思想であった。

　第 2 節では，ソーシャルワーカーとその業務に着目した先行研究を検討した。

　保正は MSW の力量形成について，M–GTA を用いてその実践能力変容過程をその変容の節目と影響を及ぼす促進契機について調査し，おおよそでは新人期が 3 ～ 4 年目まで，中堅期が13年目から17年目あたりまで，ベテラン期が14年目から18年目以降としている。変容促進契機としては「学びの活動」「ケース対応」「他者からの影響」「社会的活動」「時代の影響」「職場環境の変化」「その他」を挙げている（保正・横山 2008：84）。また，専門的自己の生成として「何でも屋からの脱却」「客観的視座への移行」「黒子への転化」「上に立つ腹括り」「業務水準の保持志向化」「MSW の視点の俯瞰化」「自信獲得」「受けとめ力の涵養」（保正・横山 2008：141）を挙げている。

　横山は，援助観を「ソーシャルワーク感覚としての援助観」として，その援助観生成プロセスを分析した。そして，「あるべき PSW 像への自己一体化」から「限界から始まる主体的再構成」「互いの当事者性にコミットする」に至り，そこを基点として「経験の深化サイクル」が形成されていたとした（横山 2008：111）。ある程度，確立されたソーシャルワーク教育を受けた人たちが現場に出てソーシャルワーク感覚としての援助観を打ち立てていく過程が論じられている。

　岩本は，精神科病院の PSW が経験する「違和感のある仕事」について，PSW として「役割形成」していくプロセスを理論化し，その実践モデルを提示した。違和感のある仕事の中で双方の利益を結びつけるプロセスを構成する最も主要な特性を「アイデンティティの止揚によるミッションの具体化」であるとし，生活モデルを実践に反映させる技法として従来のアイデンティティ論の再考を促した（岩本 2012：87）。

第3節では，ソーシャルワークの用語・概念の規定をした。ソーシャルワーク，コミュニティワーク，コミュニティソーシャルワーク，コミュニティ・ソーシャルワーク，クリニカルソーシャルワーク，ケアマネジメント，伝統的ソーシャルワーク，対象者分野・領域限定型コミュニティソーシャルワーク，ソーシャルコミュニティワークについて概念規定をした。そして精神科領域のSW に関する用語説明と PSW が対象とする問題について述べた。

注
(1) 日本社会精神医学会のホームページ（2017.8.10）によると，「社会精神医学は，疫学的手法や社会科学的手法を用いて，社会的文脈からこころの健康問題の予防，疾患の診断・治療・リハビリテーション，社会保障制度のあり方等の研究を学際的に行う精神医学の一分野です。それは精神保健学，地域精神医学，精神障害リハビリテーション学，産業精神医学，文化精神医学，司法精神医学等の学問分野と広く重なり，さらには看護学，心理学，社会学，教育学，公衆衛生学等多くの関連学問分野と関心を共有しています」という。

第2章
改正精神衛生法をめぐる精神障害者施策と
精神保健医療福祉実践

　本章では第1節で改正精神衛生法成立前の施策・医療をめぐる状況について述べ，第2節で成立後について述べた。そして第3節で改正精神衛生法成立当時における全体的な保健所の精神衛生相談員の状況について述べ，第4節で地域における精神保健医療福祉実践の事例を紹介する。そして第5，6節で大阪府の精神障害者施策と精神保健医療福祉実践について述べている。改正精神衛生法の制定された背景やその後の変革について知ることは，本書のテーマである萌芽するコミュニティソーシャルワークを支えた開拓型支援モデルの形成過程と推進要因を理解するのに，有効であるからである。

1　日本の精神障害者施策と精神保健医療福祉実践
——改正精神衛生法に至るまで

昭和初期の動き

　少し長くなるが，精神科医療と施策の歴史を昭和の初期にさかのぼって振り返ってみたい。

　1926（昭和元）年には日本精神衛生会が設置され，1938（昭和13）年には厚生省が設置された。1930（昭和5）年末に行政当局が把握していた全国の精神病患者数は，男4万6831人，女2万6335人で計7万3166人であったが，実際にはもっと多くの精神病患者が社会の中にいたと思われる（岡田靖雄 1970：35）。

　保健所の状況は，1937（昭和12）年，日中戦争勃発の年に，富国強兵のために結核撲滅と母子保健の向上に寄与するという期待をになって「保健所法（旧法）」が制定され，すでに実績のあった大阪市の小児保健所が，日本で最初の

保健所となった。その後，1944（昭和19）には全国で770カ所の保健所が設置された（加納光子 2013：84-85）。

他法について述べると，1940（昭和15）年，金子準二[1]らの反対にもかかわらず，国民優生法が成立した。この法律は，遺伝性精神病，遺伝性精神薄弱（当時），遺伝性病的性格など精神病をターゲットにしていた。このことは精神病が遺伝病だという誤解を国民に生じさせた。ただ，幸いなことに，ナチスにおけるような精神障害者抹殺の思想には進まなかった（岡田 1970：38-39）。

第2次世界大戦中には，戦争のもと，1940（昭和15）年には2万5000人であった全国の入院患者は食糧不足の結果としての餓死者が絶えず，敗戦時には4000人強になってしまった（田原明夫 2007：147）。

精神衛生法と増加し続ける民間精神病院

欧米の精神衛生に関する知識の導入や公衆衛生の向上増進をうたった第2次世界大戦後の新憲法の誕生により，精神障害者に対しても，旧2法（精神病者監護法と精神病院法）を廃止して——旧2法は，精神衛生法制定1年後に廃止された（藤野ヤヨイ 2005：204）——，適切な医療・保護を目的とする新しい法律すなわち，精神衛生法が公布された。1950（昭和25）年5月1日のことであった。

その内容は，①精神病院の設置を都道府県に義務づけたこと，知事はそれに替わるものとして指定病院を指定することとしたこと，②一般人からの診察および保護の申請，警察官，検察官，矯正保護施設の長の通報制度を設けたこと，③保護義務者の制度を設けたこと，④公費で負担する，自傷他害の恐れのある精神障害者に対する「措置入院制度」を設けたこと，⑤同意入院，仮入院の制度を設けたこと，⑥入院を要する自傷他害の恐れがあるが，やむを得ず入院できない精神障害者を，保護義務者は都道府県知事の許可を得て精神病院以外の場所で「保護拘束」をすることができるとしたこと，⑦法律によって認められている場所以外収容することは禁止され，私宅監置制度は，その後1年間のうちに廃止すること，⑧従来の精神病者に加えて，精神薄弱者（現，知的障害者），精神病質者も施策の対象としたこと，⑨発生予防，精神的健康の保持増進の考

48

え方で精神衛生相談所や訪問指導の規定ができたこと，⑩精神衛生審議会の設置と関係官庁と専門家との協力によって精神保健行政を推進しょうとしたこと，⑪精神障害者の拘束の必要かどうかをみるための精神衛生鑑定医が設置されたこと，であった（精神保健福祉行政のあゆみ編集委員会 2000：8-9）。

　なお，精神病者監護法や精神病院法が一応政府主導で制定されたのに対して，精神衛生法は，厚生省（当時）の自発的政策として提案されたのではなく，1949（昭和24）年に結成された日本精神病院協会の活動と占領軍総司令部（GHQ）の強い要請で，議員立法として成立したのであった（秋元波留夫 2002：857）。

　1952（昭和27）年，日本政府は戦後復興に精神病床増床第一主義を取ることにした。1954（昭和29）年7月の第1回全国精神衛生実態調査の結果，精神障害者の全国推定は130万人，うち要入院は35万人で，病床はその10分の1にも満たないことが判明した。1954（昭和29）年には非営利法人の精神病院の設置および運営にかかる費用について国庫補助制度が始まった。これは戦後流行した覚醒剤，麻薬，阿片による精神障害者対策でもあった（精神保健福祉行政のあゆみ編集委員会 2000：9）。なお，1952（昭和27）年1月には，国立精神衛生研究所が設立された。翌年1953年には日本精神衛生連盟が結成され，第1回全国精神衛生大会が開催された（国立精神衛生研究所 1969：12）。

　1952（昭和27）年の2万2975床から急激な増加をみせて精神病床数は1965（昭和40）年には17万2950床になっていた。さらに詳しい数字を示すと，精神病床数は1945（昭和20）年には3995床，1946（昭和21）年には1万3182床，1950年（昭和25）には1万7686床，1955（昭和30）年には4万4250床で，1960（昭和35）年には9万5067床，というように，急激な増加をみせていた（厚生省医務局 1976：568-569）。

　なお，1955（昭和30）年，向精神薬のクロルプロマジンが日本でも薬価基準に承認された。本格的な薬物療法の時代の幕開けであった。欧米と同じくコミュニティケアの到来が期待されたが，過疎地においても精神病院は増加していった。この間，国民健康保険法や国民年金法が制定され，精神薄弱者福祉法（1998〔平成〕10年に知的障害者福祉法へ改称）も制定された。1974（昭和49）年

には，精神科病院の97.3％が私立であった。1958年10月には，いわゆる精神科特例[2]が導入された（田中英樹 2013：4）。

1956（昭和31）年には公衆衛生局に精神衛生課が新設され，監督官庁と精神保健事業という構造ができ，病院中心主義システムの本格的な整備が課題となった。1960（昭和35）年には医療金融公庫が設置され精神病院の開設にはほぼ無条件で融資が受けられた（岡村正幸 1999：64）。

措置入院と在宅放置

1961（昭和36）年には，公衆衛生局長通知（「第9次改正に伴う厚生省公衆衛生局長通知」）により，経済措置が公認となった。1963（昭和38）年に，厚生省（当時）は「衛発第393号，19，63，5，17」で生活保護入院をしている者はすべてを対象に措置入院の再診察をするように通知した（岡村 1999：68）。なお，1963（昭和38）年の厚生省（当時）精神障害者実態調査によれば，全国の精神障害者数は，124万人であった。そのうち，医療を受けている者は30.1％，在宅のまま保健所，精神衛生相談所，その他の施設から指導を受けている者は5.2％で，在宅で放置されている者は全体の64.7％もいたのである（加藤薗子 1969：40）。

こうしたことが，精神科病院建設を後押しすることにもなっていた。1960年代は諸外国で精神医療ケアが脱施設化へと向かいつつあった頃であり，この動きは，当然，日本の状況にも影響するところであったが，日本では岡村（1999：67）のいうように，医療，福祉，治安はその時代の社会的出来事や世論，構成者の力関係によって，施策のベクトルが変わるという傾向があった。遠くさかのぼれば相馬事件があり，この時代ではライシャワー事件などに，より大きく影響されていた。

保健所の状況

保健所の状況は，第2次大戦後の1947（昭和22）年4月，GHQ サムス准将の勧告を受け，同年9月に「改正保健所法」が制定された。この法律の第2条第6項に「公共医療事業」として「医療社会事業」が登場した（児島美都子

2003：12）。この改正によって，保健所は地方における公衆衛生の向上，増進を図ることを目的とし，専門的な技術を基礎とした指導行政と，今まで警察が行ってきた取り締まり行政を行うこととなった。保健所は大幅な権限をもつようになり，国の厚生労働省（当時，厚生省）から県の衛生部など当該部署，そして各保健所へと一貫した行政体系が整備された。田中英樹（2001：4）は精神保健福祉を3つの転換期に分けており[3]，第2の転換期を第2次世界大戦後の1950（昭和25）年の精神衛生法の制定から1965（昭和40）年の精神衛生法の大幅改正に至る約15年としている。

　精神病は疾患であり治療が必要であるという認識から，「医学モデル」が中心となり，その補完的役割を「公衆衛生モデル」が担うこととなった。医療と保護が施策の大原則であり，精神障害者の管理は，地域において疾病の発見と早期の受診ルートへのアクセスと治療を経て社会復帰までを指導する連続性を担保するために，結核管理の手法にならって公衆衛生の役割とされたという。

　なお，この頃，社会福祉学界では社会福祉理論として「政策論」と「技術論」の再編統合が行われ，日本的ケースワーク論の模索が始まろうとしていた頃でもあった（小野哲郎 2005：89）が，公衆衛生の領域に PSW が置かれることになることは誰も予想していなかった。

2　日本の精神障害者施策と精神保健医療福祉実践
——改正精神衛生法の成立

精神衛生法改正への動き

　既述のように1950（昭和25）年，精神衛生法が制定された。1952（昭和27）年には国立精神衛生研究所が開所され，1956（昭和31）年には精神衛生法の所轄課として厚生省公衆衛生局に精神衛生課が新設された（岡田 2002：202）。また，この頃の精神障害の治療には，インシュリン療法，電気ショック療法，温・冷水浴療法等があったが，昭和30（1955）年代には，向精神薬の進展で不安感，焦燥感が軽減可能になっていたことと精神療法や作業療法が広がりをみせてきたという状況のもと，精神障害者の社会復帰が現実性を帯びてきていた。

そして，早期発見，早期治療，社会復帰を視野に入れた精神衛生法の改正が期待されるようになってきて（全国精神障害者社会復帰施設協会 2002：17），改正作業も始まっていた。

しかし，その最中の1964年3月に，ライシャワー事件が発生した。時の駐日大使ライシャワーが統合失調症の青年に刺されて負傷した事件であるが，この事件を契機として精神障害者に不十分な医療の現状が社会問題として取り上げられ，事件の責任をとって国務大臣（国家公安委員長）が辞任し，警察庁から厚生省への精神衛生法改正への要望が出されて，精神衛生法の中に保安的色彩が生じることとなった（田中 2013：6）。そして，1965（昭和40）年6月に，公衆衛生領域の中にはじめて任意設置ではあるが PSW が登場することになる改正精神衛生法が成立した。改正精神衛生法については後に述べることにする。

なお，精神衛生相談員（現，精神保健福祉相談員）が配置される以前は，精神衛生業務は保健婦（現，保健師）業務の一つとして行われていた。しかし，各保健所の設置されている状況にもよるが，精神疾患のことはなるべく人に知られないようにしようとするその頃の一般的風潮と，なす術のなさもあって，多くは他業務（例えば，赤ちゃんをもつ母親からの訪問要請など）が優先される傾向にあった。

改正精神衛生法の成立

改正精神衛生法は，1965（昭和40）年6月に成立した。

改正精神衛生法の特徴は，以下のようであった（精神保健福祉行政のあゆみ編集委員会 2000：11-12）。

① 保健所を地域における精神保健行政の第一線機関として位置づけ，精神衛生相談員を配置できることとし，在宅精神障害者の訪問指導，相談事業を強化する。

② 保健所への技術指導援助を行う中核的機関として，各都道府県に精神衛生センターを設置する。

③ 在宅精神障害者の医療の確保を容易にするために通院医療費の2分の1を公費負担にする制度を新設する。

第2章　改正精神衛生法をめぐる精神障害者施策と精神保健医療福祉実践

④　警察官，検察官，保護観察所長および精神病院の管理者について，精神障害者に関する通報・届出制度を強化する。

⑤　措置入院制度の手続きについて，患者の無断退去についての病院管理者の届け出義務，緊急措置入院制度（自傷他害の程度の著しい精神障害者について），入院措置の解除規定，守秘義務規定を設ける。

この改正精神衛生法では，予防の視点を入れて，保健所を地域の第一線機関として強化することとしていた。しかし，これは既述のように医学モデルの補完的な公衆衛生モデルに従うものであり（田中 2001：3-4），岡村のいうように，精神病者と家族の困難を軽減するものでもなかった（岡村 1999：59）。

また，1964（昭和39）年，中央精神衛生審議会の答申にあった外来通院費の公費負担，保健所における地域精神保健活動と精神衛生センター（現，精神保健福祉センター）の設置は実現したが，社会復帰の促進など，社会復帰関係は付帯決議にとどまってしまっていた（蜂矢英彦 1989：2-3）。精神障害者が公衆衛生サービスを受ける人として社会的に認められる意義を内包していた（桑原 1997：20）ともいえるが，多くの保健所の専任職員——精神衛生相談員——は明確なモデルのないまま，業務を始めることとなった。ただ，この人たちが疾病管理，健康管理を行う保健所に配置されたことだけは明白であった。

なお，保健所の基本的性格について述べると，まず，①「行政」機関である。保健所のように「〇〇県△△」と呼ばれるのは行政機関であり，「〇〇県立△△」というのは行政権限をもたない機関である。ゆえに，保健所は業務として，根拠法令・条約などの行政執行という性格をもっている。環境監視員，食物監視員，薬剤監視員などの専門家が配置されているのもそのゆえである。次に，②「公衆衛生」機関である。保健所長は医師であり，職員も保健師，栄養士，放射線技師，薬剤師，歯科衛生士など，医療関係の国家資格をもつ専門職が配置されている。こうして，保健所は指導，取り締まり行政と，公衆衛生の向上，増進を図ることが期待されていた。

脱施設化の支援とはいいながらも，全国的には保健所相談員たちは，結核管理と同様の精神障害者管理を行うことが期待されることとなっていたようであった。しかし，保健所のPSWの相談員は，大阪府にその例をみるように，公

衆衛生行政の中に人権と社会正義を尊ぶ社会福祉の視点をもたらすことになった。公衆衛生モデルに従うことなく，自ら地域 PSW としての業務を展開した。

　なお，当時の精神病院の入院状況をみると，精神病院の入院患者数は1966（昭和41）年の19万7758人から1975（昭和50）年には28万549人，1985（昭和60）年には34万人となった。ちなみに，措置入院患者数は，1966（昭和41）年の6万7993人から1970（昭和45）年の7万6532人となり，その後は，1975（昭和50）年に6万3887人，1985（昭和60）年に2万8353人と著しく減少している。措置入院患者数のこの減少は医療技術の進歩もあるが，経済的理由による措置は認めないという措置費削減のための政策転換の結果であり，地域支援への移行を意識しはじめたゆえであるともいえる。そして，通院患者数は精神科病院では1965（昭和40）年には1日9000人であったが，1975（昭和50）年には2万2000人，1985（昭和60）年には3万人となって（精神保健福祉行政のあゆみ編集委員会 2000：12），措置入院とは逆に激増している。これらの数字は，一方で通院費を公的に負担し他方で保健所に専任職員を配置し，精神衛生相談所との連携の下に精神衛生相談業務（当時）を行う体制をつくって地域支援に備えたともいえるのであるが，本格的な地域志向のモデル設計はできず，この期も精神病院の数は高度経済成長に呼応するかのように増大していた。

　また，関連分野の動きとしては，1964（昭和39）年には全国公立精神衛生相談所長会が発足した（全国精神保健福祉センター長会 2017）。1965（昭和40）年には全国精神障害者家族連合会が発足した（日本 PSW 協会 1998：20）。同じく1965年に，都道府県に続いて，指定都市社会福祉協議会に福祉活動指導員が置かれ，第1回善意銀行代表者会議が開催された。

改正精神衛生施行後の医療の動向

　1957（昭和32）年11月9日，第2次世界大戦後，壊滅的な状況にあった精神病院（現，精神科病院）の医師たちが集まり，「病院精神医学懇話会」（1967年に「病院精神医学会」，1984年に「病院・地域精神医学会」，1994年に「日本病院・地域精神医学会」へと改称）をつくって，第1回の会合を国立武蔵療養所において開催した（武井麻子 1986：1）。その機関誌『病院精神医学』は，武井（1986）

によると，1957年から1969年秋までは，病院治療を中心とするが，集団治療，開放療法，社会復帰としての生活療法などが，テーマとして取り上げられていた。しかし，1970年から1983年冬までは，人権問題，開放化，治療共同体，地域医療がテーマとして取り上げられている。1984年に「病院・地域精神医学会」と改称するので，1970（昭和45）年代には，地域医療に向けて医療の比重が大きく傾いてきていたことを感じさせる内容であった。例えば，1974年秋の同書第38集では「精神病院に何を求めるのか」というテーマのシンポジウムが開催され，公立豊岡病院から医師や看護婦（現，看護師），ソーシャルワーカーらが訪問指導や，保健所に協力を求めたりして支えた症例の報告などがあった。この時代に精神医療の根本的改革を目指した人々は病院医療を否定して，地域での治療をこころみた（武井 1986：34）という。

　1978（昭和53）年以降は本格的に「開放化と地域活動」が特集されて，松沢病院（東京都）のデイケア，光愛病院（大阪府）の退院患者グループ，郡山精神病院（福島県）の共同住居の発表などがあった。保健所の地域活動の報告もあった。宮城県会津地区の病院に勤務するソーシャルワーカーが集まって社会事業協会（会津社会事業協会）をつくり，共同住居を運営するという，病院の壁を越えた試み（永井みち子 1978：27-38）もあった。また，三重県立高茶屋病院，石川県立高松病院，大阪府立中宮病院等での「アパート退院」（＝退院患者がアパートに住む）の実践も報告された。

　なお1966（昭和41）年の『精神医学』8巻7号には，長坂五朗（1966：9-149）の浅香山病院（大阪府）での外来治療でなされているアフタケア，ナイトケアなどの試みが報告されている。既述のアパート退院は，この後，浅香山病院でもなされている。

　このように，改正精神衛生法前後には，とりわけ成立以後は，病院医療においても変革の試みがあり，病院医療の限界と必要を認識しつつ，地域医療へ乗り出していく精神科医療の動きがあった。筆者は改正精神衛生法成立の3年後に精神科病院に勤務したが，院外作業の事業所確保のために市の商工会議所に雇用要請に行き，実際に協力事業所を確保し，入院患者を送り出したりした。当時は今でいうジョブコーチ的な役割もPSWが担っていたのである。また，

学習権の保障のために，学齢期の入院患児が地域の学校で学ぶことを実現した。校区の小学校への通学を申請し，看護師，CP らの送迎等の協力のもとで行った。通学できない子どものためには，その子どもたちが入院している思春期病棟に外部から非常勤の教師を招いて学習の継続を図ったりした。

　このように，改正精神衛生法成立以後は，病院においても医師や看護師やPSW 等によって地域との協働の重要性がさらに認識され，実践されてきていた。

クラーク勧告とその影響

① 　クラーク勧告

　1968（昭和43）年には，「日本における地域精神衛生」推進のため，日本政府の要請により来日した WHO のクラーク（Clark, H. David）博士によるクラーク勧告（1968）が出た。

　クラーク勧告では，政府に対する勧告として，

・精神衛生は公衆衛生，児童福祉およびその他の部門に匹敵する部局でなければならない。

・職員として有能な精神科医の配置が必要。

・国立精神衛生研究所（当時）の強化拡大。予算の増加が必要。

・多数の精神分裂病患者（当時）が精神病院にたまっている。社会療法，作業療法および治療的コミュニティという方法は有効であるので，厚生省（当時）は精神病院の職員にこの知識を伝え積極的な治療とリハビリテーションを奨励すべきである。

・精神障害者の医療の基準を改善するために，厚生省は精神病院に対する国家的監査官をつくることを考慮すべきである。

・外来患者診療に対する報酬をあげ，在宅患者に対する給付を高くすること。

・外来クリニックの充実。地域社会の働き手──ソーシャルワーカーと保健婦──の訓練。有効性が証明されている地域社会の特殊施設が必要。

・保護工場の設置などリハビリテーションの推進。

・専門家の養成（社会精神医学の国家資格を含めて），治療法の訓練。

などを勧告した。

② その後の影響

クラーク勧告は日本の地域精神保健施策に以下のような影響を与えた。

クラーク勧告後の社会復帰制度・施設の進展は著しく，1969（昭和44）年に精神障害回復者社会復帰施設要綱案を中央精神衛生審議会が答申したが，1970（昭和45）年に「精神障害回復者社会復帰施設」，1974（昭和49）年に「デイ・ケア施設」，1979（昭和54）年には「精神衛生社会生活適応施設」の運営要綱が示されて，施設対策は充実していった（日本精神保健福祉士協会事業出版企画委員会 2004：30-45）。地域においても，1970（昭和45）年のやどかりの里の活動開始から，1971（昭和46）年の川崎市社会復帰医療センター，1972（昭和47）年の世田谷リハビリテーションセンター，1976（昭和51）年の「あさやけ第2作業所」の開設などが続いた。

1974年には，「精神科作業療法」や「精神科デイケア」の診療報酬算定，いわゆる点数化が実現した。また，同じく1975（昭和50）年には，保健所の「社会復帰相談事業」が始まった。1978（昭和53）年には精神衛生センター・デイケア事業が始まった（精神保健福祉行政のあゆみ編集委員会 2000：684-685）。

また，地域支援や医療について熱心な取り組みが始まり，当時は「やどかりの里」の「生活のしづらさ（論）（生活援助）」や保健所保健師を中心とした「生活場面でのかかわり論（生活臨床）」等にみられる精神障害者を生活者としてとらえるかかわりが注目された。

熊本「あかね荘」が一つのモデルである1981（昭和56）年の「精神衛生社会生活適応訓練施設運営要綱」に基づく地域移行支援をはじめとして，職親制度の一形態として「通院患者リハビリテーション事業」（1982年），「精神障害者小規模作業所運営助成事業」（1987年）等が始まった（日本精神保健福祉士協会事業出版企画委員会 2004：46, 48, 56）。

1986（昭和61）年には「精神科集団精神療法」「精神科ナイト・ケア」「精神科訪問看護指導料」等が点数化され，公衆衛生審議会精神衛生部から「精神障害者の社会復帰に関する意見」が出された。保健所では既述のように，1975（昭和50）年度に「精神障害者社会復帰相談指導事業」が始まっていた。「改正

精神衛生法」以降の，社会復帰へ向けての傾斜は「クラーク勧告」に忠実というわけではないが，きわめて意識的に行われてきた（精神保健福祉行政のあゆみ編集委員会 2000：12）。

1970年代の地域・社会の動き

1970年代になると，医療の傘の外での社会福祉活動に対する根強い批判にかかわらず，既述のように単身アパート生活の援助，共同作業所や共同住居づくり，セルフヘルプ・グループの支援など「やどかりの里」に代表されるような地域を軸にした活動が始まっていた。

谷中輝雄（2000：70-71）によると，1970（昭和45）年代は社会復帰活動の黎明期である。既述のように，やどかりの里の活動開始から，翌年，1971（昭和46）年の川崎市社会復帰医療センター，1972（昭和47）年の世田谷リハビリテーションセンター，1976（昭和51）年の，日本で精神障害者を主対象にした共同作業所として全国ではじめてのあさやけ第2作業所の開設などが続いた。

そして，1980（昭和55）年のWHOの国際障害分類（ICHDH）を踏まえて，谷中輝雄の「生活のしづらさ」「ごく当たり前の生活」といった独自の概念が生まれ，「生活支援」（クライエントの生活の中にある強みに焦点を当てて，パートナーとしてクライエントの「生活のしづらさ」を支援する）活動が推進されていった（谷中輝雄 2004：145-159）。

同じ頃，「こころの健康問題」のなりたちを生物・心理・社会的側面から総合的に分析し，その結果を社会に役立てていく学術分野として，社会精神医学の考え方が取り入れられてきた。社会精神医学に立脚した活動は参加と協働のチームによる包括的コミュニティケアのシステムであり活動であり，一人ひとりの可能性を引き出し，自分が必要とする治療や訓練に自分で責任のある役割を果たせるように支援することであった（寺谷隆子 2008：17）。

1970年には，アルコール依存症者になりすました朝日新聞の記者が，精神病院に入院し，その体験をもとにした「ルポ・精神病棟」[4]が朝日新聞に掲載され，精神病院のあり方が問題になった。この告発は，世界の人権団体の注目するところとなり，これ以降，日本の精神病院では患者の人権が配慮されるようにな

った（木原活信 2014：91-92）。同年の厚生省（当時）の精神病院調査結果報告によると，アルコール依存症は10年間で4倍，60歳以上の老人が入院患者の1割強，薬物療法が98.4％になっていた（日本精神保健福祉士協会事業出版企画委員会 2004：33）という状況であった。なお，酒害対策としては各精神衛生センターに1979（昭和54）年に「酒害相談指導事業」が開設された（厚生省保健医療局精神保健課 1988：170）。

また，1982（昭和57）年の「老人保健法」に伴って保健所において「老人精神衛生相談指導事業」（厚生省保健医療局精神保健課 1988：218）が始まった。

このように，地域で様々な試みが展開され，精神障害者の人権が配慮される傾向が生じている一方，1984（昭和59）年には宇都宮病院事件が起こり[5]，1987（昭和62）年に，精神障害者の人権擁護規定の充実，社会復帰施設の法定化，衆参両院でのPSWの制度化の付帯決議を決めた「精神保健法」が成立した。

3　保健所精神衛生相談員

本節では，保健所PSWを保健所精神衛生相談員，その業務を精神衛生業務というように，当時の呼称を多く用いる。

保健所精神衛生相談員の設置

「改正精神衛生法」では，精神衛生に関する業務に従事する職員として第42条に，「都道府県及び保健所を設置する市は，保健所に，精神衛生に関する相談に応じ，及び精神障害者を訪問して必要な指導を行うための職員を置くことができる。2．前項の職員は学校教育法に基づく大学において社会福祉に関する科目を修めて卒業したものであって，精神衛生に関する知識及び経験を有する者，その他政令で定める資格を有する者のうちから，都道府県知事又は保健所を設置する市の長が任命する」とあった。

ゆえに，精神衛生相談員には医師，CP，保健婦（現，保健師）などの就任は可能であり兼務も可能であるので，どの職種が精神衛生相談員に任命されるかは府県により異なっていた。

大きくは，ａ．神奈川県，川崎市，大阪府，新潟県など41年からPSWの相談員を専任で配置した自治体，ｂ．保健婦に精神衛生相談員資格取得講習会を受けさせ，専任ではなく保健婦業務の一つとして，精神衛生・保健の業務をするとした自治体，の２種類があった（天野宗和 1997：19-21）。ただし，保健婦は専任でなくとも保健婦業務の一環として精神衛生・保健業務を行うという考え方は基盤にあった。そして，大阪府のように，まずａ．の形をとり，次にｂ．の形も並行させて採用した府県もあった。また，その後，愛知県，千葉県，沖縄県，横浜市，静岡市，浜松市，名古屋市，東大阪市，堺市，神戸市，広島市，北九州市なども専任相談員を置くようになった（日本PSW協会 1998：91）。しかし，この間，東京都をはじめとし相次ぐ地方自治体の社会福祉としての相談員制度の廃止があった（大阪府精神衛生相談員会総括〔案〕1976〔昭和51〕年度）が，現在は，精神保健福祉相談員は保健所において保健師も加わった精神保健チームの一員として位置づけられている。

保健所精神衛生相談員の配置の状況

1965（昭和40）年の精神衛生法の改正によって保健所に配置された精神衛生相談員は，既述のように行政機関の管轄地域の住民を対象として，取り締まりや公衆衛生の視点から行政行為を行うことが期待されていた。そのため在宅の精神障害者に対する管理が懸念され，精神衛生相談員配置の反対運動が展開された（寺谷 2008：12-13）のであるが，福祉職採用の精神衛生相談員は，繰り返すことになるが大阪府にその例をみるように，公衆衛生行政の中に福祉の視点をもたらすことになった。福祉職採用の精神衛生相談員が出現したことは，ソーシャルワーカーを制度上に位置づけることになった点で画期的といわれる（柏木昭 1993：13）。

序章で触れたが，相談員の数は，加藤（1969：43）の資料によると，1967（昭和42）年６月１日現在，５人以上のPSWの相談員を配置したところは，大阪（19人），東京（11人），愛知（10人），名古屋市（８人），川崎市（６人）であった。厚生省『昭和42年保健所運営報告』（厚生省 1968：150）によると，1967（昭和42）年12月末現在，全国で165人の精神衛生相談員（当時）がおり，その

第2章　改正精神衛生法をめぐる精神障害者施策と精神保健医療福祉実践

表2-1　精神保健福祉相談員配置状況

	都道府県（47）	特別区・指定都市・政令市保健所31
未　配　置	23	3
一部保健所に配置	12	4
全保健所に配置	12	24
専任者配置保健所数		
1人配置	23	15
2人配置	8	18
3人配置	2	5
職　　種		
福　　祉	166	110
心　　理	26	35
保健師	67	75
その他	18	29

注：1995（平成7）年に全国の精神保健福祉相談員会と全国精神保健福祉セ
　　ンター長会とで行った精神保健福祉相談員（専従者）の全国調査より。
出所：日本精神医学ソーシャル・ワーカー協会（1998）『改訂　これからの精
　　　神保健福祉　精神保健福祉ガイドブック』へるす出版。

うち，5人以上の精神衛生相談員を配置したところは，大阪（20人），愛知
（19人），東京（12人），福岡（10人），岐阜（7人），三重（7人），和歌山（6人），
兵庫（6人），北海道（5人），新潟（5人）であった。この場合は相談員の職
種は定かでないが，この数字は自治体の精神衛生（当時）に関する熱心さのあ
る程度の目安にはなるであろう（ただし，神奈川県はこのとき相談員は4人であ
ったが，この後，すぐれた活躍をした県であった）。なお，46都道府県のうち栃木，
群馬，石川，鳥取，徳島，佐賀の6県が非配置であった。

　配置後25年の1991（平成3）年現在の全国精神保健センター長会の調査によ
れば，調査に答えた全国804カ所（1992年現在，全国保健所および支所数は852カ
所）の保健所および支所に配置された精神保健相談員数は，合計368人であり，
そのうち，PSWの相談員は185人で，全体の50.3％にあたり最多であった。

　1995（平成7）年（相談員配置後29年）に全国の精神保健福祉相談員会と全国

61

精神保健福祉センター長会とで行った精神保健福祉相談員（専従者）の全国調査によると（日本 PSW 協会1998：92-93），相談員配置状況は表2-1のようになる。また，1991（平成3）年と1995（平成7）年の調査を比較すると，1995年には，職種として PSW の相談員は276人で全相談員526人（前回1991年は368人）のうち52.5％で，4年前の前回調査より福祉職が2.1％ほど増えていた。

　市町村に精神保健業務の社会復帰部門が移行した翌年の2003（平成15）年度（2003年4月現在）の県型保健所における常勤の精神保健福祉士は673人（県型保健所数は438カ所，全保健所数は582カ所）であったが，10年後の2013（平成25）年度は455人（県型保健所数は370カ所，全保健所数は494カ所）であった（厚生労働省大臣官房統計情報部 2015：8：厚生労働省社会・援護局障害保健福祉部 2013：1）。都道府県の保健所の統廃合と社会復帰業務が市町村に移行した現在，県型保健所の精神保健福祉士は今後も減少していくものと思われる。

保健所における精神衛生業務

　保健所の精神衛生業務を資料2-1に示す。

　精神衛生に従事する職員は，医師，精神衛生相談員，保健婦，医療社会事業員，衛生教育指導員がいる。神奈川県のように長く医療社会事業員として，PSW が配属されていた所もあれば，大阪府のように医療社会事業員との並立期がなく，医療社会事業員はそのまま相談員となったところもあった。主として活躍した職員は，常勤の場合は精神衛生相談員と保健婦であった。そして，非常勤であったが，嘱託の精神科医師の活躍は多大なものがあった。

　今後の精神保健福祉業務に求められるものとして，小出保廣（1999：58-59）は，精神保健福祉法下の精神保健福祉相談として，(1)病気の判断と対応を求めて相談にくるケースの処遇，(2)家庭内や社会的に問題を起こしているが本人が病気を理解しないので医療に結び付けられないケースの処遇，(3)社会復帰の問題への対応，を挙げ，(3)番目の業務が比重を増し，24時間対応のできる生活支援センターなどが必要になっているとしている。

　2015年現在は，保健所 PSW は，保健所において保健師も加わった精神保健チームの一員として位置づけられており，入院や，引きこもり，自殺などの特

第2章　改正精神衛生法をめぐる精神障害者施策と精神保健医療福祉実践

資料2-1　保健所における精神衛生業務について

1966（昭41）年2月11日　衛発第76号
都道府県知事宛　厚生省公衆衛生局長通知

　近年，精神衛生行政はとみにその緊要性を増して来ており新しい事態に即応した施策の必要性が強調されていたが，その実現を図るため，昭和40年6月30日法律第139号をもって精神衛生法の一部が改正され，また，これに伴って，保健所法において新たに保健所の業務として精神衛生に関する軸が明確に規定された。

　これは，公衆衛生行政の第一線機関である保健所に精神衛生業務を担当させることにより，地域における精神衛生行政の実効ある推進を期するものであって，特に今回の精神衛生法の改正の重点の一つである在宅精神障害者の把握とその指導体制の強化に関しては，保健所による精神障害者の訪問指導を中心としてその推進を図ることとしているのである。

　このような施策の進展にかんがみ，今般，別紙のとおり，「保健所における精神衛生業務運営要領」を定めたので，今後は，関係職員に周知徹底のうえ，これに基いて保健所における精神衛生業務の運営の充実を図り，精神衛生施策の推進に万全を期されたい。
（別紙）
　　　　　　　保健所における精神衛生業務運営要領
　保健所は，地域における第一線の業績機関として，精神衛生諸活動の中心となり，精神衛生センター，精神病院，社会福祉関係諸機関，施設等との緊密な連絡協調のもとに，精神障害者の早期発見，早期治療の促進及び精神障害者の社会適応を援助するため，相談および訪問指導を積極的に行うとともに，地域住民の精神的健康の保持向上を図るための諸活動を行うものとする。
第一　精神衛生業務の実施体制
1　事務処理
　精神衛生に関する業務は，原則として，保健予防課において取り扱うものとし，精神衛生係を設ける等，その事務処理体制の確立を図るものとする。
2　精神衛生業務担当者の職務内容と協力体制
　精神衛生業務を遂行するには，保健所全職員のチームワークが必要である。保健所長は，この業務を担当する医師（精神科嘱託医を含む。），精神衛生相談員，保健婦，医療社会事業員等のそれぞれの役割を明確にするとともに，その職務能力の苦情と相互の協力体制の確保に努め，保健所における精神衛生業務が適正かつ円滑に運営されるよう，特に次の点に留意すること。
　ア　企画に関する連絡調整
　　管内の精神衛生業務の推進計画，月別事務計画等の策定のため，所長および精神衛生業務関係者により構成される所内企画会議を開催する等の方法を講ずること。

63

イ　相談指導業務等に関する協力

　　相談指導業務等の適正かつ円滑な遂行を図るための相談指導業務担当者会議または関係者連絡会議を開催し，ケースの総合判定または処理の分担，相互連絡協力等について協議すること。

　　精神衛生関係業務に従事する職員の職務内容は，おおむね次によること。

(1)　医師

　　医師（精神科嘱託医を含む。）は，保健所における精神衛生業務の企画および総合調整を行うとともに，菅内における精神衛生に関する衛生教育，精神衛生相談員等による相談および訪問指導を指導監督するほか，自ら，相談・指導等を担当する。

(2)　精神衛生相談員

　　精神衛生相談員は，医師を主体とするチームの一員として，医師の医学的指導のもとに保健婦その他の協力を得て，面接相談および家庭訪問を行い，患者および患者家庭の戸別指導を行う。

　　また，管内における精神衛生の実態を把握するため，保健婦，衛生統計技術職員等と協力して，調査および集計を行い，その記録を整備保管するほか精神衛生指導基礎票の作成および整備保管を行うとともに，精神衛生相談票および精神衛生訪問指導票の整備保管を行う。

(3)　保健婦

　　保健婦は，精神衛生に関する相談指導業務にチームの一員として参加する。

　　保健婦業務遂行に当っては，精神衛生的配慮を行うとともに，その過程において発見した精神衛生に関する専門的な処理を要するケースについては，医師および精神衛生相談員に連絡し，適正な処理を行う。また，精神衛生相談員等と協力して管内における精神衛生の実態の把握に努める。

(4)　医療社会事業員

　　医療社会事業員は，精神衛生に関する相談指導業務にチームの一員として参加する。

　　医療社会事業員は，その業務の遂行に当っては精神衛生的配慮を行うとともに，その過程において発見した精神衛生に関する専門的な処理を要するケースについては，医師および精神衛生相談員に連絡し，適正な処理を行う。

(5)　衛生教育指導員

　　衛生教育指導員は，衛生教育を実施するに当たっては，精神衛生的配慮を行う。また，患者クラブ活動，地区組織活動の育成，指導等に当っては，医師，精神衛生相談員等と密接に協力する。

第二　精神衛生業務の実施方法［略］

殊な事例に対応することになっている。社会復帰業務は完全に保健所の精神保健福祉相談員の手を離れてしまった。

2011（平成23）年4月現在，全国の全保健所は495カ所（県型は373カ所）であり（日本精神保健福祉連盟 2012：2），竹島正（2012：7）によると「精神保健福祉法によってほぼ一元的に進められてきた精神保健福祉は，法律の事務分掌をもとに，保健（健康づくり）と障害者福祉等で分離して扱われるようになり，さらに介護保険法，自殺対策基本法，児童虐待防止法，発達障害者支援法等を加えて，さまざまな法律を所掌する部門の中に，分散して存在する時代を迎えている」という。

Y 問題（Y 事件）

Y 問題は，保健所の精神衛生相談員（当時）や日本精神医学ソーシャルワーカー協会が直面した業務の本質にかかわる事件であった。

1973（昭和48）年の日本精神医学ソーシャルワーカー協会第9回大会（横浜）において，問題が提起された。1969（昭和44）年に保健所と精神衛生センターの PSW が本人に会うこともなく，家族の話だけで，警察の応援を得て，未成年者の同意入院であるにもかかわらず，両親の同意が得られないまま，Y さんを精神科病院に強制的に入院させた事件であり，当事者の Y さんが PSW の加害性と専門性を告発した事件であった。

もう少し具体的にいうと，大学受験で両親と対立していた息子 Y さんについて，両親が市の精神衛生センター（当時）に相談に行ったところ，担当したワーカーは「勉強部屋を釘付けにして1週間ぐらいこもっていたことがある」とか，「バットを振り回して暴れることがある」といった相談の言葉のみで，Y さんに直接会うこともなく精神障害と判断して，入院前提で病院や保健所などとの連絡調整を行い，警察官立会いのもとで家庭訪問が行われ，その結果，Y さんが強制入院となったという事件である（日本精神保健福祉士協会事業出版企画委員会 2004：37）。

大会はこの問題の評価をめぐって紛糾し，以後機能停止に至って，1982年の「札幌宣言」でその機能を回復させることとなった。札幌宣言とは「対象者の

社会的復権と福祉のための専門的社会的活動の推進」をする福祉専門職として
PSW 自らを位置づけた宣言であった（日本精神保健福祉士協会事業出版企画委員
会 2004：43-44）。

　Y 問題については，佐々木敏明（2010）は，精神衛生法改正によって制度的
に位置づけられた精神衛生相談員が，その役割期待に応えようとして，クライ
エントの悩み，苦しみを受け止めることから出発しなかったところにその原因
があると考えている。筆者はそれもあろうがそれよりも，医師の診断を事前に
入れなかった PSW の初歩的なミスであると考えている。どのような事情があ
ったとしても，当事者を入院させなければならないかどうかは，医師の診断に
任せるべきであったと考える。体制が十分整っていない状況に置かれた新しい
職種の悲哀といえるのかもしれない。

4　地域における精神保健医療福祉実践

　本節では日本の5つのベスト・プラクティス（先進的活動）について紹介し，
この頃から芽生えた地域活動の変遷と特徴をたどりたいと思う。

　この認定は，1999年に WHO・WAPR（世界心理社会的リハビリテーション学
会）の合同選考委員会で認定されたものである。世界から150余りがノミネー
トされ，最終的にアフリカ5カ所，アジア15カ所，オーストラリア・ニュージ
ーランド7カ所，ヨーロッパ22カ所，カナダ14カ所，アメリカ合衆国15カ所，
南アメリカ5カ所の合計83カ所が認定された（認定調査に約5年間を要した）。

　日本では，①北海道の帯広ケアセンター，②埼玉県のやどかりの里，③東京
都の JHC 板橋，④群馬県の境町保健所，⑤和歌山県の麦の郷が認定された。

　なお，ベストプラクティス賞の選考基準となる精神科リハビリテーションの
傾向は，(1)脱施設化への対応，(2)コミュニティを基盤とした精神保健福祉シス
テム，(3)クラブハウスモデルの発展，(4)当事者重視のサービス提供の4点であ
るとされている。

　本書では，①の帯広ケアセンターは，他に比すと実践の歴史が新しいという
こと，④の境町保健所は保健婦を中心とする生活臨床実践を行っていたところ

であるということで割愛し，ソーシャルワーカーの関与している残り3カ所，埼玉県の「やどかりの里」，東京都のJHC板橋，和歌山県の「麦の郷」と，近年特にその活動が注目されている「べてるの家」について紹介する。

やどかりの里

① 沿 革

やどかりの里は，ホームページ（2017.8.10）によれば以下の沿革をもつ。

・1970（昭和45）年に埼玉県大宮市七里（現，さいたま市見沼区風渡野）で中間宿舎として活動開始し，2年後に大宮市（現，さいたま市見沼区）中川に移転して，機関紙『やどかり』を創刊した。1973年に社団法人となり，翌年調査研究部門（現，「やどかり研究所」）を設置して1977年に出版事業を開始し，家族会も発足した。1979年に雑誌『精神障害と社会復帰』（現，『響き合う街で』）を創刊した。

・1981（昭和56）年に理事長に谷中輝雄が就任し，翌年に埼玉県よりはじめての助成金（年間50万円）がついた。

・1988（昭和63）年に「保健文化賞」を受賞して，1990（平成2）年に「やどかりの里授産施設」「やどかりの里援護寮」を開設した。

・1992（平成4）年に「キワニス社会公益賞」を受賞し，グループホームを設置，作業所「ドリームカンパニー」「あゆみ舎」を開設して，1993（平成5）〜1998年にかけて，「アトリエなす花」「食事サービスセンターまごころ」，作業所「喫茶ルポーズ」，福祉工場「やどかり情報館」，通所授産施設に「食事サービスセンターエンジュ」「浦和生活支援センター」を開設。

・1999（平成11）年に，心理社会的リハビリテーション学会の「世界の先進的リハビリテーション活動ベスト・プラクティス」に選ばれる。同年から2001年の間に，大宮東部生活支援センター」「大宮中部生活支援センター」，作業所「You遊」を開設した。

・2006（平成18）年に「やどかりの里後援会」発足して，2011年に公益社団法人に移行認定された。2012（平成24）年に「エンジェ」新築移転，第42回毎日社会福祉顕彰を受賞した。

精神病院の PSW をしていた谷中輝雄が，第 1 章で述べたように，1970 年に 3 人の退院患者とともに，外勤先の工場の 2 階を借りて，埼玉県大宮市に中間宿舎「やどかりの里」をつくったことに端を発する，先駆的な社会復帰の実践を行ってきた所である。

② 活動の特徴

「ごく当たり前の生活」を求めて始まった活動であった。やどかりの里ホームページ（2014.12.1）にあるように「効率だけが優先される社会ではなく，1 人ひとりが尊重され大切にされる社会を，そして，障害のある人も 1 人の市民として共に生きる街づくりをめざして活動している」という理念のもと，そこでは，だれもが対等で，尊重され，学びあい，話し合いに基づき創造的な活動を展開し，病気や障害があっても健康を守って暮らすこと，働くこと，活動することを大切にしているという。WHO の健康概念が意識されている。

麦の郷

麦の郷は，次々と障害，高齢者，若者，子ども向けの施設，機関，店舗を多角的に広範囲にわたって運営している。ここでは精神障害を中心に主だったものを記載する。

① 沿 革

・1977（昭和52）年に「たつのこ共同作業所」発足（無認可。同年共同作業所全国連絡会が 8 月 9 日全国障害者問題研究会全国大会〔名古屋市〕の中で結成〔加盟作業所数16ヵ所〕された）。

・1985（昭和60）～1988（昭和63）年に，障害児通園施設「こじか園」（無認可），知的障害者通所授産施設「くろしお作業所」，精神障害者のための共同作業所「いこいの家」，「はぐるま」共同作業所（無認可），知的障害者グループホーム「あいあいホーム」を開所し，1989年に社会福祉法人一麦会として認可された。

・1990（平成 2）年に，精神障害者生活訓練施設「麦の芽ホーム」，精神障害者通所授産施設「むぎ共同作業所」を開所し，翌年に麦の郷実践をまとめた『精神障害者・自立への道——和歌山からの報告』（東雄司編）をミネルヴァ

書房から出版。「麦の郷印刷部」が発足した。

・1993（平成5）年に世界精神保健連盟1993年世界会議（幕張メッセ）で麦の郷が紹介され，翌年に知的障害者通所授産施設「はぐるま共同作業所」が開所し，麦の郷障害者地域リハビリテーション研究所が設置され，共作連主催「精神保健国際シンポジウム」が埼玉と和歌山で開催されて，アメリカ，カナダ，イタリアと麦の郷職員がシンポジストとなった。

・1995（平成7）年に精神障害者福祉工場「ソーシャル・ファーム・ピネル」が開所（全国初）し，精神障害者地域生活支援センター「岩出地域支援センター」が開所した。麦の郷が第47回保健文化賞を受賞した。和歌山市精神保健福祉業務連絡会が結成された。

・1997（平成9）年に精神障害者地域生活支援センター「和歌山生活支援センター」が開所された。

・1999（平成11）年にホームヘルパー養成研修事業が開始された。

・2000（平成12）年に和歌山市生きがい活動支援事業（麦の郷高齢者地域生活支援センターで開始）。精神障害者地域生活支援センター「岩出生活支援センター」が社会復帰施設として認可。精神障害者地域生活支援センター「和歌山生活支援センター」社会復帰施設として認可された。麦の郷が世界心理社会リハビリテーション学会（WAPR）からベストプラクティスに選ばれた。

・2001（平成13）年に精神障害者地域生活援助事業「麦の郷第2社員寮」開始。労働部門の新たな開拓事業として紀ノ川農協と提携した店舗販売「風車」が本格化。精神障害当事者運営の共同作業所「えがお」が開所。「麦の郷障害者地域リハビリテーション研究所報」1号が発行された。

・2002（平成14）年に著作を出版し，精神障害者居宅介護事業（ホームヘルプ事業）が開始された。翌年に精神障害者地域支援生活援助事業「麦の郷第3社員寮」開始。日本精神神経学会精神医療奨励賞を受賞した。

・2004（平成16）年に日本地域福祉学会地域福祉優秀実践賞受賞。翌々年，精神障害者地域生活支援事業「麦の郷第4社員寮」開始。

・2007（平成19）年には，きょうされん30周年記念映画『ふるさとをください』のモデルとなり，翌年，第2次将来構想「笑顔と元気」麦の郷プラン

(2008～2012年）を決定。国際協力機構（JICA）研究施設として9カ国の発展途上国から障害者リーダーを受け入れ交流する。翌々年，自主訓練事業「結い」を開設。麦の郷の地域生活支援の実践のまとめを出版した。

② 活動の特徴

とにかく幅が広い。社会生活をするうえでハンディのある人すべてを対象にしている。しかも国際的視野をもっていて，大企業へと進む趣がある。その活動は，障害者，障害乳幼児，不登校児，高齢者の問題に取り組む総合リハビリテーション施設を目指し，障害者・家族との出会いの中で「ほっとけやん」（放っておけない）として市民が必要なものをつくり，行政機関・民間団体の協働ですすめてきた。

その特徴は，(1)障害種別をこえる，(2)子どもから高齢者までを支援する仕組み，(3)「地域に必要とされる・地域の誇り」の施設・事業（これはニンビズム〔not in my backyard，施設コンフリクト〕との戦いでもあった。地域には様々な福祉要求があり，障害者・高齢者への支援を求めている。地域に役に立つ施設であれば地域の財産，地域の誇りとして支援が広がるという理念のもと，地域の高齢者福祉のためのセンター，施設を開設した），(4)障害者スタッフの活躍「半分の障害者が，半分の障害者を支える」，(5)経済的自立，生活保護の返上，納税者として，(6)麦の郷の労働支援，である（以上は2017年8月10日のホームページから抜粋）。

JHC 板橋会

JHC 板橋会は，その創始者の一人，寺谷（2008：17）によると，「予防・治療・リハビリテーションを焦点としたコミュニティ精神医学としての社会精神医学に立脚した，コミュニティケアチームの一員として，独自性の発揮を期待され果たしてきた。その実践の道程で一貫して探究してきたことは，精神障害者のニーズを，人間に共通する社会的条件として普遍化して捉えた地域生活支援の方法と統合システムづくりであった。その地域生活支援とは，精神障害者が直面する課題に挑戦し，安心した自立生活を営めるようにする『個別支援』と，その過程を通して支え合いのネットワークを形成し，ともに生きるまちづ

くりの『環境形成』を目指すものであった」という。コミュニティソーシャル
ワークの実践である。以下，2017年8月10日のホームページから抜粋する。

① 沿　革

・1983（昭和58）年にJHC板橋運営委員会発足。精神障害者共同作業所開設準
　備委員会が設置された。翌年にJHC大山作業所が開設され，翌々年にJHC
　志村作業所開設，夜間ケア「夕暮れクラブ」「友遊倶楽部」が開設された。

・1988（昭和63）年にJHC赤塚作業所が開設され，1990（平成2）年にJHC
　秋桜作業所開設，夜間ケアが板橋区精神障害者地域自立援助事業として許可
　された。1991（平成3）年にJHCいずみ作業所が開設され，1992（平成4）
　年にクラブハウス「サン・マリーナ」が開設，板橋区精神障害者ソーシャル
　ハウスが事業許可，夜間ケア「秋桜CLUB」が開設され，板橋区区政60周
　年記念「地域福祉活動に対する感謝状」を受賞した。1993（平成5）年に社
　会福祉法人設立準備室設置，財団法人読売光と愛の事業団「福祉活動奨励
　賞」を受賞，財団法人東京キワニスクラブ「第27回キワニス社会功労賞」を
　受賞した。1994（平成6）年にグループホーム「レヂデンス虹」が開設され
　た。

・1995（平成7）年世界保健機構・WHOベスト・プラクティス（先進的活動）
　と認定され，翌年社会福祉法人JHC板橋会設立。ピアサポートネットワー
　クセンター「ハーモニー」が開設された。翌々年に精神障害者通所授産施設
　社会就労センター「プロデュース道」が開設，精神障害者地域生活支援セン
　ター「スペースピア」が開設された。

・2001（平成13）年にあっせん型障害者雇用支援センター事業「ワーキング・
　トライ」が開設され，翌年に障害者就業・生活支援センター「ワーキング・
　トライ」に更改し，5カ所の作業所が小規模通所授産施設の許可を受け法人
　へ移行した。翌々年にJHC板橋会創立20周年にあたり板橋区より「感謝状」
　を授与された。

・2006年に障害者自立支援法施行により，レヂデンス虹は「共同生活援助」，
　スペースピアは地域活動支援センターⅠ型に移行，「あんしん賃貸支援事業」
　となる。翌年に「退院促進コーディネート事業」（東京都委託事業），「障害程

度区分認定調査」（板橋区障害者福祉課委託事業），「プロデュース道」自立支援法「就労移行支援事業」へ移行，精神障害者へのアンチスティグマ研究会「第4回精神障害者自立支援活動賞（リリー賞）」を受賞した。

・2009（平成21）年度に障害者保健福祉推進事業（障害者自立支援調査研究プロジェクト）（厚生労働省委託事業）を始め，寺谷隆子が（JHC板橋会理事）「第13回糸賀一雄記念賞」を受賞した。

② 活動の特徴

社会精神医学の影響を受け，クラブハウスモデル⁽⁶⁾から出発している。地道な活動を，地元と強く結びつきながら（地元の保健所のディケアにスタッフが参加したりして）着実にコツコツ積み上げてきた感じがある。

べてるの家

べてるの家は，ホームページ（2017年8月10日）によると1984年に設立された北海道浦河町にある精神障害等をかかえた当事者の地域活動拠点である。社会福祉法人浦河べてるの家，有限会社福祉ショップべてるなどの活動があり，総体として「べてる」と呼ばれている。そこで暮らす当事者たちにとっては，生活共同体，働く場としての共同体，ケアの共同体という3つの性格を有しており，100人以上の当事者が地域で暮らしている。

① 沿 革

べてるの家は1978（昭和53）年に回復者クラブどんぐりの会の有志メンバー数名が浦河教会の旧会堂を拠点として活動を始めた。1983（昭和58）年，浦河日赤病院の精神科を退院した精神障害を体験した回復者数名が，浦河教会の片隅で昆布の袋詰めの下請け作業を始め，1984年に当時浦河教会の牧師だった宮島利光氏から，「べてるの家」と命名された。現在では，精神障害だけでなく，様々な障害をもった当事者が活動に参加している。2009（平成21）年に社会福祉法人となった。

② 活動の特徴

・「地域のために，日高昆布を全国に売ろう！」

べてるの家の歩みは，様々な悪条件を好条件とし活かしてきた歴史から生ま

れた。社会的な支援体制の乏しさや地域経済の弱体化が，精神障害をかかえ
ながら生きようとする当事者自身の生きづらさと重なり合ったとき，「地域
のために，日高昆布を全国に売ろう」という起業の動機につながった。

・べてるの家の理念

　三度の飯よりミーティング，安心してサボれる職場づくり，自分でつけよう
自分の病気，手を動かすより口を動かせ，偏見差別大歓迎，幻聴から幻聴さ
んへ，場の力を信じる，弱さを絆に，べてるに染まれば商売繁盛，弱さの情
報公開，公私混同大歓迎，べてるに来れば病気が出る，利益のないところを
大切に，勝手に治すな自分の病気，そのまんまがいいみたい，昇る人生から
降りる人生へ，苦労を取り戻す，それで順調，といった独特のユーモアあふ
れる理念がある。

・施設

　◇就労サポートセンターべてる：就労移行支援，就労継続支援 B 型，生活
介護　◇ニューべてる：日高昆布製造，グッズ制作，販売　◇カフェぶらぶ
ら　◇べてるセミナーハウス：製麺，環境清掃，リサイクル　◇生活サポー
トセンターべてる　◇精神障害者地域生活援助事業　◇グループホーム：べ
てる，フラワーハイツ，潮見ハイツ，ぴあ　◇共同住居：おざき荘，レイン
ボー，リカハウス，みかん，などがある。

　べてるは，既述のように生活共同体，働く場としての共同体，ケアの共同体
という 3 つの性格を有しており，100人以上の当事者が地域で暮らしている。
認知行動療法を取り入れた「当事者研究」はユニークでかつ，ほかでも取り入
れやすい。

　以上のほかに，地域には多くの優れた実践のあることを付言しておきたい。

5　大阪府の精神障害者施策と精神保健医療福祉実践

明治・大正・昭和初期の保健・医療・社会福祉行政

近代国家の形成に向けての殖産興業，富国強兵が当時の日本の国策であった

ので，日本における近代医学はそれに対応する医学をどう発展させるかという，行政の側から求められる労働力の向上や国民育成の視点が強かった。

　永岡正巳（2010：3-4）によると，鎌倉仏教の医療救済や宣教師の活動にみられるように，伝統的な慈善・救済の視点からの医療もあったし，開業医による治療もあった。しかし，最も大きな比重を占めていたのは軍人医療（軍人のための医療）であった。明治時代には，鎮台による「鎮台病院」（鎮台とは，1871年〔明治4年〕から1888年〔明治21年〕まで置かれた日本陸軍の編成単位をいう）の開設，大日本帝国陸軍・海軍によって開設された「衛戍病院」等の軍病院，陸軍省所管の廃兵院によって開設された「傷病軍人療養所」などがあった。そして，明治初期の大阪には，江戸時代から続く都市下層社会が多く，また雑業層や農村から都市に流入してくる人々も多く，加えて1880年代からは近代的な工場労働者の貧困問題や労働問題が浮上し，1888（明治21）年に大阪慈恵病院ができる頃には，南の長町（名護町）あたりを中心としてスラムが形成され，1900（明治33）年頃には内国勧業博覧会を契機に，移動させられて形成された釜ヶ崎のような集中して貧困者が住む地域が出現していたという。

　このことと無関係ではないであろうが，明治初期の医療活動は，社会問題としてとらえられる患者の問題に対して多様な事業を存在させていた。感染症，特に娼妓の性病治療として1900（明治33）年には府立難波病院，娼妓健康診断所ができた。この中では，ソーシャルワークにつながるような援助活動もみられたという。なお，1889年に大阪の堺において岡村平兵衛が自宅でハンセン病の援助を始めた。産業革命期の1907（明治40）年には大阪で公立の療養所，外島保養院ができた（永岡 2010：5-6）。

　1928（昭和3）年，大阪市港区に最初の小児保健所が開設されて，乳幼児の健康管理を主な目的として相談事業を開始し，保健婦と呼ばれる家庭訪問巡回員が巡回相談を行った。1930（昭和5）年，大阪朝日新聞社会事業団がボランタリーの組織として，公衆衛生訪問婦協会を設立して，保良せきを中心にして日本で最初の地域訪問事業を開始した。彼女たちには社会事業従事者としての役割があった（加納 2013：84）。

　1937（昭和12）年，旧保健所法の公布により保健婦事業も社会事業的なボラ

第2章　改正精神衛生法をめぐる精神障害者施策と精神保健医療福祉実践

ンタリー活動から保健所の組織下に吸収されていった。

　大阪府では，1937（昭和12）年に府立社会衛生院を開設し，日本で初の公立保健婦養成機関が発足したが，のちに府立厚生学院となった。また，大阪府には，1932（昭和7）年から，ラジオ給付金による結核を中心とした健康相談所が設置されて，そこには保健婦（当時）が勤務していた。そして，1939（昭和14）年から衛生行政を所管していた警察部に籍を置き，母子保健指導をしていた乳幼児および母親保健指導員がいた。この両者を1947（昭和22）年に公布された新保健所法の下で少しずつ整備されてきていた保健所へ統合・吸収させていった（大阪府公衆衛生協会 1989：4）。

　なお，全国的には1947（昭和22）年の保健所法の中に医療社会事業が規定され，翌1948年には東京都杉並保健所に MSW が設置され，MSW が暫時保健所へ，保健所から医療機関（逆の場合もあった）へと広がっていった。

改正精神衛生法成立前後の大阪の保健・医療・社会福祉行政

　大阪の精神医療も，京都と同じく民間療法の活動から始まったが，大阪の医療機関の中で最も設立が遅かったのは精神科病院であった。公的医療機関では，東京府の癲狂院（後の巣鴨病院，松沢病院）開設の動きに比べると，精神病院法成立までは公立のものはなかった（中宮病院〔現，大阪精神医療センター〕が1926〔昭和元〕年に設立されたが，それまでは一般病院に併設されていた）。大阪府の明治期に設立された民間病院には1886（明治19）年設立の私立回春病院附属大阪癲狂院（現，山本病院はこの流れをくむ），1892（明治25）年設立の私立大阪癲狂院（ここから1931年に患者を引き継いだのは，現，坂本病院）等があった（永岡 2010：5-6）。なお，1599（慶長4）年に大阪府泉南郡熊取町で精神障害者の保護，治療を始めた本多佐内の浄見寺は現在の七山病院となった（加納 2013：28）。

　第2次世界大戦中は食料の確保の問題があって大阪府の病院は5〜6カ所が存続していたのみであった。国の施策によって，戦後30年代後半から40年代前半まで精神科の病院が大増設されていった。この頃，梅田に浮浪者の診療所があり，精神科診療が行われその近くに精神病院の車が待機しており，入院と決

75

まればそのまま病院に連れていくことがしばしば行われていた。1945（昭和20）年代以降は，統合失調症（当時は精神分裂病）などの精神病者に加えて，精神科病院（当時は精神病院）の入院の対象者はヒロポンなどの覚せい剤中毒者となった（しかし，大阪府立中宮病院では，1930年代にはすでに覚せい剤中毒者を入院治療していた）。戦時中の軍需工場や，特攻隊（相手に対して体当たりなどの攻撃を行う特別攻撃隊）などで使われた覚せい剤（用いると，死の恐怖を免れた）が終戦で街に流出した。需要にこたえるため大阪府の茨木市や高槻市の山の中で密造が始まり，日本国内に覚せい剤の中毒者が蔓延した。取り締まりが厳しくなると減少していった。その後，高度成長期で酒が売れ出し，消費量に並行してアルコール依存症者が増えて，精神科病院がその治療を引き受けるようになった（矢内純吉 2008）。

　1946（昭和21）年，大阪府に予防課が設置され，府立の羽曳野病院（現，大阪府立病院機構大阪はびきの医療センター）に MSW が配属された。1948（昭和23）年には保健所法の改正に伴って豊中保健所に医療社会事業係（員）が1人配置された。1950（昭和25）年の精神衛生法の施行に伴い1951（昭和26）年に同じく豊中保健所に MSW（医療社会事業員）が1人配置された。1952（昭和27）年に精神衛生相談所（現，大阪府こころの健康総合センター）が設置され翌年に業務が開始された。1961（昭和36）年には，成人病センター，公衆衛生研究所，精神衛生相談所に10人のソーシャルワーカーが配置された。1965（昭和40）年にライシャワー事件を挟んで精神衛生法が一部改正され，1966（昭41）年に精神衛生相談員が20人（1人は非常勤相談員），保健所に配置された。1974（昭和49）年に6保健所が複数配置になった。このときの保健所数は支所を含めて24カ所であったが，その後の増加を経て1992年には支所も含めて28カ所，相談員数50人であった（大阪府精神保健相談員会 1992：101-102）。しかし，1990年代後半からの保健所の統廃合の結果，2015（平成27）年5月現在，大阪府保健所数は12カ所であり，保健師も加わった58人の精神保健福祉相談員のうち福祉職は37人である。

　なお，1949（昭和24）年には，全国に先駆けて，大阪精神衛生協会（現，大阪精神科病院協会）が設立された。趣意書には，日本の再建には精神衛生の諸

施設の拡充が最も必要なものの一つであると記されていた（長尾喜八郎 2005：95）。1955（昭和30）年3月には，協議会活動による精神衛生の啓発，普及運動を目指して自主的な団体として大阪府精神衛生協議会が誕生した。当時の大阪府精神衛生相談所長竹中政男が世話人代表であり，世話人には民間と行政の精神科医，教師，社会福祉協議会や施設の社会福祉実践者，家庭裁判所技官など，7名が勤めていた（本岡一夫 1986：130）。多方面からの参加であった。以後，精神衛生相談所と表裏一体となって，いわゆる公民一体方式で精神衛生思想の啓発，実践，発展に努めたという（大阪府精神保健福祉協議会事務局 2005：29）。また，同じ昭和30年頃，当時の大阪府衛生部長古野秀雄は，府立の精神衛生研究所の設立を知事に要望したが，結局は公衆衛生研究所に包含されたという（矢内 2005：82）。大阪府では，すでに改正精神衛生法の成立以前，昭和30年代前後から，精神衛生分野に医療に加えて，福祉，心理，教育，司法も含めた多方面の人たちの参加のもと，積極的な動きが始まっていた。

　精神障害者家族会については，大阪府では，1970（昭和45）年に大阪府精神障害者家族連合会の前身である家族会が結成された（大阪府精神障害者家族会連合会ホームページ）（全国組織である全国精神障害者家族連合会は1965〔昭和40〕年に誕生したが現在は解散している）。

6　社会福祉職としての大阪府保健所精神衛生相談員

　本節でも，保健所PSWおよびその業務を当時の呼称で表していることがある。社会福祉職としての大阪府保健所精神相談員の動きを，大阪府精神保健相談員会（1992）や，大阪府保健所精神衛生相談員会総括（1974-1983）をもとに，述べていく。

医療社会事業から精神衛生相談業務へ

　1948（昭和23）年，保健所法改正に伴い，第2条第6項「公共医療事業の向上及び増進に関する事項」によって，大阪の衛生行政の中に「福祉」が導入された。Aクラスの保健所であった豊中，八尾，富田林の各保健所に4課17

係制を設置し，その普及課に既述のように医療社会事業係を配置した。このうち，豊中保健所は厚生省からモデル保健所としての指定を受け他の保健所のリーダー的位置にあった。1958（昭和33）年7月に「保健所における医療社会事業の業務指針」が出された。3保健所のうち八尾，富田林では医療社会事業係は空席となり，残る豊中では1965（昭和40）年の精神衛生法の改正で，1966年に担当者が精神衛生相談員となった。保健所以外の動向は，1955（昭和30）年に結核療養所の羽曳野病院（現，大阪府立病院機構大阪はびきの医療センター）に医療社会事業相談員が1人配属された。1959（昭和34）年に成人病センターが開所したときに2人配属され，翌年には府立病院（現，大阪府立病院機構大阪急性期・総合医療センター）に1人の医療社会事業員が配属された。

　なお，1958年，日本医療社会事業協会大阪支部に4人のワーカーと柴田善守と本出裕之の指導・協力により倫理研究グループが発足した（永岡 2011：56）。柴田・本出は社会福祉の研究者であった。

　1953（昭和28）年に大阪府精神衛生相談所が開設されたが，そのとき2人のPSWを置いた。その人たちが少しずつ増えて1960年頃から週に何回か各保健所へ出かけて行って，地域での精神衛生相談を担当していた。それと並行して，府立公衆衛生研究所に精神衛生部が設置され，1961（昭和36）年，医師や心理担当者とともにPSWが置かれた。国立精神衛生研究所と同じように，一課に3職種2人ずつで，3課あったので計6人の精神科医，6人のCP，6人のPSWが配置されることとなった。

　1964年7月に，精神衛生審議会はその答申において，在宅精神障害者の把握とその指導体制の強化の必要性を強調し，「現在，在宅精神障害者の指導については，ほとんど見るべき措置がとられておらず，そのため早期発見，早期治療を，果たし得ず，また退院した者の社会復帰が阻害されている」から，「精神衛生相談員を，管内の実情に応じて，適正数配置すべき」と述べている。

　こうして，1965（昭和40）年の法改正により，「精神障害者に関する相談，訪問指導業務を，公衆衛生活動の第一線機関たる，保健所の業務とするとともに，精神衛生に関する業務に従事する職員」の規定として新設されたのが，精神衛生相談員制度（法第42条，第43条）であった。精神衛生相談員は，精神衛

第**2**章　改正精神衛生法をめぐる精神障害者施策と精神保健医療福祉実践

生に関する訪問指導，相談業務に専門的に従事する職員であって，精神科ソーシャルワーカーのほか，医師，保健婦，看護婦，心理専攻者，社会福祉専攻者のうちから，所定の講習等を経て，都道府県知事が任命したものであった。

　なお，精神科医の小坂英世は，精神病院は受動性があるとしたうえで，保健所からの保健指導を受けても，精神障害者は現状では依然として遠くの精神科病院を訪れざるを得ないので，保健所の訪問指導は精神科病院の受動性をカバーできない。そして改正精神衛生法による保健所からの訪問指導の制度化により，精神科病院からの訪問指導の制度化は見送られたとして，保健所相談員の設置には否定的であった。保健所相談員の活動を公衆衛生の視点でみていたからである（小坂 1966：63-64）。

　前述の経緯を経て誕生した保健所の精神衛生相談員であったが，任意設置であったし，身分・業務が不明確，不安定等，内容的には当初より多くの問題をはらんでいた。法律による身分については，前節で説明している。

　ここでは，大阪府精神保健相談員会（1992）や，1976（昭和51）年度の大阪府精神衛生相談員会資料に依拠しながら，相談員会活動を次のように第1期から第5期以降にまとめた。

第1期：相談員会活動の前史としての1970（昭和45）年以前

　児童（特に障害児）を中心として業務を行った時期であった。

　ここでは，高度成長期の中で，国民生活の形態・機能の変化が医療問題を国民的課題として浮かび上がってくることに触れ，精神医療の技術的発展（これは向精神薬の効果などを含めていると思われる）が，地域での精神障害者の生活を可能にし，地域精神医学会も設立されて，「社会問題としての精神衛生」が登場してきた時期であることを指摘している。そして，この状況の中で誕生した保健所精神衛生相談員は，「保健所という機構が相談員を受け入れるべき基盤を持ち得ていないという不安定さの中で，幾多の試行錯誤を繰り返すことになる」としている。事実そのとおりであった。そして相談員会設立以前は，障害児を対象とし，医療保障を主たる業務としたとしているが，相談員の中には，明らかに生活保障を意識して障害児業務を行った者もいた。ただ，この時期は

79

「相次ぐ地方自治体の社会福祉としての相談員制度の廃止は，保健婦の参加を見ない大阪府の独自性と相まって，依るべき立場をいっそう不安定にし，制度と業務のあり方を求めて，多くの課題と多くの実践を残した」という言葉にあるように，自他ともに，なぜ，何を，どうしたらよいかを試行錯誤した時期であった。

第2期：1970（昭和45）年相談員会設立から1974（昭和49）年まで

児童を離れた相談員活動の試行錯誤の時期であった。

「高度経済成長の行き詰まりが深い影響を落とし始めた。生活にかかわる住民運動が開花し自治体は洗礼をうけることになる。精神科医療は社会問題としての精神衛生のあり方をめぐって混迷を深めてくる」として，児童から一般にと相談員が職域を広げ，医療保障から生活保障へと本来的な視点をもった活動が展開されていくことを述べている。そしてグループワークが一部の保健所で開始され，対象者が障害児から統合失調症者，アルコール依存症へ拡がってきたが，保健所業務としての評価はまだ高くはなかったと述べている。

この頃，相談員制度確立へ向けての取り組みとして，森永ヒ素ミルク問題（1972年，森永ヒ素ミルク中毒被害児の精神衛生実態調査実施），相談室の定着化，業務研究，その他の事業，増員要求などの運動が課題であった。

そして，1974（昭和49）年度から相談員複数化計画がスタートし，それに見合うだけの内容を必要として，ここに相談員研修体制の体系化が課題となったとしている。業務内容，専門性の向上のための研修体制の体系化を行おうとしていた。

以下に，例として，1974（昭和49）年度の相談員会総括（案）をまとめてみる。

◆1974（昭和49）年度

1974（昭和49）年度の相談員会資料によると，1966（昭和41）年の保健所に精神衛生相談員（以下，相談員と表記する）を配置後，1972（昭和47）年までは定着率が悪く，3年ごとに全員が入れ替わっていた職種であった。8年目の1974（昭和49）年に6カ所

の保健所（特別都市対策）に複数配置があり，堺市の保健所にも相談員が配置されたので，相談員の合は計30人を越した。

昨年度の相談員会合宿から業務検討委員会が発足した。また，保健師（当時は保健婦）精神衛生相談員資格取得問題が起こっていた。

研修については，現任研修は実現されなかったが，新人研修については制度化した。大阪市に，過去4年間保健師の資格取得のための実習を引き受けてきたのに，なぜ精神衛生活動が始まらないのかという要望書を大阪府保健所の精神衛生相談会として提出した。

この頃，3人のスーパーバイザー配置の話が出たが，相談員会としては，スーパーバイザーの配置よりも増員を望んだ。

この年の12月に，「大阪府精神衛生相談員現任訓練制度」が提示された。高知県の方式（集中研修方式）を取り入れたものであった。

第3期：1975（昭和50）年から1980（昭和55）年

相談員会活動の社会化の時代であったとしている。アルコール問題関連対策，成人精神障害者対策の定着時期でもあった。

1975（昭和50）年6月5日に，公衆衛生局精神衛生課長より「保健所における回復途上にある精神障害者社会復帰事業実施要領（案）」に基づき，昭和50年6月23日から25日まで厚生省において研修会が開催された。

1975（昭和50）年7月8日衛発第374号により厚生省公衆衛生局長より，保健所における精神衛生業務中の社会復帰相談指導についての通知が正式になされ，保健所における精神衛生業務中の社会復帰相談指導実施要領が定められ，「回復途上にある精神障害者の社会適応を図るため保健所における精神衛生に関する業務の一環として，社会復帰に関する相談指導を積極的に推進し，回復途上にある精神障害者の社会復帰の促進を図ること」が目的であるとされた。

こうしたことを背景に，1975（昭和50）年の保健所内の業務形態の集団化の作業方向が進み，特にアルコールに関しては地域的対策へと広がりをみせてきた。アルコール専門病院の開設（1977〔昭和52〕年），地域での専門家と自助グループが手を携えてアルコール対策を考える組織の組織化，断酒会，酒害者家族の会などが相談員業務として新たに展開してきた時期であった。この時期は，医療保障から生活保障へと視座が確定してきた時期でもあった。また，保健師

の相談員資格取得（1980〔昭和55〕年度には有資格者が70％を超えた）によって，
「社会福祉職としての相談員が保健所に必要か」から「保健所でいかにあるべ
きか」に変化してきた。つまり，医療の立場の精神衛生相談員の誕生により，
社会福祉の相談員はあるべき社会福祉の立場で業務が行えると考えたからであ
る。しかし，実際は，精神保健に関する実務はこの後も長く社会福祉の相談員
が担うことになる。

　成人精神障害者対策としては，府営福祉住宅への入居制度（1974〔昭和49〕
年），職業訓練校への入居制度（1977〔昭和52〕年）などが始まった。そしてこ
の頃は，精神科医療においても，在宅ケアのあり方を巡って問題が噴出し，保
健所がクローズアップされることになる。精神科病院，福祉事務所，患者およ
びその家族，地域住民の要求・期待に全面的に対応しなければならなくなった
時期でもあった。

　行政には，デイケアセンター，精神衛生センターの設置問題も生じてきた。
　またこの時期には，精神衛生相談員業務を保健所業務とするべく，理解を求
めて，保健所所長会との会合を始めた時期でもあった。そして業務の中では，
覚せい剤中毒問題が登場してきていた。相談員の定着化に伴って，昇任・昇格，
産休代替要員などの問題も生じてきていた。業務処理の方法に関しては，1979
（昭和54）年度は，業務処理にコンピューターが導入され，母子事業は市町村
へ移管された。この期にすでに，府保健所の市町村への業務移管が始まってい
る。

　相談員の業務の質に関しては，研修制度の中の事例検討会などで，困難事例
が検討されたことは，様々な問題を共有することになり業務の質の向上に役立
った。全国の流れとしては，1980（昭和55）年に全国精神衛生相談員会が設立
された。

　以下に，1975（昭和50）年度と1979（昭和54）年度の精神衛生相談員会総括
（案）を例示してみる。

第2章 改正精神衛生法をめぐる精神障害者施策と精神保健医療福祉実践

◆1975（昭和50）年度

　この頃は地方財政の危機が生じていたが，支所が1カ所創設され5保健所が1人増員になった。精神衛生相談所に3保健所の相談員が兼務となった。23保健所4支所で計40人の相談員となった。堺市の3保健所の相談員も相談員会に加入した。

　増大する住民ニードに対応して，業務は広範囲，多岐にわたるようになった。社会復帰集団援助保健所が指定され，保健師の精神保健相談員資格取得講習が始まった。

　月報の充実が図られ，各保健所での具体的業務の相互紹介や各地域の社会資源調査，精神神経医療機関調査が行われた。

　相談員は「なぜしんどいか」が語られた。

ア．地域資源が貧しく病院資源が重要な役割を担うが，病院医療の体質が収容中心から治療的方向へ変化していく中での，病院間の質的多様化を生ぜしめている。

イ．疾病の慢性的推移をたどる傾向からくる下層化，沈殿化を生じさせ，援助において生活を支え，生活の拡大を図る必要性があると言える。しかし，従来，公衆衛生制度は，下層階級を対象層としてはいなかった。

ウ．精神障害者層及び家族のニードの個別化，多様化の中で，社会における精神障害者像や古い行政施策の体質が残留している。

エ．量的増加傾向

　一度，保健所の援助を受けると相談員への依存関係が生じる。

オ．家族のニード，本人のニード，近隣のニードの間に入って，心理的緊張を生む。

カ．精神障害者及び家族，医療機関を目の前にしたとき，何かしてあげたいとヒューマニズムと責任感に無力感が伴う。

キ．医師による診断を待つことになるが，医療ルートに乗せるとき，それまである程度の目安を立てる必要がでてくる。総合病院入院か，精神科病院入院か，あるいは通院か，良い治療関係を持てそうな病院の医師は誰かなど。

ク．緊急医療体制の不備

ケ．人権の問題

　以上であった。この頃の保健所精神衛生相談員が置かれていた状況が，手に取るようにわかる具体的な内容である。

　業務検討委員会では，

・大阪府保健所における精神衛生業務運営要領の作成計画。

　厚生省の昭和41年2月11日衛発第76号厚生省公衆衛生局長通知「保健所における精神衛生業務運営要領」を素材とする。

83

・共通の最低限度の業務の明確化。

・相談の問題別手引書の作成，公衆衛生課監修とすることを計画。

・資格をとった保健婦との共同作業の取り組みを明らかにし，相談員独自の業務が論理的に確立できればと考えている。

といったことが検討され，意欲的に相談員の業務の基盤を強化しようとしていた。

なお，1976（昭和51）年9月から，研修制度が整い，新人訓練（第一期，第二期，第三期），現任訓練（コース別研修），全体研修（社会福祉講座，定例全体業務研修会，ブロック研修）があり，継続性も保障されることとなった。相談所の当該担当者および，相談員会の中での研修検討委員会が中心となってまとめた案を主管課が採用し実施するという，きわめて望ましい形の研修制度の誕生となった。

実施内容は以下のようであった。

新規採用の精神衛生相談員と現任研修の中では，社会福祉講座が実施された。

事例研究の内容は，ア．生活問題の危機的場面における応急処置，イ．生活基盤を強化する諸活動，エ．生活能力の発達のための活動，オ．施策への提言と協力などを深めていくことが必要であるとされていた。相談員設置後9年目にして，相談員の業務の方向を危機介入，生活基盤強化の諸活動，生活能力の発達のための諸活動，施策への提言，とまとめている。

なお，1976（昭和51）年には，有志の病院（光愛，紀泉，泉州病院。後に参加病院は増加した）によって，大阪地域精神医療を考える会が発足し，「開放化，アフターケア，リハビリを考える病院を増やそう」という考えのもと，活動を始めた（今道裕之 1986：146）。保健所 PSW はこうした病院とは良き協働関係が築けた。

◆1979（昭和54）年度

月報委員会が業務改善委員会になり，今年度の課題として増員問題，産休長欠代替要員，権利問題，その他昇任・管外主張・相談室整備・予算関係・転勤などの問題が課題として取り上げられた。

この頃，以下のような困難事例が検討された。

(1) 暇つぶしに福祉事務所と保健所に毎日来所する50歳のアルコール依存症者が引き起こす職員間トラブル，そのことから相談員業務の範囲が問われた。

(2) 1年ほど前に相談があり前任者が受診勧告をしていたケースで，再び母親が飛び込み来所。嘱託医とは話のできないまま相談員が家庭訪問したが，対処が進まないうちに，傷害事件を起こしてしまった。

このことから，

・往診に嘱託医に行ってもらえないので，医療上必要な次の行動がとれない。

・家族教室，当事者会（酒害者，統合失調症者），その他事業の多い中で飛び込みケースが多く，考える余裕がない。

・2人の相談員がいても1人職種であるかのようでお互いに話し合う時間がない。

・ケースの緊急性判断，ケースワークの限界性論議が時間の関係でできないので，相談員の不安感が増大（以下は筆者補記：保健師には保健師長がいる。相談員には上司はいても業務が相談できる，あるいは指示を仰げる上司がいない）。

などが問題点としてより強く浮かび上がってきた。

　嘱託医に関して補足すると，筆者は嘱託医とよく家庭訪問に行っていたので，この嘱託医に関する発言者はたまたま，家庭訪問しない嘱託医と業務することになったのだと思う。筆者の知る限りでは，おおむね保健所 PSW と嘱託医の関係は良好で，嘱託医は非常に協力的であった。

第4期：1981（昭和56）年から1987（昭和62）年まで

保健所精神保健業務の外に向けての展開の時期であった。

　1981（昭和56）年，相談員の5割以上が一度に転勤した。これまでは，転勤希望，新設保健所などへの最低限度の異動であったので，15年間，1カ所の保健所で勤務していた者もいた。これ以後，5年をめどに転勤する体制ができた。

　1981（昭和56）年9月に社会適応訓練事業（以後，社適事業と略称）が始まった。保健所再編の動きも出てきた。

　社適事業の開始によって，精神障害者共同作業所も委託対象になったので，作業所づくりが進んだ。また，社適事業の対象者は，当初はグループワーク経験者を前提（後に，前提にしなくなった）にしていたので，グループワークが盛

んに行われるようになった。グループ交流会も，1976（昭和51）年から始まり，グループ参加者の交流範囲を広げ，視野を広げることに役立った。保健所における家族懇談会も社適事業所を当面の目標とした家族会へと再編されていった。

1982（昭和57）年，みとい作業所から始まって，次々，社適事業の委託となる作業所がつくられていった。社適事業の果たした役割は大きいものがあった。

図2-1，2-2は相談件数と訪問延件数を挙げたものである。どちらも増加が著しいが，特に訪問延件数は相談員が2人制になってからその増加が著しい。

アルコール（症者の支援）対策も，1981（昭和56）年にはじめて，外来診療所が開設された。専門医療機関が遠距離のところでは酒害者家族教室が開始され，近距離のところでは，酒害者家族教室関係機関が集まった酒害者対策懇談会がつくられていった。認知症（当時，痴呆性）老人相談事業は，1983（昭和58）年頃から開始されて年々増加してきた。

第5期以降

精神保健法ができてからとなる。

このように，保健所に社会福祉の相談員が必要かどうかという自問自答から始まって，各自がそれぞれ対象と格闘した時代（2期），そしてその結果を共通認識として保健所相談員間で一般化していった時代（3期），次に，外に向けての活動も意識的に合わせて展開していった時代（4期）に分けることができる。保健所相談員の意識としては，1970，71（昭和45，6）年頃までの必要性論議，それ以後1978（昭和53）年頃までのあり方論議，それ以降の専門性論議があった。そして，1980（昭和55）年度の大阪府精神衛生相談員会総括（案）では，自分たちのしんどさを「公衆衛生的側面（いわゆるばい菌退治）を中心に成立している保健所に，「福祉的」側面（サービス）を導入しようとしたところからくる当然の問題としてみることができるし，今後も起こるであろう」と自分たちの立ち位置を位置づけ，場当たり的解決では対処できないと結論し，政策に助けられた部分も大いにあるが，外へ向けての活動を展開していった。

第2章 改正精神衛生法をめぐる精神障害者施策と精神保健医療福祉実践

図 2-1 保健所における精神保健相談 相談延件数

出所：大阪府精神保健相談員会（1992）『こころ・大阪・25年——大阪府保健所精神保健業務25周年記念誌』69頁。

図 2-2 保健所における精神保健相談 訪問指導延件数

出所：大阪府精神保健相談員会（1992）『こころ・大阪・25年——大阪府保健所精神保健業務25周年記念誌』69頁。

7 改正精神衛生法をめぐる精神障害者施策と精神保健医療福祉実践の変遷

　本章では，第1節に日本の精神障害者施策と精神保健医療福祉実践を挙げ，施策をめぐる動きとして改正精神衛生法制定以前の動向について述べた。第2

節では脱施設化に向けての改正の動きは出ていたが，ライシャワー事件の発生によって精神衛生法の中に治安的・保安的色彩が生じたこと，しかし，改正精神衛生法施行後，日本政府の要請によって来日したクラーク博士による勧告によって，社会復帰制度・施設の進展は著しく，1970（昭和45）年に「精神障害回復者社会復帰施設」，1974（昭和49）年に「デイ・ケア施設」，1979（昭和54）年には「精神衛生社会生活適応施設」の運営要綱が示され施設対策は充実していった（日本精神保健福祉士協会事業出版企画委員会 2004：30-45）こと，また精神科病院の側の地域志向の動きが進展していたこと，等について述べた。

　第3節では保健所に配属可能になり，Y問題などでその存在の根底を問われる事態に直面しながら，公衆衛生領域に着々と，地域精神保健医療福祉実践の実績を積み上げていった保健所精神衛生相談員（当時）の全国的な状況について述べた。

　第4節では，日本のベスト・プラクティスの現場実践について述べた。

　第5節は，大阪府の精神障害者施策と精神保健医療福祉実践について述べた。大阪府に限定しているが，明治・大正・昭和初期と，改正精神衛生法成立前後の保健・医療・社会福祉行政について述べた。歴史の流れを知ることは現状の理解に役立つからである。大阪の民間の社会福祉活動には目覚ましいものがあり，1900（明治33）年頃には，ソーシャルワークにつながる援助活動もあったのではないかといわれている。大阪の精神科病院の地域に向けての動きにも目覚ましいものがあった。第6節では，社会福祉職としての大阪府保健所精神衛生相談員の実践内容とプロセスについて述べた。社会福祉と発想の異なる公衆衛生分野で，如何にその業務を展開してきたかについて相談員会記録をもとに述べた。1980（昭和55）年度の相談員会総括（案）は，自分たちのしんどさを「公衆衛生的側面（いわゆるばい菌退治）を中心に成立している保健所に，「福祉的」側面（サービス）を導入しようとしたところからくる当然の問題としてみることができるし，今後も起こるであろう」と自分たちの立ち位置を位置づけ，場当たり的解決では対処できないと結論して，「引き受ける覚悟」を決めて，外へ向けての活動を展開させていった（その後の，政策に助けられた部分もおおいにあるが）経緯がよくわかる内容であった。

注

(1) 当時の警視庁技師。精神病院行政にかかわっていた。

(2) 厚生事務次官通知：患者48人に医師1人（一般病院の3分の1），患者6人に看護師1人（一般病院の3分の2）という特別な基準。

(3) 田中英樹は精神保健福祉を3つの転換期に分けている。第1の転換期は，1900（明治33）年の精神病者監護法から1919（大正8）年の精神病院法までの，ほぼ20年間である。「治安モデル」の時代であった。第2のパラダイム転換期は，第2次世界大戦後の1950（昭和25）年精神衛生法の制定から1965（昭和40）年精神衛生法の大幅改正に至る約15年間である。「医学モデル」が中心で，その補完的役割を「公衆衛生モデル」が担うこととなった。精神障害者の管理は，「結核管理」の手法にならって公衆衛生の役割とされた。第3のパラダイム転換期は，1988（昭和63）年の精神保健法施行をはしりとして，1995年の精神保健及び精神障害者福祉に関する法律への改称・改正によって現在進行中である。2005年から2008年の間に早ければ第4の転換期が確立するであろうと述べていた。

(4) 大熊一夫は1981年に『ルポ・精神病棟』（朝日文庫），1988年に『新ルポ・精神病棟』（朝日文庫）を出版して，精神科病院問題にとりくんだ。

(5) 1984年に，その前年に栃木県宇都宮市の報徳会宇都宮病院で看護師らによる暴行で患者2人が死亡したことが明らかになった事件。日本の精神科医療の悪しき実態が，国際的な批判を浴びることになり，精神保健法の成立の契機となった。

(6) クラブハウスモデル：ここではJHC板橋に関連して述べる。JHC板橋は，ニューヨークにあるファウンテンハウスの活動をモデルにした，日本で最初のクラブハウス，「サン・マリーナー」を1992年に開設した。

　　ファウンテンハウスは，1948年精神障害者自身がつくった自助グループから発展し，1950年代にビヤード（Beard, J.）が，重度の精神障害者のために，現在ファウンテンハウスで行っているさまざまな独自のリハビリテーション・プログラムの基盤をつくりあげた。1977年，国立精神保健研究所の特別基金で，職員研修プログラムが始められ，アメリカの各地でファウンテンハウス方式のクラブハウスが設立されるようになった。今ではアメリカだけでなく，世界で約30カ国，400カ所以上のクラブハウスがつくられている。日本精神保健福祉士養成校協会編（2012）『精神保健福祉の理論と相談援助の展開Ⅱ』中央法規出版，pp. 328-329.

第3章
大阪府保健所精神衛生相談員を中心とするインタビュー調査

　本研究において，改正精神衛生法の時代の保健所精神衛生相談員業務がどのような経過と要因をもって展開されてきたかをみるため，第2章第6節の資料調査に加えて，大阪府を中心とする現・元保健所相談員たちにライフ・ヒストリー法によるインタビュー調査を実施した。本章では，ライフ・ヒストリー法とナラティブ分析に関する説明を含むインタビュー調査の概要と分析方法等について述べる。

1　研究対象とデータ収集の方法

研究対象としての大阪府保健所 PSW
　研究対象は，改正精神衛生法の時代に大阪府の福祉職（技術職の一部門）の採用試験に受かって大阪府の保健所に精神衛生相談員（当時）として採用された人たちである。当時大阪府では，受験資格は大学卒であれば専攻を問わなかったので，必ずしも，大学時代に社会福祉を学んだ人たちだけではなかったが，着任後は，ソーシャルワーカーとしてのアイデンティティをもって勤務した人たちである。

調査対象者の選定条件
　地域精神保健医療福祉の開拓期のソーシャルワークの研究対象として，改正精神衛生法当時の大阪府保健所精神衛生相談員を選んだのは，彼らが，地域精神保健医療福祉実践の先兵として，地域精神保健医療ソーシャルワークを根づかせた人たちであったからである。

91

インタビューそのものは，2007年2月から2013年10月にかけて行った。改正精神衛生法時代に，後述する業務経歴の中堅期，ベテラン期を迎えている大阪府の元・現相談員13名に加えて，当時の状況をできるだけ詳しく知るために，大阪府下の精神科病院勤務であったPSW2名，主管課の管理職1名，他府県の元保健所精神衛生相談員2名に対して行った。そして，さらに詳しく地域と保健所の現状を知るために，大阪府の元・現保健所精神保健福祉相談員2名に対してもインタビューを行った。13名（結果をデータとして使用したので，調査対象者と呼ぶ）にその他の人7名（結果を考察の参考にしたので，調査協力者と呼ぶ）を加えて，本研究の面接協力者は総計20名になった。13名の相談員のうち，記録の不具合1名と資料提供辞退2名，計3名を除いたデータ10名分を使用した。あとの7名の語りは，その貴重な語りを考察時の参考にさせていただいた。なお，予備調査として，2007年に大阪府保健所相談員1名に対してインタビューを2回行った。

　調査対象者は，改正精神衛生法ができて最初に保健所に配属された初期の頃（＝開拓期前期）の人3名，初期に入るがまったくの初期ではなく，2人目の配属（＝開拓期後期）の人1名，その後の，少し保健所精神衛生相談員業務が落ち着いてきた頃（＝定着期）の人6名，計10名であった。なお，開拓期等の時期の分類に関する説明は第3節で行っている。

　大阪府下4ブロック（大阪府では，府下を北摂，京阪，中，南の4ブロックに分けていた。別に東大阪と堺があるが，東大阪市は1984年より，堺市は1974年より独自に活動している）の状況を知るために，なるべく各ブロック均等にインタビューができるように計画したが，インタビューへの同意が得られなかったこともあり，調査対象者は，いずれも，連絡がとれインタビューに応じ研究発表に同意をいただいた人たちとなった。

　調査対象者の属性は表3−1である。

データ収集方法
①　インタビューの期間・場所・回数・時間
調査対象者へのインタビューの期間は2007年2月から2010年3月までであっ

第**3**章　大阪府保健所精神衛生相談員を中心とするインタビュー調査

表3-1　調査対象者10名

性　　別	女	男	女	女	男	女	女	女	男	女
PSW 歴（年）	18	36	33	36	12	48	39	44	25	6
SW 歴（含 PSW 歴）	27	36	36	36	12	48	39	44	25	6
インタビュー時間（時間：分）	1:30	2:10	2:20	1:32	0:30	4:55	2:07	1:33	1:10	1:58

注：PSW 歴の勤務年には，保健所勤務に加えて，PSW としての大阪府保健所以外の部署と民間の常勤勤務
　　も含む（月数計算は，半年以上は繰り上げ）。SW 歴は PSW 歴を含む。

た。場所は，調査対象者の職場の一室であったり，調査者の職場（研究室）で
あったり，比較的人の少ないホテルのロビーであったり，喫茶店であったりし
た。回数はおおむね1回であったが，1回では話が終わらず，2回に分けて実
施した人が2名いた（調査協力者を含めると4名であった）。1回当たり記録時
間は1時間から2時間，長い人では1名だけであるが記録時間が4時間55分に
及んだ人もいた。平均すると1人当たり1時間57分であった。

　すべて，IC レコーダーを用いて録音した。

②　インタビューの内容

　インタビューは，業務，業務環境，PSW の3項目を中心とした半構造化面
接によって行った。調査の目的の説明の後，基本的属性に関する質問から始め
た。具体的には，以下にあるようなインタビューガイドに沿って時系列的に質
問を行った。

(1)行ってきた業務について

　どのような業務を，どのようにして，何を目的に，どのような職種と行って
きたか？　など。

(2)職場環境を含む業務環境について

　研修，相談員会，保健所，大阪府，昇任・昇格などについて。

(3)PSW について

　なぜ PSW になったか，依って立つ理論は，PSW 観は？　など。

③　調査者と調査対象者の関係

　インタビューは，全員に対して，1人の同一人物（本書の筆者）が行った。

93

筆者もまた,「はじめに」で述べたように大阪府保健所相談員としての職歴を持っている。6年間,大阪府の精神科病院にPSWとして勤務の後,8年間保健所で相談員として勤務し,その後,10年間大阪府の研究所にPSWとして在籍した。研究所には精神科クリニックがあったので,週1回はクリニックのPSWとして勤務した。

筆者の保健所勤務は,1974（昭和49）年からである。保健所相談員たちの業務が,6カ所で2人制になる頃にその仲間入りをした。したがって,病院勤務の頃には遠くから見ていた感じであったが,この頃から,相談員たちの思いや経験を共有してきた。相談員が自ら企画し実行した研修の具体案づくりにも参加した。つまり,筆者（調査者）は調査対象者たちの多くにとっては,旧知の間柄で元同僚であった。このため,おそらくは他の人には言わなかったと思われる事柄も多く語られていたように思う。

2　ライフ・ヒストリー法

改正精神衛生法の時代を経た保健所精神衛生相談員へのインタビュー調査の分析・考察は,ライフ・ヒストリー法に基づき,ナラティブ分析を用いたので,まずライフ・ヒストリー法について説明する。

ライフ・ヒストリーの特性

ライフ・ヒストリーは歴史学・人類学の分野ではすでに市民権を得ており,社会学の分野では市民権を得つつあり,学際の学である社会福祉学の分野でも市民権への参入を表明してきた。

ライフ・ヒストリーの特性を理解するために,川又俊則（2002：29-32）の記述を主たる参考として,それぞれの領域のライフ・ヒストリーを用いた研究を概観してみる。

まず,人類学におけるライフ・ヒストリーの研究であるが,内部者の視点からその文化をみることは,人類学の専門家とライフ・ヒストリーを提供した人々の,長い間の明白な目標の一つであった。

第3章　大阪府保健所精神衛生相談員を中心とするインタビュー調査

　人類学のフィールドワーカーたちは，対象として選択した文化の重要な出来事がどのようにして起こったかというだけではなく，ある人物の人生において起こったそれぞれの出来事に実際に立ち会い，参加，説明したいという思いをもっているという。しかし，実際にはこの理想は実現がほとんど困難である。フィールドワーカーが持ち帰るのは，観察された出来事の記録と，インフォーマント（被調査者）によるその記述と説明であり，さらに観察できなかったことがらのより多くの記述であるという。極端にいえば，人類学的データの大部分は伝記的であり，共同制作的であるといえる（Langness, L. L. & Frank, G. 1981=1993：44）。

　次に歴史学においてであるが，歴史学の扱う範囲は広いが，文献資料だけでなく，近現代を対象とした場合は口述資料を用いた研究も多い。この場合は，中村伸子（1989：51-67）は，「文献資料が利用できない研究分野における歴史的事実の確認」と「文献資料に頼ってきたこれまでの研究とは異なった視点から歴史を見ることによって新たな問題を提起し，研究テーマや研究対象の拡大を促す」という2点に価値を見出している。

　庶民の歴史であるといわれる民俗学では，庶民の生活史の聞き取りを多く行ってきた。ただし，民俗学はこうした性格上，個人が排除され，生活の部分が強調された（小池淳一 1989：20-31）。

　教育学あるいは教育社会学では教師のライフ・ヒストリー研究が多い。ここでは，ライフ・ヒストリーは「人々が語る生活のストーリーにより，アイデンティティの本質にかかわるような『大きな』問いへの回答を探ることが可能であると信じ，またそうした問いへの返答が示唆するものにより，社会生活のすべての側面が研究できると信じている」と述べられている（山田浩之 2001：2）。

　そして，ライフ・ヒストリーの特性は，「ライフ・ヒストリーが最適であるのは多くの概念，直感やアイデアを生み出すための探索的な方法として用いられる場合であり，それは現場と状況のレベル，歴史的な構造のレベル，同じ領域の内部，そしてほかの領域との関係の分析においてである」と述べられている（山田 2001：15-16）。

ライフ・ヒストリー法の視座

　文化人類学の分野では20世紀前半にフィールドワークの方法を確立したが，それは，民族集団や地域集団を対象としており，インフォーマントは，その個性を消して，集団の代表として記述された。しかし，社会の近代化，都市化，価値観の多様化などで，数人の聞き取りを代表としてとらえることは困難になってきたこと，コミュニティが解体して多様な集団に分解してしまっていることなどにより，ライフ・ヒストリー研究が注目されるようになった。つまりライフ・ヒストリー法は個人に焦点をさだめて，個人の生涯を通してその人を取り巻く社会をみるという方法である（Langness & Frank 1981=1993：219）。

　また，山田（2001：17）は次のように言っている。「経験モデルでは，人生の様々な段階でアンケート調査を行い，異なる世代で変化した回答を過程と見なす。しかしこの手続きでは空白が生じてしまう。ライフヒストリーはこの空白を埋めることができる」。

谷と共同執筆者による「ライフ・ヒストリー」についての共通理解

　谷富夫（1996）によると，ライフ・ヒストリー法は，ライフストーリー・インタビュー法による質的調査である。その編著「ライフ・ヒストリーを学ぶ人のために」における谷と共同執筆者とのライフ・ヒストリー法の共通理解は，以下のようなものである。

①　個人の生活構造（あるいは生活世界）に焦点を当てる。

②　異文化を対象とし，それを人間行動の動機に遡って内面から理解しょうとするとき，より効果を発揮する。

③　人生の一時期，あるいは一生，さらには世代を超えた生きざまをも対象とし，そこで展開される生活構造の変遷や，世代間の文化の継承・断絶などを長いタイム・スパンで探究する。

④　個人のみならず，マクロな組織，制度，システムも視野に入れ，個人史，社会史，主観的世界と客観的世界，これらの連動関係を把握しようとする。

⑤　データとしてのライフ・ヒストリーには代表性や客観性が欠けるとの批判があるけれど，個別を通して普遍にいたることは可能であり，個性記述

の蓄積を通して類型構成への道がひらかれている。

⑥　ライフ・ヒストリー等の質的データと量的＝統計的データとの相互補完によって，より豊かな研究成果を生み出すことができる。

⑦　ライフ・ヒストリー調査の可否は，調査対象者とのラポール（信頼関係）にかかる部分が大きい。

⑧　ライフ・ヒストリー調査では，調査者と調査対象者との長時間にわたる双方向的なコミュニケーションが行われるので，そこでは調査対象者が自らの語りで自らを癒し（カタルシス），自らの生の意味づけを再確認する（自己反省），といった事態が生じる。同時に，調査者自身の自己反省の機会ともなりうる。

⑨　マイノリティ・グループの声をすくい上げられる。

⑩　ライフ・ヒストリー調査によって得られた結果の公表にあたっては，プライバシーが侵害されることのないよう，調査対象者を匿名・仮名で表す等，倫理的観点からの慎重さが要求される（谷 1996：ⅲ〜ⅳ）。

谷富夫は，「ライフ・ヒストリーは『生活史』と訳されるが，『地域史』や『社会史』と同じ意味で用いられることもあるので，そのまま，ライフ・ヒストリーと用いられることが多い」として，自らもカタカナ表記を用いている。そして，「ライフ・ヒストリーは生活記録の下位概念に位置付けられ得るが，時間的パースペクティブが決定的な特色であると同時に，生活研究の方法としてニュートラルであるので，特定の研究分野を選ばない」としている。

　「ライフ」と「ヒストリー」の間の中黒点の有無については，シカゴ学派の紹介には「なし」が多いが，谷富夫および，日本オーラル・ヒストリー学会の設立趣旨では中黒点「あり」で用いている。本書では原則として中黒付きで用いるが，原典・原著の表記を優先する。

ライフ・ヒストリーとライフ・ストーリー

　マン（Manns, P. J. & Chad, K. E. 2001）を引用しながら，田垣正晋（2008：71）はライフストーリーとライフヒストリーを厳格には区分できないとしながらも，ライフヒストリーは対象者の語りのほかに日記や手紙，重要な他者の証

言などいろいろな資料に基づいて，当該の申請の史的事実を重視するのに対して，ライフストーリーは，対象者の語りに焦点を当てて，その人物の経験的解釈を重視するといえるとする。このような区分は一定の支持を得ているという。

「ライフ・ヒストリー」と「ライフ・ストーリー」の違いについて，金子絵里乃（2009：50）は「ライフ・ヒストリーとはインタビューや資料や文献などを素材に，ある時代を生きた個人の一生（個人史）を社会史と照らし合わせながら第3者が記述して再現したものであり，個人の歴史的側面やその背景にある社会的側面にスポットがあてられている」といい，一方「ライフ・ストーリーは，人生においてターニングポイントとなるような体験について個人が語ったストーリーを指し，個人の主観的な体験的側面に目をむけている」といっている。しかし桜井厚（1993：96）のいうように，「主体のなまの声」を伝えようとしている点では，両者は共通する要素をもっているといえる。

図3-1にあるように，江頭説子（2009：80）によると，ライフ・ヒストリーの現状は，3つのライフ・ヒストリーと2つのライフストーリーが存在する。3つのライフ・ヒストリーは①実証主義，②解釈的客観主義，③対話的構築主義によるものであり，2つのライフストーリーとは，④構造主義（エスノ社会学的パースペクティブ），⑤社会構築主義によるものである。桜井はライフ・ヒストリーの③の対話的構築主義であり，谷富夫は①の実証主義である。実証主義者の谷（1996）は，既述のようにライフ・ヒストリーは，ライフストーリー・インタビュー法による質的調査であるという。

なお，ライフストーリーについて解釈的客観主義の立場をとっているブルトー（Bertaux, Daniel）は，ライフストーリーを繰り返し行うことによって，それぞれのケースの個別の実態を超えて，仮説を確認し，調査者によって洗練されたモデル，つまり，一般性の価値をもつモデルの飽和にいたることが可能になる（Bertaux, D. 1997=2003：31）という。こうして，日常のプロセスの根底にある社会構造的関係のパターンを明らかにしようとした。

類似の用語の整理

江頭（2009）によると，オーラルヒストリーは歴史学で一定の市民権を得て

第3章　大阪府保健所精神衛生相談員を中心とするインタビュー調査

図3-1　ライフ・ヒストリー／ライフストーリー

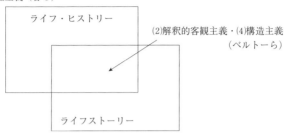

(1)実証主義（谷ら）
(2)解釈的客観主義・(4)構造主義（ベルトーら）
(3)対話的構築主義・(5)社会構築主義（桜井ら）

出所：江頭説子（2009）「社会学とオーラル・ヒストリー」法政大学大原社会問題研究所『人文・社会科学研究とオーラル・ヒストリー』80頁より筆者作成。

おり，ライフ・ヒストリーは社会学で市民権を得つつあるという。これらに加えて，ライフ・ストーリーは心理学で市民権を得つつあるといえる。そして，オーラルヒストリーには日本では，政治史，生活史，労働運動史の三大潮流があるが，オーラルヒストリーという名称を使い定義をしているのは，政治史だけである。生活史ではライフ・ヒストリーと表現し，労働運動史では聞き取り，聴き取りと表現している（江頭 2009：86）。加えて，オーラルヒストリーの目的は歴史的再構成にあり，ライフ・ヒストリーの目的は，構造主義は社会構造的関係のパターンを明らかにするためのデータの一つであり，社会構築主義は〈いま―ここ〉で語り手と聞き手の相互行為によって構築されるストーリーそのものに焦点を当て，社会現象を理解・解釈する共同作業に従事することにある（江頭 2009：92）という。

　金子（2009：47-48）は，デンジン（Denzin, K. N. & Lincoln, Y. S. 2005：651-671）を引用して，「ライフ（life）」は「人生における体験」，「ストーリー（story）」は「行動や出来事についてのまとまった話」，「ケース（case）」とは「出来事と人・集団の行動や体験」，「ヒストリー（history）」とは「起きた出来事（歴史）」，「ライフ・ストーリー（life story）」とは「人生の全体あるいは部分についてのストーリー」，「ライフ・ヒストリー（life history）」とは「インタビューや文書などをもとに記述された個人史」，「ケース・スタディ（case study）」

とは「理論化や一般化を目的に単一あるいは複数のケースを分析したもの」で，「ケース・ヒストリー（case history）」とは「出来事や社会の歴史的過程」「パーソナル・ヒストリー（personal history）」「インタビューや会話をもとに記述された個人の人生」をいい，「オーラル・ヒストリー（oral history）」とは「ある出来事の因果についての回想」であるとしている。

ライフ・ヒストリー法を採択する理由

本調査は，日本における創世記の PSW たちの，ソーシャルワークを紡ぎだす過程を，調査対象者の個人史と歴史的背景に焦点を当てながら明らかにし，その推進要因を知り，でき得れば複数のワーカーに共有される，ソーシャルワークの核を見出したいと願ったものであった。

繰り返すことになるが，ライフ・ヒストリーは以下の特色をもつ。

①　ライフ・ヒストリーは，多くの概念，直感やアイデアを生み出すための探索的な方法として用いられる場合に最適であり，それは現場と状況のレベル，歴史的な構造のレベル，同じ領域の内部，そしてほかの領域との関係の分析においてである（山田 2001：15-16）。

②　ライフ・ヒストリーは，個人の「リアリティ」と過程に焦点を当てている。個人をその時代の歴史との関係でみること，そしてその時代の社会に現れた様々な宗教的，社会的，心理的，経済的な動向に個人がいかに影響されたかを検討することが可能になる。

③　ライフ・ヒストリー法は個人に焦点をさだめて，個人の生涯を通してその人を取り巻く社会をみるという方法である（Langness & Frank 1981=1993：219）。

したがって，本調査は，⑴探索的であるということ，⑵個人のリアリティと過程に焦点を当て，個人を歴史との関係でみていること，⑶は⑵と重なるが，個人に焦点をさだめて，個人の生涯を通してその人を取り巻く社会をみるという方法であるという理由で（個人の生涯ではなく，職業生活を通してであるが，ライフ・ストーリーは人生の一時期でも可である），ライフ・ヒストリー法の採用が適していると思われた。ライフ・ヒストリー法は，必然的にライフ・ストー

リーを内包するという立場に立つ。そして，ライフ・ヒストリーの中でも，図3-1でいえば，実証主義に極めて近い解釈的客観主義に視座を置くものである。

3　データ分析

分析は，ライフ・ヒストリー法のナラティブ分析を基盤にして，杉田論文（杉田穏子：2011）や，金子論文（金子絵里乃：2007），堀田論文（堀田香織：2009）などを参考にして行った。

ナラティブ分析

主に，ライフ・ストーリー分析に用いたナラティブ分析法について述べると，金子（2009）が，リブリッヒウ（Lieblich, A. et al. 1998）の*Narrative Research*を訳して，作成したのが表3-2である。

第5章では，ナラティブ分析のホリステック・フォーム分析を参考にして，調査協力者の業務に焦点を当て，どのようにそれが展開されてきたかを，時系列に沿って事例研究的に述べ，調査対象者の語る個人の体験から，その全体像を把握しようとした。第6章では，ナラティブ分析でよく用いられるカテゴリカル・コンテント法を参考にし，歴史的資料や文献を加味して，考察を行った。

データ分析の視座

①　語られたストーリーを個別に整理し，業務の展開過程（全体的な流れ）を個別分析し，次に比較分析すること，そして業務の展開過程を総合的に分析すること。これは保健所の中でどのように業務を展開させてきたかを把握するためである。

②　そのように業務が育ち，推進されてきた要因はあるのか，そして業務が育ち，推進されてきた要因があるとすれば，それはどのようなものであるか，施策も含めてまず業務の構成要素・要因を知り，そこから推進要因を導き出す。

③　どのような業務観・PSW観があったかを知る。

表 3 - 2　ナラティブ分析

分析方法	特　徴
ホリステック・コンテント分析法 (ホリスティック－コンテント パースペクティブ)	ライフ・ストーリー全体の内容に注目し，人生の変化や他者との関係，言葉遣いや態度などを分析
ホリステック・フォーム分析法 (ホリスティック アナリシス オブ フォーム)	ライフ・ストーリーの構造に着目し，ライフ・ストーリーの流れを分析
カテゴリカル・コンテント分析法 (カテゴリカル－コンテント パースペクティブ)	ライフ・ストーリーをもとに特定の個人や集団の置かれた状況や体験を構築
カテゴリカル・フォーム分析法 (カテゴリカル－フォーム アナリシス)	語り手がインタビューの中で多く使う言葉や話のスタイルを分析

出所：金子絵里乃（2009）『ささえあうグリーフケア──小児がんで子どもを亡くした15人の母親のライフ・ストーリー』ミネルヴァ書房，60頁をもとに筆者加筆。

④　改正精神衛生法時代はどのような時代で，大阪府行政はどのようなものであったか，公的機関での SW の存在意義も含めて，資料などを参考にして把握する。

データ分析の方法

　既述のように杉田論文，金子論文，堀田論文を参考してナラティブ分析を用いた。

　個別のライフ・ストーリーを中心にした，時系列的・縦断的な分析と，個別ではなく，全体の業務の推進要因を知るための，包括的・横断的な分析の両方を行った。

　具体的には，以下のような方法になる。

①　インタビューを行った順にデータを逐語記録化→コード化する。

②　コードを一定の話順ごとにまとめる→時系列の共通項目を抽出→個々人ごとに時系列に沿って整理する。

③　語りの構造化──②の個々人ごとに時系列に沿って整理したものを比較分析し，全体の流れの中でそれぞれの共通項目の特徴をとらえる。

④　分析課題の抽出とカテゴリーの設定──全データ（調査資料以外の文献資料も含む）を概観し，地域 PSW の形成に影響し推進した要因を見出すのに有効と思われた RQ（リサーチクエッション，分析課題）を抽出する→RQ に沿

って，データから該当の部分を取り出し，共通・類似するものをカテゴリー化する。

⑤　業務の推進要因を見出す。

⑥　２種類の分析方法による分析結果を執筆する。

第４章では，調査対象者10名全員のライフ・ストーリーのうち，改正精神衛生法時代の初期に保健所に勤務していた４名を選び出し，ライフ・ストーリーによる事例を作成した。

次に，調査対象者10名それぞれの時系列的な業務の進め方を比較検討して，全体の業務の流れと特徴を把握し，行政資料等と合わせて全体の業務の形成過程を分析・考察した。

第５章では，RQ に従って，カテゴリー化されたデータをもとに，保健所 PSW 業務の構成要素・要因を見出し，そこから推進要因を抽出した。そして，第６章は，第４章と第５章の考察を踏まえて，さらに本研究のテーマである改正精神衛生法の時代の保健所 PSW の形成過程と推進要因の基盤にある業務観・PSW 観を導き出し，その頃の保健所 PSW 実践を開拓型支援モデルと名づけて，その特徴を整理し，かつ改正精神衛生法時代の他府県・他領域の実践との関係について考察した。

なお，相談員業務の発展を次の５つの時期に分けた。開拓期，定着期，発展期，拡充期，変容期である。

開拓期は約10年で，前期と後期に分けた。開拓期前期は，1965（昭和40）年頃から1969（昭和44）年頃，開拓期後期は，1970（昭和45）年から1974（昭和49）年頃までを指す。

定着期も約10年で前期と後期に分けた。定着期前期は1975（昭和50）年頃から1979（昭和54）年頃，定着期後期は1980（昭和55）年頃から昭和1984（昭和59）年頃までを指す。

発展期も約10年で1985（昭和60）年頃から1994（平成６）年頃まで，拡充期は約５年で1995（平成７）年頃から1999（平成11）年頃までを指し，変容期は2000（平成12）年頃から現在までを指すものとしている（発展期の1987年に精神保健法が制定され，拡充期の1995年に精神保健福祉法が制定された）。詳述は第４

章第5節，第6節で行っている。

4　倫理的配慮とデータ分析の信憑性

倫理的配慮

　調査協力者に対して，調査の趣旨・目的・研究以外には使用しない旨，そしてインタビューは途中でやめることができること，ICレコーダーで録音した内容は研究が終了すれば破棄することを説明し，同意を得たうえで同意書を作成した。コード化した基礎データは調査対象者から確認を得た。

　そして，調査当時，筆者が所属した武庫川女子大学の研究調査倫理委員会の承認を得た（承認番号08-30）。記述にあたっては，姓名，機関・施設名，場所名を伏せ，個人が特定されることを避けた。

データ分析の信憑性

　ライフ・ストーリー／ライフ・ヒストリーなどの質的調査は，既述のように，①時間的パースペクティブを内蔵している，②全体関連的な対象把握を志向する，③主観的現実に深く入り込み，内面からの意味把握が可能であること，という特徴をもつ。

　谷（1996：12）によれば，「ライフ・ヒストリーは，個人のみならず，マクロな組織，制度システムも視野に入れて個人史と社会史，主観的世界と客観的世界，これらの連動関係を把握しようとする」「データとしてのライフ・ヒストリーには代表制や客観性が欠けるとの批判があるけれど，個別を通して普遍に至ることは可能であり，個性記述の蓄積を通して類型構成への道がひらかれている」ということである。

　この考え方によれば，本研究においても，公衆衛生の中で何もない未知の世界でいかにPSWを紡ぎだしていったか等について，ソーシャルワーク形成のパターンや時代背景の影響を知ることは可能となる。

　具体的には，本調査結果の個人のインタビュー結果のコード化については，調査対象者に基礎データを送付し内容の正誤について確認した。第4章，第5

第3章　大阪府保健所精神衛生相談員を中心とするインタビュー調査

章の部分については，質的研究における博士学位保持者3名および，質的調査の経験者2名と意見交換を行い，独善に陥らないように留意した。

第4章
大阪府保健所における地域 PSW の形成過程

　本章では，個々の調査対象者が保健所 PSW としてどのように過ごしてきた
かを，その語りをもとに関連資料も参照しながらライフ・ストーリー／ライ
フ・ヒストリーとしてまとめた。そして，個々のライフ・ヒストリーから個人
と全体の PSW 業務の実践過程を導き出し，最終的には全体の PSW 業務がど
のように形成されてきたかを分析・考察している。

　なお，各人のライフ・ストーリーから選んだ4つの語りをその頃の状況をリ
アルに伝えるものとして提示した。個人情報保護のため，事例としてその内容
のもつ意味を失わないように留意しつつ，ある程度の加工を施している。語り
の中の事例についても同様である。なお地域 PSW とは地域における精神保健
医療ソーシャルワーク，つまり，地域における PSW 実践をさしている。

　第1節から第4節までは，保健所の PSW 形成にかかわる改正精神衛生法の開拓期
（相談員配置後，約10年間）の時代に PSW 業務を開始した元保健所相談員4名の語り
をもとに，ライフ・ヒストリーを作成し事例として提示した。聞き取りは改正精神衛生
法の時代だけでなくその後のことも聞いている。改正精神衛生法の時代もその後の時代
を踏まえて分析するほうが，より正確な分析が得られるからである。

　調査対象者の「a．基本属性」「b．PSW 以前」「c．新人期」「d．中堅期」「e．
ベテラン期」「f．その他」「g．語りからみる調査対象者の PSW としての歴史」を時
系列に沿ってまとめた。そして，特に記載のないかぎり，新人期，中堅期，ベテラン期
は保健所 PSW 勤務を中心とする時期において，である。

　ここでいう新人期，中堅期，ベテラン期は，保正友子（2013：34-35）を参考にして，
保健所 PSW としての業務が新人期はおおむね5年以内を指し，中堅期は5年から15年
あたりを指し，ベテラン期は15年以上の経験の期間を指すことにする。SW としての他
歴がある場合は，新人期，中堅期を約半分に短縮して分類した。PSW としての保健所

107

以外の他歴の場合は新人期，中堅期を約3分の2に短縮して分類した。

　表記方法は，原則「　」は調査対象者の言葉，（　）は主として言語表現の補足，[　]は筆者のコメントである。また，文中の仮名は，保健所や一部の病院等を除いて，○○の後にアルファベットや数字をつけて表わしている。アルファベットは施設・機関・場所を表わし，数字は人を表わしている。アルファベットや数字は一事例のみ共通である。そして，それぞれの事例の名前は，すべて仮名である。敬称，敬語は省略している。順番は，開拓期の藤田ふみさん，星山ひとみさん，剛力由紀さん，陣谷まりこさんとなっている。すべて女性である。なお，文中の「対象者」は精神衛生相談員（当時）の業務対象者で，主に精神障害をもつ人を指す。

1　改正精神衛生法時代に大阪府保健所に勤務したPSWの語り
——藤田ふみさん

a．基本属性
大学で社会福祉学を専攻。

b．PSW以前
・就職
　「引き揚げ者だった」「世の中の不条理を感じてた」「（福祉へは）迷い込んだようなもの」「（大阪府の試験を受けて通ったが，本格的採用まで長らく待たされたので）内定者はほとんどが待ちきれず離散」「待ち期間は無給」だったが，「保健婦長の受ける精神衛生研修などが受けれた」ので，「一人だけでそうした研修を受けた」「アルバイトよりも研修を優先したのが後々良かった」「精神衛生の意味がわからんかった」ままに，「（精神衛生部のK研究所）児童課へ配属，建物ができていなかった」という状態で大阪府での仕事を始めた。

・社会福祉専攻
　「社会福祉専攻は慈善的なものだった」「中2のとき新聞で見た養護施設の職員の印象がすごく良かった」「私は可哀そうがり」「その職員のところに手紙を書いた。自分も何かしたいと」「お小遣いからお菓子送ったりした」という福

祉専攻へのレディネスはあったが、「○○_a大の福祉に入って、これは違うと思った」という。

c. 新人期（1960年代初　他機関勤務）

・戸惑いつつ前進

　最初に配属されたK研究所では、「やるべきことがわからない」「5年間自閉症を中心とした情緒障害児の研究の周辺にいた」「コミュニティ関係で、私がやりたいということはやらせてくれた」「自閉症の子どもは薬漬けだった」「診察をそばで見ていた。家族面接もさせてくれた」という経験をした。

・湧き出る疑問

　そのうちに、「医療だけ受けて子どもの生活がないのはおかしいと思った」「課長に普通の幼稚園とか保育所に行けないのかと聞いた」「課長が疑問に応えてくれ、知り合いの経営する保育所に連れて行ってくれた」「（そこで）障害児をとってくれることとなった」という。［疑問に応えて、動いてくれた課長も良い上司であった。］

・学校へ働きかける

　「小学校の児童の精神衛生についての小さな調査をした」「学校の先生は背景を見ていない」「（その頃は）学校の先生は子どものことで会いたいと言えば、一切拒否だった」「学校が部外者との連携を考える時代ではなかった」「（学校の先生への働きかけという藤田さんのワーカーとしての）動き方を課長は受容」の状況で、藤田さんの関心は障害児の教育に向かっていった。

・ソーシャルワーカーとしてのトレーニング

　「ワーカーとしてのトレーニングは、○○₁さんに受けた」「○○₁さんは（○○_b大学など他所から）大先生を月に1回連れて来た」「4年間の○○₁さんによるSV」「最初、SVが面白かった」。

　「○○₁さんの話は、やっぱり繰り返し繰り返しやからね。覚えてる。相手の秘密を守らなければならない」「○○₁さんの基本的な技術感覚の教育は良かったので、したいと思っている」というように、アメリカで本格的にソーシャルワークを学んできた○○₁さんから直接トレーニングを受けるという好機

に恵まれた。○○₁さんの連れて来られた大先生の中には，「同志社大学のド
ロシー・デッソー先生」もいた。

・面接室

「K研究所の面接室は○○₁さんの設計」「めったに見れない」「窓も全部2
重」「録音装置があった」「アメリカでやってたスタイルをね，全部取り入れた
が，K研究所に来た人は拉致されたようなもの」「個人の秘密を守るため，入
れられた人のほうがよっぽど怖かったやろなと思うような部屋だった。電話も
なかった。相手の話をしっかり聞くため」という面接室であった。

・ワーカーの立ち位置

「当時の大阪府の最初の精神の係長が（○○₁さんを）呼んだ」「○○₁さんは
大阪府に失望して東京に去った」「ワーカーは課長にはなれなかった」。そのせ
いかどうかは不明であるが，○○₁さんは東京に帰ったという。

「医者の世界では差別された」「ワーカーだけは先生と呼ばせないと会議で決
めた」「言うのは患者さんやから患者さんの自由。呼び方を規制しようとする
アホな人たち」「当時は実績残してないから，言うてもしょうがないけれど」
「ワーカーとして，認めてもらおうと思ったら，やっぱり自分たちでやらない
といけない」といった経験もした。[SW差別は，藤田さんより後の世代であ
る筆者も，同じ所に勤務して受けた記憶がある。医師，臨床心理士，SWの3
者がいるところでは，武器のない（とよく周囲から表現された）SWが，一番専
門性が低いとみなされた。]

・負けん気

「医者への負けん気でこれと思う領域があれば必死でやってきた」という。
プロとしての矜持である。医師は，専門職としてのしっかりした基盤をもって
いる。[対等に仕事をしていくには，SWも専門職としてしっかりした基盤を
もたねばならないと筆者も思う。]

・K相談所

「同じ建物にK相談所があって○○₂さんがいた」（○○₂さんも途中で東京に
帰った）。後に，○○₂さんは著名なソーシャルワークの研究者となった。「K
相談所には3，4人のワーカーがいた」「学閥があった」「私は先輩もいず，頼

る人がいなかった」「K 相談所のワーカーと連携はなかった」「○○$_1$さんのスーパービジョンも K 相談所に声かけなかった」という。[せっかくの SV の良い機会を，組織が異なるという理由で，生かせなかったのは残念である。]

・ワーカーたちの転勤

　「転勤で（ワーカーたちには）抵抗（感）があった」「○○$_3$さんは研究職でいこうと」「○○$_4$さんも退職して大学へ行って研究職へ」という。これは，精神衛生法が改正されて，保健所に相談員を置くことになったとき，K 研究所の SW も保健所に行くようにと命令されたときのことである。K 研究所は，他部門は医師も研究職であったが，精神衛生部だけ医師は医療職，ほかは行政職となっていた。組織の初期に，医師の間で（ちなみに課長職はすべて医師が占めた）意見が分かれ，「医師も研究職を」と主張した著名な医師は，理由は不明であるが大阪府を去ったという。医師以外は行政職であったので保健所への転勤は否め難かったが，研究を業務としてきた K 研究所の PSW の多くには受け入れがたいことであった。[ただ，藤田さんに関していえば，保健所への転勤は，初期の苦労は大変なものであったが，結果的には良かったといえる。後に自ら述べているように藤田さんには地域が合っていた。]

　d．新人期と中堅期（1960年代中頃）

・最初の保健所で

　「もう泥沼這い上がったみたいな。あの，まあその精神衛生相談員になったときっていうのはね，こらもうみんな同じように悲惨でしたね」。

　「予防課長からこの人何する人って言われた」「（保健所という組織での直属の上司である）頼りにする課長から言われた忘れられない言葉」「うどん代の計算を間違えたら，（保健）婦長から大学出ているのにと言われた」「私は 5 年間，ほかで働いていたのでまだ大阪府のことがわかる」「5 年間，大阪府にいたから耐えられたがみんな冷たい目で見てる」「初めて就職する人は大変」「いたたまれない」「保健所には精神の人を迎える姿勢がなかった」「（要望は）全部ひっこめなあかん」という経験をすることになった。

　「職場で一人だけで対応。助けてくれる人がいない」「保健師の協働が得られ

たのはずっと後。みんな逃げた」「私は障害児をしていたのでつなぎになった」
という状況の中で「家庭訪問をしたのは正解だった」。「（家庭訪問について保健
師長から）あんたは訪問ようしないのかとケチをつけられた」「何を言われて
も行こうと思ったので一人ひとりの保健婦に同行を頼んだ，みんな OK」「保
健婦の仕事が見れた」「一番羨ましかったのは保健婦のカバン」「七つ道具出し
てくる」「私が持ってるの，ノートと鉛筆だけ」「聴診器持ってるのは信頼され
るに有利」「ワーカーは武器がない」「未だに武器はないが口が達者になってき
たからなんとか」という。

　「（SV を受けていたことが）保健婦とのかかわりで助けになった。それと，情
緒障害の児童にかかわっていたことが武器になった」。「後々例えば老人をやっ
たりね，思春期をやったり精神障害の中でもアルコールに 8 年も費やしたりね。
ごじゃごじゃごじゃとやってる」と業務を伸ばしてきている。「保健所はコミ
ュニティを相手にしている」という自覚も生じていた。[誰も，相談員自身さ
えも，相談員が何をするのか知らない所でさぞ大変な思いをしただろうと思う。
大変さが伝わってくる。ちなみに，藤田さんは，どこに行ってもそれなりの仕
事はする人であると思うが，後々の活躍ぶりをみると，前述のように地域活動
があっていた人だったと思う。]

・保健師から学ぶ

　「保健師の訪問の仕方に驚く」「当時は検定の保健婦，本職がほかにあった」
「ついてまわるのは，保健師との相互理解するための良い作戦」「コミュニティ
ワークというのは，日本の場合は結核と赤ちゃん」「保良セキの活躍」「ワーカ
ーを知らないから保健婦との違いに悩むどころではない」と，保健師からひた
すら地域活動の仕方を学ぼうとした。

　「2 年目，東京から，保健師とうまくいっているところとして見学があった」
という。[目覚ましい仕事の仕方であった。]

・一人職種のしんどさ

　「一人職種の時代は，自分の力のない 8 年間ということでもつらかった」「訓
練受けてて一人前であれば問題なかった」「私自身が無力で，そして重大なケー
スを見てやね，どないしてええかわからへん」「うえーって来たはる。アル

中が来たと思ったら，みんな（職場の他の人は，自分たちの仕事でないという感じで）2階にあがってる」「相談員会でお互いに慰めあったんやね。（それで）やってきた」「10年間。ガリガリやったよ」「X（保健所）の時代は寝る時間が少なかった」という。[職場で，望まない孤独があり，相談員会が唯一の支え合いの場であったと思われる。]⁽¹⁾

・障害児——グループワークと親の会

「保健所で仕事を情緒障害児（の支援）から始めた」「保育所や幼稚園，廻りだして。そいで，ほんとに問題児を見つけたり」「保育所は問題児を保健師さんに相談していた」「障害児が保健師さんを通して次々来た」「X（保健所管轄区域）の全保育所，幼稚園に行った」「昭和47年に親の会，地域親の会をつくったときには120人でしたね。会員が。これはどっちかっていうとね，人口がまだ10万人にもなってなかったからかなり多いんですよ。集まった親たちね」「この中にね，すでにやっぱり重度の子どもが入ってました」「この子たちの行くところない」「保育所，幼稚園では障害があるということでね，簡単に就学免除。小学校ね。もう保育所でもそうだった。公立で」「兄弟たちが学校行った後ね，お母ちゃんと2人で医療を受けるか，訓練受けるかね，街中へ遠い所まで行ってくたくたになって背負われて帰ってくる」「友達もいなけりゃね，遊びもない。おかしいっていう単純な，その発想はね。だけど精神障害者の場合でも同じですけどね。痴呆（現，認知症）老人でも一緒でした」「だから行く場所をね，せめて保健所でつくろうと」「保健所でやるべき事業ではないが，ほかにないので（障害児のグループワークを，昭和46年から保健所で）やりだした」「2年間はね保健師さんたちこうして見ていた」「ドクターが良い先生。いろいろ協力してくれた」「保母さんを雇用して4年間で重度の障害児が80人来た」と障害児に関する業務を始めた（石神文子 2002：171-172）。

「寝たきりの子どもがいたのでその子たち用のマットがほしかった」「親の会が畳を買った」「保健所の閉まっているときの事故責任は？　と（所内で）文句があった」「あわてて（保健所は，2階にあがる階段の隙間に）ガラス張っていた」。必要なものは親の会の協力で入手したという。[親の会がこれほど協力できるのは，藤田さんに対する信頼があったからだろう。しかし，保健所の管

理職の目には，相談員は，おそらくは，想定外のことをするので気の休まることのない職種として映ったことであろう。]

　最初の保健所の「Z保健所に行ったときは改築済みで相談室がなかった」「Z保健所では廊下が面接室」という環境であった。

・歩き出した障害児

　「生きているだけの子」「流動食やないといかんと言っている意味がわからん。下痢をしている。胃腸が悪いわけではない」「栄養士に相談」「固形物を食べさせた」「1年たったら伝い歩き。保護具もいらないと言われた」「（その子は）保育所に入れるためのいろんな運動をし，元気になって保育所に行った」という語りは，[藤田さんが感じた疑問が発端となって，歩くことができるようになった障害児の話である。藤田さんの観察力と栄養士の力量が効を奏したと考えられる]。

・環境の大切さと支援の原点

　藤田さんは環境の大切さも知ることになる。「障害児が行方不明になったり，池に浮いてたり」「（池に浮いていた子は）腕が骨折（していた）。自分ではまる子やない。解剖を希望したが，父が拒否。悔しかった」「誰かに放り込まれたと思う」という。[母はまず藤田さんに連絡したようである。信頼の厚さがうかがえる。]「残念ながら原因は不明」のままであった。

　「障害児のお葬式，親類縁者が7人参列，職員でさえ3人行った（のに）」という寂しいお葬式もあった。[家族は，障害児とともに息をひそめて生きてきた感じがあった。]

　「普通の生活させてあげたい」「やっぱりどんだけ重度の子どもでもね，その年齢相応の生活をしていたっていうことがね，せめてあの世へ行ったときに，ぼくは幼稚園も行った，友達もいた，あのーなんていうの，遠足も行ったとね，言ったらね，楽しいやろなあとやっぱ思った」のが，[藤田さんの障害児支援業務の原点であった。そして，ごく当たり前の生活を保障しようとした社会福祉支援の原点が，すでにこの時期にしっかりとその実践の根底にあったことがうかがえる。]

第4章　大阪府保健所における地域 PSW の形成過程

・障害児の歯科診療センター

「Z 保健所のとき，昭和53（1978）年，障害児の歯科診療センターをつくった」「転勤していたけれど親の会とつながっていた」「障害児の歯科衛生は保健所ではじめてであった。障害児のグループワークの中で歯のひどさを知った」「月1回，歯科医師と歯科衛生士の予算をもらった」「障害児歯科をつくる運動をして，署名集めて議会議員一人ひとり頼んで請願運動をした」「通った」「できた当時はどの新聞も取り上げてくれた」「日本ではじめて障害児の歯科治療をした」「大阪府下でも何カ所かが始めた」「（日本全国に歯科診療所づくりが）広がった」。

「親ですら行動しか見ていない子ら，口を開いたら虫歯だらけ」「どうしてこの子はカレーの柔らかいところばかりをなめているのかという親がいた」「（その子は，歯が痛くて）食べられなかった」「周りはその理由を知らなかった」という状況の中で開設された歯科診療センターであった。[この過程で，藤田さんは，市との交渉の仕方などを他の人からのアドバイスを受けて，ソーシャルアクションを経験することとなった。]

・アルコール依存症と統合失調症

「（昭和）43年からアルコールが増えた」「断酒会を（アルコール依存症の）家族3人で始めた」「（昭和）47年に断酒会」「それまではアルコール（依存症）との戦い」「断酒会によって治る人がでてきた」「シゾ圏（統合失調症圏）は少なかったが，デイケアは毎日やっていた。非常勤は雇えなかった」「きわめて小規模なデイケア」「（相談員は）1人でやってた。しっちゃかめっちゃか」という状況で，アルコール依存症や統合失調症支援へと業務を拡大してきた。[1人なので，これだけ手を広げると，過労で倒れる危険は十分あっただろう。]

・嘱託医

「○○₅先生と連携」「嘱託医は1人だけ」だったが，嘱託医の「○○ᴄ（精神科）病院の○○₅先生は良い先生」で，連れてきた「活動家の医者はまじめだった」。[保健所は「ベテラン医者の若い医者への教育の場」でもあったようである。地域の良質の病院の医師が嘱託医になったのは恵まれていたといえる。この頃どの保健所にも，必ず1人か2人の嘱託医がいて，各人が週に1回は保

115

健所に来ていた。」

・最初の頃の大阪府の保健所状況

　「大阪府は（相談員を）１人ずつ置いた。圧倒的に女性が多かった」「相談員は，３年目に３分の１辞めた」「櫛の歯が抜けたみたいやと思った」「結婚・出産年齢もあったが，公務員が仕事を辞めた（のはよくよくのこと）」「（今は）子どもが３人くらいいても，その後は続いている」「当時はそんなことはありえなかった」「私もカリカリに痩せていた」「職場で１人だけで対応。助けてくれる人がいない」「保健師の協働が得られたのはずっと後。（初めの頃は）みんな逃げた」という状況であった。

　「東京でも解散はしていなかったけれど，保健師と相談員はうまくいっていなかった」「保健師との共同で，嫌がられるのは学歴」「元からいる薬剤師は恨まれないのに，相談員は恨まれた」「恨まれる歴史的事実があった」「何代目かの係長が婦長会で，あんたたちにはできないから，今度，精神衛生相談員という専門家を入れるって言うた」「婦長はそっぽ向いた」という。本宮忠純（1992：38）によれば，当時，「精神障害者への対応というのは保健婦には困難で，ケースワーカー以外にこの仕事はできない」と府の上層部が断言したことは事実のようである。［この発言は，相談員としてケースワーカー職を採用するための誇張した表現であったとも考えられるが，理由はともかく，この発言が，大阪府の相談員たちがこの後20年近くにわたって，保健師の協力が得られにくいという状況に置かれた一因となったことは，事実のようであった。］

・全国の保健所状況

　「（福祉職の相談員は）７カ所の都道府県に置かれた」が，東京都は相談員を引き上げた。その頃の事情に関しての「東京都の相談員の文書は興味をもって読んだが，そんな話とはちょっと違うと思った。そんなこという前に行くとこある。（わたしは）家庭訪問していた」。

　「東京都は分散して，大阪の平均点は高くなっていく」「（東京には）大阪的な相談員はいなかった」が「（後に）どっと東京都が良くなる」「（東京都は）予算（が多い）」。「大阪市，京都市も（保健所相談員として）保健師を置いた」「京都府も兵庫県も相談員を置くのが遅かった」という状況であった。［東京都は

昭和41年に，（ソーシャルワーカーを）相談員として配置したが，42年ぐらいに失敗だったということが言われて，43年頃には配置転換ということで保健婦さんにかわった（本宮 1992：38）という。]

・自己研鑽・研修

「この沿線のね，ワーカー7人くらいかな。月1回勉強会やりだしたん。（地元の）○○$_d$（精神科）病院でやらせてくれた」「○○$_d$病院は面白い若手（医師）を採用していた」「どの保健所にとってもね，○○$_d$病院へ入ってる患者さんが多かったんや。それで○○$_d$病院にお願いに行って，そしたらね，月1回，Dr も一緒に」。そのほか，「K（精神科病院）へ1カ月ぐらい研修に行った」というように，[PSW たちは，自ら求めて研修・研究の機会をもった。藤田さんが主導の場合が多かったようである]。

e．ベテラン期（1970年代後半）

・K 相談所

「（K）相談所は8年いた」「（K）相談所は皆，それぞれ自分の希望で仕事をもった」「ベテランばっかり」「○○$_6$さんは保健所でクライエントと話したり」「楽しかった。みな優秀だった」「相談所は金なし，力なしだった」「何すんのかわからんで私ら苦しんだ時代」「相談所を皆でつくり上げた」「就労に関しては，○○$_7$さんが関心をもっていた」「研修は私が担当」「○○$_8$さんはアイデアマン，上手に人を動かした。○○$_8$さんは素晴らしいワーカー」「（○○$_8$さんは，昭和）55年に作業所をつくった」「○○$_e$作業所」「大阪府下では○○$_e$作業所が影響力をもった」という。

K 相談所（現，こころの健康総合センター）は，ベテランの PSW を4人配属して，全保健所の SV 機関兼産休代替要員機関として機能することが期待されていた。それぞれが力量のある PSW たちであったので，それぞれの関心部門に向けて，自発的に業務を開始していた。アルコール（依存症者支援）問題，就労問題，作業所問題，相談員研修問題などであった。藤田さんは，ここで相談員研修に取り組んだ。

・M保健所

　1982（昭和57）年，老人精神衛生相談事業を厚生省（当時）が予算化した。翌年，藤田さんはM保健所に転勤になった。

　「M（保健所）は地域のネットワークも強かった」「専門医，所長など著名な医師がいた」「家族が働きに行っている間，お年寄りは，トイレよう行かんから水飲まない，ご飯食べない」「配食サービスを始めた」「素晴らしい栄養士」「一致団結してネットワークをつくった」という状況であった。

　藤田さんは「（保健所が）できて10年経っていたので，素晴らしいところに身を置いたが，自分の行く場所がなかった」。他職種の家庭訪問に同行して「（在宅の高齢者を）お風呂に入れている間，（PSWは）することがない。これほど悔しいことはない」という経験もした。

　「M（保健所）の保健婦の働きは素晴らしかった」。特に「（保健師さんたちの）昼間の活動がすごかった」「退所10分前にはヘルパーが帰所して打ち合わせしていた」「組織的な動きかた」であった。また，「地域によい施設があった」「市役所に良いスタッフがいた。ワーカーを育てるような」「医師会もよかった」「ヘルパーもよかった」「M保健所は仕事がきついというので敬遠されていたようだが，実際は時間通りで，パーと帰ってしまう」という無駄のない職場であった。

　「在職中の5年間にしょっちゅう誰かが（保健所に）見学に来た。厚生省からも。年間400人くらい」だった。

　相談員に関しては，「ワーカーは2人しかいないので（保健師が）羨ましかった」「相談員は残業せざるを得ない実態があった」「少なすぎる相談員」という状況で，この中でPSWは何を築けるかが，藤田さんに与えられた役割であった。［藤田さんだからこそ，何かをしてくれるという期待のもとで，配属になったものと思われる。］

・行った仕事

　「M（保健所）で認知症のグループワーク（を始めた）」「面白かった」「初代の相談員の○○₉さんが毎日デイケアしていた」「2代目の○○₁₀もまじめによう仕事していた」「3代目が私」であった。「私のときは2人職種で老人のこと

をやらなければいけなくなった」「老人ははじめてなので保健師さんにくっついた。ヘルパーさんにも頼んだ」「立派なヘルパーさんがいてね」「嘱託医，ヘルパー，私で家庭訪問，勉強できた」という。しかし，「ネットワーク会議の中心は保健所保健婦，かっこよかった」「ワーカーは何するんやろと思った」という。

　前述したが，「ある日，高齢者の入浴についていってすることがなかった」。「悔しくて，自分のできること，欠けていたこと（と思ったこと）の要援護老人の家族会をつくった」「居場所のない痴呆（現，認知症）老人のデイケアをした」「精神と一緒。老人も居場所がない」「家族から離す時間は必要」「精神は週3回，デイケアをしていた」「デイケアセンターにはお金がつくが，保健所にはつかない」「保健婦が協力的。発見する役割」「老人のボランティアはどかどか来た。精神はほとんど来ないのに」という状況の中，悔しさをバネに，欠けていた「要援護老人の家族会」，「認知症老人のデイケア」を始めた。

　「私は精神にはお給料は出せなかったけど，お年寄りには仕事で来てくださいって言って，給料渡した」「週1回621円とか」「給料袋で渡した」「所帯もてるといった人もいた」「価値があったと思う」。また「一人暮らしの人を対象に，手と心の遊び教室を保健師が公民館を使って行なった」のを藤田さんはサポートしたりした。

・家族会と作業所

　「M（保健所）で，名目上の家族会と一緒に（作業所を）つくったっていうのあるんよね。そういうのが地域活動として，それをリードしたんは保健所やってんね」「M（保健所）は家族会，十何人，そのうち3分の2が，生活保護家庭」「家族からお金は集められない。相談員が保健所内で商売を始めた。お茶など売った。また，畑を借りてデイケアのメンバーで野菜つくって，半額で保健師たちに売る」「保健師に無理に買わす」「婦人会の会長にも頼んだ」「パチンコ業界から100万円もらった。病院からももらったりして，250万円つくった」「4戸1の古い建物借りて，道具をそこらで工面した。相談員2人で古い机を保健所から持ち出した」「作業所づくりは（保健所の）みんなに説明済みだから協力してくれた」という。[この頃，作業所づくりに取り組んだ相談員

の多くが経験している資金づくりに奔走している。]

・初代婦長○○11さんとその業績

「○○11さんがM（保健所）の同和地区の担当だった」「○○11さんが同和地区におられたときに阪大の先生方でつくった診療所があった」「これからのコミュニティの課題は精神と老人」「（○○11さんは）その仕事の体制をとろうとした」「コミュニティを見ている人（＝○○11さん）はよくわかっていると（思った）」「保健婦に30％以上の家庭訪問を指示して必要性をわからせた」「○○f病院は解放同盟の活動でできた」「その次に保健所ができた」「住民の力でMの保健所はできた」「○○11さんの功」という優秀な婦長がいた保健所であった。ちなみに，藤田さんは「（私は）解放同盟に頼まれて夜，保育所のお母さんたちに，協力を依頼されて行っていたことがある」という。

・F保健所

最後の職場となったF保健所では「いろんな運動をして施設や家族会を起こしたが家族会が分裂した」「職員も分裂して府会議員が介入」した。「（精神障害者が施設通所のために通ることを危ないとして）歩かせるなという地域からの文書について（どう回答するかで）意見が分かれた」という。［いわゆるニンビズム(2)である。要求をのまない立場の藤田さんたちに対して，異なった意見をもつグループのなかの誰かから要請があったらしく，府会議員が介入し，わずらわしくなった藤田さんは大阪府を早期退職することになったという。］

ｆ．その他

・大阪府退職後

「やめた年の8月に一緒にやめた職員と家族とともに作業所とグループホームをF（市）に作った」「自分を支持した家族や職員のために，パウンドケーキ村等作業所を2つつくった。今もそれは続いている」という。［けじめのある仕事ぶりである。］

・○○f工房

「施設長として○○g市に請われて○○g市へ」「○○g市の半官半民の大規模通所授産施設の施設長」「行政は大阪とはまったく違う。家族会も実態がない

ようなもの」「次々と施設を増やしていった」「就労にはまず親から離れること
が大切」「利用者家族会をつくった。1週間に1回のバザー」「1年間で400万
円のお金をつくって親から離れるためのグループホームをつくった」「4年間
のうちに内職工場を1つ，2つ，3つ，っていうふうにつくっていったが市の
理解が得られず，市と地域家族会の偉い人が会議に来なくなった」「2年経っ
たら次に進ませる。2年以上（同じ）施設を利用することは職員の敗北」「2
年期限と給料のアップを目指して，2年目に（給料が，月）平均5万円になっ
た」「給料がよくなると，人がどんどん来るようになった」「昼間は授産施設，
夜は地域生活支援センターとなって食事も出す」といった状況であった。[「対
象者が，2年以上（同じ）施設を利用することは職員の敗北」という言葉が，
仕事に対する藤田さんの妥協を許さないきびしさを感じさせる。]

・病気を知ることは大切

　「医療機関にいなかったっていうのをね，引け目に思う」「（かつて，公立の）
K（精神科）病院に対して，3年間，保健所の相談員を育てる機構をつくって
くれないかと。そしてね，現場へ出してもらえないかって言うたことがあるが，
人をくれと言われた」ので，駄目になった。「○○g市のとき，作業所職員を
5万円で，何カ月か（知り合いのクリニックの先生の）診察につけてもらって，
（その職員に）病気を教えてもらった」という。藤田さんは，精神の病気を知る
ことを大切なこととし，作業所職員に学ぶ道を開いている。そのとき，その職
員に精神医学を教えた「その先生が○○g市内の職員に呼びかけて事例検討会
をやり始めた」という。[これは，その医師が職員に教えることを通して，何
か感じるところがあったのではないだろうか？]

　[かつて，大阪府の保健所相談会で相談員は精神医学を学ばなくてよいと
いう意見が大勢を占めた時期があった。反精神医学の影響を受けた時期であっ
た。そのときには筆者も在籍していたが，それには同意しかねた。医学的・治
療的視点はもたなくてもよいが，その人のハンディとなっている疾患を知るこ
とは，PSWにとって非常に大切なことであると思うからである。]

・精神障害分野の補助金は少ない

　「大きな社会復帰施設でも資金づくりをした。精神は補助金の少ない領域。

３障害の中でも精神は補助金が低い。20人対象で職員４人で2800万円，「退職後，施設長をしていたときも600万円くらい違っていた」というように，精神障害者の補助金は少ない。

・神奈川県

「○○₁₂先生の歴史はやっぱり神奈川の歴史」「○○₁₃さん（現在，著名な社会福祉の研究者）は○○₁₂先生に引っ張られた」「川崎には大阪にないものがいっぱいあった」という。［大阪でも同じことがいえるが，卓越した個人の影響力は大きいのではないかと思われる。］

・大阪府

「大阪は相談員の平均点が高かった」「○○₁₄さんのピアヘルパー」「全国的に影響与えるようなヒットを生み出したね」「素晴らしいこと」「退院促進事業も大阪府がやりだした」「退院促進事業も当事者とのかかわり方とかね，そういう地盤がね，できてなかったらこんなことにはならない」。［と，保健所を起点とする地域精神保健医療福祉に取り組んで，長い年月地道に地盤を築いてきた人たちの努力をたたえている。］

「大阪府は差別に対して敏感」「当事者の力は○○ g 市よりもはるかに強かった」「大阪府行政は医者がいい働きをした。○○₁₅先生のような」「大阪府は聞く耳のある体制ができてきている」「歴史の中から生み出された」「特別，施設が多いわけではない」「東京都なんかの社会復帰施設の補助金の多さ」「Ｍ（保健所）のときは補助金がなかったから作業所つくるのつらかった」「大阪府は昭和63年に作業所の補助金制度をつくった」「補助金はありがたい，さっと施設がつくれる」「大阪では，補助金制度ができる以前に，すでに23カ所作業所があった」。［という語りでは，大阪府の姿勢のよさを評価すると同時に，補助金などの公的支援の少ない中での業務のしんどさを語っている。］

藤田さんの「私がよい職員であったかどうかは，言いようがない」という言葉は，［自己認識をもったうえで，周囲に妥協せず，正しいと思うこと，必要と思うことを貫いてきた，専門職性優先の芯が通った生き方をよく表している。是非はともかく大阪府の相談員は，表し方は異なるが，筆者が知る限りすべての人が所属性（所属している組織の構成員としてのあり方）よりは専門職性を優

先させていた。」

・大阪府保健所のよさとY問題（事件）

「大阪府の週に2回嘱託医が来ていたのはよかった」「病気に対する認識とか医者の役割とかがわかっていた。大阪府は嘱託医がそばにいる（ので恵まれていた）」「すべての責任を医者がとらなあかん医者のしんどさ。医者にはお世話になったし大切にもした」と嘱託医を評価している。

「Y事件の相談員は相談する人がそばにいなかったのが気の毒。本人抜きで決めたのが問題」「Y事件で先に病院（入院）を予約したのも問題」という。

・日本の精神障害者の在宅ケアのスタートは保健所だった

「日本の精神障害者の在宅ケアのスタートは保健所だったと書いてくれている教科書はあまりない」「PSWの研究者が事例検討会で保健所のことを酷評している」「精神保健福祉士の教科書で，担当の精神保健福祉士が言うた話と違う人を出して，で保健所を批判する」「現場を知らなくて長いこと偉かった人」を批判している。[筆者がこの論文を書きたいと思った動機の一つも，1960年代に，精神科領域で，まるで素手で荒野を切り開くような感じで，コミュニティソーシャルワークを実践していた集団がいたことを，書き留めておきたかったからである。]

・地域の機関・施設間連携

「社会復帰施設と，医療機関がね，今までほんとにつながっていないっていうのが，最近の退院促進事業で明らかになってるやない」「保健所とすら医療機関とつながらない」「病院側の自己完結型もある」「退院促進事業が保健所サイドでやられるようになったときに，いかにその医療機関と地域の社会復帰施設がつながっていないというのがよくわかった」「地域の社会復帰施設のことを，身近な看護師が知らないのでビデオ見せたりアパートにいる患者さんの話を聞いているところもある。茶話会しているところもある」という。

「某県から2カ所（講演と会議に）呼ばれて行った」「そこで職員の話を聞いていたらワーカーの話が出てこない」「出席はしているが，ケースについて話すのは看護課長さん」「別のところで，全然その場では発言しなかった若い女性が実はここのワーカーです」「ワーカーっていうのは，こういう長期入院の

人にね，どんな役割をしたらいいんでしょうかって訊かれたんや」。[この質問自体，筆者にとっては目が点になる驚きである。何のために PSW が病院にいるのであろうか？]「(質問があったので，この人には) まだ脈があると思った」「患者を知っとくことは，何か役に立つこと」「患者さんのことを知る努力をすれば，相談もされるし，自分も相談にものれる」「知ることは話に入れる機会をつかめる」と藤田さんは答えたという。「ワーカーが一言も言わない 3 時間の会議」「おかしいなと思っていたから向こうから言ってきてくれてよかったけれど」と，ある講演会での体験を語っている。[当事者を知ることは SW としての基本であるが，この若いソーシャルワーカーはどういう教育を受けてきたのだろうか？　その病院では病棟に PSW が入りにくい仕組みになっているのだろうか？　かつての大阪府の相談員たちがしてきたように，地域機関と病院との連絡会や研究会があれば，自分のやるべきことの方向性が摑めるのではないかと思う。そうした連絡会や研究会をつくったり，出かけたりするのもまたワーカーの仕事である。]

・相談員はしんどかった

　「医者への負けん気で (がんばってきた)」「(人事) 異動は民生部から衛生部へ一方通行」であった。[民生部 (当時) から衛生部 (当時) への人事異動は，当時，大阪府においては福祉施設を統廃合していく中で，余剰になった人員を衛生部に回したことから起きていた。しかし，民生部 (当時) から来た，制度の中での仕事に慣れている人たちの中には，保健所相談員の仕事の仕方に馴染むのにかなり困難があった人もいた。そうでない人ももちろんいた。]

・昇進問題

　「昇格にも職種差別に加えて女性差別があった」「事務職は係長試験があった」[とにかく保健所相談員の昇進は遅かった。]

・相談員会について

　「相談員会の果たした役割は大きかった」「全国の組織はある」「職責会議とかね，当然，規定がなければないでよ，彼らの今までやってきた歴史とか，それから今後もね，彼らが集まらなければいけない意義とかね，当然ある」「その相談員会のおかげで研修もできた」「1 人職種の時代が 8 年もあったんだも

の」「一カ所一カ所の所長のもつ責任の大きさの中で相談員も勝手な動きするなというふうに言われて，それで（相談員会に）1人来れなくなる，2人来れなくなるというのは聞いた」「（相談員会の）規定を見せるように言われたがなかった」という。

・影響を受けた人たち

「○○₁先生の影響は大きい」「○○₁₆さんの影響も」「保健師の○○₁₁さん」「生活臨床の○○₁₇先生」「総合失調症の最も専門家は○○₁₇先生」「（○○₁₇先生は）勉強熱心」「○○₁₇先生は大阪府の保健婦さんの事例検討会にも来ている。私も参加した」「ただ25年間の成果っていうのは，あの先生のね，○○₁₇先生のね，単行本に出てるわ」「25年間追跡調査。すごいよ。で，統合失調症の人がね，意外にたくさん回復していってるっていうのがね，つまり社会復帰の施設も何もない時分も含めてやから。そういうことがわかるという。○○₁₇先生がね。後にも先にも今後もこういう研究はないだろうって書いてはるよ」「○○₁₈先生は日本ではじめてケアマネジメントの本を出した人だが，○○₁₇先生の弟子」「思春期は○○₁₉先生」「てんかんは○○₂₀先生」「（○○₂₀先生は）時期的には考えられない脳波の集団検査（を始めた）」と，［様々な人から影響を受けている。］

・PSW であり続ける理由と現在の活動

「やっぱり私が納得する返事やね（それが欲しいと思う）。PSW の役割，年々歳々，わかってきた」「出てくるものはみんなコミュニティの経験。私はコミュニティが向いていた」「すぐ対応することが大切」「電話相談は無駄」「保健所のときは，いろいろなところによく出かけて行った」「（現在は）事例検討会を4カ所でしているのが楽しい」「○○₁さんの基本的な技術感覚の教育はよかったので，したいと思っている」「就労することは，どんな障害があってもできるはず」と，［藤田さんの信念が語られている］。[(3)]

g．語りからみる藤田さんの PSW としての歴史

藤田さんは，あまりにも偉大な存在で，今回の調査でもこの人の名前が出ないインタビューはなかった。

最初の職場で障害児診療を見て，「医療だけ受けて子どもの生活がないのはおかしいと思った」という感性はすばらしい。まさしくここが社会福祉支援，ワーカーの出発点であろう。

　精神衛生法の改正で最初に保健所に相談員が配置されたとき，藤田さんも保健所に出ることになった。

　藤田さんの語りにある「もう泥沼這い上がったみたいなな。あの，まあその精神衛生相談員になったときっていうのはね，こらもうみんな同じように悲惨でしたね」には実感がこもっている。何をしてよいかわからない所から，専門職としての役割を期待され，しかも，大阪府上層部の誰かの，保健師のプライドを傷つける発言によって直属の上司からは「この人何をする人」と言われ，非協力的な体制の中からわけのわからないケースは押し付けられる（ように感じられた。アルコール依存の人が保健所に来れば，他の人はかかわらない）といったしんどさに耐えてきている。

　最初の職場では，アメリカで学び日本にソーシャルワークを紹介した人から，4年にわたって，ソーシャルワーカーとしての厳しいSVを受けてきた。その人から学んだことは即，保健所業務には役立たなかったが，ワーカーの基礎的技能として，その後，ずっと藤田さんを支えることになる。藤田さんもまた，そうした基礎的訓練の機会を若い人に与えたいと思ってきた。藤田さんは大阪府相談員の研修制度を開拓した人であるが，その出発点はここにあったと思われる。

　最初の保健所で，当事者や家族の集まりをつくり，そこから出発して障害児の歯科診療センターを，家族の人と地域の人と一緒になってつくった。ソーシャルアクションを伴った，まさしくコミュニティソーシャルワークである。一方では，若い新人の相談員たちが，無防備で現場に抛りだされているような状態を危惧して，私的な研究会を開いてサポートしている。この藤田さんの動きに支えられた相談員たちは多い。

　M保健所への配転は，まさしくこの人なら何かをするだろうという期待のもとに，配属されている感がある。そして，期待にこたえて認知症高齢者のデイケア，家族の会や，精神障害者の作業所づくり，社会復帰施設づくりなどに，

第4章　大阪府保健所における地域PSWの形成過程

手腕を発揮している。マスコミの取材の対象にもしばしばなっている。

　藤田さんのエピソードとして語られていた事例には，当時の相談員が組織に守られず孤軍奮闘していた様子がうかがえる。そしてこの中でも，「これと思う領域があれば必死で（学んで）やってきた」という言葉に表れているように，大阪府下の嘱託医や，開業医，他府県の先進的な実践をしている人たちから，斬新な考え方，実践方法，対人支援職のあり方などを，どんどん吸収していき，若い人たちにも伝えていっている。そして，今でもソーシャルワーカーとして，第一線の実践家として，活躍している姿は，後輩たちにとっては誇りでもある。

2　改正精神衛生法時代に大阪府保健所に勤務したPSWの語り
――星山ひとみさん

a．基本属性
大学で社会福祉学を専攻。

b．PSW以前
・岡村理論に魅せられて
　「大学で専攻を決める前に，岡村先生のあの理論を聞いた」「岡村理論を面白いと思った」「学生時代，三歳児検診のボランティアをして，そのときは，地域は意識していなかったけれど，なんとなく面白いなという気があった」「○○$_1$先生に（大阪府の）K相談所の非常勤を紹介してもらったのがきっかけ」。

c．新人期（1960年代中頃）
・K相談所
　「K相談所に行って，地域の保健所に出てて，○○$_a$（精神科病院）の先生とか，先輩の心理の人とかなんかから，統合失調症（当時，精神分裂病）の人にはほとんど相談には来てなかったけど，鬱とか神経症のレベルの人たちにはかかわりを相談業務ということで1年ほどはしてて，で，病院にも○○$_a$（病院）にも行ったりとかしてる中で（精神障害者の）置かれている状況がみえてきた」

127

「（精神障害者は）やはり息をひそめている感じがあった」という。

・W保健所

「ボトムアップの時代。幸せやったと思う。最初置かれたときは，保健所は，相談員は何するんやという感じ」「相談員も最初は何をしていいかわからなかった」「生意気だという感じでは一杯言われた」「従軍看護婦で行っていた人が保健師として厳しい感じで医者にきちんと指示されてたでしょう」「ワーカーはそういう教育は受けていないし，何していいか上司もわからない時代でなんかせなあかん」。

相談員の管理的性格については，「加藤薗子（1969：41-42）先生が相談員の管理的側面と支援の側面の2面性を論文で指摘」していた。「地域の○○$_a$病院の進歩的らしい医師ほど（相談員には）そんな（管理的側面があるという）ふうに言った」「研修も何も受けていないので，そんなものかと思った」という程度であった。［筆者もそうであったが，管理するという発想は大阪府の場合，相談員にはもともとなかったと思う。あるのは主体性尊重，人権尊重，生活尊重という福祉的発想のみであった。後述する神奈川県の場合も相談員には管理するという側面は強くないようであるから，この傾向はやはり保健所の福祉職に強い傾向と思われる。］

アルコール依存症の人を職業安定所（当時）に連れていこうとして「保健所は保健とか医療の場なのに，なぜ職安に行くのかと課長にすごく言われた」という。「そのとき岡村理論を堂々と言ったのを覚えている」「今思うとすごく生意気だった」「福祉というのはこうなんですと言った。それしか拠り所はなかった」「あんまり勉強していないのに，よう言うたなと思う」「公衆衛生だったから，皆，なんで生活を支援するねんと思って，納得しがたかっただろう」という。

・勉強会が始まったのは幸いだった

「北（ブロック）は覚えていないが，中（ブロック）は○○$_2$さんが研究会をされていた」「○○$_3$さんも公衆衛生領域におかれてまとめて報告してはる」「（○○$_3$さんは）公衆衛生領域にワーカーが置かれた意味をなんか出している」。

「T（保健所）に夜集まって話をした」「相談もぽつぽつ出てきていて，○○$_4$

さんに相談の電話入れたり」「相談中，席をはずすタイミングがわからなくて困った」「T（保健所）に集まって今日こういうケースがあったとかなんか言うて」話し合った。

「（○○₄さんは）研修もなしに放り出しておいたら危ないと思われたのだと思う」「それは幸いだったとずっと思っている」「だから南（ブロック）のほうは事故もなかったんやね」「中（ブロック）では追いかけられた相談員がいたが，南はそれがなかった」「怖い経験はしていない」「（閉じ込められたり）蹴られたり，ショックな経験をした相談員もいたが」「○○₄さんが恐れていたことは知らなさすぎて入りすぎること」「無防備」であることであった。

・狭義の精神衛生をやることに

「岡田靖雄先生が広義の精神衛生か狭義かって書いてる」「当時は広義か狭義かなんていうのも全然なんだっていうふうな感じだった」「狭義で精神障害者（を対象とする）となった」「何から手を付けていいかわからない状況」「私は，幸いにも相談所の経験があって，U（保健所）に出張とかで行き，○○ₐ（病院）の副院長と一緒に（精神衛生）相談にのったりしていた」ので，それをもとに，相談業務をとらえた。

・全国 PSW 大会での報告

「最初の年から全国P（SW 大会）に行った」「○○₄さんがいてはったので」「全国Pで最初の年の次の年くらいに南（ブロック）の相談員でまとめてブロックで報告している」「保健所の中で次長にすごく私だけ怒られた」「なんで外で報告するんだって」「手続きの問題かもしれない」「保健所で，報告しますいうて徐々に上げていけばいいのに，いきなり（外に）出したんだと思うねん」「周りの相談員が心配していてくれたの覚えてるから」「ものすごく怒られた」と，ブロックの相談員でまとめて全国 PSW 大会で発表したことに関して，保健所の次長から非常な叱責を受けたという。手続きの問題かもしれないということであるが，当事は，理由がよくわからないままに叱られたということである。他のブロックの相談員は叱られなかったということであるので，手続きではなく，別の理由なのかもしれない。

・アルコール依存症者に岡村理論で対応

「Wは漁師町」「(漁師町で) アルコール (依存症) の人が多くて」「冬は漁に出られないからまた飲む」「木造だったから精神科の病院の天井から逃げてくることがあった」「地域で断酒会もはじまっていない時期だった」「その人を岡村理論(4)に従って職安に連れていったがぜんぜん駄目だった」「そのとき職安に若い職員さんがいて相談にのってくれたのね」「私は卒業したてのカチカチの頭で行ってるから」「この人やっぱり仕事が必要なんですって」「病気をどう支えるかを抜きにして仕事が必要だと連れて行った」。[理論にしたがって, やるべきことを一生懸命やっていたので, 現実があまり見えていなかったということであろうという。]

・時代

「地域で支えるすべも何もないからかかわってもほとんど地域での生活ができない」「精神医学でも地域でっていうことがいわれて通院がちょっとずついわれだしてきた時代なのかなあ」と思うという。

・保健師さんと

「保健師さんと一緒に訪問もしたが, あまり覚えていない」「しかし, (訪問の仕方など) 学んだことは学んだと思っている。いきなりごめんと言って入っていく」「○○₄さんから保健師に学ぼうと言われたのは覚えている」という。

・嘱託医

「○○ₐ (精神科病院) は熱心な先生がおられたり, よい病院だった」「○○ₐ (精神科病院) から20代の先生が嘱託医で来ていた」「ワーカーに直接どうやこうやではないが, 嘱託の医師から精神医学の考え方とか, なぜ精神科医になったかを学んだ」そして, そのことは役に立った。

・自主研修

「南 (ブロック) は, 幸いなことに精神医学の話も聞けたし」「研修で週2日か3日くらい最初の年からしばらくは相談所に行ってた」「研修制度はなかったが集まっていた」「○○₂さんが阪大の教室につれていってくれたり」「K (精神科病院) の先生とこ行ったり」「ブロックで○○ₐ病院に行ったり」「保健所の内部で何かをしてもらうことはなかったが, 外部に求めて行った」。

「○○₅先生の行っている時に断酒会の話を（○○ᵇ病院に）聞きに行った」「ブロックで行ったり，何人かで行ったり」という。○○₅先生は，アルコール症専門の精神科医で，その頃珍しい断酒会を病院で始めていた。その見学に行ったときの話である。

　また，地元では「1週間に1回くらい病棟に入って，○○ₐ病院で実習させてもらった。百人くらい部屋にいてプライバシーは守れない所だった」という。

d. 中堅期（1970年代初）

・S保健所での業務

　保健所の中で業務に位置づけが全然なかったので，「『そりゃ好き勝手よ』だった。予算もいっぱい勝手に取りにいったり，いろんなことをした。福祉から来た人がびっくりしていた。一職種が予防課長飛び越えて，なんも言わんと勝手にするのは考えられないと。○○₆先生が係長でいて，ボトムアップしてくれた。協議会や複数配置のときの○○₆先生の存在は大きいと思う」という。「昭和49年くらいからグループも保健所で始まっていた。アルコール相談事業も始まっていた。W（保健所）の（とき，そこの）職安にいた人がS市でも職安にいた。まだこの仕事してるんやねと言われたことを覚えている。生意気でコチコチの理論だけ振りかざしてなんか言われてたんだと思った」という。なお，○○₆先生は，当時大阪府の主管課の係長で精神科医であった。

・連携

　「保健婦さんとかは一緒にホームに行ったり，毎週グループの手芸にかかわってくれはったりとか，それは一緒になんか，ゆったりしてた時代だった。栄養士さんが○○c山登山に一緒に行ってくれた。てんかんの人がいて，途中で発作が起こって青くなって早く降りたい思ったようなことがあった」。

　「保健婦さんと一緒にアルコール（依存症者）とか訪問して。そしたら私もやっぱり1人で行く訪問よりも2人で行くことの強さ，自分がやっぱり見落としてることを，2人であとでつき合わせたら豊かにケースのことができるっていうのを，みれた」。「自分に足りないものは何かっていうことをわかってる保健婦とかワーカーは一緒に組めるねん」「欠如しているものを相補する視点を

もった保健婦とは組んで仕事をした。いろんな人と組んだ」という。

「ちょっと，はみ出して仕事できる人がいい。栄養士さんも（良い意味で）はみ出していた。放射線技師さんも，運転手さんも，衛生課長も，お料理や，山登りや，卓球や将棋をしてくれていた」。「（今は）業務がここまでっていうふうに決められてくる中で，今まではみ出しができてた人も，はみ出せなくなってきたりして，連携っていうのが難しくなった」という。［連携には，車のハンドルのような遊びの部分が必要であり，少しはみ出せる余裕がいるということだろう。］

・グループワークの効用

「1対1では言わないこともグループでは言う。グループでは，えっというほど学んだことがあった」「保健婦さん，熱心にグループにかかわってくれた時代であった」。S（保健所）のとき，（料理グループで）「星山さんて公務員をしてて，健康やからなんでもできると，オールマイティやと思ってたのに，できへんねんなあって（メンバーの人から）言われて。病気，障害もってる人は健康な人をどんな風に見てるんかっていうのがあのときわかった」「S（保健所）の終わり頃にね，自己開示しようと思った」という。「精神障害のある人が，そうでない人を特別視しないで，対等な人同士だということをわかってもらうことが必要だと思った」という。

・上司は嫌がった

「上の人は，グループワークについて，やっぱりこんな危ないこと，乳幼児が来てる，診察ていうのか，健診の日に，その精神障害者が来て，もしなんか事故があったらどうすんねやって」言われた。「料理教室で刃物持つでしょ，そんなんどないするねんって，もうそれはすごく言われて。断酒会が例会始めたときも，夜にそんなことするなんて何する気やとか。もう上にはすごく言われた」という。［精神障害者に対する偏見が強くて，保健所の上司の人たちはなぜ，保健所でこんなことをするのか理解しがたかったのであろう。］

・ボランティア導入について

「運転手さんがグループの人と卓球して，コテンパにやっつけた。グループの人は面白かったと言った。相談員は負けさせてはいけないと意識してしまう。

それがボランティアを導入することにつながった。ボランティアさんは対等に接するから，メンバーの健康な部分が育つように思った」「健康な人もオールマイティではないと知って卑屈にならなくてよい。それは，自分の中の健康な部分を育てることにつながる。ボランティアさんは対等で日常のこととか言ってくれる。相談員は配慮しすぎて駄目なこともある」ということで，「たまたま職員さんとかがかかわった時代で，まったく外部の人がかかわればもっとよいかな」と思ったのがボランティア導入のきっかけであったという。「ボランティアさんへの教育はちょっと必要」「フォローはかなり必要」である。「なぜっていうことに，きちっと答えてあげないと不安はいっぱいやわね。ボランティアさんのフォローはかなりした」という。「やっぱりすごくしんどくて悩んだりしてはることをフォローをしてあげないといけないと思う」という。ボランティアさんは個別には（対象者の人と）かかわらないようにした。健康な部分を育てるということに着眼して，ボランティアを導入したという。

・森永ヒ素ミルクの調査

「森永のヒ素の調査にEさんと○○[7]さんが入った。47年くらいかな。自分の出産があって大変だったけれどK研究所に夜行って検討した」。［このことは，次に述べる剛力さんにとってもそうであるが，星山さんにとっても学ぶことが多い集まりになった。］

・病気と福祉

「○○[8]先生の講義で習ったが，同じ不眠でも，健康な人の不眠はどこかで疲れて寝てしまうけれど，病気の人はそうでない」というのを知った。「森永ヒ素の調査で，病気と生活の障害とは違うんだっていうのを学んだ。病気としては重くなくても仕事に行くうえでは凄い障害になることがわかった。そこ（仕事したり，生活したりしていくうえでのしんどさ，障害）にかかわるっていうのが福祉やというふうな話をみんなでしたと思う」「医者とワーカーの違いとか，なんかが少しわかった」「精神はまだ見えていなかったけれども」といった多くのことを，森永ヒ素ミルク調査の会で学んでいる。なお，○○[8]先生は，他府県の社会福祉学の研究者であった。

・研修と相談員会

1974（昭和49）年に研修制度ができた。「○○₄さんの強い主張があったと思う。○○₄さんはK研究所で凄い研修受けてきはった。相談員が置かれたとき，なぜ研修しないのかと強く言ってはった。○○₄さんの存在は大きい。研修しないのは対象者にも悪いと言ってはった。それまでは夜，K研究所に行ったり自主研修をしていた。相談員会ができる前に夏の合宿も南ブロックではしていた。夏，泳ぎに行ったのと合わせて研修している。ずっと後になるが，国立精神衛生研究所で長い研修受けた」。

1970（昭和45）年に相談員会ができていた。「相談員会の最初の全体合宿は永福寺でやった。相談員は地域で1人だったがブロック会も定期的に開いていた。個々人に本庁から仕事の依頼があるのはそのときそのときで終わるから，個々人ではではなく，会として受けたいということで○○₈さんが始めた」「研究発表も相談員会ができていない頃から出している」「昭和48年の実態調査に皆で反対して文書をあげた。相談員は48年くらいから，全体の集まりをもっていったように思う」という。

・複数配置を目指して

「昭和50年も複数配置とろうということで業務に関する5角形の図を書いた。地域でこれだけ業務が広がったと。半年ぐらいで，そんなん言われへんよなとかいうふうに（結果が出るかと思いながら），複数配置になることによって（ケアが）継続できる」ということを言ったという。［皆で頭を寄せ合って，ああでもないこうでもないと言いながら作成したであろう光景が目に浮かぶ。その甲斐あってか，以後，少しずつ，複数化が進む。］

・いい時代だった

「いい時代だった。最初はわからないままに置かれているからしんどかった時期もあるけれど。仲間ってすごい。相談員会もできていった。一番，花が咲いている相談員会だった。上り坂の。終わりの方は上から降ろされてくるのが増えた」という語りにあるように，星山さんは花の盛りの相談員会とともにその業務を進展させてきたのである。

・保健師への影響

「保健師の暮らしと健康を守るスローガンも，ワーカーの影響」であるとい

う。「保健師さんたちはワーカーの技法も取り入れていった。グループワーク
も。影響与えたんじゃないかとこちら側からはそう思っている。段々職種が似
通ってきたでしょ？　慢性の病気については技法は保健師と一緒だと思う」と
いう。

e．ベテラン期（1980年代初）

・O 保健所

「O（保健所）に行ったときは自分で（業務が）展開できる時代になっていた。
アルコール（依存症者）も家族の集まりつくっていったりとか，手順のような
ものがわかった。小さい保健所だから3年目くらいには見えてくる。次に自分
なりの展開の仕方っていうのがやっぱりわかってくるというか。何人かの相談
員と話してたときに，複数配置とか前任者がいればまた別だが，人口30万から
40万のところは，地域展開できるようになるには，やっぱり5年は（かかる），
3年では問題摑みにくいかなって言ったの覚えてる」という。

・試みた業務

「府の生活保護のワーカーと生活保護の長期入院者を退院させることをグル
ープを使っていった。送迎は○○ₐ（精神科）病院がした。相談員や福祉のワ
ーカーが替わった時期に（事故が）起こった。福祉事務所が駄目といって終わ
りになった。2年くらいやったが」。○○ₐ病院も福祉事務所も，担当者を除
いては実は（グループワークの実施には）不本意であったようであるという。
「○○ₐ病院は閉鎖的な病院だった。面接も面会も保健所のワーカーだったら，
職員がそばにいてて，何を話しするのか聞いてはったような時代であった。府
の福祉事務所が病院に対して権限をもっていたのでできたことであった。

　長期入院は社会性とか生活能力が殺がれていくのを目のあたりにしたので何
とかしたいと思った。グループワークに来た入院患者が自由に話をし出すので，
病院内ではやりにくいと（病院では，保健所のグループに参加させることに）反
発があったらしい」という。

・所内の人間関係

「でも，意外と（どこでも）皆にやさしくしてもらった。特に衛生課の人に

は。○○₂さんのご主人（衛生課長）に，O（保健所）のときだったけどね，必ず私が帰ってくるの待ってくれてはったことを覚えている」という。［保健師は，訪問で帰所が遅くなる場合は，多くの場合は師長かそれに代わる人がその人の帰所を待っていた。ワーカーの場合は，訪問が長引いた場合は，ほとんど誰もいなくなった保健所に1人で戻ってきていたので，待ってもらっていたことは心丈夫であっただろう。］

・P保健所およびee支所

1985（昭和60）年に転勤したP保健所ではじめて相談員が2人になった。

・老人保健事業

「58年にP（保健所）のときに，老人の精神保健事業が始まった。ee支所や保健所保健師，市保健師たちと事例検討会をした。保健所嘱託医と組んで，認知症のはじまった人を嘱託医が診察して投薬も場合に応じて出した（投薬は，嘱託医の場合も開業医の場合もあった）。○○₉先生にも来てもらって高齢者についての話をしてもらったりして，面白かった」。

・地域差

「私が保健所で相談員でいる頃ってのは，地域に出ていたので，同じ地域でも，古い市町村と，ニュータウンでは問題が違うのを感じた。老人の問題なんかは直，行政に結びつく，つかないと解決しない。P市はまだね，血縁がいるから逆に出にくいって問題もあるんですよ。だけどニュータウンはそういうのがないから直，行政に結びつくんです。だから老人の問題もそうだし，障害者の問題もそうだったなと思う。古い地域ほど問題が表面化しにくい」という。「P（地域）では認知症を血筋といい発見が遅れた」という。

・出前と待ち

「あの頃の保健所は『出前』だったが，今は『待ち』になっている。ちょっとさみしい。『足で稼ぐ』で，地域に出ていって問題つかんできなさいっていうのが，所長もそうだったし，みんなそうだったが，ほとんど市町村に障害者の人たちのんは移ってる。だから（保健所は）『待ち』なんですよね。寂しいことだと思う。出てこそ，問題が把握できるのに，もったいない」ことであるという。

第4章　大阪府保健所における地域 PSW の形成過程

・職場としての保健所

　「保健所はいろんな職種があったので，組めばもっといろんなことができただろう」「保健所は面白い所。社適も安心だから衛生課のかかわっている所に訓練生送った」「ee（支所）で，訓練先の業者が，後に作業所を法人化するとき協力してくれた。まったく違う世界の人に，なんかあの，障害者のことを理解してもらう助けにはなった」「理解を深めるのは，相談員 1 人ではなかなかできないことやけど，まあ保健所のいろんなかかわりの中でできてくると思った」という。[他の人の話にも出てくるが，保健所は行政では珍しい多職種のいる専門職集団であり，組めばもっといろんなことができたであろうが，残念ながら相談員には，時間的に歴史的にまだそれだけの余裕がなかった。]

・昇格と政策提言

　「1985（昭和60）年，P（保健所）で主査になってる。42，3歳で主査になった。相談員で 2 番目だった。福祉部は中心になって本庁までいける人を育てている。最後までいてる人，理事になる人もいる。衛生部のワーカーは政策にかかわることができていない。作業所の助成制度つくるときに○○[8]さんがいてはったくらいかな。ワーカーが政策にかかわったのは退院促進事業ぐらいなもの」だというのは，残念なことである。[昇任・昇格は，福祉部より遅い。本庁でラインにのる人がいないせいもあろう。また，SW としては政策提言できることも重要な任務の一つなので，これができていなかったこともまた，歴史の浅い職種の悲哀であろうか。]

・K センター

　転勤した K センターでの業務は，「内部は K 研究所との調整。外部的にはPR と研修。大震災の応援。○○[8]さんは地域ケア課だった。私は企画課で民間の人の研修も請け負った」「5 年経って社会復帰業務の市町村移管が決まって，市町村への説明をした。最後の年は退院促進事業を始めた。退院促進事業は大阪府が始めたもので，次の年から国が始めたもの」であったという。[なお，K センターで星山さんと一緒に勤務していた○○[8]さんは，大阪府保健所相談員のカリスマ的リーダーの一人であった。]

137

・相談員会の解散

「私がね，センターの終わりくらいに，保健所の精神保健はチームになって，相談員会はなくなった。保健師さんとチーム組んでチームができて職種で集まれないから，相談員会がなくなったのかもしれない。（代表が出るよりも，一人ひとり，みんなそれぞれのもってることを直に聞きあうっていうのが相談員会の意味があった点だったが）相談員会が連絡会に変わっていった。それなら全員でなくてよいということになった。事例検討会とかごちゃごちゃしゃべるのがよかったのに，それができなくなったのは，残念だと思う」。

・H 保健所

「H 保健所の保健福祉推進室室長となって転勤した」（推進室の室長は，新しいポストで，保健所の事務職も含めて，多職種が就くことができた。ポストの少ない技術職には貴重なポストであった）。「そこで脳卒中の人たちのグループをした。他の保健所では脳卒中のグループはなかったが，H 保健所で，精神（＝保健所 PSW）出身の○○$_9$室員と 2 人ですっと始めた。精神（＝保健所 PSW 業務）で慢性疾患の取り組みの下地ができていたので取り組みやすかった」という。

・2 度目の K センター

「K センターの仕事は面白くなかった。ちょっと合わない。生き生きしてるところが日々感じられないと思った」という。

f．その他

・影響を受けた人や事柄

「特に G 保健所での○○$_8$さんの地域展開はすごかった。S 保健所にいたとき○○$_8$さんが障害児運動にかかわっていて，S 保健所でもと思って教職員組合の先生と養護学校見学に行ったりとかした。私がいなくなってから養護学校ができた。（同じ相談員の）○○$_{10}$さんにも影響を受けた。事例検討なんかすると鋭い人だと思った」。

・行政と民間の PSW

「民間の人とはあんまり一緒にやれてない。相談員会っていうのができていく中で，こじんまりしてきてる部分もあったかもしれない。和歌山はあんまり

第4章　大阪府保健所における地域 PSW の形成過程

相談員がいないでしょ？　いない中であれ（麦の郷の実践）をしてきたでしょ。で，ま，麦の郷だけじゃないんだけど，保健所の相談員があまりにもいろいろしすぎたんではないかっていうふうにも思った。肩代わりしすぎてる部分もあったんではないかなと思う。当事者の活動も大阪府より先に他府県で生まれている。大阪は，ちょっと取ってしまってる（相談員が対象者のすべきことを肩代わりしすぎてしまっている）部分があるんかなって。ま，一瞬思ったことがあったけどな」という。「そういう部分もあるのかもしれない」という。

　「現場の授産施設の施設長であるとかいう人たちの研修の場もないし，そこから出ていかない限りは何もないわけで，行政のワーカーはどこかでつながっているけれど，民間のワーカーは研修の場もない。出ていかない限り何もない。四角四面になっていく危惧がある。まあ卒業してすぐぐらいに施設長になったりしているわけ，若くして施設長でしょ。自分から求めていかない限りは何もない。そういう中で私は少し危惧してる。市からのクレームはあっても，誰も何も言わないから，それでいいのかなと思ったりして，気をつけないとやっぱり幅が広がらないと思う」という。「市は民間に丸投げしているわけね」という。[それはあるべき姿ではないと筆者も思う。公的機関の福祉的役割は，民間人と対等の立場で，核になる人と場所を公的機関内部にもってこそ果たせるものだと思う。]

・仕事を通しての自己変革

　「元の性格は依存的。身体弱かったので小学校の間はよく休んだ。仕事していて，何もかも自分でしきらなアカンかったから，依存的でなくなった。（精神保健に関しては）保健所全体を背負って立つ所がある。上司は何もしてくれない。誰も助けてくれない。背負ってるから。自分が発言したり動かないとできないっていうことが，初期はあったから，それでやっぱり変わった。自分で最後までやり終えないとあかん。自分の判断とか，決断は仕事で鍛えられた」という。

・子育てとの両立

　「育児は，母が協力してくれた。いろんな人の助けがあってできた。（子ども育てながら）よう仕事やってきたなと思う。まとめもパソコンがないから手書

139

きでした時代だった。本当にあの過酷な仕事を子育てしながらよくやってこられたと思う」という。

・現在のＯ市

「地域包括支援センターは，精神保健福祉士から，かなり５人くらい揃ってるわね。職種も。地域包括支援センターは個別に相談とか，ホームの運営委員会に出たりとか，結構駆けずりまわってはるからね。けど，コミュニティ（ソーシャル）ワーカーって，まあほんとに単独でぽつんぽつんと置かれてるだけやから。どんなふうにやってるのかわからないね。だからなんで置くことになったのかもわからないし。コミュニティソーシャルワーカーをあんまりばらばらに置くのはよくない。あんまりばらばらに置くっていうことが，力を削ぐことになると思う，自分の経験でね。一人でぽつんと置かれて。何をどうしていいかわからない。それだったら集中して置いて，そこから出ていったほうが，もうちょっと力がアップするんじゃないかというのもある。保健所みたいに，各市に置かれてるときはそれは止むを得なかったかもしれないけど，Ｏ（市）みたいに小さい所やったら集中して置いて出ていったほうがね。もっと意味があることになると思う」という。［確かに，一人ひとりがぽつんと置かれているのは，方向性を見出しにくいし，お互いに切磋琢磨がしにくいのではないかと筆者も思う。］

g．語りからみる星山さんのPSWとしての歴史

星山さんも，保健所にはじめて配属された相談員であった。それ以前に，Ｋ相談所から出張という形で，保健所への精神衛生相談を行っていたので，まったく白紙の状態で配属された人と比べると，戸惑いは幾分緩和されていたと思われる。しかし，対象者を職安に連れていったりした，公衆衛生領域に福祉の発想を取り入れての業務実践は，周囲に理解してもらうのに相当苦労したと思われる。

相談員は，新しい職種で対象者が当時偏見を強く受けていた精神障害者であったこともあり，グループワークの料理教室で包丁を使用することへの管理職の反対があったりした。

第4章　大阪府保健所における地域 PSW の形成過程

その中でも，ストレスに耐えて業務を行い得たのは，資質に加えて，同職種の仲間（相談員会やブロックでの仲間）同士の支え合いや良き嘱託医との協働や保健所内の理解者の協力が大きな支えになったことと思われる。最初の頃から，ブロックで研究会をもったり，地域の病院で医師も交えた研究会をもったりして，ピアサポート的環境をつくり，知識や業務遂行に必要な技術を獲得していっている。

職場での協働についての「自分に不足していることを知っている人とは協働できる」という言葉には含蓄がある。

自分で業務を展開できる自信がついたのがベテラン期であった。「複数配置とか前任者がいるところをのぞいて，人口30万から40万のところは，やっぱり（地域の状況を把握して，業務の見通しを立てるのには）5年は（かかる），3年では問題摑みにくいかな」という発言は興味深い。

「ボランティアは対象者の健康な部分を伸ばすのではないか」という発言も，経験に裏打ちされており興味深い。藤田さんもそうであったが，星山さんの発言にも現在 SW をしている人たちが学ぶべき多くの経験知があると思われる。保健師の業務スローガンに「命と暮らしを守る」という言葉があるが，昔は，「命」だけであり，これに相談員の影響が加わって，「暮らし」が入ったという星山さんの説明は筆者にとっては驚きであった。なぜならば，筆者が保健所にはじめて出た1974年頃は，保健所には「命と暮らしを守る保健婦（当時）」というポスターが貼ってあったからである。

3　改正精神衛生法時代に大阪府保健所に勤務した PSW の語り
——剛力由紀さん

a．基本属性
大学で社会福祉学を専攻。

b．PSW 以前
「人間に関係する仕事とか儲けんでええ仕事を考えた」「担当の先生に大阪府

141

を受けたいと言った」「精神保健のことは知らなかった。福祉の分野のイメージしかなかった」「保健所配置が決まった後，本屋で『地域保健活動の指針』という本を買った」「（子ども時代）悪いことをしたら○○$_a$（精神科）病院に入れるぞと言われていて，○○$_a$病院て何かと思っていた」。

「（大学のときは）社会福祉の講義を心理の教師が教えるといった状態。岡村理論の本は用意されたがスピリットは伝わらなかった」という。

c．新人期と d．中堅期（1970年代初と中頃まで）

・新人研修

「○○$_1$さんが新人研修 1 週間，相談所でやってくれていて，あと，自主研修をずっと南ブロックでしてくれていたので助かった」「いろいろ学会に行った」。

・専門職としての方向で仕事をした

「病気になっても生きていけるには何があればいいか（という視点から業務を行うの）が私たちに期待された役割」「大阪府としては取り締まりの方向で仕事をするようにとは言っていなかったので，専門職として私の方向で仕事した」という。

「保健所が現場だったのは助かった」「自由に仕事させてくれた大阪府の度量の大きさ」「所長は内科系の人が多く，『わからんからよろしく』と言った人もいた」「本庁はなんかあったらバックは考えると言ってくれた」「所長を超えていきなり本庁と相談，予算とってきたりした」。［行政では，直属の上司を飛び越えて本庁と直談判するなどは普通はありえないので，剛力さんに限らずこの頃の相談員は型破りの仕事の仕方をしていた。］

「昭和46年以降は，○○$_2$先生が本庁の予防課長になって安心感があった」。［○○$_2$先生は，地域精神保健の福祉的な側面に関心をもち，改正精神衛生法の時代もそれ以後も，公衆衛生領域の異色集団であった相談員たちを，ずっと支えてくれた行政の精神科医であった。］

「個別だけでやってることのしんどさ」「バックに使える何もない。本人たちは家でいるか，病院でいるかしかない（居場所がない）」「息子がね，外泊で家

に帰って来たときに『病院（に）帰るわ』って言われたときの寂しさを訴えた母親がいた」「家におるためには何がやりたいか，そのほか，個別は細かなことを聞きながらやった」「（相談員の）転勤は希望によると思っていたから，一生この人たちと自分は付き合っていくという覚悟やった」という状況で業務をしていた。［一生付き合うという覚悟は，後に，社会福祉法人を運営する下地がこの頃からあったのであろうか？　先に，保健所配置が決まった後，本屋で地域保健活動の指針という本を買ったという語りにもみられるように，最初から対象者としっかり向き合うプロの姿勢がみられる。］

・職場の状況

「責任取らさないでねって最初の上司，所長には言われた」「幸いなことにその先生には責任取らすことはなかった」というが，［責任をとらせるようなことはするなという釘のさされ方は，いささかつらいものがある。新しい職種の悲哀であろうか？］

「（保健所）は家族的な職場だった。職員数は34人ぐらいだった。同じ世代が結構多かった」「2年目の途中までは（保健所の同じ世代と）よく遊んだが，知的障害者の家族会，アルコール，精神病の人たちの家族会，やりだして，遊ぶ時間が合わなくなって」「あんたの仕事は私知らん（という雰囲気の職場）ではなかった」と，他職種も相談員との連携がとれていた協力的な職場であった。［このような関係をつくれたのは，もともとその保健所にあった土壌と前任者の功績もあろうが，剛力さんの努力も大きいと思われる。］

「転勤してきた保健婦に担当地区の精神の人の話をすると，何で私にするの？　私は精神の担当と違うでしょうと驚かれた」「私がいないとき，あの，必ず地区の担当の保健婦さんの名前も私は伝えとくのよって」「こっちはずーっと（その保健所に）おるから，こここんなんですって言うたら終わりやった」「W（保健所）には余裕があった」「巨大保健所は若い世代は辞めて行っていた。（W保健所のような）田舎型の相談員は生き残った。ゆっくりしたペースで付き合っていける」［このような状況であったことが，剛力さんが辞めずに済んだ原因の一つであろうか？］

「K（精神科）病院に行ったらね，あの，ワーカーが複数でいてて日常的に学

習の機会はいっぱいあって（保健所は他職種ばかりで，そういう機会はなかった）」という。［K病院は，かって筆者の勤めていた公立の精神科病院であるが，複数のPSWとCPがいて，よく議論もしていたし研究発表などもしていた。毎週1回，ドイツ留学の経験のある精神科医の指導のもと，始業前1時間ほどサリヴァン（Sullivan, Harry Stack）の原著を読む勉強会をしていたこともあった。確かに剛力さんのいうようにK病院の方が学習の機会はあった。］

・手さぐりのとき

「（最初の頃は）保健所ってどんな仕事してるか，伝えきれる説明しきれなかった」「○○₃先生の影響は強かった（岡村理論も孝橋理論もそこまでは読み込めなかった）」「森永のヒ素ミルクのまとめのときは○○₁邸を借りて夜なべでやってた。○○₃先生がずっと入っていた」と，入職してから知り合った，出身大学ではない他大学の社会福祉の教員○○₃先生の影響を強く受けている語りが頻繁にあった。このほか「○○ₚ大とかK研究所で○○₄先生たちとやった研究会，K研のとき（K研究所でその研究会をしているとき）保健師さんたちが結構入ってきた」「○○₂先生（剛力さんのW保健所1年目のとき，府庁の係長で入職した）が入ってきて空気がふわーとした」という。［○○₂先生は，誰のインタビューにも出てくる人である。この人と出会って，剛力さんは癒されたようである。○○₃先生は，社会福祉学の研究者で，当時他府県の大学教員であった。］

「○○ₚ大の研究会は1年目ぐらいのとき，（私は，群馬県の）東村（に自己研修に）行って，いなかった」「治療をどう考えるかっていうのを東村とか郡大の生活臨床から学びましたよね。でもどっかが違う」と感じたという。［この頃，群馬大学医学部が行った生活臨床が，精神科領域では話題となっていた。］

「（組織の）下におったらとにかくわからんから，すがりたくってすがりたくってということで（研究会に）行ってた」「私は理屈が先にある人間やないからね。理屈があって，理論があって仕事してるわけじゃないから，現場の人間やから，だから現場はあって」「○○₃先生なんかと話をしてて，あ，それがこういうことなのかっていう突き合わせをしていくということがあって，W（保健所）の頃，○○₃（先生の）研究室には休みを取って行った」「月に1回。

休み取って。半日名古屋まで」「そこでまた向こうの名古屋地域の病院のワーカーさんと出会ったりとかする中で，イキイキとみんなやってる。みんな偉いなって」「がっつくような感じやったね。正直なところ。そうなんやーとかいう感じで」「自分の母校にはほとんど行かないのに，遠くなる前の○○₂大の勉強会に足繁く通った感じがする。数年」。

「W（保健所）のとき，森永ヒ素14年目の報告」をした。「必要なものはこさえていくんやっていう（ことが具体的なこととして自分の身についた）」「（森永ヒ素ミルク問題の）アンケートつくるのに，○○₃先生が来てくれていた」「○○₃先生に合宿に来てもらったでしょ」といったこともあった。しかし，業務多忙になって，Y問題あたりから研究会等には（十分），行けていなかったという。[社会福祉学研究者の○○₃先生の影響の大きさはよく理解できる。筆者も，以前，○○₃先生の講演を大阪府の研修の一環として聞いたことがあったが，『社会福祉は帝王の学です』と言われた言葉が耳に残っている。社会福祉学は立派な帝王には必修の学である。国を治めるにあたって非常に重要な学問であるといった意味で使われたように記憶している。]

・工夫

「上司の予防課長がずっと不在だったので，誰も聞いてくれへんなあと言いながら，同僚に話す」「（1人職種のせいもあって）自分が（保健所に）いないことが多いっていう時代が長かったから，できるだけ私が何してるかが他の人たちに知っといてもらうようにした」「ケースが共有できるように周りの人に情報は伝えた」という。

・辛いとき

「私，やっぱ保健所にいづらくてW（保健所）にいるときは福祉事務所によく遊びに行っていた」という。[弱音は吐かない，明るい，気丈な剛力さんだが，やはり保健所にいづらいときもあったのかと思った。時間のあるとき（何気ない会話の中で重要なコミュニケーションができることがあるので），関係機関をぶらりと訪ねるようにというのは，○○₃先生から筆者も聞いた言葉であったが，この剛力さんの行動は，○○₃先生の言葉と関係があるのかもしれない。]

・嘱託医および○○ₐ病院

「嘱託（医）がよかった。保健所ではあんたたちが僕たちを使うんですよって」「（嘱託の）○○ₐ（精神科病院）の医師は集団として非常に（質の）高いものを（もっていた）」「○○ₐ病院は開放化を戦後ずっと続けたよい病院だった」「（○○ₐ病院に新任の挨拶に行ったら）保健所っていうのはね，魔女狩り思想の，あの，手先」と言われた（○○ₐ病院には，保健所の精神衛生相談員制度に批判的な若手の医師たちがいた）が，「医療を受けたときに，医療機関に任せっぱなしにしない，させない」姿勢があった。「病院へ出掛けていって，（患者さんに）今はどう？　と（聞く）。で，あの症状はとれたの？　とかっていうこと（を聞いたりして）で，別に保健所の相談員からそんなん聞いたらいかんなんて（○○ₐ病院の医師たちからは）全然言われへんかったからね」という。［歴史のある医療の質のよい○○ₐ病院から（志の高い）嘱託医を得ることができたのは，幸運であったといえよう。］

・保健所の良さ

「（時間内に研修計画を自分たちでつくるという作業をして，帰ってきてその分，残業して，と）時間がある面では自由に使わせてもらえたっていうのはラッキーでした」「それを許してくれた職場。うーんしゃあないなあって言って」「保健所は専門職集団だったこともある」という。［専門職集団であるので，専門職の仕事の仕方を理解してくれたということであろう。ただ，剛力さんの人間関係の持ち方も関係しているであろう。］

e．ベテラン期（1980年代中頃）

・R保健所（後に市に移管）

相談員2人体制の保健所に転勤した。「1人では穴をあけてしまうことがあったが，複数制になってグループワークもできてってという点が大きく違った」「2人のときは，事業は終結にならない」「（○○ₔ市で）生（活）保（護）のケースは福祉（事務所）のワーカーと同行訪問」「○○ₔ市の頃なんかでも断酒会が週に三カ所あったん」という状況で忙しかった。「先輩，上司に責任とらさないで，どう自分が責任とる範囲で業務をし終えるかを考えた」「困らし

たらあかんと思っていたから，家族会も日曜日にし，断酒会も土曜日の夜にした。それを（保健所に）オッケーさすには自分が出てくるより仕方がないやん。嘱託医が来てくれるのかっていうことで（保健所の上司から）言われたから（嘱託医にお願いして）来てもらったもん。『先生，頼むから，先生が来たらこれできるねん』て言って，半年来てもらった。完結するってことよ。自分が責任とれる仕事，そのかわり責任さえとれば文句は出ない」という。［嘱託医と剛力さんの間に良い関係ができていたのだろう。来てくれた嘱託医も見識のある人である。］

「（上司に責任がいかないようにするのは）難しかったですよ」「地域の団体から文句が上がってきて，所長がウロウロしはるときもあった」「『今行かれへん』って言って，『待ってください』って言ったら『待たれへん』ってまた電話かかってきて，全部上司に（文句は）いくのよ。ほんで上司が，『剛力さーん，なんとかしい』とかって言うたら，新任であいさつ回りで来た予防課長が（剛力さんの代わりに）先に（要請される場所に）行った」という語りがあった。［上司は責任をとるためにいるというのは言い過ぎであるが，相談員に責任がかかりすぎではないだろうか？　しかし，剛力さんは周囲と摩擦を起こさず仕事をしようと努力していた様子である。］

・勉強会

「○○$_d$市でも，クリニックの先生たちと生保のワーカーたちで勉強会をしていた」「医学だって進歩してるし，だからそのあたりの最新の情報を摑みたいっていうのは大きくあって」「医者は勉強会に必ず入っていた」。

・B保健所

「B（保健所）では○○$_5$さんと1年，○○$_6$さんと1年。次が○○$_7$さん」と，パートナーの相談員はベテラン，ベテラン，若手と組んでいる。「B（保健所）のときは悲惨。（ケースの人の）顔は出てくるが名前は出てこない」「ケースの数が多すぎると付き合いが浅くなる」。B保健所は府下，最多忙の保健所であった。

「B市とかは○○$_d$市も26万にいきなりなったし，で，いろんな多問題抱えてる地域で，そのかわり，まあ，他機関の職員とは非常に仲良く一緒に動きま

したね」。

・bb 保健所支所

「bb（保健所支所）に行ったときは作業所ができていた」「bb 支所で優秀な
保健師さんの作業所の指導員を連れてきた」「bb 支所は誰かが代わりをちゃん
としてくれる。優秀な保健師たちだった」。

・L 保健所

「（1993年）L 保健所で管轄区域の大和川事件にあった」「大和川がなくなる
日は日曜日も出勤だった」「大和川のとき，中に巡回に行けたのがよかった」
「病棟回るとあわててなんか着替えていた」。［筆者もこの事件以前に大和川病
院の監査に同行したことがある。閉鎖的なイメージであった。］なお，剛力さ
んは L 保健所で主査になった。

・A 保健所

「○○ₑ小学校や箕面ケ丘病院のこともあって新聞社の取材が保健所にきた
ときに（施設のメンバーたちが元気にしている）明るい面の取材と抱き合わせで
所長が許可した」。剛力さんは，そのとき，明るい面を見せた施設に今かかわ
っている。

　f．その他

・現在

「稼がんでもいい仕事についたはずなのに，お金の計算しなあかんていうの
は，どうしたらいいのかって，この自立支援法では思います。出来高払いやか
ら」。

「（かつて）保健所で言われたけどね。犬の担当の人に。『犬の予防注射と鑑
札高いやろ。僕儲ける人，あなた使う人』って言われてて。『はいそうです』
って言って済ませたことがある」。［精神保健はサービスだけの部門である。］

・仕事をやめたいと思ったことはない

「あのね，そら辛いこととかね。どしたらいいんやろってことはいっぱいあ
ったし，タイトロープ渡ってるってこともいっぱいあったけども，だけどやめ
たいと思ったことはないね」「（生活臨床でいくと）受動型。だから置かれた場

所で安穏と生きるという」「どこへ行っても面白そうなことをやって，やりたいと思ってて」「前の人がどうやってたとか周りがどうやってるかとかあまり気にせんとやってきました」「わたしは二番手三番手走るほうやから」「夜中に訪問するのが業務かって言われたら，それはちゃうかな？　っていうのはありますけども」。[と，夜中に（対象者を）訪問したり，休日に（対象者と一緒に）レクリエーションに行ったりとか，仕事一筋できた人である。]

・精神障害のある人について

　「（生活を支えるいう考えかたは）社会福祉学科やったからっていうのがベースやと思う」「富の再分配っていうことは私の中では絶対的なものとしてあります」「障害をもっていても，個々の人生をどう生きるかっていうのは，私が私の人生をどう生きるかということとなんら変わりなくある」「治療をどう考えるかっていうのを東村とか郡大の生活臨床から学びましたよね。でもどっかが違う」「治療するために生きていくわけじゃないよねって○○₃先生がおっしゃった」「森永ヒ素ミルク事件の30年後のまとめの作業の中で，どうサポートするのかというときに，生活基盤とか，生活能力とか，必要なものはこさえていくんやっていう（考えに至った）」。

　「（メンバーに）何がしたい，何が欲しい，決めるのはあなた，あなたの人生だから。いろんな人に相談していいよ」と言っている。「私の意のままにはなるなっていう感じ」であるという。

・影響を受けた人や事がら，その他

　「印象に残った人はたくさんいる。各所で何人かずつ。新しくなると記憶はあいまいになる」「業務量が定例化すると全体像が浮かぶような付き合いをする人が少なくなった」「業務量が定例化したものが増えてくると，グループワークとかね，（対象者が）増えてきて，他所との関係機関との付き合いっていうのが増えてくると，あのー，個別としっかりと以前のような時間かけた向き合いをしてないから，あのー，全体像が浮かぶ人の人数が減ってる」。

・研修の意義

　「（相談員の研修は）自分たちが研修計画を立てて，で，自分たちでそれを実施して，で，やったっていうことがすっごく意味があったと思う」「今いっぱ

い自立支援法の研修とかってあるんやけど，あの，こう，セッティングされて，はいって参加するだけやん」。相談員の研修に関しては，「研修獲得は今が好機と」「○○₂先生が，今の課長だったら研修オッケーしてくれるから自分たちで研修を獲得するんやったら今やでっていうことで言うてくれて」「休みも取らずに，みんなで研修計画を立てた（職場の人からは付き合が悪いと叱られた）」ことを覚えている。

「（うちの）若い人たちにはいろんな所に出掛けていったほうがいいと言っている」「学びにいくことは大切」「積み上げてきたもんをどれだけ吸収していくか，世間広くなって，ああーこうなんで皆頑張ってるんやって，ほっとして帰ってくるのも一つやし。あ，こんなやり方あるのか，ちょっと試してみたいなって帰ってくるのも一つやし。うん。少しこう日常の雑務からちょっと離れる時間とかっていうのはいろいろあってよい」。［研修は非常に大切であると筆者も考える。研修は受け身であるよりも，開催することに関して主体的に取り組めればもっとよい。この場合は，研修プランができ上がるまでに，すでに取り組んでいるメンバーの間で一つの意見交換という形の研修を終えているからである。］

・相談員会

「（相談員会は）いきなり担当者が課長会しているようなもの」「保健所の中での上司と調整をしないで，いきなり本課と調整をするから，それは異質な状況やでって言われたことはあります」。［保健所の上司を通り越して，直接主管課と談判するのは，ありえないことと，組織の整った福祉部から転勤した人たちはよく言っていた。筆者も聞いたことがある。］

・大阪府

「われわれはお釈迦様の手のひらの上」「われわれみたいにやね，気ままなヤツをね，いわば機嫌ようにね，動かすには勝手に動かしてるがごとくで，お釈迦様の手のひらの上って感じがあるから」という。

「（薬物依存のケースだったが）本庁の度量が大きいかなって思う」「あんたなあっていうだけで終わったもん」「あとで，いやぁ，あいつしゃあないんですわー，すんませんなんて（主管課の人が）頭下げてたと思うよ」。［薬物依存症

150

者の入院をめぐって，主管課の鑑定担当者が，こじれかけた相談員と病院との関係の調停をしたときの話である。相談員は，より望ましい病院への入院を考えていた。]

・昇任・昇格

　「最初から昇格とは縁の遠い職種だし，ポストもなかった」「だから皆気楽だった。皆対象者のほうに目が向いていて，上向いてる人おれへんねん」「どうやって自分たちで業務としてフィードバックできるかっていうことを考えてるから，みんながライバルになることはなかった」「○○部にいかなくてよかったと思った」「年下が上司にくるのは気にならない」「縦関係と思っていない」。[と，まるきり昇任・昇格は気にしていない。とにかく目の前のやるべき仕事本位できた人である。]

・転勤

　「人を入れ替えることで業務を平均化しようとしたのだと思う」「平均化しないところが面白かったのだが」という。初期ではそうもなかったが，相談員が複数制になったあたりから，異動が多くなった。1981（昭和56）年，相談員の5割が転勤という事態が起きた。

・Ｙ問題（Ｙ事件）

　「Ｙ問題で，なんで入院のときに診察なかったの？　これが私が一番の疑問（に思ったこと）」「手はず整えるっていうのがよくわからへんなって思って。見てもいないのに」「警察がよう動いたなっていうのもある」「だって（こっちでは）警察だって動かへんやん。そんなん」「警察に動いてもらおうと思ったら，こっちも動いてるよなあ。動いて，一緒に動いて，さてどうしよかって言って……」という。

・振り返って

　「幸せなワーカー時代だった」「何もないときから作り出していくことに関与できたことは，ワーカーとしては，とても苦労したんだけれども，でも幸せな時代。自分が育ってくるのと，制度がいくつかでき上がってくるのとか並行して一緒に歩めた」「生保のワーカーしてたらそこはそこで完結してたやろなって思うんやけどね」「大阪発信っていうやり方が，当初は，全国に広がってい

ったっていう部分はあると思う。で，それがいつのまにか，あのー逆転された
なっていうのが」「続けていくことは大切だし，それを言語化して発信してい
くことは必要」「続けていくっていうことは片方ではすごく大事なことやし。
そのことを言語化してやっぱり伝えていくことが，ちょっとあの，大阪の人間
たちには不得手やったかもしれへん。その，ちょっとでもやったこと，あのー
発信していくってことは要るんやろなって思いながら未だにしてませんけど」。

「保健所でやりたいことがやらしてもらえそうでなくなった」「私，現場ない
とよう自分が育たんと思ったし，若い人を育てる自信がないし」という。[自
分が育ってくるのと，制度がいくつかでき上がってくるのとか並行して一緒に
歩めたのは，手応えがあって面白かったと思う。大阪発信が衰退したのはなぜ
であろうか？　剛力さんのいうように言語化が苦手であったせいかもしれない。
あるいは「人」に頼りすぎて，ハード（制度・政策）の面を放置してきたから
かもしれない。あるいは，放置していたわけではない（のちには，ピア・ホー
ムヘルパー制度〔殿村寿敏・野田哲郎 2004：43-51〕や，退院支援制度を生み出し
ている）が，相談員は本庁のラインに乗ることを好まない人が多く，ソフトと
ハードのバランスがうまく取れなかったせいかもしれない。剛力さんは，保健
所の社会復帰業務がなくなるあたりで，自身は大阪府から退職した。]

・業務観

「精神障害者の人がどういう風に思うかっていうのは，女の人ってどういう
人ですかってぐらいの問題やと思ってる。あのー本人たちが自分が周りのもの
使いこなしていく力とかっていうのを，使っていいんやっていう，日本の福祉
サービスを使うときの基本をメンバーに伝えたいぐらいで，自分の，だからイ
キイキできるのはどの場なんやとか，どんな仕事だってイキイキできるねん，
ひょっとして今までの仕事のチョイスが間違ってるのかもしれへんし，そのあ
たりを，ここ（剛力さんの運営している施設）ではやりたい仕事あったら言って
って，言ってんねんけどね」という。[精神障害は，特別なものではなく，福
祉サービスを使うときの基本を伝えたい，そしていきいきできる仕事の選択を
してもらいたいと剛力さんは，今かかわっている人たちには言っているとい
う。]

また，「わかってない障害については偏見は人間はもってるもの」「だから体験をどれぐらい皆（対象者の人）が，自分の体験を皆がどれくらい伝えるかによって，あのー，わかっていただけるものが増えるやろうと。それ以外には方法はないよ，自分ができることとしたら」と言っている。「ヘルパー研修会でメンバーが体験を語ることを引き受けて，（そのメンバーの人に）会場で出会った。時代が変わってきていると思った」。［確かに，精神障害は身近な病気になった。隠れ住む必要がなくなったということは，非常に喜ばしいことである。］

g．語りからみる剛力さんの PSW としての歴史

剛力さんは開拓期に属してはいるが最初の保健所では，2 人目の相談員として着任した。2 人目なので非常にぼんやりではあるが，ある程度の輪郭が保健所の側にも相談員の側にもできつつあった頃に業務を開始したことになる。しかし，やはり何をするべきかを求めて悪戦苦闘の日々を過ごしている。剛力さんが語っているように，○○₁さんの始めたブロックの研究会は，新人にとっては支えになったことであろうし，森永ヒ素ミルクに関する一連の調査研究は，その過程の中で社会福祉の視点，ソーシャルワーカーの視点を定めるのに多大の貢献をしたことと思われる。そして，その中で知り合った○○₃先生から，大学時代に得ることのできなかった社会福祉の基盤となる考え方を吸収していった。また，○○₁さんの勧めに従って，生活臨床も身をもって接し学んできている。これらのことから自己研鑽と実践をひたむきに行ってきた軌跡がうかがえる。何よりも，大学時代に，ある程度のキャリアデザインを描いていたのは素晴らしいことだと思う。配属が決まって，地域精神保健の書物で予備知識を得たという語りがあったが，これも，きちんと仕事に向き合おうとする姿勢が最初からあったことをうかがわせる話である。

保健所では，2 代目とはいえ，地域にほとんど何もない状況の中で，つらくて保健所を出て福祉事務所を訪れたりしている。「すがる思い」で様々な勉学の機会に挑んでいる。上司に，責任を取らせないように腐心されている様子（筆者自身は，そこまで遠慮する必要があるかと思うが，これは剛力さんの素晴らしい人間関係形成力の一つなのだと思う）があり，こうした態度が周囲の好意と共

感を引き出したであろうことも想像される。ないものは作り出すという，コミュニティにおけるソーシャルワークの基本がここで語られている。これは○○₁さんにも，他の相談員にも共通している。

4　改正精神衛生法時代に大阪府保健所に勤務した PSW の語り
――陣谷まりこさん

a．基本属性
大学，大学院とも社会福祉学を専攻。

b．PSW 以前
・業務環境・背景

　３月半ば近くに学生課から大阪府が福祉，精神保健の領域ではじめて試験を行うことが知らされて，受験，K 研究所に配属された。大学の40人クラスのうち４人が受けて１人が成人病センター，あと３人が K 研究所と K 相談所に入っていた。福祉職とはっきり銘打ったわけではないが福祉職の採用試験が，一般の公務員試験とは時期はだいぶずれ，３月になってからオープンな公募ではなかったが，公務員試験としてあった。

　大阪府の○○₁係長が K 研の精神衛生部の創設者であった。「K 研究所は，もとは他領域の研究所だった。とにかく，労働衛生とそれから環境とそれからさらにそれに精神衛生を付け加えて，K 研究所にするというときに，特に精神衛生部門で本庁の精神衛生課の係長で医師で○○₁先生という方が，最初は精神衛生部じゃなくて，アメリカの精神衛生研究所を真似たような精神衛生研究所という独立のものをつくることを構想していたらしいんですね」。

c．新人期（1960年代初から中頃過ぎまで。他機関勤務と保健所勤務）
・研修

　「5，6，7と３カ月の精神衛生の長期の研修会があった。精神衛生の一般的なことを受けて，大阪府下の古い病棟，大阪市大，阪大，阪大石橋分院の精

神科病棟，K（精神科）病院に1週間ずつ実習があってすごいショックを受けた。今の時代に，この憲法下の状況下でこんなふうに人権を無視されて，過ごしている人たちの様子にショックを受けた。そこからやる気になった。3カ月の実習を終えて仕事が始まった。ただし精神衛生部門が加わるということで建物を建築中だったので，秋くらいから始まった」という。

・精神障害者に関する調査

「環境課に配置になった。社会精神衛生ご専門の〇〇₂先生とPSWの〇〇₃さんと，新規の方と。心理の〇〇₄さんが成人精神衛生課だった。週2日は（研究所の精神衛生部が開設しているクリニックの）臨床に出た」。

「いろいろ調査をしたが，大きな印象的な調査は『精神障害者に対する態度と意識の調査』ということで，大阪府の能勢町での住民の方の精神障害に対する態度と意識調査をして，そのときに，精神障害者に対する態度が，精神障害について接したことがあるかどうか，あるいは精神障害についての知識がきちっとあるかどうかによってずいぶん差があるというふうなことを知った。課として取り組んだのはそんな調査があった」。

「〇〇₃さんと2人で，K（精神科）病院入院患者さんの調査で，ともかく病歴聞いていたら古いし，入院期間も10年，15年なんていうのはざらだった」「そういう方々の家族との関係はどうなってるんだろう，当時精神病，入院患者さんが退院社会復帰するためには家族の支援なしでは他の手立てがなかったわけですから，家族との関係というのが5年も10年も15年も入院していてどんなふうにその関係が保たれているんだろうかということを調べようということで，患者と家族の関係を調査した」「精神病入院患者の退院社会復帰が家族にだけ依存している状況では，ほんとの精神障害者医療にはならないというような結論に至りました」「患者と家族の関係を規定する要因として，家族の住所地が近いこと，それから特に患者に近い親，特にお母さんがいるかどうか，親がいるかどうか，兄弟の代になると疎遠になってましたね。それから家族親族のある程度の経済的な状況，特にお金持ちだから関係がいいということではなくて，でも一方，経済的に非常に困難をきたしている場合はやっぱり患者との関係も非常に疎遠になっているというふうなことだったですかね」「主には，

このような調査をして，そのことで精神障害者の問題に改めて関心をもった」
という。「やっぱり入院期間が長くなるほど家族との関係は疎遠になっている。
精神障害者だけではなくて，長期入院に伴う家族の形態も変わってくるという
ことが大きいということがある程度検証できた状況だった」という。

・調査の途中で転勤命令

　調査の途中で転勤命令が出た。機関決定で他部のみんなの給料は研究職とし
ての支給になったが，研究職よりも医療職のほうが給料がよかったことも一因
だと思うが，精神衛生部の医者（反対した人もいた）は医療職としての支給を
選び，それに伴って精神衛生部の他職種は行政職になった。研究機関であるの
でこのことが問題となっていたことに加えて，PSW たちは研究の途中だった
ので組合が転勤命令を撤回するように運動した。

・調査の続行を約束してもらって保健所に転勤

　調査の続行を約束されて保健所に転勤した。しかし，「保健所に行ってみた
らそんな片手間でやれるようなことでなくて，かといって保健所で精神衛生相
談員ということではじめて L 保健所の精神衛生相談員になったが，何をする
のかということはまったく明らかでなかった」「それで私なりに何をしようか，
ま，訪問指導ですか，というようなことはある程度言われていたが，どういう
人にどういう形で訪問してするのか，私自身は，K（精神科）病院での経験と
か調査を通して古い精神病入院患者の方がどういう状況に置かれているのか，
それから長期入院した人が退院して，その調査のときに調査期間中に退院した
人，これが30か41人か退院したんですかね，その人たちにもフォローの調査を
した」「そしたら結局退院したけれども自宅で閉じこもってるような生活して
いる人が多かったり，再入院している人が多くて，ともかく社会復帰というこ
とがスムーズにいってないということを多少確認してたんですね」「そういう
状況で保健所に行ったので地域に帰ってきた精神障害者の方たちがどう過ごし
ているかということにものすごく関心があったけど，私なりにどんなことをま
ず手始めにしていいかわからなかった。確か L 保健所で1500ほど退院患者の
記録，カードがあったんですね。それをとにかく1500のカードを整理してすぐ
にも訪問して相談にのった方がいい人，かならずしも緊急を要さない人という

ふうに，なんか仕分けをラベルを貼ってしたように思います。そしてすぐにも状況動向を調査したほうがいい人について4月に転勤して夏の暑い頃，7，8，9月と外歩きしてましたから，訪問始めてたように思いますね」。

「炎天下訪問に行っていたら，非常に症状もあんまりよくない状態で1人で家でいる人とか，あの，鍵かけられてるような状況で家の中で過ごしている人とか，いろんな状況見てですね，精神障害者の問題っていうのはともかく大きいんだ，地域レベルで支えていくという体制がほんとにつくられないといけないんだということ，それは，だから精神衛生相談員，保健所に精神衛生相談員が置かれる意味みたいなことは，それはわかりつつあったと思う」という。

「保健所相談というのも週1日，○○$_c$（精神科）病院の院長が来てらして，その日は保健所にいて，それのお付き合いしていたように思いますけれども，精神衛生相談の日もありましたね。そしてあとは訪問指導のようなことをして，1年間精神衛生相談員として過ごしました」という。

d．中堅期とe．ベテラン期を経ずに大阪府を退職。

f．その他

・退職

「保健所に転勤することについて，組合のほうでいろいろバックアップするから転勤撤回しろというのを，自分がその渦中の人になって運動するということができなかったわけですよね。でも調査のほうはぽちぽちやっていて，どっちつかずの形で，それと自分がきちっとした形で運動もできなかったということで，で，家のことも何か事情があったように思うんですけど，で，10月末で一旦退職をして，で，あと新しい人が来るまで翌年の3月末までは非常勤で精神衛生相談員としてやってました。ですから精神衛生相談員としてやったのは非常勤の期間含めて1年間なんですね」という。

・再就職

「奈良県で一番古い病院がケースワーカー雇うっていってるし，古い病院だし，やりがいあるんじゃないかということで。（K研究所の他職種の同僚だった）○○$_4$さんの勧めで，○○$_a$（精神科）病院に2年か3年行った。○○$_a$（精神

科）病院にはじめて置かれた PSW であった」。「入院時面接って入院時の段階で家族，それから患者さんともコンタクトとるような仕組みになって，ですからそれから週1回か月1回，病棟会議っていって，病棟で全員の患者さんとフリーにディスカッションするような機会をもったり，なんかいろんなことをわりにやってましたね」。そして「退院して再発した方も陣谷さんがいる病院だからあそこに再入院したいとか症状の悪いときにでもそんなふうに患者さんが言ってくれた」という。「主治医の先生方から，そんな人たち（10年とか，数年，10年近く入院していた人が，もう退院可能であるけれどもなんとなく退院先がなくて，家族も引き取らないで病院にいるっていう人）の退院援助をしてやってくれということで，わりとスムーズに退院進んだ。地域に民生委員さんやなんかに声かけたら，3カ所，4カ所候補をつくってどこが望ましいか見に来てくれという形でわりにスムーズに退院援助が進んだんですね」「退院が近い人たちはグループにしてグループワークみたいなことやって，退院準備をして，そしてほとんどは家族はもう受け入れてくれない，家族はいても，兄弟の代になってて受け入れてくれないから結局は職場を探して，職場に住み込みの形で退院ということだったわけですけど。当時，人手不足だったからですね，わりに退院がスムーズにいって，そんなことで病院としてはちょっと不都合になってきていたみたい」だったという。

　「今から考えたらわりに頑張ってたし，病院からも評価されてたんですけれど，そのうちに段々退院患者数が増えていくにつれて，具合が悪くなってきて，で，学校行くんだったら（陣谷さんは，社会福祉の大学院に行くことを希望していた）どうぞそれに専念してやられたらどうですかということで退職することになった」という。［今でいえば退院支援を，この頃すでに精力的にしていたのであるが，時代が早すぎたということになるのだろうか？　しかし，その仕事の展開ぶりは素晴らしい。地域の民生委員の協力も受けている，退院患者からの評価も高い。長い目で見れば，病院にとっても不利益ではなかったのであるが，当時，病院側にそれを理解できる人がいなかったということであろうか？それともほかに何か理由があったのであろうか？］

・大学院を経て2度目の現場へ

大学院を修了して「○○_b病院という企業系の総合病院の心療内科の PSW になった。いわゆる精神科の単科の病院に転院せざるを得ないような長期に構えて治療していってもらうことが必要な人もいたが，可能な限り○○_b病院で治療して退院してもらうという方針で，14，5 人の患者に，心理（心理職のこと）が 2 人，ワーカーが 2 人，医師が 2 人いた。心理は，大学院の後期課程を出ていた人であった。医長がアメリカのハーバード大学の精神科病棟よりもスタッフが多いと言っていた」「1 日 1 回必ず病室にお医者さんも行くし，心理の人も行くし，ワーカーも必ず訪問する。だから 3 人が，ある患者さんの受け持ち。ですからそれぞれに担当が決まっていて，1 日 1 回，自分の担当の患者さんとはなんらかの形でコンタクトをもつということをしていました」。

「面白いなと思ったのは，最初は精神科医や心理の方に対して，家族も患者さんも依存しているんですけれども，そのうちに段々とワーカーとの関係が緊密になっていくんですね。退院なんかの問題とか，復学復職の問題が出てきたりしたらですね」という。

「新しく入院した患者さんの 6 カ月から 1 年くらいまでの状況っていうのは非常に細かく接することができて，これが医師との共同関係，心理の人との協働の働き方という点でもいろいろとても興味深く仕事させてもらった」という。「ここに1971（昭和46）年の10月から1978（昭和53）年の 3 月までいた」。

「○○_b病院は（関連企業の）○○_dの人だけでなくて全部の人に開かれていました。問題はあったんですよ。生活保護扱ってなかったんですね」「○○_b病院が本当に地域に開かれた病院なら生活保護も扱うべきなんだということで先生方とも話し合ったり，学生運動を経験してきた内科の先生なんか，そういうこと理解してくれる人がいたりしてですね，そんな話，活動したりしたこともありましたね。でも結局生活保護，私が退職までは生活保護の扱いはなかったんですね」。

「入り口のところに，あれ（名札）ないんですね。とにかく患者さんのプライバシーとか一人ひとりを尊重してるというあたり，さすが企業系の病院だなあ，だから○○_c系の重役とかそういう人も入院していることもあったんでしょうけどね，一人ひとりの患者さんは大事にされていて，どんな病気になって

も誰でもこういう処遇を本来受けられるべきなんだろう，なんかそんな風に思ってました」[と，先進的な精神科医療を行っている病院での経験を積んでいる。SW として生活保護へも関心を向けている。患者が後半になると PSW との接触が増えるという話は，今の MSW の大いに参考になるところだと思うが，おそらくこれほど細やかに接することは今なお難しい所が多いだろう。]

・大学教員へ

　強く意識して求めていたわけではなかったが，募集の話がきたので応じた。

・大阪府の研修など

　「大阪府の，最初入ったときに研修期間があってそのときに実習させてもらったことっていうのは，やっぱりその後どこで仕事するときにも，そのときのことってのは，ものすごく原点になってましたね」「私の場合，K 研で何年かいて，そして実習したり，調査したりして，かなりそれは予備的な訓練になってた。だから保健所に行ったときも，こういうこと必要かなとか，それから古い病棟にその後入ったのは○○ₐ（精神科）病院ですけど，そのときにも，それほどたじろがずになんか，こんなこと必要なんじゃないかなとか，あれこれこんなことやってみようとか，こんなこと意味があるんじゃないかなとか，だから私の場合，そういう意味では予備期間みたいなものがあって（良かった）」。

　「辞めることにはなったけど，それでも大阪府で育ててもらったなと思ってるんですよ。最初 3 カ月の精神衛生研修会というのもね，精神科，ソーシャルワーク，いや，精神科，精神衛生研修会，講習会でしたでしょうか，3 カ月，まああの，採用までに日にちがあった，あの，実際に仕事始めるまでに日にちがあったから，辞令貰ったの 7 月 1 日なんですよ」。

　「（K 相談所の人 2 人を含めて）12，3 人，そしてもう 3 カ月の間次から次へいろんな方が大学の先生，そのときはじめて私，ケースワークの講義とかですね，はじめて意識的に受けたんですよ」「当時の研究所ではみんな何していいかわからない状況だったから，PSW 研究会とかケースワーク研究会とか，それから労働衛生の方たちとも，なんかいろんな研究会，ともかく 5 時済んでからが忙しかったんですよ」「デッソー先生の薫陶も受けていた」という。

　[陣谷さんの場合は，陣谷さんの資質に加えて，配属された課の課長が，著

名な社会精神医学の医師であったことも幸いしたと思う。また，良い同僚にも
恵まれていたようである。語りの中にあるように，病院や，地域で精神障害者
に向き合う姿勢の基盤が，K研究所にいる間に形成されていたように思う。]

・支援者として

　「（精神障害者の状況について）押しつぶされるような，後ろめたいほんとに物
悲しい気持ちになって，違和感は，それはずっとありましたね。でも，ありな
がら，だからこそ何か自分なりにできることをしようかなという気持ちだった
のかな。ともかく，どんな実態に置かれているのか，この実態をまず明らかに
することが課題かなというようなことでK研のときですね，K（精神科）病院
で，調査みたいなこと始めさせてもらって」[と，精神障害者の置かれている
状況に直面したときの心境について語っている。それは筆者にも共通してあっ
たことであった。]

・同僚たち

　「彼女（○○₅さん）こそ，ほんとに，大阪府の保健所で自分は生涯現役でや
るんだっていって頑張った方ですからね」，また「（K研究所で）○○₃さんと
一緒にスタート（できたのは幸運だった）」と評価している。○○₅さんは，後
に，保健所相談員として，相談員たちに大きな影響を与えた人であり，○○₃
さんは，K研究所で陣谷さんだけでなく，他の同僚のPSWたちにも，大きな
影響を与えた同志社大学出身のPSWであった。

・ソーシャルワーク

　「ソーシャルワークってことあまりわからないままでしたけれども，同じ人
間として，こんな理不尽な，病院でずっと過ごさねばならないってことは，そ
れはあまりにも理不尽だ，という，なんかね，気持ちが強かったですね」とい
う。SWがもたねばならない基本的な理念が語られている。生来的にこういう
感覚を有しておられたということは，素晴らしいことである。

　g．語りからみる陣谷さんのPSWとしての歴史

　陣谷さんの語りで印象深かったのは，「5，6，7と3カ月の精神衛生の長
期の研修会があった。精神衛生の一般的なことを受けて，大阪府下の古い病棟，

大阪市大，阪大，阪大石橋分院の精神科病棟，中宮病院に1週間ずつ実習があって，すごいショックを受けた。今の時代に，この憲法下の状況下でこんなふうに人権を無視されて，過ごしている人たちの様子にショックを受けた。そこからやる気になった」と，精神障害のある人の現状を見て，「やる気になった」というところである。ソーシャルワーカーになる以前から，陣谷さんはもともと人権に対する鋭い感覚を有していたということであろう。

陣谷さんは，病院PSWとして，精神科病院と総合病院精神科2カ所を経験しているが，前者は最初のPSWとして，後者は2人目として勤務している（ただし後者の1人目の人は福祉職ではなかった）。この部分は保健所ではないが，当時の精神医療の状況がよくわかる貴重な話なので記載した。

陣谷さんは，最初の単科の精神科病院において，1990年代以降に盛んになったような退院支援を，すでにこの時期1970年代に始めている。そして，次の総合病院の精神科は，この時代1970年代では非常に恵まれた，いわば実験的な医療を実践したところであったが，ここでも生活保護患者の取り扱いなどの問題を提起している。「ソーシャルワークってことあまりわからないままでしたけれども，同じ人間として，こんな理不尽な，病院でずっと過ごさねばならないってことは，それはあまりにも理不尽だ，という，なんかね，気持ちが強かったですね」という言葉が印象に残った。どこに行かれても，SWの基盤をしっかりもって，見通しをもって仕事をこなすことができる人なのだと思う。

5　大阪府保健所のPSW ——個々人の語りの構造

既述のように，調査対象者は，1965（昭和40）年代から1975（昭和50）年代に，保健所相談員として勤務を開始して，遅くとも1980年代前半には全員が中堅期に入っていた人たちであった。本節では面接順に名前に固有名詞は避けて，イニシャルではなく機械的に，ランダムにアルファベットをつけている。

各人の語りのアウトラインを時系列に並べて語りの展開過程をみていくと，話題が多岐にわたる人と，一つのことを深く語る人の違いや，語っている全体の時間の長さにも差がある。半構造化面接であるので，ある程度話題は絞られ

第4章　大阪府保健所における地域 PSW の形成過程

ていたが，それでもその人の業務を行ってきた過程と背景でそれぞれの人らしい語りとなった。そして，それらをもとに調査対象者全員のそれぞれの新人期，中堅期，ベテラン期の語りの要約を示し，その特色をみた。

　表4-1の各人の語りのアウトラインを見ると，語りの流れについては，おおむね過去から現在に向かっているが，設問として⑴行ってきた業務について，⑵業務環境について，⑶PSW について，を訊ねたことに対する答えが話題になっているところが多々ある。ただ，印象に残っていることが関連して出てきたりして話が前後することはあった。新人期に1人職種であったかどうか，1人職種であっても，すでに専任の前任者がいたかどうかで状況は異なってくる。前任者がいればその業務の内容は核に迫る部分により集中できたように思われる。中堅期も然りである。新人期に，先輩がいるところで業務を開始した人も後に優れた実践家になっているが，その人の資質に加えて開拓期に業務を切り開いてきた優れた先輩から徒弟制度と他職種から言われながらも，丁寧な指導を受けることができたせいではないかと思う。

　また，表4-2の各期（新人期・中堅期・ベテラン期）の各期については，各人の背後にある全体的時期の，開拓期前期，開拓期後期，定着期（相談員が6カ所で2人制体制）前期，定着期後期，発展期を念頭に置きながらまとめた。

　開拓期すなわち，1人制のはじめの頃に保健所に入った人は，何をなすべきか周囲もわからない状況で，「泥沼を這い上がるような状態」「職場で助けてくれる人がいない。1人で対応」の中で，ある人は「何かにすがりつきたい思い」で，そして，また別の人は学生時代に学んだ支えとなる理論に依って業務をしている。しかし，学んだ社会福祉学の発想によって生活支援のため職安に行こうとしたら，「保健所やのに，なぜ，職安に行くのか」と上司からクレームをつけられたり，「生意気やという感じで周囲からいっぱい（批判，悪口を）言われたり」している。何もない所で手探りに近い状態で，周囲の無理解，無関心と向き合いつつも，依るべき理論のあった人はごく少数で，ほとんどの人は社会福祉学専攻であっても，社会福祉教育そのものが黎明期にある中で，実情に合ったモデルや理論の希薄な中で，必死に努力して業務を開拓してきたことが語りの中で浮かび上がっていた。なお表4-3は，表4-2の理解を助ける

163

表4-1　各人の語りのアウトライン

F, H, G, Jさんが開拓期前期, A, B, C, D, E, Iさんが, それ以降に就職。

調査対象者	語りの流れ
F	1 移動の話→2 属性→3 就職時→4 はじめての職場と業務→5 ワーカーとしてのトレーニング→6 K相談所①→7 専門職としてのワーカー→8 保健所精神衛生相談員→9 最初の保健所→10 精神衛生相談所②→11 保健所での仕事→12 観察眼→13 環境の大切さ→14 普通の生活→15 アルコールと統合失調症→16 障害児についての業務→17 精神障害者→18 嘱託医→19 M保健所→20 相談所→21 神奈川県のこと→22 大阪のこと→23 最初の頃の保健所→24 保健所の事情→25 ワーカーへの差別→26 自己研修・自己研鑽→27 家庭環境→28 研修→29 K研究所→30 X保健所→31 F保健所→32 大阪府退職後→33 ○○$_a$工房のこと→34 ○○$_a$工房その後→35 PSW観→36 M保健所→37 痴呆老人のデイケアや一人暮らし老人に関する仕事→38 民間→39 行政マン→40 社会福祉専攻の理由→41 学生時代→42 家族→43 学校→44 ○○$_1$→45 M保健所 行く前→46 M保健所 行ってから→47 保健所業務→48 エピソード→49 怪我→50 大阪府について→51 X保健所→52 相談員会について→53 1人職種のしんどさ→54 家族の協力→55 PSWを続けてきた理由→56 現場を知らない人の保健所批判→57 ○○$_2$さんの教育→58 大阪府保健所の良さ→59 Y事件→60 嘱託医の効用→61 病気を知ることは大切→62 機関・施設連携→63 仕事で影響を受けたのは→64 昇進問題→65 当事者の会→66 大阪府のPSWについて→67 大阪府について→68 Mの家族会→69 補助金→70 昇進→71 ○○$_3$さん→72 ○○$_4$さん→73 基礎的・日常的トレーニングは必要
H	1 属性→2 センターの仕事→3 最初の頃の保健所→4 時代背景→5 保健師さんについて→6 自己研鑽・研修→7 研修→8 嘱託医→9 自主実習→10 O保健所①→11 グループの効用→12 上司は嫌がった→13 他職種連携はうまくいっていた→14 S（保健所）で学んだこと→15 病気と福祉→16 O保健所②→17 P保健所①→18 相談員会はなくなった→19 P保健所②→20 現在のO（保健所）→21 就職は, この領域にどうして？→22 就職した頃の状況は？→23 研修→24 相談員会→25 保健所で→26 複数配置を目指して→27 理論に支えられて→28 保健師への影響→29 いい時代だった→30 他職種について→31 ボランティア導入について→32 仕事を通しての自己変革→33 相談員研修以外の研修・研究発表など→34 所内の人間関係は→35 PSWを辞めようと思ったことは→36 大阪府政→37 保健所という職場について→38 行政と民間のPSWに違い→39 今思っていること→40 昇任・昇格について
G	1 専門職としての方向で仕事をした→2 最初の頃→3 ○○$_a$病院→4 就職のいきさつ→5 精神に対する情報→6 進路→7 転勤・昇進→8 時間外→9 住所の公開→10 精神障害のある人に対して→11 影響されたことや印象に残ったこと→12 それぞれの保健所で→13 医師との勉強会→14 意見の相違→15 研究会など自己研鑽→16 仕事を辞めたいと思ったことはない→17 この期になってお金の計算をすることになった→18 研修の意義→19 保健所の良さ→20 昇格→21 上司と責任→22 嘱託医→23 ワーカーとしては苦労したが良い時代だった→24 最近は研究会が土・日でないので行けない→25 Y問題→26 精神衛生課との関係→27 保健所でやりたいことができにくくなった→28 外に出るのは良いこと→29 自分の基本姿勢①→30 マスコミ→31 自分の基本姿勢②→32 メンバーの要請

第４章　大阪府保健所における地域 PSW の形成過程

J	1 就職→2 業務→3 保健所に転勤→4 専門職採用→5 K 研究所初期の頃→6 保健所転勤→7 調査→8 退職後→9 ○○ₐ（精神科）病院時代①→10 大学院時代→11 再就職→12 大学教員へ→13 ○○ᵦ病院→14 大阪府の研修→15 K（精神科）病院→16 ○○ₐ（精神科）病院時代②→17 対支援者として→18 ○○₁さん→19 ソーシャルワーク→20 研究の素養→21 大阪府→22 現場の人の研究会
A	1 転勤したときの状況→2 業務→3 嘱託医→4 研修→5 専攻→6 就職→7 ○○₁さんの影響を受けた→8 PSW として→9 学び→10 大学紛争→11 精神障害者の状況→12 時代背景→13 その流れの中での仕事の変容→14 ee（保健所）支所での他職種連携→15 業務①→16 行政→17 家族会→18 業務②→19 N 保健所→20 精神障害者が置かれている状況→21 国の政策→22 自立支援法に関連した調査から学んだこと→23 専門職観→24 業務③→25 時代背景→26 PSW の立場→27 心に残った人・事→28 研修→29 行政と民間のワーカーの違い→30 PSW →31 大阪府に対して思うこと
B	1 業務状況→2 家族会→3 aa（保健所）支所での認知症対策→4 B 保健所→5 この頃の作業所→6 E 保健所→7 事務局長→8 他機関連携→9 E 保健所の業務→10 他職種連携→11 B 保健所→12 本庁に→13 相談員会と相談員→14 B 保健所→15 昇進→16 何でも屋の相談員→17 ピアヘルパー→18 自分の病気→19 本庁へ→20 P 保健所の企画補佐へ→21 本庁業務→22 センターで→23 民生部と衛生部のちがい→24 やらなあかんことはやらなあかん→25 大阪の専門医→26 皆さんに助けてもらいながら→27 何を目的に仕事を？→28 個別ニーズと時代の要請と→29 就職した最初の頃→30 学生時代の経験→31 福祉の仕事を選んだのは→32 家族→33 影響を受けたことは→34 印象に残っているのは・嬉しかったのは・腹の立つことは→35 PSW としての自分の成長→36 大阪府の研修について→37 保健所などについて→38 行政の（専門職の）役割
C	1 最初の職場→2 行っていたこと→3 他保健所のワーカーの働き方→4 先輩の助言──保健師さんから学ぶ→5 すぐれた先輩→6 次の職場，E 保健所の話→7 地域の機関連絡会→8 保健所の他職種連携→9 3 番目の職場で行ったこと，ee →10 嘱託医→11 他職種連携，ボランティア連携，行ったこと→12 他機関協働・X にて→13 ケースのこと──出産・育児をどうするか→14 P 保健所での仕事→15 嘱託医→16 PSW になったのは？→17 家族のこと→18 動機→19 同期の友人→20 養育者の人→21 依って立っているもの→22 印象に残っていること→23 精神障害者に対する見方→24 研修制度は→25 自立支援法関係→26 チーム制の中の相談員→27 保健所の役割・行政の役割→28 行政の専門職は遠慮せずに核になれる→29 ソーシャルワーカーは
D	1 最初の職場 T 保健所①→2 他職種連携①→3 最初の職場 T 保健所②→4 他職種連携②→5 最初の職場 T 健所③→6 T 保健所の地域状況→7 家族会→8 目指したこと→9 最初の職場 T 保健所④→10 第 2 番目の職場 B 保健所→11 B 保健所の地域→12 T 保健所→13 精神障害者の問題？→14 ないないづくしの社会資源→15 B 保健所→16 I 保健所①→17 H 保健所①→18 他職種連携 H 保健所→19 地域（H 市）→20 苦情→21 H 保健所②→22 I 保健所②→23 P 保健所→24 他職種連携 P 保健所→25 F 保健所→26 U 保健所→27 精神障害者について→28 PSW になったのは→29 依って立った考え方などは→30 影響を受けた人→31 当時の嘱託医→32 印象に残っていること→33 研修→34 相談員会→35 センター→36 保健所について→37 大阪府①→38 これからの課題→39 昇進について→40 PSW について→41 家族→42 嬉しかったこと・悲しかったこと→43 大阪府②→44 悲しかったこと・印象に残っていること・腹が立ったこと→45 不条理→46 相棒

165

E	1 保健所相談員になったのは①→2 論文を書いた→3 保健所相談員になったのは②→4 $○○_1$ さんのやったこと→5 保健所と福祉業務→6 福祉部のワーカー→7 断酒会→8 できるだけ良い医療機関に
I	1 就職①→2 昇進→3 転勤→4 E 保健所→5 アルコール→6 嘱託など→7 業務観→8 就職の動機→9 大学で①→10 就職②→11 大学で②→12 アルコール依存と統合失調症→13 就職③→14 印象に残っていることなど→15 統合失調症→16 アルコール依存症→17 仕事と生活→18 相談員会→19 対事者から学んだ→20 研究会など→21 家族→22 PSW→23 大阪府①→24 仕事上の葛藤など→25 $○○_1$ さんたち→26 $○○_2$ 先生①→27 大和川事件→28 $○○_2$ 先生②→29 本庁での精神衛生の位置と仕事→30 保健所→31 PSW①→32 行政と PSW→33 大阪府②→34 影響を受けた人→35 行政→36 専門職①→37 PSW②→38 専門職②→39 アメリカの有様

ために作成した。各調査対象者の全体の業務の流れの中での位置を示すものである。

　個々人で新人期が開拓期前期にあたる人たちは，上記のような，必死の思いをしているが，新人期が開拓期後期や定着期前期の人たちは，特に開拓期後期の終り頃には 6 カ所で相談員が 2 人制になったこともあって，研修制度も充実し，「相談所の 4 人が SV」，「他の人からは楽していると言われましたが，いろいろ教えてもらいました」という語りにみるように，比較的先輩の指導を受けながらある程度見通しの立った業務を展開していっている。もちろん，精神衛生相談員そのものが大阪府の場合は公衆衛生分野の福祉職だったことがあって，所属組織内部での理解が得られにくく，直属の上司の多くは依然として遠まきにしてみている状況であった。その中で相談員同士が固く連携して，かつ本庁主管課と上司を通り越して予算交渉するなど，良くも悪くも型破りの形態で業務を進めているという状況は，時間が経ってもたいして変わっていなかった。

　新人期が開拓期後期から定着期前期であった人は，全体の相談員業務の道筋が見えてきていたが，それでも大変な経験をした人もいた。例えば，転勤していった先が，資金の裏づけのない所ですでに作業所を開設していて，資金集めに奔走したことなどである。しかし，社会資源の作り方のノウハウについては相談員間で情報を得る体制もできていた。

　発展期以降になると，他機関間の調整をすることが保健所によっては中心業務になるところもあった。中堅期，ベテラン期はそれぞれに，配属された保健

第4章　大阪府保健所における地域PSWの形成過程

表4-2　各期の個人表

―各人の各期（新人期・中堅期・ベテラン期）における語り―

F, H, G, Jさんは開拓期前期，A, B, C, D, E, Iさんはそれ以降に就職。

（　　）は，各人の各期（新人・中堅・ベテラン）が，全体の業務のどの期に始まったかを示している。

調査対象者	新人期	中堅期	ベテラン期
F	（開拓期前期） 　やるべきことがわからない。戸惑いつつ前進。医療だけ受けて子どもの生活がないのはおかしいと思った。保育所や学校に働きかけた。ソーシャルワーカーとして，アメリカで本格的な訓練を受けてきた人が職場にいて，その人から本格的なSVを受けた。 　保健所相談員になったときは悲惨な状況だった。職場で孤立無援。障害児対応を切り口に業務を開始した。保健師に学ぶべきことが多かった。あらゆる機会を利用して自己研鑽した。多忙でガリガリに痩せていた。若い人たちのために勉強会を組織した。	（開拓期前期） 　社会福祉的発想に対して理解されることが困難な保健所で，少数の協力者のもと，次々，仕事を開拓していった。グループワークや親の会を始めた。障害児の歯科診療センターを多くの人の協力のもとつくった。統合失調圏やアルコール依存症の当事者や家族のグループワークを始めた。	（定着期前期） 　相談員の研修体制をつくりあげた。後進の指導に当たりつつ，作業所など次から次へつくった。認知症の老人業務では，本人たちのグループと同時に介護者家族の会を組織した。この間長期にわたる引きこもりのケースのリカバリーに成功したりした。ニュースソースになるような目覚ましい業務展開があった。
H	（開拓期前期） 　何をしてよいかわからなかった。生意気やという感じでいっぱい言われた。ソーシャルワーカーは。医師の指示を受けるという教育は受けていなかった。保健所なのに，なぜ職安に行くのかと課長にすごく言われた。岡村理論を説明した。今思うとすごく生意気だった。それしか拠り所がなかった。勉強会が始まったのは幸いだった。夜，近場の保健所に集まって話し合った。ブロックで全国PSW大会で報告した。地域性もあって，対象者はアルコール依存症者が多かった。断酒会の見学に行ったりした。	（開拓期後期） 　保健所の中で業務の位置づけが全然なかった。予算もいっぱい勝手に取りにいったり，いろんなことをした。グループもアルコール相談事業も始まっていた。保健師さんもグループにかかわってくれた。ゆったりした時代。自分に足りないものは何かっていうことがわかってる保健師とかワーカーは一緒に組めた。グループからは多くのことを学んだ。上司は刃物を使う料理教室とかは嫌がった。夜，断酒会をするのも嫌がった。ボランティアさんは対等に	（定着期後期） 　10年ぐらい経つと，業務が自分で展開できるようになる。手順のようなものがわかる。人口30万から40万のところは，展開の仕方がわかるのに5年はかかる。複数配置とか前任者がいれば別。 　長期入院患者を府の福祉事務所のワーカーと協力して，保健所のグループを使って退院させることを行った。2年くらい。事故が起こって福祉事務所がダメと言った。長期入院は社会性とか生活能力が殺がれていくのを目のあたりにした。 　老人の精神保健事業が始まった。面白かった。所内の人間関

167

		接するから，メンバーの健康な部分が育つように思ったので，積極的に導入した。ボランティアさんのフォローもした。	係は良かった。昭和60年にはじめて相談員が2人のところに行った。在職の終わりの頃に保健所の精神保健はチームになり，やがて相談員会はなくなった。
G	（開拓期後期） 　新人研修1週間の後，自主研修をしていた。相談員は精神障害者の管理のために置かれたとか言われたが，自分は専門職として仕事をした。研究会など，自己研鑽の機会はできるだけ利用した。ある大学教員との出会いは，その後のPSWとしての生き方に決定的な影響を与えた。	（定着期前期） 　1人では，穴をあけることもあったが，相談員体制が2人制になってグループワークもできた。知的障害者の家族会，アルコール依存症，精神病の人たちの家族会などをしはじめて，職場の同僚に付き合う時間がなくなった。 　外泊の息子から病院に帰るわと言われたときの寂しさを訴えていた母親がいた。精神障害者が在宅で暮らせるためには何がやりたいか？　個別には細かなことを聞きながら対応した。研究会はできるだけすがる思いで行った。	（発展期） 　先輩，上司に責任取らさないで，どう自分が責任取る範囲で業務をし終えるかを考えた。「困らしたらあかんと思っていた」から，家族会も日曜日にし，断酒会も土曜日の夜にした。提案した事業を認めてもらうには，職員として自分が出て来る必要があった。嘱託医も協力してくれた。在職の終わり頃，悲惨な事件にかかわった。
J	（開拓期前期） 　研究所配属であった。3カ月の精神衛生の長期研修があった。大阪府下の古い精神病院や精神科病棟に実習に行った。今の時代に，人権を無視されて過ごしている人たちの様子に，ショックを受けた。そこからやる気になった。精神障害者に対する態度と意識の調査をした。	（————） 　民間の精神病院1カ所，民間の総合病院精神科1カ所でPSWをした。いずれも最初の頃に置かれたPSWであった。 　先の病院では退院支援に力を入れ，後の病院では，他職種との協働などを学んだ。	（————） 大学教員へ
A	（定着期前期） 　訪問記録の掘り起こし。すべて一から始めた。保健所に来るように呼びかけてグループワークを開始（ある保健所PSWの働き方に魅了されて，保健所相談員への転勤希望を出した）。	（定着期前期） 　相談員の2人体制の保健所に転勤した。家族会と協力して，作業所をつくった。	（発展期） 　宇都宮病院事件で，情報の大切さを知った。 　大和川病院については退院させることを意識して動いた。 　グループワークに予算がつき，保健師や栄養士との連携をうまくとってグループ運営をした。思春期問題も手掛けた。

第4章　大阪府保健所における地域 PSW の形成過程

B	（定着期前期） 　最初の職場は保健所ではなかった。調査や相談が仕事。家族会や，酒害者相談も支援した。	（定着期後期） 　保健所に転勤。認知症者の支援を手掛けた。大学提携事業で学会発表も行った。グループワークは，自分が多忙で，よくいなくなるので，保健師が，順番をつくってついていてくれた。	（発展期） 　アルコール依存症者支援の事業の盛んな保健所に転勤した。病院・市役所との関係に留意した。 　後半には，最も多忙な保健所に転勤した。平均的な業務の仕方は，1人2件で1日が終わるのに，ここでは平均1日5件あった。管轄内の病院も地域化を目指していた。 　本庁に転勤になり，ミクロをマクロに転換させるよい経験をした。ヒット商品も生み出すことができた。 　もう一度保健所を経由して，K センターへ行った。民生部と衛生部の仕事の仕方の違いを経験した。
C	（開拓期後期） 　ベテラン相談員と一緒。ベテランから仕事の仕方を学ぶ。2カ月間の精神科病院の研修で精神障害者に対する見方が変わった。 　保健師さんとも同行訪問をした。障害児幼児教室や断酒会があった。後に，3年経ってグループワークらしくなったグループを始めた。 　研究会があった。D 保健所でもグループワークを始めた。酒害者が多かった。	（定着期後期） 　ee 支所に転勤になって，家族会をつくった。嘱託医の先生によく教えてもらった。地域の精神科病院にもよく行った。良い病院だった。 　地元の人の協力を得て地域活動を活発に行った。他機関との関係も良好だった。○○○ソーシャルワーカーの集いを組織した。後で気がつくことになるが，行政だからみんなと一緒にできた面があった。	（発展期） 　危なかったこと（訪問に行って，腰をけられたことや，お迎えに行ったら，その人が鞄の中の包丁を出そうとしたこと等）や，ありえないこと（大きなネズミを何匹も飼っていた人がいたり）に遭遇する。 　保健所が関係機関連絡会のようなものを組織し，それが自立支援促進会議のような働きをした。
D	（開拓期後期） 　相談員2人体制で，ベテラン相談員と一緒。ベテランから仕事の仕方を学んだ。グループワークはしていた。断酒会は夜，保健所がしていた。福祉事務所も病院も，関係機関の人は集まっていた。グループワークの栄養教室では栄養士さんががんば	（定着期後期） 　多忙な保健所に転勤。保健所同士の共同事業もいくつかあった。いろんなことをいろんな人が言ってきた。相談員2人体制での相棒は大ベテランで，いろんな人を紹介してもらい，後でその人たちから助けてもらっ	（発展期） 　作業所ができていたのに，お金の出所がない保健所に転勤となった。資金集めに奔走した。 　困難事例もあった。辞職願を出して慰留された。 　次の保健所はデイケアをしていた。デイケアの補助金が打ち切られることになった。作業所

169

	ってくれていた。相談員は3歳児健診に出ていた。保健師に同行訪問した。配属されてすぐ，先輩のいないときの警察官通報には動揺した。	た。住民からの要望書もよくもらった。多忙すぎて嫌だった。 次の保健所は断酒会の女性グループ，統合失調系のグループ，家族勉強会などをしていた。他機関関係は良い状況で，市役所は嘱託医をよく借りに来た。	を家族と一緒につくった。ネットワークが広がった。 その次の保健所は地域がもう整っていた。市民の会があった。そこを法人にするとき手伝って理事をそろえたりした。 そのまた次の保健所はもういろんなものができていた。作業所が多くて，作業所間の連絡調整が保健所の主な役割だった。
E	（開拓期後期） 　ある保健所精神衛生相談員（当時）の仕事の仕方に魅力を感じて就職した。グループワークが始まっていた。できるだけ良い医療機関を利用することに努めた。	（定着期前期） 　ある保健所精神衛生相談員（当時）をモデルにして動いた。公衆衛生領域に社会福祉をどうすれば根づかせるか腐心した。夜，断酒会をしていた。	（発展期） 　相談員は，何もない所で専門性で勝負するところがあった。
I	（定着期前期） 　保健所は個別相談が中心で，管内の病院との関係でしんどいところはあった。保健師とはよく協働した。主にアルコール依存症者の支援をしていた。	（定着期後期） 　大和川事件のときは府庁にいて，患者さんをあちこち連れていった。保健所は仕事が組めたが，府庁はそうはいかず，より多忙であった。	（発展期） 　府庁と，Kセンターを行ったり来たりしていた。新しいことをつくっていくのはソーシャルワーカーがもっている宿命のようなもので，今，それができなくなって，しばらくしなくなっているから，できなくなってきてる。国がつくっているメニューを超える発想ができないから面白くないのだと思う。面白くすればいい。

所，地域の実情に合わせながら，対象者や，同職種や他職種，地域の人，関係機関の人たちとの協働のもと，ソーシャルワーカーとしての経験を重ね，鍛えられつつ業務を遂行していっている。

　表4-3は，全体の流れの中での調査対象者の新人期，中堅期，ベテラン期の位置をあらわしている。新は新人期，中は中堅期，べはベテラン期，退は退職を意味する。新人期の占める位置が開拓期前期の場合を第1世代，開拓期後期の前半の場合を第1.5世代，開拓期後期の後半，ほぼ定着期に近い場合を第2世代とした。事例として挙げたのは第1世代3名，第1.5世代1名の計4名

第 4 章　大阪府保健所における地域 PSW の形成過程

表 4 - 3　全体の業務の流れの中での調査対象者の位置

調査対象者	開拓期前期	開拓期後期	定着期前期	定着期後期	発展期
	1966（昭和41）年頃から	1970（昭和45）年頃から	1975（昭和50）年頃から	1980（昭和55）年頃から	1985（昭和60）年頃から1995（平成7）年頃まで
1	新・中		べ		
2	新	中		べ	
3		新	中		べ
4	新・退				
5			新・中		べ
6				新	中
7		新		中	べ
8		新		中	べ
9		新	中		べ
10			新	中	べ

出所：著者作成。

（調査対象者の 1 ～ 4 ）であった。

6　資料とエピソードにみる 改正精神衛生法時代の大阪府保健所の地域 PSW の形成過程

　大阪府保健所相談員会による区分（1992：65-68）は，昭和41（1966）年から平成 4 （1992）年までを， 4 期に分けている。

　第 1 期：昭和41（1966）年～昭和48（1973）年頃（ 3 歳児健診，就学前障害児
　　　　　とのかかわりの時期）

　第 2 期：昭和49（1974）～55（1980）年頃（アルコール関連問題対策の発展，
　　　　　成人精神障害者対策の定着時期）

　第 3 期：昭和56（1981）～昭和62（1987）年（保健所精神保健業務への展開の
　　　　　時期）

　第 4 期：昭和63（1988）～平成 4 （1992）年（対象領域の広がりと関係機関と

の連携のなかで)

これを参考にしながら，改正精神衛生法から現在に至る保健所精神保健福祉業務を区分すると，前項でも一部を用いたが，

○　開拓期前期（相談員会区分　第1期）

相談員会活動の前史としての1970（昭和45）年以前。

児童（特に障害児）を中心として業務を行った時期。

○　開拓期後期（相談員会区分　第2期前半）

1970（昭和45）年の相談員会設立から1974（昭和49）年頃までで，児童を離れた相談員活動の試行錯誤の時期。

○　定着期前期（相談員会区分　第2期後半）

1975（昭和50）年頃から1979（昭和54）年頃。

相談員会活動の社会化の時代であったとしている。アルコール問題関連対策，成人精神障害者対策の定着時期でもあった。

○　定着期後期（相談員会区分　第3期前半）

1980（昭和55）年頃から昭和1984（昭和59）年頃。

本来的な保健所精神保健業務展開の時期。

○　発展期（相談員会区分　第3期後半）

1985（昭和60）年頃から1994（平成6）年頃。

保健所精神保健業務の外に向けての展開の時期。全保健所複数制（1987年に精神保健法制定）。

○　拡充期（相談員会区分　第4期）

1995（平成7）年頃から1999（平成11）年頃まで。

（1995年に精神保健福祉法制定，2002年に都道府県から精神保健福祉業務の一部が市長村へ移行）。

○　変容期（相談員会区分　なし）

2000（平成12）年頃から現在まで。

保健所精神保健がチーム制になり，業務が保健へ特化してくる。

ということになる。

以下に，発展期までをさらに詳しく説明するが，その頃の地域に住まう対象

第4章　大阪府保健所における地域PSWの形成過程

者の人たちと相談員の状況をより理解しやすくするために，相談員が遭遇した
事例，事がらなども付記する。既述の4人の語りの中のエピソードも繰り返す
ことを排除していない。これは本章においても他章においても同様である。

開拓期──1966年頃から1974年頃

　障害児業務期と児童を離れた相談員活動の試行錯誤の時期とに分ける。内容
からみて分けたのであるが，結果としては，ほぼ，5年刻みに時期が分かれる
こととなった。

　①　開拓期前期（1960年代後半）：障害児業務期

〔相談員会区分　第1期「1966年頃から1969年代初」〕

　この期は，突然保健所に大学卒の福祉職として置かれた精神衛生相談員が，
そのほとんどが新卒の女性であったこともあって，保健所でこれまでされてい
た障害児業務を軸に業務が行われた時期であった。Fさん，Hさん，Jさん，
そして少し遅れてGさんが業務についた時代である。

　この業務においても，Fさんは，この時期にすでに「普通の生活を」という
SWの視点から，後に障害児の歯科診療センターを開くところまでに至る業務
を展開していた。Hさんは，大学で，受講して魅せられて進路を決めたとい
う「理論」を支えにして，アルコール依存症者の就労支援も視野に入れて動い
ていた。しかし，「記憶に残ること──5」にあるように，PSWは「理解しがた
い人たち」と思われていたようであった。

◇記憶に残ること──1「この人，何する人」

　はじめて行った保健所で，「予防課長からこの人何する人って言われた」「頼
りにする課長から言われた忘れられない言葉」

◇記憶に残ること──2「寂しいお葬式」

　「障害児のお葬式，親類縁者が7人参列（であった）。職員でさえ3人行った
（のに）」という寂しいお葬式であった。

◇記憶に残ること──3「環境の大切さを知る」

　「環境の大切さを知る。障害児が行方不明になったり，池に浮いてたり」「腕
が骨折。自分ではまる子やない。解剖を希望したが，父が拒否」

173

◇記憶に残ること―4「何をしてよいかわからない」

　「最初置かれたときは，保健所（の人たち）は相談員は何するんやという感じ」「相談員も最初は何をしていいかわからなかった」「生意気だという感じでは一杯言われた」「従軍看護婦で行っていた人が保健師として厳しい感じで医者にきちんと指示されてでしょう」「ワーカーはそういう教育は受けていないし，何していいか，上司もわからない時代でなんかせなあかん」

◇記憶に残ること―5「まだこの仕事してるんやね」

　「W（保健所）の（とき，そこの市にある）職（業）安（定所）にいた人がS市でも職安にいて，まだこの仕事してるんやねと言われたことを覚えている」「生意気でコチコチの理論だけ振りかざしてなんか言われてたんだと思った」調査対象者が，W保健所からS保健所に転勤したときのことであった。

　②　開拓期後期（1970年代前半）：児童を離れた本来業務試行錯誤期

〔相談員会区分　第2期の前半「1970年代初から中頃」〕

　相談員活動が試行錯誤のまま，東京都のように1968（昭和43）年頃には福祉職の相談員配置をやめたところもあった（本宮 1992：38）。大阪府では，この時期，1970（昭和45）年に相談員会が設立されている。相談員会は「個々人に本庁から（業務の）依頼があるのはそのときそのときで終わるから，会として受けたいということで○○さんが始めた」という。

　相談員会の存在意義は「専門性を高めるか，専門性をきっちり確認してきたってことにあるんちゃう。自分らの仕事の基盤はどこやと。何を目指すんやということ。次は，どういうんかなと（相談員会で）考えることが，仕事を長く続けるための支えになったんちゃうんかな」「相談員会のおかげで研修もできた」「相互に触発されるから役に立った」という言葉にあるように，自由と主体的を重んじる特徴をもち，真摯に自分たちのなすべきことを追求し，この後長く相談員活動を支えたことにあった。

　この頃，C保健所などの一部の保健所でグループワークが開始され，医療保障ではなく生活保障へ，本来的な視点へと，全体的な視点の一致が進んでいた。グループワークに関しては，「50年のときにグループワークをやってる法的根拠はないと。やめろって言われた相談員がいた」「主治医がいるのに，お前ら

第4章　大阪府保健所における地域PSWの形成過程

勝手に何やってんだって言われたくらいだから」「グループワークのグループというのと合わないんですよ，やっぱり。だからそこをどうしていくか。福祉的発想におけるケアみたいなものが保健所に根づいていくっていうのがすごい時間かかった気はしますよね」など，相談員たちが置かれた状況は，周囲の無理解（といっても，保健所は公衆衛生行政の基地であったから無理からぬところはあった）と向き合いながらの業務展開をすることを要求した。こうした中で，統合失調症者からアルコール依存症者へと業務も拡がりをみせていた。

　1972（昭和47）年から取り組んだ森永ヒ素ミルク問題は全相談員が取り組んだわけではなかったが，時間外に集まり議論し調査結果をまとめて行った作業はGさん，Hさんにはとりわけ大きな影響を及ぼしたようである。Gさんはこの集まりの中で○○₃先生と出会い「○○₃先生なんかと話をしてて，あ，それがこういうことなのかっていう突き合わせをしていくということがあって，W（保健所）の頃，○○₃（先生の）研究室には休みを取って行った」「月に1回。休み取って。半日名古屋まで」「がっつくような感じやったね。正直なところ。そうなんやーとかいう感じで」という言葉にあるように，ソーシャルワーカーの基本となる理念をむさぼるように吸収していった。Gさんは次のことも語っていた。大学では社会福祉を専攻したが「（大学のときは）社会福祉の講義を心理の教師が教えるといった状態。岡村理論の本は用意されたがスピリットは伝わらなかった」という。社会福祉を学んできた教員でも，残念ながらスピリットは伝わらない人はいるであろうし，他領域が専門の人でも，社会福祉的感性や社会福祉への親和性を有している教員はいる。Gさんが大学で受講した人は，たまたま，うまく社会福祉のスピリットが伝わらなかった人なのであろう。

　また，Gさんと違って，大学時代に指針となる岡村理論を学んだHさんは，そのことに加えて「森永ヒ素（ミルク）問題の調査で，病気と生活の障害とは違うんだっていうのを学んだ」「病気としては重くなくても仕事に行くうえでは凄い障害になることがわかった」「そこ（仕事したり，生活したりしていくうえでのしんどさ，障害）にかかわるっていうのが福祉やというふうな話を皆でしたと思う」「医者とワーカーの違いとか，なんかが少しわかった。精神はま

175

だみえていなかったけれども」と語り，やはり○○₁先生から，福祉実践の根幹になる姿勢を学んでいる。

この森永ヒ素ミルク問題の取り組みも，相談員の一人が仕掛け人であって，一人ひとりの相談員の活動に対する価値観が共通のものになることも狙いの一つであった。これは，経団連会長などを歴任した土光敏夫の「価値観は見えざる社是，動くと社訓となって会社を動かす」と説いて東芝を再建した（読売新聞朝刊 2014：1）価値観の一体化の考え方と共通するものがある。なお，この頃，大阪府では現任研修は制度化していなかったが新人研修については制度化されていた。

この頃の，記憶に残ることには以下のようなものがある。

◇記憶に残ること―6「殺さないと言ってくれたら」

自宅で長くひきこもっていた人のところに，保健所相談員が1年以上通って，やっと話ができるようになり，「（その人が）親の悪口をいうので，直接言ったらと言ったら，親に殺されると言った」「親に殺される不安をもっていた」「包丁持って1人で籠城していた」「半分は妄想」「自分が親を殺さないかという不安」「警官が（傍に）いたら（親と会って）よいというので，警察へお願いに行った」。本人の希望に従って「警察官立会いで，親から本人の希望するように『殺さない』と言ってもらった」「それで外に出るようになった（仕事にも行けるようになった）」という。相談員の1年余の働きかけが功を奏した事例であった。これは，今，都道府県の保健所がその対象としているひきこもりの事例である。

◇記憶に残ること―7「けがをしたうえ，使い倒された」

「1回，けがをした」「（対象者が）私（＝保健所相談員）の鼻の骨を折ったことがある」「蹴られたが，本人よりも親と主治医に腹がたつ」事例であった。

「雪の降る土曜日か日曜日，どこで調べたのか（保健所相談員の）自宅に電話がかかってきた。「息子が車に閉じこもったので来てほしい」と。「明日やったらと言ったが絶対にひかなかった」「パトカー2台，制服の警官4人と私服の刑事2人が来た」「本人は大暴れした」「トイレに逃げ込もうとしたので，警官が本人を引っ張り出して押さえつけた」「止めに入ろうとして，顔面を蹴られ

て血が吹き出した。手を爪で引っかかれた」「自分のことは忘れていたが保健所に戻ったら事務職員がいて，病院に行けという」「鼻は完全に折れていた，手は骨が見えるまで皮膚がはがれていた」。後日「別の用事で（その人の入院した）同じ病院に行った帰りのタクシーの中で，窓が空いていたので（運転手に）窓を閉めてよいかと聞いた」「窓を開けているのは，暑い暑いと言う青年とその母を乗せたからと運転手が言った」「その日，（先日の事例の人が）元の病院に転院していた」「親の意志で転院」「入院のために保健所が使い倒された」「保健所を使い倒し，知らん顔している医者の不作法」が（このことを語る保健所相談員の）記憶にある。

　今では，移送制度があるので，起こりえない事件であるが，自宅に電話がかかるという体制の不備の中で，かなり危険な業務遂行である。自宅にすぐに応じられない事情がある相談員であれば，どうすればよかったであろうか？　また，保健所との連携を考えず，ただ利用するだけという姿勢の医師の存在も，この担当相談員のいうように怒りを呼び起こすものである。

定着期——1970年代中頃から1980年代中頃

　この時期は，その区域に精神衛生協議会（当時）のある保健所から，保健所相談員の複数制設置を始めた時期でもあった。1974（昭和49）年に精神衛生協議会（当時）のある6カ所の保健所の相談員を複数配置にした。その後，徐々に複数配置の保健所を増やしていって，1988年の精神保健法施行の時は，支所を除く府下全保健所（23保健所4支所）は相談員が2人体制となっていた。

　①　定着期前期（1970年代後半）：本来業務定着期

　〔〈成人精神障害者対策の定着期，アルコール関連問題対策の発展〉（相談員会区分　第2期後半）「1970年代中頃から1970年代終わり」〕

　地方財政の危機が生じていたが，1975年度には，大阪府では支所が1カ所創設され，5保健所が1人増員になった。精神衛生相談所に3保健所の相談員が兼務となった。23保健所4支所で計40人の相談員となった。堺市の3保健所の相談員も相談員会に加入した。相談員活動が社会化され，事業が定着した時期であった。

1975（昭和50）年 7 月 8 日，厚生省（当時）公衆衛生局長より，「回復途上にある精神障害者の社会適応を図るため保健所における精神衛生に関する業務の一環として，社会復帰に関する相談指導を積極的に推進し，回復途上にある精神障害者の社会復帰の促進を図ること」が目的の保健所における精神衛生業務中の社会復帰相談指導についての通知が正式になされた。社会復帰集団援助保健所が指定され，保健師の精神保健相談員資格取得講習が始まった。

　こうして精神保健に関する増大するニードに対応して，業務は広範囲，多岐にわたるようになった。大阪府では，特に，アルコール問題関連対策，成人精神障害者対策が定着，発展していった。「アルコール（依存症者）は緊急性があるから何とかしてくれと（よく言われた）」「アルコール（依存症者）も家族の集まりをつくったり」「断酒会を（依存症者の）家族 3 人で始めた」「アルコール相談事業も始まっていた」「週 1（で，夜）7 時から 9 時まで（保健所で，断酒会に），私が残っていた」「（保健所に行って）2 年か 3 年で，（アルコール依存症者の）○○会をつくった」「アルコール（依存症者の支援）で，大同生命から研究費100万もらったやんか，新聞載ったやん」というように，「アルコールで業務をつくった部分は大きい」「組織をつくって，市役所巻き込んで，自助グループをつくってっていうことがわりと目に見えて，（相談員業務が）保健所で認められはじめた」といった語りにあるように，「仕事が多すぎた。アルコール（依存症者）は，入院させるしか能がなかった」状態から，「（アルコール依存症者の）自助グループをつくるとか，市役所と協働するとかで，業務が保健所内でも目に見えてくるようになり，相談員の行っていることがやっと認められてきた」状態になった。こうして，アルコール依存症に関して，医療，行政，断酒会の各関係機関が三位一体を合言葉に相互に連携を取り合って，依存症からの脱却を図る大阪方式が生み出された（高橋幸彦 2015：1）。

　また，保健所で行われていた成人精神障害者を主たる対象とするグループの，保健所間の交流を図るグループ交流会は，1976（昭和51）年頃から始まり，グループワーク参加者の交流範囲を広げ視野を広げるのに役立った。また，成人精神障害者対策としては，すでに府営福祉住宅への入居制度が1974（昭和49）年に始まっており，職業訓練校への入居制度も1977（昭和52）年には始まって

いた。

1976（昭和51）年9月からは，大阪府においては研修制度も整い，新人訓練（第一期，第二期，第三期），現任訓練（コース別研修），全体研修（社会福祉講座，定例全体業務研修会，ブロック研修）があり，継続性も保障されることとなった。相談所の当該担当者および，相談員会の中での研修検討委員会が中心となってまとめた案を主管課が採用し実施するという，きわめて望ましい形の研修制度の誕生となった。この自由さ，主体性の尊重が相談員活動の発展を大いに助けたといえる。これは先に述べたように，その作業の中で自らの立ち位置の認識や価値観の一体化が進むからである。

1975（昭和50）年度の相談員総括をみると，

(1) 地域資源が貧しく，病院資源が重要な役割を担うが，病院医療の体質が，収容中心から治療的方向へ変化していく中での病院間の質的多様化を生ぜしめている。

(2) 疾病の慢性的推移をたどる傾向からくる下層化，沈殿化を生じさせ，援助において生活を支え，生活の拡大を図る必要性があるといえる。しかし，従来，公衆衛生制度は，下層階級を対象層としてはいなかった。

(3) 精神障害者層および家族のニードの個別化，多様化の中で，社会における精神障害者像や古い行政施策の体質が残留している。

(4) 量的増加傾向。一度，保健所の援助を受けると相談員への依存関係が生じる。

(5) 家族のニード，本人のニード，近隣のニードの間に入って心理的緊張を生む。

(6) 精神障害者および家族，医療機関を目の前にしたとき，何かしてあげたいとヒューマニズムと責任感に無力感が伴う。

(7) 医師による診断を待つことになるが，医療ルートに乗せるとき，それまである程度の目安を立てる必要がでてくる。総合病院入院か，精神科病院入院か，あるいは通院か，良い治療関係をもてそうな病院の医師は誰かなど。

(8) 緊急医療体制の不備。

と述べられている。

上記相談員会総括の「(5), (6)」に関しては, インタヴュー調査の中で「個別だけでやってることのしんどさ」「バックに使える何もない, 本人たちは家でいるか, 病院でいるかしかない (居場所がない)」「息子がね, 外泊で家に帰って来たときに『病院帰るわ』って言われたときの寂しさを訴えた母親がいた」「家におるためには何がやりたいか, そのほか, 個別は細かなことを聞きながらやった」という語りを経て, 「森永ヒ素ミルク事件の30年後のまとめの作業の中で, どうサポートするのかというときに, 生活基盤とか, 生活能力とか, 必要なものはこさえていくんやっていう」という語りに進み「新しいことをつくっていくのはソーシャルワーカーがもっている宿命のようなもの」と, 無力感に抗して, 必要なものはつくっていくという, 後述する「開拓型支援モデル」の考え方がでてきていた。

また, 1979 (昭和54) 年度の大阪府精神衛生相談員の総括では,

(1) 暇つぶしに福祉事務所と保健所に毎日来所する人が保健所で起こす職員間トラブル。

(2) 嘱託医が往診できなかったので相談員が家庭訪問したが, 医療上必要な処置がとれないままに, 起こった傷害事件。

(3) 家族教室, 当事者会 (酒害者, 統合失調症者), その他事業の多い中で飛び込みケースが多く, 考える余裕がない。

(4) ケースの緊急性判断, ケースワークの限界性論議が時間の関係でできないので, 相談員の不安感の増大。

等々が挙げられていた。

(1)の「職員間トラブル」については, 相談員業務の範囲にかかわることであり, 「なんでも押し付けられるところがあった」。「(保健所の近くのベンチで寝ている人がいたら, 所内の人が)『あんた, 行ってき』って僕にいうから, 『なんで』って言ったら『あの人酒臭いからアル中に決まっている』って」。(3)の「考える余裕のなさ」はあまりの多忙さゆえに, きちんと考えてケースに対処できないことを憂えている。(4)の「不安感の増大」は, 時間・機関の機能の限界性に対して一定のアウトラインが必要だといわれながら, 果たせていないこ

とを示している。

業務処理の方法に関しては，1979（昭和54）年度は，業務処理にコンピューターが導入され，母子事業は市町村へ移管された。このようにこの期にすでに，府保健所の市町村への業務移管が始まっている。

この頃の，記憶に残ることには，以下のようなことがあった。

◇記憶に残ること——8「メンバーの自殺」

「つらかった。ご遺族は保健所側を責めることなく最後まで作業所設立に協力された」

◇記憶に残ること——9「危なかった話」

「覚醒剤の家庭訪問で，帰れと言われてまだ家族と話していたら，一緒に行った嘱託医は殴られ，私（＝保健所相談員）は腰をけられた」

「（保健所）で夕食をみんなでつくって食べる交流会。週2回（行った）」「（保健所の）夜の夕食会のグループ（ワーク）で喧嘩が起こった」「仲裁に入ったら1人が刃物をもっていた」「状態の悪そうな男の子が敏感に押さえてくれた」「刃物騒ぎがけっこうあって怪我して縫って，消毒に通院したことがあった」

「（保健所で，メンバーを）お迎えに行ったとき鞄の中にでっかい包丁があって出そうとした。私（＝保健所相談員）に対して」

「保健所のとき，ひきこもりの子に親が買った買い物を届けに行ったり」「置いとくよと言ったら『はい』と」「それで『入ってもいいかな』といったら返事がないので入ったら」「首に包丁を当てて，『これ以上入ったら死んでやる，お前も一緒や』と」「それで帰った」といった危ない経験もあった。

◇記憶に残ること——10「あり得ない話」

「保健所のとき，大きなネズミ，何匹も飼っている高齢者の人がいて，布団に入ってきたら温いよって」「近所から苦情があって」「餌やらなくなったらネズミがいなくなった」と，あり得ない経験もしている。

◇記憶に残ること——11「病気の問題か」

「管内のある病院。精神（科）病院の実地指導でトイレや何十畳の大部屋を知った」「プライバシーもなく何年も入院する，トイレの扉も形はあるが見ようと思えば外から見えるという環境で，特に昼間することもなく20年も入院す

ることの意味を考えた」「外泊して駅のトイレでドアを閉めずに使用していた
方のご家族から，『やっぱり病気が治っていないので退院は無理』という話を
聞いて，病気の問題ではないと強く思った」「生活を支えるいろんなことがで
きてくると，病気の問題，障害の問題でないことが解決していくと思った」。

　このように，いろいろな経験を重ね，PSW として着実に成長していった様
子がうかがえる。

　②　定着期後期（1980年代前半）：本来的な保健所精神保健業務展開の時期
〔相談員会区分　第3期前半「1980年代初から中頃」〕

　1981（昭和56）年に全保健所5割以上が一斉に転勤した。それまで，転勤は
希望者が中心であったが，この期はそうではなく，これ以降5年を限度に転勤
が行われることとなった。保健所業務の普遍化，共通化を図ったものと思われ
る。

　本来的な保健所精神保健業務展開の時期であった。1980（昭和55）年には全
国の精神衛生相談員会が設立されており，全国的に保健所が社会復帰の問題に
取り組んだ時期であった。1981（昭和56）年には社会適応訓練事業が始まった。
社会適応訓練事業の開始によって，精神障害者共同作業所も委託対象になった
ので，作業所づくりが進んだ。また，この頃は，社会適応訓練事業の対象者は
グループワーク経験者を前提にしていたので，すでに保健所間のグループ交流
が始まっていたが，より積極的にグループワークが保健所で行われるようにな
った。

　「（昭和）49年くらいからグループ（ワーク）も保健所で始まっていた」「アル
コール相談事業も始まっていた」が，依然として精神障害者に対する理解は，
非常に不十分で「乳幼児が来てる，診察ていうのか，健診の日に，その（グル
ープワークの）精神障害者が来て，もしなんか事故があったらどうすんね」と
か「料理教室で刃物持つでしょ，そんなんどないするねんって，もうそれはす
ごく言われて」とか，「（管理職が危惧するので）栄養士が包丁をかくす」よう
な状況であった。

　1975（昭和50）年に「回復途上における精神障害者の社会復帰指導につい
て」の厚生省通達があって，保健所現場では PSW 業務が少し進めやすくなっ

た。これ以降，少し警戒が緩和されてきた。通達のもつ影響力は大きい。

　また，この通達により，断酒会の例会は，ほとんどが最初，夜に保健所を借りて始める形で始まるのであるが，「夜にそんなことするなんて何する気やとか」と管理職から強く，異を唱えられた状態から，少し時代が後になると「夕御飯も保健所で食べてたような気がする（断酒会に残るので，保健所に家族で住んでいた用務員さんが，家族の夕食に，PSW を誘ってくれたという）。のどかな保健所時代だった」といった状態へと変化していった。ただし，これらは保健所により，厳密にいえば管理職によって差が出てくる。

　断酒会に関しては「なんでそんなことを保健所でするのか」という違和感はもたれていたが，夕食も保健所で食べていたらしい相談員のいた頃になると，かなりそのような業務も認められてきていたといえる。

　また，この頃は，保健師の相談員資格取得（1980〔昭和55〕年度には保健師の相談員有資格者が70％を超えた）によって，社会福祉職としての精神衛生相談員（当時）がいかにあるべきかが議論され，社会福祉の相談員と保健師の相談員との違いを，社会福祉の相談員は，医療の視点ではなく生活の視点から対象者を見るということに，より明確化させてきた頃でもあった。しかし，大阪府精神衛生相談員総括にもあるように，大阪府では保健師が相談員資格を取得した後も，長期にわたって保健所の精神保健に関する実務は，社会福祉の相談員が担っていた。

　くり返すことになるが，現場の相談員たちは，着々と現場の事例に学びながら実力を蓄えていった。

◇記憶に残ること──12「忙しかったけれど，楽しかった」

　「保健所相談員の大きな移動があった年に，先輩○○₃さんと同時に B 保健所に異動となった。40万人の管内人口をもつ当時最大規模の保健所であった」。

　「○○₃さんは行った途端に○○ₐ家族会をつくり，作業所をつくった。○○₃さんの助手をして書類作成とかをした。B 保健所ではアルコール依存症本人の会・家族教室を実施していた。○○ᵦ家族会，○○꜀製作所の運営支援も２保健所１支所の共同事業として実施していた。当時保健所の相談員は保健所に１人か２人の配置で，その少ない人数で事業を実施するために複数の保健所

が共同で事業を実施していた。B保健所でも隣のA保健所やaa支所の2保健所1支所の共催で幾つかの事業を実施していた」「○○_b会の家族教室はA（保健所）で月1回，それには（相談員）みんな出ていた」という。「○○₃さんは相談員会会長，その他研修会の講師，府全体の業務等でものすごく多忙だったがワーカーは2人だった」「○○₃さんが出張でいないってとき，1回だけでしたけど朝一番で行ったら5人待ってた」「電話はあるわで，大変でした」という。

「B保健所時代の目標は（精神障害のある人の）昼間行く場所をつくる」ことであった。しかし「こんな忙しいの厭やと思っていた」「家族と製作所職員と保健所職員で何度か夜なべをした。1回，何人かで夜なべをしてノルマ果たして，次の日○○₃さんと2人で朝出勤したことがある」。そんな忙しい日々であったが「生活保護ワーカー，児童相談所ワーカー，保健師さんたちと月1回勉強会があり，その後の飲み会がとっても楽しかった。その頃の人たちとは今でも付き合いが続いている」という。よほど良い関係を結べたものと思われる。

◇記憶に残ること——13「心温まるエピソード」

「人は変わる。人は関係性で変わる」と学んだケースがあった。生活保護のケースワーカーが主になってかかわっていた○○₁さんという女性を，保健所相談員が家庭訪問したときのことであった。訪問の最中に立ちくらみしたのであるが，そのとき「○○₁さんが，布団持ってきてね。ほんとに涙流してくれて背中を撫でてくれながら，仕事が忙しいときは，うちに来いな。またうるさい○○₁が騒いでるというたら保健所の誰も訪問に行っても文句言わへんやろ。しんどいときは，そういうて出て来てうちで寝てたらええ。しんどい思いさしてごめんな』と泣きながら言った」という。「またなんか『来てちょうだい』っていうから，なんかと思って行ったら，ばーっと布団持ってきて，『さあ，寝』って言われて，すごいかなわんと思うてたんやけど，あ，なんかそんなふうに，かなわんとは思うんやけど，嫌やと思わんし，問題行動がね，彼女も減ってきた」という。「（来てほしいという電話があっても）『明日でもいいか？』って言うと『明日でもいい』っていうてくれるようになった。翌日になって『今日は雨降るから来んでええわ』って言うてくれたりね。『あんた，自転車や

ろ』って言ってくれる」ようになった。

　といったようなさまざまな経験を積み重ねていた。

発展期——1985年頃から1994年頃

　関係の拡がりと連携　所外発展期

〔〈保健所精神保健業務の外に向けての展開の時期。全保健所複数制（1987年に精神保健法制定）〉「1985年頃から1994年頃」（相談員会区分　第3期後半）〕

　ここから，発展期，拡充期，変容期となるが，改正精神衛生法の時代を中心にしているので，本節での記述は定着期後期までとする。しかし，業務はその後も続いているので，その後のエピソードとして相談員が奮闘した作業所づくり等を紹介しておきたい。

◇記憶に残ること——14「お金ちょうだいと言いすぎた」

　「某保健所だけは行きたくない所だった。大変だった。2人配置の相談員のパートナーが産休中で非常勤対応であった。（前任者たちの努力で）民間の〇〇ₐ作業所はできていたが補助金が付かず，場所も借りていて人も雇っていてお金の出どころがなかったので，家賃や指導員の給料を寄付やバザーで遣り繰りしていた。作業所に行くたびにバザーの売れ残り品を買ってくれといわれた」「また，作業所にも行ききれないメンバーが保健所を居場所にしていた。相談員は，ライオンズが何か物をくれたり，ロータリー（クラブ）に物を貰いに行ったり，いろんな人に物を貰い歩いて，バザーをした」「せっかく立ち上げた作業所を潰すわけにいかず，次の年に市の補助金を貰うまでの1年間せっせと運営資金集めをした。それと同時にこんなことは長くはできないと補助金をもらう資料づくり，交渉を行った。そして，1年間で何とか市役所に予算をつけてもらった。補助金は府と市を合わせて300万円ぐらいだった」「お金ちょうだいって言いすぎた」ような気がするという。保健所相談員が経理をしていたということなので心痛は大きかったであろう。この頃の作業所づくりは保健所相談員が，家族と協働しながらつくり，運営にも協力するという形が一般的であった。予算の裏づけのないところで始められていた作業所の支援を引き受けざるを得なかったのは，さぞ大変であったと思う。

◇記憶に残ること――15「辞表を出した」

「某保健所のときなんか辞職願をもう出して，課長が（それを）2週間もほってはりましたから」。この頃は，この相談員は，予算の裏づけが取れないままに走り出していた作業所の運営資金の捻出に走り回っていた。これがソーシャルワークか？　と言われれば答えは微妙であるが，しかし，ほかにする人がいなければやらざるを得ないことであった。何かを作り出すときの雑用的な，しかしそれをしないと進まないという周辺のことをやらなければいけないことが，実践ではしばしば生じる。しかし，頭でわかっていても「お金ちょうだい」と言い歩くのは，愉快なことではなかっただろう。また，今でいうストーカー的な人に付きまとわれたという状況もあった。辞表提出には様々な事情があったと思われる。

「2～3カ月に1回友達に相談，同僚には年に1回，上司にやめたいと言ったことは2回あった」という。辞表の件は結局，慰留となった。この相談員の仕事ぶりが認められていたということである。

◇記憶に残ること――16「無理したらあかんで」

「Eの作業所は委員会方式だった」。指導員のアルコール依存回復者の人と最後まで付き合った。脳溢血で倒れたとき，その人は保健所相談員2人の名前を言った。救急病院から電話があって，見舞いに行ったら，「『Bさん，入院したらあかん。若い人でも，倒れたり，何やかんや入ってくるで』って言われて『はい』って。あれからもう何年たちましたかね。『無理したらあかんで』って言ってくれて」「それからあちこち探して，その人を老人ホームに入所させた」「で，最後に，（グループの人たちが）自分らでクリスマスツリーを作ったのを持って行ってあげたんだけど」「それが最後だったですかね」「ずっと飾ってくれてましたね」。

◇記憶に残ること――17「超多忙保健所」

「B保健所は最多忙保健所」「えー，ある年，確かね，相談件数1000件だったですよ。2人だけで」「1日5件やってるんです」「1日5件ってね，簡単に思われたらえらいことになるんですよ」「通常は，1人2件，対応したらそれで1日は終わり，ほかの仕事，訪問とかは何もできない。場合によっては1件に

186

１日振り回されることもある。この件数の多さは尋常ではない。引き受けていた会長職とか，世話役はみんな辞退しても追いつかなかった」という。

発展期に入っても相談員の苦闘は続いていた。あと，拡充期，変容期と業務は進展することになる。

7　大阪府保健所における地域 PSW の形成過程

第１～４節では，改正精神衛生法時代に大阪府保健所に勤務した PSW の語りを事例として記述した。1965年代の開拓期に就任した人たちである。藤田ふみさん，星山ひとみさん，剛力由紀さん，陣谷まりこさんのインタビューをまとめた。公衆衛生領域に置かれた社会福祉職が，地域におけるソーシャルワーク理論も未成熟な状態で，周囲の理解を求め，いかに業務を発見し実績を積んできたかがよく語られている。

第５節ではまず，調査対象者10人のそれぞれの語りを全体の流れを概観した後，各新人期，中堅期，ベテラン期に分けて，それぞれの共通部分や異なる部分を分析し考察した。PSW の相談員として新人の場合は，他部署の PSW としての経験があっても，泥沼を這い上がったようなしんどさを味わっている。先任がいた場合は少し楽な面もあったが，やはり PSW の相談員はまだ保健所にとっては異物的存在で，わらにもすがる思いで業務の拠り所を求めていた。中堅期，ベテラン期はそれなりの業務観も育ちつつ，業務が展開できていた。

第６節では，調査結果と行政資料とエピソードからみた改正精神衛生法時代の大阪府保健所の地域 PSW の形成過程を考察した。特に，相談員会の資料等は参考になった。業務に関する時期を開拓期前期，後期，定着期前期，後期，発展期のそれぞれの時期に分けてそれぞれの特徴をまとめた。社会福祉の共通基盤をさぐりつつ，着実に，児童から統合失調圏やアルコール依存症，認知症高齢者支援へと，個別から地域展開までの手法を発展させながら，業務を展開させてきていた。

注

(1) 相談員会：社会福祉の共通基盤をさぐりつつ，1970（昭和45）年に，大阪府の相談員会ができた。相談員会は，「個々人に本庁から（業務の）依頼があるのは，その時その時で終わるから，会として受けたい」ということで始めたが，その後，2000年に解散に至るまでの約30年間，相談員たちの業務，技術，知識，価値，理念，情緒，交友を支えるのに重要な働きをした職能団体であった。1982（昭和57）年7月に全国組織もできた。

(2) ニンビズム（nimbyism）：Not in my back yard の頭文字をとった造語で，地域に障害者等の施設をつくろうとすると，「我が家の庭先ではやめてくれ」と反地運動が差別や偏見に基づいて起こったり，設立されても通路を指定するなどの制約や条件を付けたりすることをいう（加納光子 2015：302）。

(3) この調査の後，2014年に，石神さんは精神障害者のためのグループホームをつくっている。

(4) 岡村重夫は，社会関係の主体的側面に焦点を当て，社会福祉固有の領域を強調することで独自の体系を確立した。この理論をいう。

(5) 生活臨床として一世を風靡した。群馬大学の医学部で始めたもので，精神科疾患者を，地域の中で治療していくということと，患者を，生活類型（受動型と能動）と生活特徴（金，色，プライドのどれに弱いか）に分けるということをしていた。

(6) 関係性：ここでは大谷京子（2012：iv）の「ワーカーとクライアントとの相互作用の状態や質であり，両者の間でやりとりされる情緒と力のありよう」に加えて，「その結果生じてくる関係の性質」としておきたい。

188

第5章
大阪府保健所における地域 PSW の推進要因

　前章では，保健所相談員たちの PSW としての業務の形成展開過程について述べたが，本章では，大阪府における保健所 PSW の業務の構成を明らかにし，前章と合わせてその推進要因について考察する。

改正精神衛生法時代の大阪府保健所の地域 PSW の構成に関するカテゴリー

　これまで，経年の地域 PSW の業務展開をみてきた。本節では，そうした地域 PSW がどのように構成されていったのか，その構成要素・要因を詳しく検討していく。

　インタビュー調査のデータの全体，および関連資料を概観し，その中から地域 PSW 業務に影響があると思われる推進要因を見出すのに有効と思われた 5 つのリサーチクエッション（RQ）を帰納的に設定した。

　まず，以下のような内容を設定する。

① 業務の内容
② 業務の仕方
③ 時代の流れと業務状況
④ 業務観・PSW 観とそれを育んだ業務環境
⑤ 影響を受けた人やこと・強く印象に残っていること等

次に，演繹的にデータ（コード）から該当の部分を抽出して，共通と思われるものをカテゴリー化した。具体的には，サブカテゴリー，カテゴリー，大カテゴリーに分類した。

　以下に，各 RQ とそれに対するカテゴリーを示す。説明には，大カテゴリーを基本に，カテゴリー，サブカテゴリー，コード内容を適宜用いている。

189

なお，文中の「相談員」は，既述のように「保健所相談員」の略記であり，「当事者」，「対象者」は精神保健福祉業務の当事者，対象者という意味で，ここでは「精神障害者」を指している。

1　業務の内容——RQ1

　まず，相談員たちがどのような内容の業務を行ってきたかについてまとめた。

　大カテゴリーとして，表5-1にあるように，①当事者に対して，②家族や関係者，他機関専門職に対して，③保健所内に対して，④保健所外に対して，⑤調査・研究，⑥周辺業務を挙げた。

　全体を概観して気づくことは，この時代に保健所PSWが行ってきたことは，第1章でも述べたように，方法面でのジェネラリストアプローチ（対象は限定されていた）であり，コミュニティソーシャルワークであったということである。時代によって業務の流れが変わってきているのも読み取れた。

　以下，順を追って説明と考察を行う。

　①　当事者に対して

　当事者に対しては「個別対応」と「集団対応」と「問題の発見」がある。対象の領域としては，子どもの障害，アルコール依存症，統合失調症圏，認知症圏に分かれる。以上は主たる領域であって，Aさんのように，思春期相談を行い，学校精神保健に取り組んでいた人もいた。また，筆者自身にも保健所PSWとして不登校児の問題に対処し学校再参加へと成功した事例もあった。

　・「個別対応」「集団対応」

　当事者に対する業務では個別対応は基本であるが，集団対応としてグループワーク，デイ・ケアなどを行っており，それぞれ障害児幼児教室やアルコール依存症のグループワーク，統合失調症へのグループワーク，認知症へのグループワークが行われていた。

　・「問題点の発見」

　問題点の発見は個別から，グループへ，グループから，地域へという流れをつくっていった。既述のように「単発の相談を受ける，個別だけでやってるこ

第 **5** 章　大阪府保健所における地域 PSW の推進要因

表 5 - 1　カテゴリー表　RQ1　業務の内容

大カテゴリー	カテゴリー	サブカテゴリー
①当事者に対して	個別対応	情緒障害児・3 歳児健診／アルコール依存症／統合失調症／認知症
	集団対応	障害児幼児教室／歯科治療／アルコール依存症のグループワーク／統合失調症のグループワーク・デイケア／認知症のグループワーク・デイケア
	問題点の発見	個別相談の無力／居場所がない
②家族や関係者，他機関専門職に対して	個別対応	診察同席／関連機関を一緒に見学
	集団対応	家族グループ／家族教室／講演会
	連絡・調整，働きかけ	他団体機関間調整／保育所・学校などへの働きかけ
③保健所内に対して	所内業務分担	3 歳児健診／妊婦の精神保健
	保健師・栄養士その他との協働（同行訪問を含む）	保健師との協働／栄養士との協働／その他の職種との協働
	仕事しやすい環境づくり	上司の要望の受け入れ／情報提供
④保健所外に対して	資源の創出	家族会／作業所／断酒会／診療所／連絡会などネットワーク
⑤調査・研究	大学提携事業	実態・ニーズ調査／外部資金による調査・大学提携事業
	学会・研究会発表	学会発表
⑥周辺業務	掘り起し	掘り起しの訪問
	新規事業準備	企画し実行する
	継続事業支援活動	事業継続のために
	相談員研修企画担当	相談員が相談員の研修を企画する
	苦情処理	頭を下げた

191

とのしんどさ」「バックに使える何もない，本人たちは家にいるか，病院にいるかしか（居場所が）ない」「息子がね，外泊で家に帰って来たときに『病院帰るわ』って言われときの寂しさを訴えた母親がいた」「家におるためには何がやりたいか，そのほか，個別は細かなことを聞きながらやった」という流れの中で，必要なものを求める形で業務が形成されてきた。

② 家族や関係者，他機関専門職に対して

・「個別対応」「集団対応」「連絡・調整，働きかけ」

家族や関係者，他機関専門職にもそれぞれ，個別対応，集団対応をしており，それらに加えて，機関間，団体間においては，連絡・調整，働きかけの業務があった。

家族への業務も，個別対応はもちろん多いが集団対応も多く行っていた。集団対応は，まず家族教育としての家族教室，それから家族会，それを基盤とした作業所設立活動へと発展していく道筋をつくることとなった。また，個々の保健所でやれることの限界を見越して，Dさんの言うように，いくつかの保健所が連携して共同事業として，家族会を行うこともあった。なお，障害児幼児教室の開設は「普通の生活させてあげたい。幼稚園行った，友達もいた，遠足も行ったって言えれば，楽しいやろうなと思った」というFさんの思いによって居場所づくりを目指した第一歩となった。ここを出発点として保育所などに入っていった参加者もいた。

③ 保健所内に対して

・「所内業務分担」

保健所内の業務については，所内業務の分担という形で，最初の頃は3歳児健診や妊婦の精神保健を担当した。しかし，この頃でもFさん，Hさんのように PSW としての動きを展開しようとした人たちはいた。4〜5年のうちに，徐々に，アルコール問題，そして業務の大半を占める統合失調症圏に比重を移していった。やるべきことがわからず，手探りしつつの状況であったが，本来的な業務に近づいていった。

・「保健師・栄養士その他との協働（同行訪問を含む）」

保健師・栄養士との協働は，1975（昭和50）年に「回復途上における精神障

害者の社会復帰指導について」(厚生省通達) が出て，府ではグループワークが予算化されたので，統合失調症圏のグループワークへの保健師，栄養士の積極的な参加があり，協働するメリットも認識されはじめた。保健所業務として認められたのである。同行訪問なども積極的に行われるようになった。もっともFさんは最初から，地域での動き方と保健師の業務を知る目的で，保健師との同行訪問を保健師に個別に頼み受け入れられていた。Fさんの「保健師に学ぶ」という姿勢，Hさんの「欠如しているものを相補する視点をもった保健師とは組んで仕事をした」「ちょっとはみ出して仕事できる人がいい」という語りは興味深い。自分に欠如しているものを知るということは，それ相応に，真剣に誠実に業務に取り組まなければ得られない気づきであろうし，ちょっとはみ出す融通性は，人間相手の専門職には非常に必要な姿勢であろうと思われる。

・「仕事しやすい環境づくり」

仕事をしやすい環境づくりは特にGさんの語りにみられた。上司に対して責任を取らさないようにするとか，所内の他職種の人に情報提供をするとかを心がけている。情報提供は，1人職種である相談員が不在であってもそれなりの対応をしてほしいからであった。次項の「どのように業務をしてきたか」とも関連するが，Gさんの「上司に責任がいかないようにするのは難しかったですよ」は，Gさんがいかに周囲に軋轢を起こさず，相談員業務を遂行するか努力をしていた様子がうかがえる。組織では上司が責任をもつのは当たり前という考え方もあるが，Gさんは最初に「責任がこないようにすること」という上司の言葉を受けており，その言葉を守ろうとしていた。

④　保健所外に対して

・「資源の創出」

保健所外に対する業務としては資源の創出があった。家族会，作業所，断酒会，診療所，そして支援に役立つ機関・団体間の連絡や会議などのネットワークをつくっていった。特にFさんは，児童を切り口にして障害児の問題に取り組み，幼児教室から家族会，家族会から「親ですら行動しか見ていない子ら口を開いたら虫歯だらけ」「どうしてこの子はカレーの柔らかいところばかり

をなめているのかという親がいた」「食べられなかったその理由を周りは知らなかった」という語りにあるように，虫歯の痛さに耐えていた子どもたちへの思いから，地域に歯科診療センターをつくるといったソーシャルアクションに至る業務を展開していた。

　障害児に関しては，Fさん以外に，1973（昭和48）年に障害児施設をつくり開所にまで導いた保健所PSWがいた。本研究の中でもしばしば出てくる人であるが，故人のため，残念ながらインタビューを行うことはできなかった。しかし，ここではエンパワメントを用いたその手法を，Eさんの語りを引用して紹介しよう。

　　　○₂さんは，2年でここに療育センター建ててみせるわと言って，1億2000万かけて見事につくった。変わるための2つの力に火付けする。変わることを見せるために，優秀な臨床心理士に，保健所で教室してもらう。「障害児が発見されたときに，教室に呼んで働きかけするじゃないですか。変わるのよね，子どもたちって」。その後，お父さんお母さんたちを療育の先進県まで連れていく。○○ₐ館に一番障害の重かった子を預ける。1カ月ほど。次に行ったらね，そこで多動だった子どもが変わってる。その子の親がここに預けてくださいって言ったら，園長がダメだって言って，うちはもう手いっぱいだと。でもね，あんたの住んでる町でもこれはできないとおかしいやんかって言う。それで，つくろうということになって，議員動かし，地域動かし，陳情，請求をして議会を動かす。そして，できた建物の発展のために（施設長となる）人を探してきた。このように設計図の書き方は天才的だった。エンパワメントなんですよね。

　ちなみに○₂さんの変わるための2つの力とは，一つは適切な療育による障害児の変化であり，もう一つは父母の力を意味していた。
　⑤　調査・研究
・「大学提携事業」「学会・研究会発表」
　調査・研究に関しては，これは実践家の本来的な業務とは思われないが，専

門職である以上，実践を振り返り，見通しをもち，実践結果を周囲に発信していく作業は必要である。大阪の保健所PSWは，1970（昭和45）年の相談員会結成以前に，PSW協会の研究集会での報告を行っていた。これは，リーダーシップをとっていた人たちの資質や経歴（学生時代の教員の影響や最初の職場が研究所であったことなど）とも関係すると思われる。Bさんのように大学提携事業を行った人もいた。

　なお，1965（昭和40）年から1991（平成3）年までの間の大阪府保健所精神保健に関する相談員発表文献等の数は，「関連機関ソーシャルワーカー発表に関するもの」は68，「大阪府（本庁以外）その他に関する文献資料」は62，「保健所精神保健相談員会活動に関するもの」は44であった（大阪府精神保健相談員会 1992：110-113）。

　⑥　周辺業務

　周辺業務として，「掘り起こし」「新規事業準備」「継続事業支援活動」「相談員研修企画担当」「苦情処理」が挙がってきた。周辺業務は核業務ではないが，関連業務より核業務に近いものとして位置づけた。そして，後述するように，相談員研修担当は，参加型研修ともいえる企画，実行を相談員自身が行った研修を担当したものであった。企画，実行すること自体が研修となった。

・「掘り起こし」

　「掘り起こし」はFさんの「保育所や幼稚園廻りだして。そいで，ほんとに問題児を見つけたり，相談受けたり，保健婦さんが健診でね，ひっかかった子どもとかを紹介して」というように，施設や個人宅に訪問を重ねて，今でいうアウトリーチを重ねて，ニーズを掘り起こし，当事者や家族を保健所に集め，事業を予算化して定例化して対応することを目指した一連の動きである。「訪問の記録みたいなんを掘り起こして，で，ちょっとコンタクト取って訪問してみたり」というAさんの語りにもあった。

・「新規事業準備」

　新規事業はそれ相応の準備が必要で，結構時間と労力がかかるのであるが，その成果は尊い。新規事業の種類にもよるが，それなりの理念と心身両方の負担を覚悟する必要がある。

Fさんが始めた障害児の歯科治療は，日本でもはじめて，当然，保健所の事業としてもはじめてで，そこからさらに発展させてソーシャルアクションとしての地域における障害児のための歯科診療センターの開設に至ったものであった。その基底には，歯科治療のために何時間もかけて遠くまで通い，多くは中断してしまって障害児たちの虫歯が未治療で放置されているという現実に目をそむけないで立ち向かっていった，Fさんの「ソーシャルワーカー魂」があったといえよう。

　なおここでいう「ソーシャルワーカー魂」とは，横山登志子（2008）の「ソーシャルワーク感覚」や，保正友子（2013）のいう「専門的自己」[1]よりは，もっと心の奥深く存在するものとして「魂」と表現した。Fさんの場合は，K研究所時代のSVの薫陶などもその形成に影響したと思われるが，その語りに出てきた差別に対する批判感覚のように，もともと生来的にもっていた資質がソーシャルワーカーに要求される感覚や専門性と合致して，実践の中で，ますます深く強く大きなものになっていったと思われる。

・「継続事業支援活動」

　事業継続のために本来的な業務かと問われれば，そうとは答え難いことも行っている。例えば，統合失調圏の人たちの気分や症状に変化が現れて，デイケアで請け負った作業ができなくなり，業者への納品日に間に合わないことが時々生じた。そのときには相談員たちが時間外に作業所に作業をしに行くようなことがあった。Iさんの「夜，ノルマを果たしに行った」というのはこのことである。Dさんの「1回，何人かで，もう夜なべをしてノルマ果たして，次の日，○₂さんと2人で朝出勤した」という語りにもある。また，別の形の継続支援もある。例えばDさんの行った「市民の会のお手伝い」などもそうである。Dさんはそこで法人化するときの事務処理を担当したりしている。

・「相談員研修企画担当」

　相談員研修企画担当は，既述のように，自分たちの必要とするものを，当事者である相談員たちが主体的に検討し，それを主監課が研修として実施するという，きわめてユニークな企画過程をもつ研修であった。自分たちの企画したものを，自分たちが受講するというものであった。この企画過程の中で当然お

互いの認識のズレの是正や再検討が行われ，本当に自分たちに必要な研修を求めていくことができた。この研修を企画すること，そのこと自体もまた研修としての効果をもつものであった。

・「苦情処理」

苦情処理は地域間で非常に差があった。Dさんは，「H保健所ではあまり苦情も来なかった」「T保健所でも苦情は言って来なかった」「B（保健所）は山ほど，弁護士さんが怒鳴りこんできたり，住民が集団できたりとか，誰かを入院させなさいとか」と語っている。

なお，業務の内容に関しては，1974（昭和49）年度の「大阪府精神衛生相談員総括」によると，当時の月報は，(1)精神衛生相談対象者，(2)精神衛生相談内容，(3)精神衛生相談実施者及び実施内容，(4)処理内容，(5)訪問対象者及び訪問指導，(6)実施内容，(7)事前調査，(8)その他精神衛生活動についてを報告していた。後に改訂はあったが，基本的枠組みには変化はなかった。⁽²⁾

2　業務の仕方——RQ2

本節では，相談員たちが，どのように業務を行ってきたかをまとめた。

大カテゴリーとしては，表5−2にあるように，①所内連携，②所外連携，③専門職として成長の機会の活用，④具体的方法がある。

以下，順を追って説明を加える。

① 所内連携

・「保健師・栄養士」

時代の経過とともに保健所PSWは形を成していくのであるが，その業務の行い方も，保健師との連携では最初は3歳児健診を通じてであったものが，統合失調症圏のグループワークの協力者としての連携というふうに形を変えていく。「同行訪問」は，初期（開拓期前期）の頃のFさんは，「ついてまわるのは，保健師との相互理解するためのよい作戦」と，保健師に同行することによって，訪問の仕方を含めて，地域保健の現場実践の行い方を学んでいる。後には，Fさんの影響の強い地域では，後から着任した若い相談員たちが「だいたいの領

表5-2　カテゴリー表　RQ2　業務の仕方

	カテゴリー	サブカテゴリー
①所内連携	保健師・栄養士	同行訪問／栄養指導／業務協力
	嘱託医（自発的研修を含む）	嘱託医から精神医学とその周辺を学ぶ／嘱託医の病院で実習／フルに連携
	その他の職種	それぞれの協力
	他のPSW（自発的研究会を含む）	伝える／尋ねる／ともに学ぶ
②所外連携	家族	業務協力
	他機関SW，地域の人	グループワークへの参加
		合同グループ運営（断酒会を含む）
		部屋貸し
		情報提供
③専門職として成長の機会の活用	研修など	与えられる研修／自己研修
	いろんな地域資源	家族会／作業所／診療所／施設／ネットワーキングを伴う連絡会
④具体的手法	開拓	ニーズ汲み取り／問題把握／調査／いろいろ挑戦／関係機関訪問
	足で稼ぐ	対面する／出向く
	枠にはまらない	時間と関係なく業務／本庁と直談判
	主体性・自主性	主体性・自主性の尊重
	情報共有して活用	情報共有の努力／医療機関評価の共有
	信頼	関係者への信頼／対象者への信頼

域を皆（保健師さんに）ついて行った」「『来てちょうだい』と（保健師さんが）声かけて，後で意見を聞かれる」という形で残っていた。

　保健師の場合と同じように栄養士の場合も，その所属する保健所の事情や時代や人によってその協力度は異なるが，「料理教室のグループは栄養士さんが栄養指導とか全部してくれた」というほど，栄養士の協力は大きかった。Fさんと最初に協働した栄養士は，流動食しか食べさせてはいけないと言われた障害児の栄養相談をFさんから受けて，「固形物を食べさせた」「1年たったら伝い歩き。保護具もいらないと言われた」という語りにあるように，最終的には当該障害児の保育所入所が可能になるきっかけをつくっている。

第5章　大阪府保健所における地域 PSW の推進要因

・「嘱託医」

　嘱託医から学ぶことは，どこの保健所の相談員にとっても大いなるものがあった。Cさん，Dさん，Hさんのように，嘱託医の病院で実習（1回／1週間，病棟に入り，他職種との協働を学ぶ）をしているところもある。相談員と嘱託医との関係は密接であるので，Y問題が大阪で起こらなかったのは，すぐに相談できる嘱託医の存在が大きいと考えられる。筆者の場合も，保健所勤務のときには，本庁から派遣されている場合も，民間の病院への委嘱の結果により派遣されている場合も，優秀な嘱託医に恵まれて，密な連携をもって業務ができた。なお，嘱託医についての記述は，後にも本書の中に再三登場する。

・「その他の職種」

　その他の職種では，衛生課の人たち（薬事監視員，食品監視員，環境衛生監視員）運転手（当時各保健所に配属されていた），レントゲン技師等の協力を得ている。「車が運転できなかったので獣医さんが運転して手伝ってくれた」という語りもあった。

・「他の PSW」

　相談員が設置されて約10年が経過しようとする頃，1974（昭和49）年に大阪府では，精神衛生協議会のあった市の保健所6カ所に，相談員を1人ずつ，計6人の増員を行った。「複数制になった意味は大きい。2人目からは補助などつかず，行政の持ち出しになる。財政の豊かさだけではない行政判断の的確さがあった。（主管課管理職の）○₇さんの功績は大きい」という。

　この頃採用された相談員はすでにある程度路線の敷かれた中で業務を始めることとなり，先輩から知識や技術的なことを伝授されることも多かった。「Fさんが地域との関係もつくってはった」「キャリアのある先輩からあちこち連れていってもらって鍛えてもらったので。ワーカーは徒弟制度と言われた」。また，同じ保健所の先輩相談員が不在のときは他保健所の先輩相談員に尋ねたりしている。また，先輩相談員たちは後輩相談員たちを，研究会や病院に連れていき学ぶ機会を与えている。

②　所外連携

　所外連携としては，家族や，他機関専門職，地域の人との関係が中心となる。

199

・「家族」

　家族は，立ち上げて間もない作業所に週3日，ボランティアでかかわったりしている。

　「家族にはいろいろ教えられることも多かった。頭の下がる思いをした人もいた」。

・「他機関 SW，地域の人」

　他機関の人が地域の人との面談に保健所の部屋を使用したりする場所提供，保健所，精神科病院，福祉事務所の SW も交えた多機関連携による合同グループ運営も行われた。また作業所として，地域の人が所有している文化住宅の一室を貸してくれたり，人脈から人脈の協力者によって地域施設を貸してもらったり，加えて仕事も世話してもらったりしている。サポートネットワークと呼べるようなつながりが次第に広がっていったことがわかる。

　グループワークには地域のボランティアの参加も多く，手芸を指導してくれたり，地域の商店で作品を売り出す世話をしたりした。ただ，それらの作品をボランティアの人たちが買い占めてしまって（何とも微笑ましい気がするが），商品（売る作品）がなくなってしまい，後で商店の人に保健所相談員が叱られたというエピソードもある。

③　専門職として成長の機会の活用

・「研修など」

　保健所相談員配置後のごく初期（開拓期前期）の頃は相談員も周りの人も，何を学んでいいか，何を学ばせていいかわからぬままに，週に2回相談員たちは K 相談所に集まることが認められていた。後に，相談員会による研修制度が誕生する。自己研修，自己研鑽は，前章でも語られていたように多くの相談員がきわめて意欲的に取り組んでいる。リーダー的な存在の一人である F さんはもちろんのことであるが，他の相談員たちも，ブロックでの研究会，医師たちとの勉強会，森永ヒ素ミルク事件のまとめ，大学教員の薫陶，有名な群馬の東村の保健婦（当時）のところでの1週間の自発的研修などを行って必死に知識や実践方法を学んでいる。

・「いろんな地域資源」

相談員たちは対象者にとって必要な社会資源の創出に努めた。家族会，作業所その他，前項と同じである。相談員にとって，社会資源の創出はいわゆる社会復帰業務の中の非常に重要な業務であった。

④　具体的手法

具体的手法としては，「開拓」「足で稼ぐ」「枠にはまらない」「主体性・自主性」，「情報共有して活用」「信頼」が，サブカテゴリーとして挙がった。

・「開拓」

資源獲得，あるいは創出のための活動である。「新しいことをつくっていくのはソーシャルワーカーがもっている宿命のようなもの」というIさんの言葉にあるように，相談員たちは調査し，ニーズを汲み取り，問題を把握し，その解決のために挑戦していった。地域を対象としているから，ニーズの汲み取りやケースのフォローのためのアウトリーチも関係機関に対して行っていた。

相談員たちの視点は，あくまで精神障害者が地域で暮らすには，地域で何が必要か，というところから出発している。Gさんの「家におるためには何がやりたいか，そのほか，個別には細かなことを聞きながらやった」という言葉にそのことが表れている。相談員たちは，地域の問題把握には一般には5年かかるであろうとしている。「病気になっても生きていけるには何があればいいか（を見つけ，充足させていくの）が私たちに期待された役割」という認識のもと，「いろいろ試してみるのが行政やろうということで，いろんな業務を展開してきた」という。社会資源の創出こそ，ワーカーの使命と主張するFさんの，「2年経ったら次に進ませる。2年以上（同じ）施設を利用することは職員の敗北」という語りと共通するものがある。

・「足で稼ぐ」

開拓の重要な要素である「『足で稼ぐ』で，地域に出ていって『問題つかんできなさい』っていうのが，所長もそうだったし，みんなそうだった」というHさんの言葉にあるように「足で稼ぐ」ことは，本来，地域機関である保健所の重要な動き方であった。そして，それに付随してくる「面と向かう（対面する）」という重要性をFさんは語っている。

・「枠にはまらない」

相談員たちの動き方の特徴であった。「相談員は残業せざるを得ない実態があった」ので「夜中に訪問するのが業務かって言われたら，それはちゃうかな？　っていうのはありますけども」と思いながらも訪問していたようであった。[筆者の経験からしても，気になる対象者はまめに接触する必要があった。]

　講堂で対象者と卓球をしたりするのも違和感をもたれたようであるが，相談員の仕事の仕方で最も違和感をもたれたのが「本庁と直談判」の業務の仕方であった。「福祉（部）から来た人がびっくりしていた。一職種が（直属の上司の）予防課長を飛び越えて，なんも言わんと勝手にするのは考えられないと」。これは，最初から異端児的に保健所に配属され，業務の専門的な部分に関して相談できる上司をもたなかった状況と，それをカバーする意味もあって本庁の主管課の「○7先生が係長でいてボトムアップしてくれた」「協議会や複数配置のとき，○7先生の存在は大きい」というその頃の大阪府の精神衛生業務のあり方が強く影響していると考えられる。

・「主体性・自主性」

　1975（昭和50）年，K相談所にベテラン相談員4人を配置したときに，より意識されたことがらである。「相談所を皆でつくり上げた」のである。それぞれベテランが，作業所づくり，就労支援，アルコール対策，研修を担当業務と決めて，自分たちで業務をつくり上げたのである。1980年代半ば（昭和60年頃）頃までは「○7さんや僕らの時代は行政は枠がなくて何をしてくれとも言わなかった。何もなかったから何をしてもいい時代だった」であった。幸いなことに「（最近の傾向として）府もそうやけど，府なんか特に著しいけれど実践経験がないところ，ない人が指導監督するというのは，ぼくは非常に疑問に思ってるけど。法律を盾にする仕事やったらそれはそれでええかわからへんで」という語りにある実践経験のない人が指導監督するという状況はまだ生じていなかったのである。

・「情報共有して活用」

　保健所相談員たちは「情報共有して活用」する努力もしていた。「自分が（保健所に）いないことが多いっていう時代が長かったから，できるだけ私が

何してるかを（保健所内の）他の人たちに知っといてもらうようにした」という所内向きから，医療の質の確保のために「府下，全精神病院の番付（を，密かに先輩から教えてもらった）。（質の良い）上から順に電話（した）」という同職種間での情報共有もあった。

・「信頼」

信頼は対象者との間にはもちろんのこと，家族や関係者等との間にも築くことが大切である。対象者および家族，府庁や保健所内他職種や同職種，他機関専門職，その他地域の人たち等，相談員業務は多くの人たちの信頼に囲まれて成り立っていたと思われる。

3　時代の流れと業務状況——RQ3

状況は時間の経過とともに変化してくるので，形成過程を考察した前章と重なる部分もあるが，本項でも業務を取り巻く状況は，表5-3にあるように経年的にまとめた。ただ，本項では改正精神衛生法の時代だけでなくインタビューの中で得た前後の情報も加えている。

大カテゴリーには，①黎明期：1960年代前半，②開拓期：1960年代半ばから約10年間，③定着期：1970年代半ばから約10年間，④発展期：1980年代半ばから約10年間，⑤拡充期：1990年代後半，⑥変容期：2000年頃から現在，がある。なお，時代の出来事と大阪府での出来事は大阪府精神保健相談員会の『こころ・大阪・25年』（1992）の資料集より引用した部分が多い。

① 黎明期：1960年代前半（昭和30年代後半）

大阪では国立精神衛生相談所の設置と同年の1952（昭和27）年に，精神衛生相談所を設置している。そして，翌1953年には，PSW 2人を精神衛生相談所に配属している。1960（昭和35）年には，PSW 1人を増員し府下4保健所に出張相談を開始している。そしてこの頃，公衆衛生研究所を設立している。翌1961（昭和36）年には，成人病センター，公衆衛生研究所，精神衛生相談所へ10人のソーシャルワーカーを配属している。

1964（昭和39）年に府立中宮病院にPSW 1人を配属し，もう1人を大阪府

203

表 5 - 3　カテゴリー表　RQ3　時代の流れと業務状況

時　代	大阪府の出来事	大カテゴリー	カテゴリー	サブカテゴリー
1960（昭和35）年 日本ソーシャルワーカー協会設立	1953（昭和28）年に，大阪府，2名の PSW を採用	①黎明期 1960年代前半（昭和35年代後半）	精神障害者の状況	人権無視
			SV／トレーニング／研修	SV・トレーニング／研修
1963（昭和38）年 第2回精神衛生実態調査	1961（昭和36）年に，大阪府，10名の SW（PSW と MSW）を採用		業務	許容的／学会発表
1964（昭和39）年 ライシャワー事件			職場内部の状況	3課3職種2人ずつ／夕方5時以降が多忙／ワーカー差別
1964（昭和39）年 日本 PSW 協会設立			先賢たち	基礎を築く／人材確保
1965（昭和40）年 全国家族連合会結成		②開拓期 1965（昭和40）年頃から約10年間	精神障害者の状況	息をひそめている
1966（昭和41）年 保健所における精神衛生業務について（公衆衛生局長通知）	精神衛生相談所と保健所の兼務発令 1966（昭和41）年に，大阪府，10名の保健所 PSW を採用		最初は相談員はよく辞めた	孤独・無視・放任・業務と関係のない批判／何をしていいかわからない／とばっちり／無力感／孤独なたたかい／危ない経験との関係
			嘱託医の協力	学ぶことが多かった／実習
1970（昭和45）年 精神衛生特別都市対策事業の推進について（公衆衛生局長通知）	1970（昭和45）年頃　3歳児健診中心。しかし，この頃から一部保健所で精神障害者グループワークが試行的になされた 1970（昭和45）年 相談員会結成		後になって保健師の協働	他府県からの見学者がくる
			自主研修	集う／尋ねる／藁をもつかむ思い／先輩たちの配慮

第5章　大阪府保健所における地域 PSW の推進要因

1971（昭和46）年精神衛生実態調査（大阪府は実施せず）	1971（昭和46）年大阪府保健婦資格取得講習会開始（保健師が精神衛生相談員の資格取得を始めた）		PSW 大会／公衆衛生学会報告	評価する
			医療集団の中に福祉は1人	周りの人の感じる違和感／周りへの影響／後に慢性疾患は技法を共有
	1972（昭和47）年に，森永ヒ素ミルク事件の被害者の14年後の予後調査に加わり，報告書の福祉面を相談員会として担当		森永ヒ素ミルク予後調査	多くの学び
			良い雰囲気	6カ所複数制／やる気のある医者
	1975（昭和50）年精神衛生相談所の強化	③定着期1975年（昭和50）年頃から約10年間	障害児・精神障害者の状況	障害児／精神障害者（アルコール依存症者を含む）
			研修	研修制度／自己研修
1975（昭和50）年回復途上における精神障害者の社会復帰指導について」厚生省通達			この頃の業務	軌道に乗りはじめる／初期のグループワーク／何もない所で勝負／激務すぎる保健所／あいかわらず孤立，独立／本庁の状況／家族会の作業所設立活動／認知症担当／老人のボランティア
1978（昭和53）年市町村保健センター構想			嘱託医	学ぶことが多かった／実習／連携業務

1982（昭和57）年通院患者リハビリテーション事業（厚生省）実施　老人精神衛生相談事業（厚生省）予算化	1982（昭和57）年グループワークが全保健所で実施された		先輩	自信／批判／肯定
1983（昭和58）年精神衛生実態調査	1983（昭和58）年度，対象者の90％を，16歳以上が占めた		他機関，地域，医療状況	他機関との協働／地域差／宇都宮病院事件（1984年）
1984（昭和59）年病院精神医学会から病院・地域精神医学会への改称	大阪府は1989（平成1）年に作業所の補助金制度をつくった	④発展期　1985（昭和60）年頃から約10年間	相談員の立場	ある程度安定
1985（昭和60）年こころの健康づくり推進事業予算化			この頃の作業所	お金がない／整っていた地域
1988（昭和63）年精神保健法施行	1993（平成5）年大和川病院事件		地域機関	関係良好
		⑤拡充期　1995（平成7）年頃から1999（平成11）年頃	この頃の業務	チーム制／トップダウン
			医療状況	大和川事件
	2004（平成16）年保健所に精神保健チーム制ができた	⑥変容期　2000（平成12）年頃から現在	相談員会	モチベーションの低下／相談員会の消滅
			研修	相談員会獲得の研修制度は消滅

出所：大阪府精神保健相談会（1992）『こころ・大阪・25年』を参考に作成。

庁予防課に配属している。この年は全国PSW協会（現，精神保健福祉士協会）が設立された年でもある。1965（昭和40）年には精神衛生相談所にPSW 1人を増員して，翌1966（昭和41）年に府下保健所に19人の精神衛生相談員を配属した。このうち，新規作用は10人であった（大阪府精神保健相談員会 1992：101-102）。

　大阪府では開明的な医師によって，早くから行政の中にPSWを配属してい

第5章　大阪府保健所における地域PSWの推進要因

た。そして，保健所の精神衛生相談等を担当させていた。したがって，改正精神衛生法によって保健所に精神衛生相談員を置くことができるという状況になったとき，保健師の新たな増員は難しいという状況であったとすれば，福祉職のPSWをその任にあたらせることは，スムーズな選択であったと思われる。

② 開拓期：1960年代半ば（昭和40年代）から約10年間

開拓期の状況として挙がってきているのは，息をひそめた状況に精神障害者たちがいたということ，平均2年半の勤務年数で保健所精神衛生相談員たちがよく辞めたということ，それには，公衆衛生分野の中にただ1人置かれた福祉職であったということと，福祉職の精神衛生相談員の保健所配置に関して，ある府庁主管課の管理職の発言が当時の保健所保健師長たちの反感を買っていたということ（大阪府精神保健相談員会 1992：38）が関係しているといわれている。「冷たい視線の中で，予防課長（保健所における相談員の直属の上司）からこの人何する人って言われた」状況で，業務を開始したわけである。相談員たちは孤独と無視，放任，業務とは関係のない批判——「（お昼に注文したうどん代金を，職場の人から集めるのに）大学出ているのにうどん代の計算ができない」——などにさらされながら，地域精神衛生（当時）業務を展開した。

生活保護以外には，ほとんど社会資源もない状況で，無力感を伴った孤独な戦いを開始したのである。この中でもある程度の精神衛生関係の経験者として相談員業務を始めた人たちが，若い人たちの無知からくる精神障害者対応のまずさを危惧して，「T（保健所）に夜集まって話をした」「T（保健所）に集まって今日こういうケースがあったとかなんかいうて」といったような私的な研究会や研修の機会を提供している。「だからこちら（南）のブロックは事故もなかったんやね」という。

そして，大阪府の保健所相談員たちにとって何よりも幸運だったことは，優秀な保健所嘱託医と週に2回も接する機会を得たことであった。「嘱託（医）が良かった。保健所ではあんたたちが僕たちを使うんですよって」「ワーカーに直接どうやこうやではないが，嘱託の医師から精神医学の考え方とか，なぜ精神科医になったかを学んだ」という語りにあるように，嘱託医との頻繁な接触は他職種理解，精神科医療理解を促したであろうと思われる。「（嘱託医の本

務先の）〇b病院で実習させてもらった」という言葉や，「嘱託医からは，1時間面接に同席させてもらうと，その後1時間，精神科の講義とケースの解説ということも度々でした」という言葉にみられるように，多くの嘱託医たちはこの新しい職種を育てようとしていたようであった。筆者もこの頃，公立のK精神科病院にPSWとして勤務していたが，嘱託医ではないが医局の医師たち，特に社会復帰病棟担当や思春期病棟担当の医師たちには，PSWやCPを育てようという姿勢があったように思える。

　実践業務を通してももちろんであったが，K精神科病院では朝8時から9時までの始業前1時間の，毎週1回の原著講読会で学生時代よりよく勉強した記憶がある。また，勤務終了後の医師たちの研究会に参加する機会をもらったり，精神疾患の理解のために一事例を担当してじっくり取り組んで，主治医からその精神疾患の理解について指導を受けたり等，細やかに配慮されて知識や対象者への理解を伝授された。

　相談員たちに対して公衆衛生領域の人が感じた違和感は，既述のように「保健所は保健とか医療の場なのに，なぜ職安に行くのかと課長にすごく言われた」「（昭和）50年のときに，グループワークをやってる法的根拠はないと。やめろって言われた相談員がいた」「主治医がいるのに，お前ら勝手に何やってんだって言われたくらいだから」という語りに表れている。しかし，業務は「保健師の暮らしと健康を守るスローガンも，ワーカーの影響」「保健師さんたちはワーカーの技法も取り入れていった。グループワークも（ワーカーが）影響与えたんじゃないかと。段々職種が似通ってきたでしょ？」という言葉にみられるように，徐々に公衆衛生領域に溶け込み影響を与えていった面もあった。

　1970（昭和45）年に相談員会が結成された。これは，まず，既述のように第一には，当時の相談員業務のあり方——一部の相談員と担当課との連絡で業務内容が計画されたうえで一般の相談員に通知され，一方的に言われることを受けていた状況（大阪府精神保健相談員会 1992：39）——に対して問題意識をもった人たちが多くなり，相談員の総意を反映した施策としての業務を行う方法として相談員会を結成し，その会が業務連絡を受けるという形にするためであったといわれている。次には研修などの情報の共有，実務的・情緒的な交流と

支えあいが目的とされた。

　なお，「都市型の保健所（の相談員）が結構やめている。田舎型の保健所の相談員が生き残った。ゆっくりしたペースで付き合っていけるから」という語りがあったが，都市部でも，最初の頃は業務に忙殺される状況ではなかった様子である（大阪府精神保健相談員会 1992：34）。ただ，何をしてよいかわからないつらさがあって，初期には辞めていった人が多かったという。辞めずに残った人も，「相談員を続けてこれたのはこうした（相談員会を含む）研修制度のおかげ」であったという（大阪府精神保健相談員会 1992：35）。とりわけ初期は，その頃行われていた精神衛生相談所での同職種同士の語らいによってどうにかリフレッシュされていたような状態であったという。最初の相談員20人のうち[3]10人が新人であったが，そのうち，まったくの新人より経験のある人の方が，すなわち，前章で述べたFさん，Hさんなどが，果敢に業務に挑み，語りにあるような多くのつらさをかみしめながら，状況に耐えてプロフェッショナルとしての意識と実績を培い，その経験をほかの人たちが受けとめて成長していったのではないかと思われる。

　精神衛生協議会が組織されている6カ所の保健所の相談員が複数になった頃は，「やる気のある若手の医者もたくさんいて，なんかやろうって雰囲気がありました」という。「本格的なグループワークも（昭和）46，7年頃から（試みられていた）」「アルコールも立ち上がりかけていた」「アルコールで業務をつくった部分は大きい」「組織をつくって，市役所巻き込んで，自助グループをつくってっていうことがわりと目に見えて，保健所で認められ始めた」などの語りにあるように，保健所PSW業務は軌道に乗りはじめた。なお，大阪のアルコール対策は定着期に軌道に乗り，既述のように，「大阪方式」と後に呼ばれることとなった。

　1974（昭和49）年に研修制度ができた。「Fさんの強い主張があったと思う」「大阪府のPS（W）の研修体制はFさんがつくりはった」という。

　③　定着期：1970年代半ば（昭和50年代）から約10年間

　Fさんたちが求めた障害児歯科診療センターがオープンした。各種グループワークも隆盛になってきた時期である。1974（昭和49）年にできた研修制度も

始動した。自己研修，相談員活動も盛んで，合宿研修をしたりしていた。

　グループワークを始めた頃は「料理教室で刃物を持つでしょ。そんなんどないすんねんって，もうそれはすごく言われて」。「断酒会が例会を始めたときも，夜にそんなんするなんて何する気や」と叱られた。「ソーシャルワーカーの専門性が未確立な時代に周りを説得しなければならないしんどさ」「何もないところで勝負する辛さ」は，いかばかりなものであったかと想像できるが，そのつらさが少し緩和されはじめた頃である。

　一方「激務過ぎる保健所」では専門性どころではなく，「（相棒の）○₂さんが出張でいないってとき，1回だけだったが朝一番で行ったら5人待ってた」「電話はあるは，大変でした」「いろんなことをいろんな人が言ってきて忙しかった」「こんな忙しいの嫌やと思っていた」。

　この保健所では，これに加えて関連している共同作業所の作業納期の問題があった。「一回，何人かで夜なべをしてノルマ果たして，次の日○₂さんと2人で朝（保健所に）出勤した」というDさんの語りにも表れている。［作業所の作業に関して，メンバーが休んだりした場合は納品が遅れるので納期に間に合わせるため，その補充のための作業を相談員，家族，作業所職員が行うことがあった。］Iさんも，「○○（相談員）らと一緒に，夜プレスの機械踏みに行ったりしてたやんか」と，作業所の納品のためのノルマを果たした経験を語っていた。

　本書で何度も出てくるが「（相談員は）何もないところで専門性で勝負するっていう，なんか結構そういうところかかえてたんですよね」とがんばっていた内なる精神的なしんどさと，上記のような身体的なしんどさと，「衛生部のワーカー（主にPSWのこと）がしんどかったのは組織人じゃなかったから」という社会的な外なるしんどさと，相談員のもつこの3つのしんどさは依然として継続していた。

　外なるしんどさの主原因である組織人でないところは業務の状況に表れており，相談員は「相変わらず孤立，独立」で，それは人間関係のまずさからではなく，「仕事に関しては精神は独自でしていた。独立というか孤立というか。事務との職員同士の関係が悪かったか薄かったかいうらそれはなかったと思

第5章　大阪府保健所における地域 PSW の推進要因

うけどね。ほかの人が関与できない仕事の仕方だった」からであった。業務が当初から組織の中に組み込まれていなかったからである。

　1980（昭和55）年代になると，家族会の作業所設立活動も盛んになってきた。先進的な作業所の見学，家族勉強会などを通じて，設立へと運ぶ一連の手順なども相談員間で共有されるようになった。ちなみにこの頃のモデル的な作業所が，1カ所，相談員○$_2$さんのサポートがあって大阪府下の北ブロックに誕生していた。○$_2$さんは前述のように，開拓期に障害児施設をつくった実績ももっていた（その施設は現在も規模を拡大させながら存続している）優秀なワーカーであった。

　「嘱託医」についてはすでに何度も述べているが，相談員たちの業務存続にこの人たちの果たした役割は大きい。主管課の管理職が優秀な医師を，府庁内にも，府庁外にも呼び入れていたことも関係すると思われる。

　また「先輩」では，Ｆさんをはじめ，何人かの開拓期の相談員たちもこの時期の相談員たちの業務継続の大きな支えになっていたであろうと思われる。

　グループワーク活動が全保健所で実施されたのは1982（昭和57）年であり，前述のように作業所開設もこの頃から先進的な保健所の管轄地域で，地元の事業者の協力を得て始まっていた。他機関との協働も活発となり保健所で精神科病院のワーカーが集まって会議をもったりした。

　それまで3歳児健診や障害児とのかかわりで，児童の対象者数も多かったのであるが，業務において精神障害者への対応が多くなって対象者の90％を16歳以上が占めるのは1983（昭和58）年度からであった。保健所に PSW が配属されてから20年近い歳月が流れていた。この間，児童業務と成人精神障害者業務の両方をこなしていたのであるが，これに関しては地域差，保健所差があった。筆者は，1974（昭和49）年に保健所配属になったのであるが，支所であったせいもあろうが時代の流れの結果として保健所事業としての児童業務にはかかわらなかった。

　1983（昭和58）年は認知症高齢者へのかかわりを精神衛生相談員が担当することになった年でもあった。「老人のボランティアはどかどか来た。精神はほとんど来ないのに」という言葉は印象に残る。認知症高齢者のほうが，いわゆ

211

る世間には受け入れられていた。この認知症高齢者に対してはBさんやFさんの先駆的な取り組みが行われた。

宇都宮病院事件が起こったのは1984（昭和59）年であった。

④　発展期：1985（昭和60）年頃から約10年間

1987（昭和62）年に精神保健法が制定された。

この時期は相談員の立場はある程度安定していた。保健師，栄養士との協働もうまく機能していた。しかしながら，視覚化できない専門性をもつSWという専門職のもつ宿命であろうか，「ありとあらゆる人が（相談室に，相談員の対象者として）来た」「何でも押しつけられるところがあった」という傾向は依然として続いていた。

定着期の後半頃から活動をみせていた作業所づくりが，この頃の業務の中心的なものとなる。大阪府は1988（昭和63）年に作業所の補助金制度をつくったが，相談員たちはそれまでは予算の裏づけのない状態で作業所をつくってきていた。必要なものは作り出すしかほかに打つ手はなかったのである。Dさんが遭遇（まさに遭遇なのであるが）した作業所づくりのケースは，「作業所ができているのにお金の出所がない」という大変なケースであった。既述のようにDさんたちは，ロータリークラブや，ライオンズクラブやいろんな人からものを貰い歩いてよくバザーをして急場をしのいだという。1年間で何とか市役所に予算つけてもらってやっと危機を脱したという経験をしている。

「U（保健所）は，けっこうもう地域が整っていた（市民の会ができてたり，ボランティアグループがあったり）」「ボランティアがやってた喫茶店もあった」という語りにみられるように，地域によっては社会資源の整った地域もできてきていた。

定着期に引き続いて相談員と地域関係機関との関係は概して良好であった。個人差，地域差はあるが「生保のワーカーはよく（保健所に）来た。ケースいっぱい連れて」というように，全般的に協調の風が心地よく吹いていた時代であった。

⑤　拡充期：1995（平成7）年頃から1999（平成11）年頃まで

1995（平成7）年に精神保健福祉法ができた。業務がトップダウンで下りて

第5章　大阪府保健所における地域PSWの推進要因

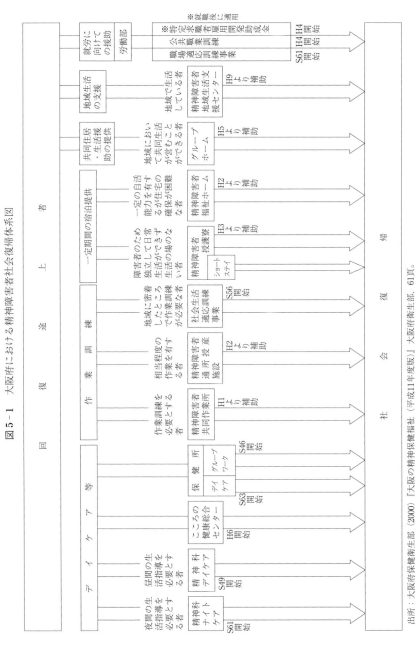

図5-1　大阪府における精神障害者社会復帰体系図

出所：大阪府保健衛生部（2000）『大阪の精神保健福祉（平成11年度版）』大阪府衛生部、61頁。

きた。

⑥　変容期：2000（平成12）年頃から現在まで

2004（平成16）年に保健所にチーム制ができた。チームは精神保健福祉担当として資格のある保健師たちとPSWで構成された。相談員会は消滅し相談員会が獲得した研修制度も消滅した（研修は存在している）。しかし，この間，個別には作業所や就労支援事業所をつくり，あるいは，本庁で「退院促進事業」や「ピアヘルパー制度」（殿村・野田 2004：43-51）を企画し，国の事業として発展，普及させた相談員もいた。

大阪府の精神保健福祉の業務の理解のために図5-1に社会復帰の流れを示した。発展期，拡充期にかけても多くの社会復帰のための社会資源が誕生している。相談員たちの業務と関係の深い資源であった。

4　業務観・PSW観とそれを育んだ業務環境——RQ4

業務観・PSW観とそれをはぐくんだ業務環境については次のようなことが明確化してきた。表5-4にあるように，大カテゴリーは①業務環境，②業務観・専門職観・PSW観，③精神障害者および医療，④業務で大切なことである。今まで述べたことと重複する部分もあるが，ここでは業務について調査対象者が述べたことを分析・考察して全体からまとめてみた。

①業務環境については，カテゴリーが「悲惨・孤独・孤立・無力」「社会資源のなさ」「自由・放任・好き勝手」「相談員会」「苦労したがよい時代」「嘱託医」「保健所」「大阪府」に分けられた。②業務観・専門職観・PSW観については，「専門職の成長とアイデンティティ」「研修」「自由と主体性」「仲間の存在」「福祉の専門性」「行政のPSW」といったカテゴリーに分けられた。③精神障害者および医療については，「精神障害者の状況」「病気を知って対応」「リジリアンス」「人間同士」「病院」となった。④業務で大切なことについては「基盤」「すぐに対応」「基本的な考え」「グループワークの効用」「ボランティアの効用」といったカテゴリーに分かれた。

次に，それぞれについて述べていく。

第5章　大阪府保健所における地域PSWの推進要因

表5-4　カテゴリー表　RQ4　業務観・PSW観とそれをはぐくんだ業務環境

大カテゴリー	カテゴリー	サブカテゴリー
①業務環境	悲惨・孤独・孤立・無力	モデルのなさのしんどさ／孤独／組織人じゃない（孤立）／無力
	社会資源のなさ	なさすぎる／精神のリカバリー的なものに対しては，きわめて選択肢が少ない
	自由・放任・好き勝手	好き勝手か放任か
	相談員会	いろんな場であった／組織は残して自主運営するべきだった
	苦労したがよい時代	自分と制度が並行して成長／○₇先生の存在は大きい／大阪発が逆転された
	嘱託医	嘱託医の良さ
	保健所	保健所はよい所／精神障害者の生活について一番よく知っていた
	大阪府	大阪府は恵まれていた／医者がよい働きをした／進取の風土／大阪人気質／地域性
②業務観・専門職観・PSW観	専門職の成長とアイデンティティ	研修期間は必要／専門職の成長と基盤／アイデンティ／仕事は楽しく／人的資源／ずーと一緒
	研修	学びたい気持ち／相談員研修の功／技術的教育は必要
	自由と主体性	自由に試させることは必要
	仲間の存在	ささえあい／気づき
	福祉の専門性	安住しない／福祉はしんどさにかかわること／生保も精神もSWの基盤は同じ／民間のPSW／ソーシャルワーカーとは
	行政のPSW	行政としての相談員／まとめ役は必要／行政は中心になりうる／視野を広く
③精神障害者および医療	精神障害者の状況	精神障害者／障害理解の方策／長期入院の弊害／地域レベルで支えていく体制が必要
	病気を知って対応	病気を知ることは大切／研修に取り入れようとした／病気をどう支えるかを抜きで，就労支援
	リジリアンス	必要とされている
	人間同士	人間理解／癒された／メンバーの主体性
	病院	強くなると地域資源が育ちにくい
④業務で大切なこと	基盤	手順／協働者
	すぐに対応	すぐに対応／電話相談について
	基本的な考え	人間らしく生きてもらいたい
	グループワークの効用	卑屈にならなくてよい／個別では聞けないことも聞くことができる
	ボランティアの効用	健康な部分を伸ばす／フォローは気をつけた

① 業務環境

・「悲惨・孤独・孤立・無力」

　悲惨については，「もう泥沼這い上がったみたいな，な。あの，まあその精神衛生相談員になったときっていうのはね，こらもうみんな同じように悲惨でしたね」「昭和41年。モデルがないっていうのがしんどいわ」という語りがある。「何でも押し付けられる」ことに関しては前項でも述べているが，「うえーって来たはる。アル中が来たと思ったらみんな２階にあがってる」という状態であった。無力は，次の「社会資源のなさ」に直面するとき，いやがうえにも感じさせられたことであった。

・「社会資源のなさ」

　社会資源のなさについては多くの人が語っていた。「（社会資源は）昔は生活保護しかなかった」「（退院してきても）バックに使える何もない，本人たちは家でいるか，病院にいるかしか（居場所が）ない」「社会資源のなさ，問題をいかんともしがたいとき」等々のしんどさ，むなしさはよく語られていた。

・「自由・放任・好き勝手」

　「衛生部のワーカーがしんどかったのは組織人じゃなかったから」「保健所の中で業務に位置づけが全然なかった」「（相談員会は）いきなり担当者が課長会しているようなもの」「保健所の中での上司と調整をしないで，いきなり本課と調整をするから，それは異質な状況やでって言われたことはあります」という語りにみられるように，組織人でなかったしんどさがあった。

　しかし，組織人でなかったことは「そりゃ好き勝手よ」「予算もいっぱい勝手に取りにいったり，いろんなことをした」「福祉（部）から来た人がびっくりしていた」「一職種が，予防課長飛び越えてなんも言わんと，勝手にするのは考えられないと」という自由さを生み出し，伸び伸びと仕事をする独創性を保証することにもつながった。

　後述するように，「昇進・昇格」という面では「自由・放任・好き勝手」で，組織人でなかったということは不利益をもたらすことになった。「福祉部は中心になって本庁までいける人を育てている。最後までいてる人，理事になる人もいる」という語りがあった。そして，「衛生部のワーカーは政策にかかわる

ことができていない。作業所の助成制度つくるときに○₂さんがいてはったくらいかな」「ワーカーが政策にかかわったのは退院促進事業ぐらいなもの」という語りにみられるように、ソーシャルワーカーであるのに、大阪府庁の政策に関与できるポストになかなか就くことができなかったという不利益もあった。

しかし、「幸せなワーカー時代だった」「何もないときから作り出していくことに関与できたことは、ワーカーとしてはとても苦労したんだけれども、でも幸せな時代。自分が育ってくるのと、制度がいくつかでき上がってくるのとか並行して一緒に歩めた」という、「自由・放任・好き勝手」が生み出した「幸せ」についての語りも多くあった。

何度もいうように、組織の中に組み入れられていないことは、昇進・昇格などの問題で不利益も生み出していたが、○₇医師をはじめ、優れた嘱託医の教えとサポートを受けることができたことは、専門職としての力量を高めるという面では補われて余りあったといえる。特に、前述のEさんの語りにもあったように、府庁主管課の○₇医師は、相談員の2人目から補助金はつかないにもかかわらず、1974（昭和49）年に相談員を6カ所であるが、府が増員するという決断をくだすことに尽力した。これは、その後の相談員業務の発展には大いに寄与することとなった。

・「相談員会」

「相談員は48年くらいから、全体の集まりをもっていったように思う」。既述のように「個々人に本庁から仕事の依頼があるのはそのときそのときで終わるから、個々人でではなく、会として受けたいということで○₂さんが始めた」。「（精神衛生）実態調査に皆で反対して文書をあげている」「（昭和）48年くらい（のことであった）」という語りにあるように、相談員会は運動体的な側面ももち、様々な面で相談業務を支えてきた職能集団であった。なお、昭和38年に最初の精神衛生実態調査があった。昭和48年の実態調査は、大阪府は実施しなかった。

「相談員会の果たした役割は大きかった」「（相談員会の果たした役割は）専門性を高めるか、専門性をきっちり確認してきたってことあるんちゃう。自分らの仕事の基盤どこやと。何を目指すんやということ。次は、どういうんかな、

あの，仕事を長く続けるための支えっていうのかな，になったんちゃうんかな」「事例検討会とかごちゃごちゃしゃべるのがよかった」「相談員会で，お互いに慰めあったんやね。（それで）やってきた」「仲間ってすごい」「仲間に関しては，支え合いと気づきの効用がある。相談員会は，相談員たちが業務していくうえで，母艦のような働きをした会であった」「情報交換，自己研鑽」「（あの頃は）一番，花が咲いている相談員会だった」「上り坂の」「（相談員会は）いろんな場であった」「合宿もした」。このように研修・研究的側面はもちろんのこと，交流を楽しみ，精神的な支えとなった側面ももっていた。相談員会は1970（昭和45）年に結成され2000年に解散した。

　なお，相談員会が解散したのは，精神保健福祉業務がチーム制になる以前であったが，徐々に相談員会は従来のようには動けなくなっていた。「（代表が出るよりもみんなそれぞれのもってることを直に聞きあうっていうのが相談員会の意味のあったところであるが）相談員会が連絡会に変わっていった。それなら全員でなくてよいと」「保健所相談員は，リーダー会議はあっても相談員会がなくなり，同職種が同じ場面で情報を共有することはできなくなっていた」「行政では，管理職が非難の対象となる。1カ所1カ所の所長のもつ責任の大きさの中で相談員も勝手な動きするなというふうに言われて，それで1人来れなくなる，2人来れなくなるというのは聞いた」「相談員会という組織は残して，自主的に運営するべきであった」。

　この頃，本庁主管課の○₇医師は定年退職しており，相談員の動きに責任をもって対応できる人が本庁や相談員の周囲にはいなかったことも，密かな理由として考えられるかもしれない。

・「苦労したがよい時代」

　「自分と制度が並行して成長できた」「○₇先生の存在は大きい」「大阪は逆転された」という語りがあった。

・「嘱託医」

　「嘱託医と同行訪問」「dd（保健所支所）では嘱託に恵まれた」「いろいろ教えてもらった」「（嘱託医が本務をしている地元の精神科）病院に私はよく行った」「○₁₈先生を助言者に月1回，保健婦さんの精神のケースの事例検討会（が

あった）」「嘱託医がアルコール症専門で。（市の）福祉（事務所）に頼まれて（アルコール専門の嘱託医の）○₂₀先生も訪問に行った」「市役所（のケースワーカー）は嘱託医貸してとよく来ていた」「嘱託医週2回はよかった」という言葉にみられるように，嘱託医との2人3脚ともいえる活動の仕方も，保健所相談員たちを大いに支えることとなった。

・「保健所」

「今までの保健所はやっぱり，まあ，保健所だからこそできたこともいっぱいあったんやろうと思いますけどね」「保健所のよさは自分で仕事が組めたこと」であるという。保健師と相談員の業務の特徴は「保健師は歴史があるから引き継ぐことが中心。ワーカーはないから，自分らでつくらなあかん時代だった」と語られている。

公衆衛生領域ではあったが専門職集団であった保健所という職場に，精神衛生相談員が籍を置いたことは，「孤独，孤立，無視，放任」という不利益があっても，自由に仕事できる専門性を保証されるにはよい場所であった。「放射線技師さんも，運転手さんも，衛生課長も，お料理や，山登りや，卓球や将棋をしてくれていた」という自由さがあった。

・「大阪府」

相談員たちが育った土壌である大阪府は「大阪府は昔から国に先駆けてやってきた」「大阪では補助金制度ができる以前に，すでに23カ所作業所があった」という進取の風土をもっていた。これらは後に，現在の国の精神保健行政に影響を与えることとなった「退院促進事業も大阪府がやりだした」「そうです。今のセンターつくるときだって，ストレスの問題入れたり，デイケア入れたり意識したんは大阪府がはじめてやからね」という流れの中にあった。こうして大阪府は「国がするとかせえへんとか関係なく自分らがやろうと思うことをやるということなんちゃうかな，そういう伝統がある」「よその府県で押さえられていたかもしれないことを受け入れていった所」であった。

② 業務観・専門職観・PSW観

業務観・専門職観・PSW観は，「専門職の成長とアイデンティティ」「研修」「自由と主体性」「仲間の存在」「福祉の専門性」「行政のPSW」という大カテ

ゴリーに分けられた。

・「専門職の成長とアイデンティティ」

　専門職が育つことに関しての研修のよさ，必要性は何度も語られている。そして，研修と同時に専門職が育つのは，当事者を相手にすることであると語られている。「当事者は教科書。そこを見てたらいろんなことを勉強できる。今でもそう思ってるけど。逆にそっからしかないと思ってる」「当事者を相手にすることで専門職は育つ。行政は人を相手にしなくなったから，人が育つための財源をなくした。だから育たないと僕は思ってるけど」「ワーカーをしながら成長していく」「一番大きいのは，（自分の専門性は）相手（ケースの人）から学んだんちゃう。それが一番大きいと思う」。

・「研修」

　「研修期間は必要」「K研で何年かいて，実習したり，調査したりして，それは予備的な訓練になってたので，現場でそれほどたじろがずに，こんなことやってみようとか，こんなこと意味があるんじゃないかなと（かが，わかった）」。この語り以外にも，多くの相談員が研修のよさ，必要性について述べていることは既述してきた。重複を避けてここでは省略する。

・「自由と主体性」

　「自由と主体性」に関しても，すべての人が自由であったことをプラス評価していた。「自由」はまじめな人たちにとっては「主体性」につながる。

　前述の「自由・放任・好き勝手」は「主体性と責任」とを生み出していた。「新しいことをつくっていくのはソーシャルワーカーがもっている宿命のようなもの」「だからそれができなくなって，しばらくしなくなってるから，できなくなってきてるよね」「今，国がつくっているメニューを超える発想ができないから面白くないのだと思う。面白くすればいい」「○₂さんや僕らの時代は，行政は枠がなくて何をしてくれとも言わなかった，何もなかったから何をしてもいい時代だった」「管理監督業務を行政は相談員に基本的には期待していると思う。そんな中で独創性とか，先進性は別に要求されない」ので，「しなくなればしなくなったまま過ぎていく」ことになるという。まったくそのとおりである。特に現在のように，トップダウンの形態が整っている状況では，

それをこなすだけで，仕事をした気になるか，あるいはそれをこなすだけで精一杯ということになるだろう。専門職が自由に，主体的に動けなければ，専門職としての意味はないといっても過言ではない。勤務時間外の持ち出しになるかもしれないが，国のメニューを超える発想で自分たちらしい仕事を創造していこうとする努力と意気込みが必要であろう。精神保健福祉士から PSW への新しい回帰が必要であろう。

・「仲間の存在」

「仲間の存在」についても，その重要性が語られていた。

「成長させたものは仲間」「仲間に関しては，支え合いと気づきの効用がある。相談員会は，相談員たちが業務をしていくうえで，母艦のような働きをした会であった」「情報交換，自己研鑽」「（相談員会は）いろんな場であった」「合宿もした」「相談員会で，お互いに慰めあったんやね。（それで）やってきた」と前述した相談員会への言及もあった。なお，佐々木敏明（2010：25）も「成長のためには，教科書にはない生きたモデルとの出会いが必要であり，形はともかく，先輩も含めて仲間との語らいと学びあいが大切になります」と述べている。

・「福祉の専門性」

福祉の専門性については，「そこ（仕事したり，生活したりしていくうえでのしんどさ，障害）にかかわるっていうのが福祉やというふうな話をみんなでしたと思う」ということが多くの相談員たちのコンセンサスであった。

次のカテゴリーとも関係するので，ここで，PSW の専門性について述べると，PSW の専門性については，「専門領域の知識とか技術はいるけれど，P を特別扱いすることはあまりない」という語りもあった。筆者も，P は SW を基本にしており，SW の一つとしての PSW という立場に立っている。社会福祉を学問的基盤にしているので，不足している社会資源や制度をつくったりすることは，他領域のソーシャルワーカーと共有している。ただし，対象となる精神障害をもつ人は，自我障害によりコミュニケーションや物事の認識がうまくいかず，多くの場合，犯罪者のように拘束され，絶望観と自己価値の低下と，理解されない差別と偏見に長い間苦しめられてきた人たちである。その苦しみ

を受け止め，彼らの生活を支える手段を見出し，出番と居場所をつくることは PSW の大きな仕事の一つである。そして，そのために彼らのもつ苦しみの根源である病を理解する必要がある。ゆえに PSW には特に，コミュニケーションや対人関係のまずさを補い，受け止める繊細な感受性と訓練が必要である。時には彼らの置かれた状況に対して代弁をする強い人権意識も必要である。そして，田中の言葉を借りるならば，PSW はリハビリテーション分野で必要な技術をもっている（田中英樹 2001：88-89）。

・「行政の PSW」

　行政の PSW については，「いろいろ試してみるのが行政やろうということでいろんな業務を展開してきた」。また，行政にいるときには「行政にいるから（まとめ役が）できている」と意識していなかったが，後になって，「行政にいたから（まとめ役が）できた」と気がついたという語りや，「民間へきて思ったが，やはりまとめ役が地域で絶対要る。そして，コミュニティの全体枠を考える役割はやっぱり行政やね」という語りがある。

　現在のように市町村に精神障害者の社会復帰業務が委ねられ，その多くが障害者として 3 障害一緒に，民間に委託されていることが多い状況（例えば，橋詰正〔2014：3〕たちの全国の「基幹相談支援センターの実態と在り方に関する調査」によれば，基幹相談支援センターは，回収できた109カ所〔回収率55.6％〕のうち，行政直営は20.8％であり，74.2％が法人への委託であった。しかし，草の根的にボトムアップで形成されたのではない状況――設置経緯は圧倒的に行政主導〔72.3％〕という中途半端さであった）で，誰が地域の全体枠を考えて PSW 業務に関してまとめる役割を果たすのであろうか？　基幹相談支援センターの PSW たちであろうか？　サービス調整会議への出席が76.7％，利用計画の作成に関する業務が61.7％もあるというデスクワークの多い PSW たちが，どのようにして全体業務をリードすることができるのだろうか？　このことについては後に言及することとする。ちなみに，橋詰たちの調査結果では「地域における中核的な役割が出来ている」が9.7％であった（橋詰 2014：7）。

③　精神障害者および医療

・「精神障害者の状況」

第5章 大阪府保健所における地域 PSW の推進要因

「精神障害者」に関しては，「精神障害者の病気の部分と障害の部分が社会資源がないためにうまくいっていない」「できるんだけれど経験する場がないために，精神障害者の問題と思われてるようなことがあるのではないかと（思う）」「病気の問題じゃない。生活を支えるいろんなことができてくると病気の問題，障害の問題でないことが解決していく」等の語りがある。「長期入院で社会性とか生活能力が殺がれていくのを目のあたりにした」という語りもあった。そして，きわめてはじめの頃（開拓期前期）の頃のことであるが，「鍵かけられてるような状況で家の中で過ごしている人とか，いろんな状況見て，精神障害者の問題はともかく大きいんだ，地域レベルで支えていくという体制がほんとにつくられないといけないんだということ，それで，保健所に精神衛生相談員が置かれる意味みたいなことはわかりつつあった」という J さんの語りがあった。J さんは，この開拓期前期のごくはじめの頃にすでに，地域レベルでのサポートの必要性，保健所の相談員のやらねばならないことを理解しつつあった。

これらの語りにあるように精神障害者は，社会資源のなさと，疎外によって，人間らしさを奪われている状況にあった。

・「病気を知って対応」

前述したことと同様に PSW は病気を知って対応することが大切だという語りもあった。「普段と，増悪したときの精神障害の違いをきっちり知ることは大切。（精神障害者は）優しいばかりではないと」。筆者も同感である。F さんは，相談員が精神疾患を知るために「3年間，保健所の相談員を育てる機構をつくってくれないかと。そしてね，現場へ出してもらえないかって」K 病院に掛け合ったことがあったが，「人をくれと言われた」ことで成功しなかった。

「（大阪府をやめた後，かかわっていた作業所の）作業所職員を5万円で，何カ月か開業医の精神科の医師の診察につけてもらって，病気を教えてもらった」というように，F さんは，若い PSW に病気を知る機会を提供している。これは病気そのものを知るということもあるが，病気があることによって精神障害者がかかえるしんどさを知ることの大切さを，F さんがよく知っていることを示しているのではないかと思う。H さんもまた「○○[8]先生の講義で習ったが，

223

同じ不眠でも，健康な人の不眠はどこかで疲れて寝てしまうけれど，病気の人はそうでないというのを知った」「森永ヒ素の調査で，病気と生活の障害とは違うんだっていうのを学んだ」「病気としては重くなくても仕事に行くうえでは凄い障害になることがわかった」というように，病気だけでなく，病者としてのしんどさ，苦しさを理解することの重要性を述べている。

　また，向谷地生良（2006：5）は「精神障害をかかえながら生きるということは，『暮らす』というあたりまえの現実に対して，人の何倍ものエネルギーを費やし，負荷を抱えて生きることを意味する」と述べている。

　こうした語りを知ると，昨今のように3障害一緒に対応されていて大丈夫だろうかという懸念も生じてくる。

・「リジリアンス」

　精神障害者とのかかわりの中で，保健所相談員たちは人間について多くのことを学んでいる。「あなたの力が必要とされてるってなればみんな力を出すんだっていうのが私の実感」ということは，精神障害者だけではなく人間全般にあてはまることであろう。

・「人間同士」

　対象者に「癒された」体験も多くの相談員がもっている。前にも述べたが，Bさんは脳出血で入院した対象者を見舞いに行ったら「『入院したらあかんで。若い人でも，倒れたり，何やかんや入ってくるで』って言われて，『はい』って。あれからもう何年たちましたかね。『無理したらあかんで』って言ってくれて」となつかしむ。Dさんは「（ある時）仕事が忙しいときはね，うちに訪問に来たらな，ここで寝てたらええんやでって（言った）。またなんか『来てちょうだい！』って（対象者のその人が）言うからなんかと思って行ったら，ばーっと布団持ってきて『さあ，寝』って言われて」という。Dさんはこの経験によって（些細なことでもいろいろと呼び出されるので）かなわないと思っていた人への自分の受け止め方の変化に気づき，人間の関係性は変わると思ったという。また「精神障害者の方を知ることによって人間理解が進み，そして危機のときの自分の（心の）逃げ方だとかがわかった」という理解の仕方をした人もあった。一種の自己確知である。これはまた対人支援のときに役立つ実

践知となる。

・「病院」

　病院が強くなる，すなわち地域の社会復帰資源までも抱え込むことになると地域で社会資源が育ちにくくなるという指摘もあった。こうした危惧は現在類似したものとして「病棟転換型居住系施設問題[4]」として取り上げられている（機関紙やどかり2014：8）。一つの病院の枠の中を行ったり来たりすることにならなければよいのだがという懸念がある。

　④　業務で大切なこと

・「基盤」

　実践の手順は「切り口を考える，（これまでやってきたこととの）共通点をつかみ下敷きにする，経験を重ねる，評価する」ということが基本的な手順であるとBさんはいう。実践の「手順」には，すべて日頃の「鍛錬と経験」が影響して，その「手順」が見通しをもって自覚され，実践の「基盤」を強固にするということは筆者も経験的に学んできた。また「基盤」のサブカテゴリーである「協働者の存在」は，生活という多種多様な側面に挑戦する社会福祉実践には不可欠であろう。

・「すぐに対応」

　ベテランのある相談員が心がけたことは「すぐに対応」することであった。保健所は「地域と向き合う」所だから「すぐ（目の前に）ケースがある」。「保健所のときは，いろいろな所によく出かけていった。自転車乗れないがフットワークは良かった」「出向くと相手は拒否しない」。そして，電話相談について次のような語りもあった。「ちょっと待ってて，すぐ行くからと。こういう対処にならないということがいらつく。（すぐ動くという体制がない場合は）あの電話相談ほど無駄なものはないと今でも思ってますねえ」。

　電話相談は情報提供だけでも利用者にとってはニーズにかなうケースとか，心理的な対応中心のカウンセリングで済むケースとかには有効であると思われる。しかし，社会福祉や精神保健福祉の問題は具体的な動きをすぐ必要とする場合も多いので，電話より対面のほうが問題把握や対応行動には有利である。社会福祉の領域に関しては，電話相談がすぐ行動に結びつく機動性のあるシス

テムと結びついていることが望ましいと思われる。

・「基本的な考え」

　すべての人にわたっていえたことは「人間らしく生きてもらいたい」という思いであった。「自己決定の尊重」「思いは大切に」「人権，自尊感情を守る」「対象者と一緒に考えていくというスタンスを絶えず自分に意識化した」「謙虚で，かかわりを大切にしたい」「メンバーさんとは支え支えられ，おたがいに勉強することもある」「PSW が専門職として機能するにはスキルよりも人間性。嫌なことへの感情を出したらプロではない」「度量を拡げていく」「人間性にスキルがついてくる」「スキルで人とかかわりをもとうと思うことはよくない」という語りがあった。また，（精神障害者が）自らできることとして「自分の体験をみながどれくらい伝えるかによって，わかっていただけるものが増えるやろうと。それ以外には方法はないよっていう。自分ができることとしたら」という語りもあった。この人は，精神障害者が声をあげて自らの体験を他の人に語ることを大切なこととして対象者に伝えていた。

・「グループワークの効用」

　「グループワークの効用」や「ボランティアの効用」についてもよく語られている。ある相談員は「1 対 1 では言わないこともグループでは言う。グループではえっというほど学んだことがあった」ことや，「（料理グループで，相談員が）〇〇さんて公務員をしてて，健康やからなんでもできると，オールマイティやと思ってたのに，でけへんねんなあって言われて」「病気，障害もってる人は健康な人をどんなふうに見てるんかっていうのがあのときわかった」と述べている。グループ活動によって，スタッフも対象者の新しい面をみることができるが，対象者もスタッフの新しい面をみることができて相互理解が進む。このことは，支援関係をより確かなものにするであろう。

・「ボランティアの効用」

　「ボランティアの効用」について，ある相談員は，精神障害者の「健康な部分を伸ばす」ということと，「フォローは気をつけた」と語った。「運転手さんがグループの人と卓球して，コテンパにやっつけた」「グループの人は面白かったといった」のを知って，「相談員は負けさせてはいけないと意識してしま

う」のでいけないと思った。それがボランティアを導入することにつながった。「ボランティアさんは対等に接するから，メンバーの健康な部分が育つように思った」「健康な人もオールマイティではないと知って卑屈にならなくてよいとも思った」という。ボランティアさんには，対象者への個別対応はしてもらわないようにしフォローには気をつけた。「ボランティアさんへの教育はちょっと必要。フォローはかなり必要」「なぜっていうことに，きちっと答えてあげないと不安はいっぱいやわね」「ボランティアさんのフォローはかなりした」「やっぱりすごくしんどくて悩んだりしてはることをフォローをしてあげないと」という。

5　影響を受けた人やこと，強く印象に残っていること等——RQ5

　本調査の語りそのものが，影響を受けたこと，印象に残っていることで構成されているであろうが，本節では，特に影響を受けた人やこと，強く印象に残っていること等についての語りを表5-5にまとめた。
　大カテゴリーは，①影響を受けた人やこと，②強く印象に残っていること，③その他，である。
　①　影響を受けた人やこと
・「影響を受けた人」
　「多くの人が影響を受けた人」は，○2さん，○4さん，○7さん，○22さん，そして，嘱託医がいる。そのほか，個々人に強烈な影響を与えた人も数多くいるが，ここでは共通して名前が多く出た人に限定して，影響を受けた人数の大きい順からその概要を述べる。
　インタビュー調査で，相談員たちに一番影響を与えたと思われる○7さんは，地域精神保健医療福祉実践を大阪府において，今から40年も前に構想し，その要員としての保健所PSWを評価し育て実践をサポートした人であった。○7さんは，優秀な精神科医であると同時に卓見をもつ行政マンであった。保健所相談員育ての親ともいうべき人である。「○7先生は偉大」「（2人目の相談員配置は）行政の持ち出しになる。財政の豊かだけではない行政判断の的確さ。

表5-5　カテゴリー表　RQ5　影響を受けた人やこと・強く印象に残っていること等

大カテゴリー	カテゴリー	サブカテゴリー
①影響を受けた人やこと	影響を受けた人	○₇先生／嘱託医／その他の人
	影響を受けたこと	情緒障害児／森永ヒ素ミルクのまとめ作業／相談員のケースカンファレンスなど相談員会の研修／自主的な研修／国，大阪府の研修
②強く印象に残っていること	事例を通して	引きこもりからの回復／使い倒された／生きているだけの子が保育所へ／人は関係性で変わる
	さまざまな経験	仲裁／素晴らしい家族／危ない経験／ショックな経験
	民生部と衛生部	民生部と衛生部のワーカーの仕事の仕方の違い
③その他	Y問題（Y事件）	疑問に思うこと
	昇進	ラインに乗っていない／ライバルにならない／情報格差
	業務と自分	好きなことができた／自分で作らなあかん時代／作らなあかんのは面白かった／専門職として仕事をした／保健所が職場でよかった／ボトムアップのよい時代だった／府も専門職の活動を認めていた

○₇さんの功績」「大阪府は医者がいい働きをした。○₇先生のような」「○₇先生が（研究会に）入ってて空気がふわーとした」「昭和46年以降は，○₇先生が本庁の予防課長になって安心感があった」「○₇先生が係長でいて，ボトムアップしてくれた」「協議会や複数配置のとき，○₇先生の存在は大きい」「○₇先生の影響は大きかった。相談員会も自由に運営させてくれた」「大阪府の風土はわからんが，○₇先生のいた意味は大きい」「方向性が良かった」「○₇先生ほどスケールの大きい人はめったにいないやろ」といった賞賛の言葉が続く。

　○₇さんは1992（平成4）年発行の『こころ・大阪・25年──大阪府保健所精神保健業務25周年記念誌』（大阪府精神保健相談員会 1992：84）の中で，ソーシャルワークの本質を言い当て，コミュニティソーシャルワーカーとしての次の方向性を示している。少し長くなるが，該当部分を紹介しよう。

　　ソーシャルワーカーは都市化された社会の中で，その社会の複雑さのため戸惑い，迷い，苦しんでいる「生活者」の援助をするための職種だと思

います。その対象は精神障害者にとどまらず，難病や母子保健，老人や思春期の若者など，保健所の関わるあらゆる「生活者」でありましょう。精神保健相談員はたまたまもっとも複雑で困難な精神保健分野を担当し，25年間の間に多くの実績を積んできました。この知識と識見とノウ・ハウを，地域に住む他の多くの「生活者」に提供することを考える時に来ているのではないかと考えます。コミュニティの相談員になることを考える時期が来たと思います。

　○₇さんは，この頃には相談員たちの次の方向性として，他の保健の領域においても生活を支える専門職として，保健領域のコミュニティソーシャルワーカーを構想していたと思われる。まさに保健と福祉の連携である。戦後間もなく保健所に設置された医療社会事業係が，知識と経験を蓄積した形の復活を構想していたようであった。「限りなくP（SW）に近いM（SW）になれ」が○₇さんの口癖であった。しかし○₇さんの定年退職により，○₇さんの意図していた次の段階の，保健領域のコミュニティソーシャルワーカーが保健所で育つことはなかった。

　後日談となるが，精神保健医療領域そのものにおいても，その活動の中で蓄積されたPSWとしてのノウハウの多くは市町村への社会復帰業務の委譲とともに，（社会復帰業務に関してはもちろん引き継ぎ業務はあったし，丁寧な社会復帰業務についての説明のある冊子の発行もあった。そして保健所相談員とともに活動した一部の作業所指導員へはそのノウハウは受け継がれているが）胡散霧消してしまったのである。つまり，○₇さんの企図した保健所PSWのSWの部分のMSWへの展開も，社会復帰を主とするPの部分の業務のノウハウも，ほとんど受け継がれることなく消滅してしまったのである。現在，精神障害領域に限定しない形のPSWが，障害者地域活動支援センター，障害者相談支援事業所などの地域機関には存在しているが，例外（保健所，精神科病院PSW経験者がかかわる所など）を除き，改正精神衛生法時代の相談員とこの人たちとの間に当然断絶がある。このあたりの問題については，第7章でもう少し詳しく述べることにする。

次に，○₄（＝F）さんであるが，終始一貫してこの人の仕事人生を貫いているのは，弱者へのいたわりと正義である。本人が言っているように，評価は2つに分かれている。「支配的だ」という批判と「それなりのことはしている」という評価である。○₄さんは，保健所におけるPSWの役割を求めて方々に学び，一方で障害児の歯科治療のための診療センターを，すでに1978（昭和53）年にソーシャルアクションによって創設という成果をあげていた。そして，改正精神衛生法により保健所に置かれた大阪府の福祉職の精神衛生相談員たちに，自己研修と制度的研修の場を用意し，その人たちが専門職として育つことに寄与した。「Fさんの仕事の仕方にあこがれた」「Fさんの存在は大きい」等々，この人の影響力を示す語りは多い。この人の存在を抜きに大阪府保健所のPSWの歴史は語れない。

　○₂さんもまた，大阪府の保健所相談員活動をけん引していったリーダーの一人であった。すでに故人であるのが残念である。○₂さんは，特に作業所や施設づくりに手腕を発揮した。「○₂さんの地域展開はすごかった。特にG（保健所）での」「S（保健所）にいたとき，○₂さんが障害児運動にかかわっていて，うちでもと思って」という語りにみられるように，他の相談員のお手本になっている。

　既述のように「（療育園を）つくろうということになって，議員動かし地域動かし，陳情，請求をして議会を動かす」「1億2千万（円）かけて見事につくった」「エンパワーメントなんですよね。変わるための2つの力に火付けする」「細やかさで支えられている」「できた建物の発展のために人を探してきた」「設計図の書き方は天才的」という語りにあるように，この人もまた，ソーシャルアクションにより，1973（昭和48）年に障害児のための療育園をつくっている。

　○₂さんについてもう一つ，ここで述べておきたいのは，○₂さんのプロフェショナルとしての信念である。「相談員をずっと続けてきたもとといえば，障害者のもっている可能性というもの，世間で思われているのとは違う，もっとちゃんとした可能性を信じてきた。―中略―精神障害者くらい今の社会の中で偏見，差別，無理解の中でみられている人たちはいない。それをもう少しど

ういうふうな形で認めさせていくか，それが活動だったなと思うんです」とい
う本人の言葉に表れている。この信念でもって，○₂さんは療育園をつくり，
作業所をつくり……と，次々にモデル的事業を展開してきたのである（大阪府
精神保健相談員会 1992：62）。

　開拓期に，特に熱心にアルコール依存症についてその活動をしていた○₁₃さ
んも相談員活動に影響を与えた人であった。「○₁₃さんも公衆衛生領域にまと
めて報告してはる。公衆衛生領域にワーカーが置かれた意味をなんか出してい
る」と，研究発表などにも熱心であった。後，K相談所にいた○₂₈さんも精神
障害者の就労支援に熱心であった。

　1975（昭和50）年に，K相談所に集められたのは当時の相談員たちのリーダ
ーたちであった。この４人のリーダーたちを中心に大阪府保健所相談員は，グ
ループワークを定着させ，アルコール依存症の援助システムを確立し，職親を
開拓しそれを発展させつつミニ授産所として制度化（大阪府精神保健相談員会
1992：3）していくという業務の方向性を見出したといえるであろう。この人
たちは大阪府保健所相談員，作業所指導員に大きな影響を与えた人たちであっ
た。

　保健所相談員でも精神科医でもなかったが，○₂₂さんの影響もまた見過ごす
ことはできない。特に森永ヒ素ミルク事件の予後調査のまとめにおいては，研
究者，教育者の立場から惜しみのない支援をしている。わざわざ年休を取って
までもこの人の研究室に教えを乞いに通った相談員もいた。この人の伝えた障
害者観，ソーシャルワーク観は後に素晴らしい活動をみせる相談員たちの成長
に貢献した。「治療するために生きていくわけじゃないよねって○₂₂先生がお
っしゃった」等一部の相談員に与えた影響は大きいが，その内容についてはす
でに何度も述べているので，ここでは省略する。

　大阪府の優秀な嘱託医たちの影響も見過ごすことはできない。嘱託医に関し
ては，本書でしばしば登場してくるが，ソーシャルワークに関してのみならず，
ほとんどの保健所相談員たちは精神医学に関しては無知であった。その人たち
にマン・ツウ・マンに近い形で精神医学の知識を伝えたのは嘱託医たちであっ
た。この頃，地域に関心をもつ精神科医たちは，医師としての「志」の高い人

が多く（中には，家庭訪問には行かないという人もいたが），この人たちの果たした役割は大きい。この人たちとの協働によって，保健所相談員の質の高い業務展開がよりスムーズに行われたといえるであろう。加えて，嘱託医とも関連するが，相談員との共同研究会や相談員の任意の実習を引き受けたりした地域の質の高い精神科病院の存在も，その地域で勤務した保健所相談員の質の向上に貢献したといえる。「嘱託医の週2回はよかった[5]」と言った相談員がいたが，他府県では嘱託医は必ずしも週2回来所したわけではなかった。大阪府でこのような嘱託医の配置をしたのは，「改正精神衛生法で，精神科病院入院中心の医療を地域精神保健医療の方向に転換することを狙いとしたが，医療機能を持たない保健所を精神科病院医療とは無関係に地域精神保健医療の中心的な担い手としたのは，木に竹を接いだようなものであり，発足当時はうまく進展しなかった」（蜂矢英彦 1989：3）と全体としては総括されてしまっているが，このことをできるだけ回避しようとした主管課の方針があったものと思われる。嘱託医は投薬などはできなかったが，週に2回も嘱託医を配置したのは，できるだけ保健所に医療機能に近い機能をもたせようとしたからであろうと思われる。これに加えて表立ったことではなかったが，保健所相談員への精神医学に関する教育を企図していたのではないかと思われる。筆者も保健所在任中に嘱託医からいろいろ学ぶことは多かった。筆者はカプラン（Caplan, G.）の地域精神医学に関する著書も嘱託医から紹介され購読した。

　このほかも，保健所相談員の○25（＝E）さんや○29（＝I）さんたちが影響を与えた人として語られていた。

・「影響を受けたこと」

　「影響を受けたこと」の一つとしては，○4さんにとっては，情緒障害児との出会いがあった。この子たちとの出会いは，保健所勤務以前にすでにあった。K研究所で○4さんはこの子たちに普通の生活をさせたいという思いから，PSW業務をスタートさせた。そして，このことによって得た知見と経験を保健所相談員としての最初の業務に活用した。

　森永ヒ素ミルクの予後調査のまとめも，その担当になった相談員たちには得るところの多い研鑽の場となった。その調査の研究助言者であった○22教授の

社会福祉の思想も，この調査に参加した人たちに多大の影響を与えた。すでに多くを既述したのでここでは省略する。

　相談員会の研修は，相談員業務の質を高めるのに大いに貢献した。既述のことと重複するが「（相談員会の果たした役割は）専門性を高めるか専門性をきっちり確認してきたってことにあるんちゃう。自分らの仕事の基盤どこやと。何を目指すんやということ。次は，どういうんかな，あの，仕事を長く続けるための支えっていうのかな，になったんちゃうんかな」「（相談員の研修は）自分たちが研修計画を立てて，で，自分たちでそれを実施して，で，やったっていうことがすっごく意味があったと思う」というように，相談員会の研修は，(1)ピアカウンセリング的効果，(2)は(1)と関連するが，相互の理解と連帯感の醸成，(3)これも(1)と関連するが，独りよがりからの脱却，(4)一人では達成しがたいことを，まとまってなすことができる（例えば，森永ヒ素ミルクの予後調査など）ということで，この研修なくして，相談員たちの業務継続は困難ではなかったかと思われる。相談員会の研修以外の自主的な研修の影響も大きかった。「やろう」とした先輩たちと，それを「受けて立った」後輩たちの「やる気」のほどがうかがわれる。

　そしてまた，国や大阪府の行った研修も良い影響を及ぼした。特に，1961（昭和36）年に雇用された人たちの，はじめの頃（開拓期前期）のPSW研修は「大阪府の最初入ったときに研修期間があって，そのときに実習させてもらったことっていうのは，やっぱりその後どこで仕事するときにも，そのときのことってのはものすごく原点になってましたね」「辞めることにはなったけど，それでも大阪府で育ててもらったなと思ってるんですよ。最初3カ月の精神衛生研修会というのもね。精神科，ソーシャルワーク，いや，精神科，精神衛生研修会，講習会でしたでしょうか」といった発言にみられるように，大きな影響を及ぼした。

　②　強く印象に残っていること

・「事例を通して」

　強く印象に残っていることとして，事例そのものや場面，場面でのエピソードがある。それぞれを経験することによって，PSWとしての人間理解と方法

論を深めていったことと思われる。

　前章でエピソード，事例として語られていることと重複するが，ひきこもりの青年の例や保健所を入院する手段として使い倒した事例が強く印象に残った事例といえよう。後者は，今は移送制度があるので起こらないことだと思われるが，保健所相談員は，日曜日に仕事し鼻の骨を折り手の皮がむけるほどの怪我をしてまで，ハードな仕事に取り組んでいる。また，同じく既述したが，保健所相談員の気づきによって生きているだけだったような障害児が，保育所に通いはじめた例もある。別の保健所相談員はかなわないと思っていた対象者の人が立ちくらみをした自分（＝保健所相談員）を見て，それ以後いたわってくれた経験を通して，人間は変わるという思いをもつにいたったという貴重な経験をしている。また別の保健所相談員は，老人ホームで亡くなった対象者の人とのかかわりを，今も大切な思い出として残しているように見受けられた。

・「さまざまな経験」

　素晴らしい生き方をしている家族について「すべてを受け入れる素晴らしい奥さん」「健全なバランス」「そういう生き方ができる人がいるという強烈な印象（を受けた）」という語りがあった。また，重複するが，保健所の夜の夕食会のグループで喧嘩が起き，刃物が出たときも状態の悪そうな子が素早く抑えてくれたり，とか等は強く印象に残っていた経験である。殴られたり蹴られたりした経験もある。刃物騒ぎで怪我したこともある。

　自殺に遭遇するショックな経験もあった。「メンバーの自殺を新聞記事を見て気がついたことがあった」「遺体の確認に行った同僚の相談員が目を真っ赤に泣き腫らしていた」「ご遺族が，保健所を責めることなく作業所づくりへ最後まで協力してくださったのがつらかった」という語りがあった。また，遺体の第一発見者になったこともあった。

・「民生部と衛生部」

　民生部（現，福祉部）と衛生部（現，健康医療部）のソーシャルワーカーの業務の仕方の違いも，組織人でなかった相談員が本庁に転勤になって一種のカルチャーショックとして印象に残った事がらであったという。

　なお，民生部と衛生部のSWの違いについて付言すれば，人と予算を付け

ることを条件にして仕事をする民生部に対して，とにかく体を張って必要だと思ったことを時間オーバーもいとわず，上司を飛び越えてまでも仕事をする相談員は，上司や民生部の人からみれば組織の規律を乱す人たちであった。そして「福祉部は中心になって本庁までいける人を育てている。最後までいてる人，理事になる人もいる」「衛生部のワーカーは政策にかかわることができていない。作業所の助成制度つくるときに○$_2$さんがいてはったくらいかな」という語りにあるように，何度も繰り返しているが，相談員は組織人としては中枢部に向けてのルートをもたない，いわばはみ出しっ子であり，昇進・昇格の遅れなどがあった。

　このほか，保健所相談員たちは，本文中の他の箇所に引用されているような様々な経験をして成長している。

　③　その他

・「Y問題（Y事件）」

　第3章で述べたが，Y問題は大学受験生が，医者の診察なしに親の話だけで，そして片親の同意だけで精神科に入院となり，当事者のYさんが人権問題として訴えた事件である。本研究のインタビュー調査時にY問題についての感想を聞いたのであるが，「Y事件で先に病院を予約したのも問題」「手はず整えるっていうのがよくわからへんなって思って。見てもいないのに」「警察がよう動いたなっていうのもある」「だって警察だって動かへんやん。そんなん」「向こうの警察は動いた」「Y事件の相談員は相談する人がそばにいなかったのが気の毒」「本人抜きで決めたのが問題」というように，なぜ診察なしで入院させたか，身近に嘱託医がいて，病気に関する相談にのってもらうことが日常的である大阪府の相談員にとっては，ありえない対応の仕方であった。

・「昇進」

　「昇進」については，組織人でないところが組織的には非常に不利であったということは前述した。相談員たちはある年限が経って福祉部のワーカーとの昇進・昇格の時間差に気がついたが，「最初から昇格とは縁の遠い職種だしポストもなかった」「だからみな気楽だった。みな対象者の方に目が向いていて，上向いてる人おれへんねん」「どうやって自分たちで業務としてフィードバッ

クできるかっていうことを考えてるから，みんながライバルになることはなかった」と語る人もいたし，「相談員自身が出世は関係ないといって」「ちょっと自虐的なこともあったからね。ヒラで『そんなもん関係ない』とかいうてつっぱっとった時期もあったから」という人もいた。また，「昇任しても，お給料がそんなに変わるわけじゃないしね」という人もいた。

　状況や年代による個人差はあったが，基本的には昇進・昇格にはあまり関心がなかった人たちであった。

　加えて「昇進に関心をもつ人にはどっち向いて仕事してるのよと，自分は腹を立てるから」「せなあかんから，やったらええやんっていうとこら辺があってね」という語りにあるように，業務をどう進めるかに関心が集中していたマイノリティ集団であった。ただ，その結果として，保健所の福祉職は府庁に主要なポストが得られず，福祉職も心理職も参入した新しいポストである保健所の企画調整課で課長補佐になっても，保健師の企画課長補佐会議はあっても，SWや心理職の企画課長補佐の会議は，会議を招集する人が府庁にいないので開かれず，情報が入らないという昇進がらみの情報格差の状態に置かれることとなった。

・「業務と自分」

　「業務観」とも重複するが，もっと気楽に「業務と自分」について語った言葉を集めた。「好きなことができてよい時代だった」「他の相談員と一緒に，夜，プレスの機械踏みに行ったりしてたやんか。だからわりに自由に動けた時代やし，自由に仕事が組めた時代なので，多分○₂さんもそやったと思うんやけど，仕事がある種，自分の趣味と楽しみみたいにしてできた時代だと思う。せやから多分いろんな意味で葛藤したりということが少なかったと思うんやけど」といった非常に肯定的な感想が述べられていた。「大阪府としては取り締まりの方向で仕事をするようにとはいっていなかったので，専門職として私の方向で仕事した」「保健所が現場だったのは助かった」「自由に仕事させてくれた大阪府の度量の大きさ」「いい時代だった」「最初はわからないままに置かれているから，しんどかった時期もあるけれど」「終わりの方は上から降ろされてくるのが増えた」「保健師もワーカーも専門職集団としての活動ができていた時代

と思う」「府も専門職の活動を認めていた時代。今はばらばらだと思う」「保健師は歴史があるから引き継ぐことが中心。ワーカーはないから自分らでつくらなあかん時代だった」「つくらなアカンのは面白かった」「力及ばずと思ったことは多々あるが，それは嫌な思いではなく自分の力不足である」。

「のど元過ぎれば，熱さを忘れる」ということわざのような心理が作用しているとしても，地域の社会資源のなさと保健所内部の理解が得られなかったはじめの頃の孤独と，最後まで続く組織人でないための組織人としてのデメリット（情報量の不足や，昇進の遅れなど）という点を除けば，当時の保健所相談員は，「主体性」「自由」「連帯」「（昇進・昇格を意識しないという）競争意識のない仲間同士の支え合い」といった対人支援のプロフェッショナルとして，精神的に機能しやすい土壌で，ひたすら当事者の「普通の生活」を求めて業務をすることができたと思われる。

6 改正精神衛生法時代の大阪府保健所における 地域 PSW の推進要因

第1節から第5節で，改正精神衛生法の時代の大阪府保健所における地域 PSW の全体状況の概観からみた業務に影響があると思われる構成要素・要因について述べた。

本節では，前章と本章第1節から第5節で述べられたことを踏まえて，その構成要素・要因の中から PSW 業務の推進に特に影響が強いと思われる要因を抽出し，どういう推進要因がどのように改正精神衛生法の時代の大阪府保健所における地域精神保健医療ソーシャルワークに働いたかを考察していく。

保健所 PSW の実践の流れと構成

前章と本章第1節から第5節に述べられていることをまとめると，図5-2で示すようなソーシャルワークの流れと構成のフローチャートができ上がる。

前章や本章第1節から第5節までで明らかなように，大阪府主管課に保健所 PSW を育てる意図があったことは，影響を受けた人たちの様子やしっかりし

237

た研修制度などから明らかである。この図5-2をもとに，ではそれらととも
に他のどういう要因が推進要因として働いていたかをみていきたい。

　図5-2について説明をすると，まず，図の楕円の部分はことがらを表し，
その中の小さな楕円は中でも関係の強いことがらを示している。

　保健所PSWは，嘱託医や，初期（開拓期前期）はともかく後にいくほど保
健所内の他職種に支えられ，本庁主管課（特にはじめの頃は）にバックアップ
され，相談員会という同職種集団を母艦にして，地域という海原に飛び出して
行った。海原には，摑まるものがほとんどない状況で，精神障害者や家族の医
療問題，社会復帰問題，生活問題が山積されていた。その中から協働者を見つ
け，必要とされる資源をつくっていった状況を表している。

　「時代」は，1960（昭和35）年代から1980（昭和55）年代にかけての時代であ
る。1960年代から70年代は，予防の視点を入れて，保健所を地域の第一線機関
として強化する時代であった。田中（1998：4）のいうように公衆衛生モデル
に従うものであり，岡村正幸（1999：59）のいうように精神病院の整備は進ま
ず，精神病者と家族の困難を軽減することのない時代でもあった。1970年代は，
大阪府保健所精神衛生業務が，それまでの児童を離れて，本来的な業務を展開
していった時代であった。地域で暮らすための保健所以外の重要な施設として，
共同作業所づくりが始まり，精神科診療所の増加など，「生活障害」が共通認
識となる時代へと移行する時代であった。なお，1970（昭和45）年に大阪府精
神衛生相談員会が組織された。

　1980年代は社会適応訓練事業も始まり保健所相談員業務が，外に向けて一段
とその業務を展開させていった時期である。

　こうした時代を背景にして大阪府では，1960年代初から雇用を始めていた
PSWを1965年の改正精神衛生法の施行とともに，10人の新規採用者とともに，
保健所精神衛生相談員として配置する方針をとった。保健師の増員が難しかっ
たからという見方もある。しかし，この方針には大阪には国と同年に精神衛生
相談所を設置し，公衆衛生研究所に精神衛生部をつくり，社会精神医学で業績
のある医師やアメリカでソーシャルワークを学んだSWを招いて，医師，CP，
PSWの3者で協働するという国のやり方と同じシステムを採用した，先進的，

238

第 5 章　大阪府保健所における地域 PSW の推進要因

図 5-2　保健所 PSW の実践の流れと構成

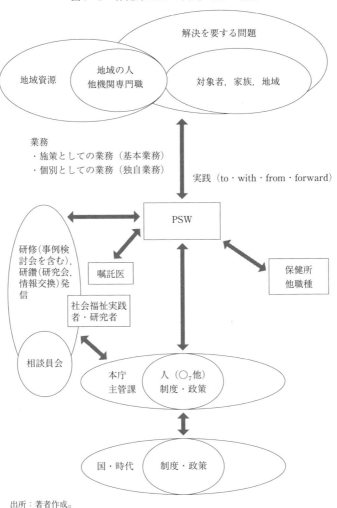

出所：著者作成。

開明的な考えをもった精神科医たちが存在し，PSW の活躍の基盤が徐々につくり上げられていたことも一因するであろうと思われる。

　先進的，開明的な医師は先進的，開明的な後輩医師を呼び，特に1971（昭和46）年に大阪府の保健部予防課（当時）係長となった精神科医○7は，社会的弱者，健康弱者への温かいまなざしをもって（矢内純吉 2014：11），公衆衛生分野に福祉の視点と働きを入れることに大いに貢献した医師であった。また，その頃の相談員たちの主管課である保健部予防課（当時）の事務吏員たちも新しい職種について協力的であった。こうしたことが，相談員が対象者の入院を避けた病院とのトラブルで「自由に仕事させてくれた大阪府の度量の大きさ」，「（あとで）精神衛生課（当時，予防課）の人がずいぶん頭下げてくれてると思う。それは悪いなってずっと思ってたけどね。ごめんねって言って」という言葉に表れている。当時は，主管課全体も理想に燃え，組織人としてははみ出しているとみられがちであった相談員の行動を陰で支えていたと思われる。

　主管課の吏員たちとは政策・施策の伝達と実際的な鑑定業務などでつながっていたのであるが，主管課と相談員会が時間外に一緒にレクリエーションを楽しんだりした交流もあった。業務以外にもお互いの理解を深めたいという相談員のリーダーたちの企画であった。

　はじめの頃（開拓期前期）に専門職としての自立や自己決定を促す「自由」という魔法の杖を自在に使うことを許し，専門職として育つ土壌を保障した本庁主管課のリーダー○7の先見性が，まず，第一に大阪府の相談員活動を支えたといえる。次に，同職種の SV といわれた複数のリーダーの存在である。リーダーたち自身も手探りしながらであったが，彼らは相談員会を支持し，それぞれに作業所活動や就労支援，アルコール依存症者の支援，研修制度の確立などにその手腕を発揮した。中でも，相談員会が組織されたことと研修制度の確立，充実は，後の相談員業務の発展に大いに寄与することとなった。そして，精神疾患など精神科領域についてはほとんど何も知らなかった（大学で，精神科医に師事したIさんのような例外はあるが）相談員たちに精神医学と精神科医療の知識を与え相談員活動を支えたのが，優秀な保健所嘱託医たちであった。行政の他職種，同職種，他機関や地域の温かいまなざしをもった多くの人に支

えられた連携と，業務の中で培われてきた業務観・PSW 観をもって，相談員
業務は進展してきた。

相談員実践の幅の広さ

図 5 - 2 の，実践（to・with・from・forward）は，相談員実践の幅の広さを
表している。「対して行う実践」「ともに行う実践」「どこかから，誰かから学
び，支えられる実践」「未来を見越した実践」という意味である。改正精神衛
生法の時代の大阪府保健所精神衛生相談員は図 5 - 2 に表されているように，
地域に向かう時代の流れの中で「人」と「自由な環境」に助けられ，地域にお
ける精神障害者支援の礎を築いてきたのであった。

　相談員の特殊な状況をもう少し説明すると，既述のように，はじめの頃（開
拓期前期）の相談員は，新しい職種としてほとんどの保健所他職種が遠巻きに
見ており，SV としても上司としても指導してくれる人のいない組織人として
の「放任・自由・純粋・未熟さ」の中にいた。「放任・自由」は，「つらさ・悲
惨さ」とともに，「自立性・主体性・自発性」を促した。この状況が，ある種，
枠にとらわれないのびのびとした業務の実践を可能にした。「F さんの仕事の
仕方にあこがれた」「のびのびというイメージがあった」という語りがあった。

　しかし，地域機関である保健所においては，アメリカのクリニカルなソーシ
ャルワークモデルは通用せず，つまり，大学で習った理論だけでは解決できな
い現状の中，そして上司と無関係な形で業務を始めざるを得なかったはじめの
頃（開拓期前期）の F さんをはじめ，G さん，H さん，J さんは，強烈なスト
レスにさらされていたと思われる。それは既述のように「泥沼を這い上がった
ようなもの」とか「すがれるものなら，なんでもすがりつきたい気持ちだっ
た」という言葉に表れている。保健所にわけのわからない人が来所すると，あ
なたの領域だと押しつけられて，誰も守ってくれないといった，はみ出し子状
態はある年月が過ぎると，これも既述したが，府庁にライン（人的パイプ）を
もたないゆえの，昇進の遅れとなっても表れてきた。

　なお，図 5 - 2 の社会福祉実践者・研究者について述べると，実践現場にお
いても教育機関においても開拓期で，特定の人たちを除いて，全般的には実践

者も研究者も保健所相談員活動に対する影響は強くはなかった。しかし，一般的に「実践なる行為」はいろんな人，いろんなことがらの影響を受けて成立しているとはいえると思う。

社会福祉実践は政策に影響を受けるものなので，こうした流れの背景にあるこの頃の政策・施策はどのようであったか，『精神保健福祉行政のあゆみ』（2000：12）に依拠しながら少し述べておきたい。

まず1965（昭和40）年の精神衛生法改正の翌年1966年に，「保健所における精神衛生業務運営要綱」が示され，1969年の「精神衛生センター運営要領」とともに，精神障害者の不十分な医療の解消と地域精神衛生活動の整備が図られていた。精神病院の入院患者数は，病院数，病床数の整備もあって，1966（昭和41）年の19万7758人から，1975（昭和50）年には28万549人，1985（昭和60）年には34万人となる。措置患者は，経済措置（経済的理由で措置入院を適用したもの）の廃止などで，1966（昭和41）年には6万7993人であったものが，1985（昭和60）年には2万8353人と減少している。

なお，この経済措置の廃止に関しては，精神科病院のPSWたちは，症状は変わらないのになぜ措置入院が打ち切られるのかという家族の動揺と疑問と詰問に直面することとなった。筆者も，その当時は，精神科病院勤務の駆け出しのPSWであったが，「国の方針です」としかその詰問に応えるすべがなかったことを覚えている。通院費公費負担制度の影響が大きいと思われるが，通院患者は1965（昭和40）年の1日9000人から1975（昭和50）年の2万2000人，そして1985（昭和60）年には3万人と3倍近くなり，通院医療費公費負担承認患者数も，1985（昭和60）年には，1966（昭和41）年の7倍の24万663件となっている。

一方，1965（昭和40）年の精神衛生法改正以後は，社会復帰制度・施設の整備も留意された。1969（昭和44）年，精神障害回復者社会復帰施設要綱案を中央精神衛生審議会が答申し，1970（昭和45）年には「精神障害者回復者社会復帰施設」，1974（昭和49）年には「デイ・ケア施設」，1979（昭和54）年「精神衛生社会生活適応施設」の運営要綱が出され，社会復帰へ向けての施設対策を強化していった。1974（昭和49）年に作業療法，デイケアの点数化が行われ，

1982（昭和57）年からは「通院患者リハビリテーション事業」〈職親制度の一形態〉が実施された。1986（昭和61）年には集団精神療法，ナイトケア，訪問看護指導料等の点数化が実現した。また，この頃，公衆衛生審議会精神衛生部会から「精神障害者の社会復帰に関する意見」が出された。保健所では，1975（昭和50）年度に「精神障害者社会復帰相談指導事業」が出された（精神保健福祉行政のあゆみ編集委員会 2000：11-12）。このように，医療制度・施設の充実と，社会復帰制度・施設の充実が図られたのがこの時代の施策であった。

　なお，1983（昭和58）年に「保健所における精神衛生業務中の老人精神衛生相談指導について」（公衆衛生局長通知）が通知され，1986（昭和61）年には精神科訪問看護料等が保険点数化され，翌年には精神保健法が成立した。

　この間，大阪府においては，国の施策を受けつつ，精神衛生協議会の発足や保健所・支所の増設，相談員の複数配置，断酒会酒害相談員養成事業などを進めてきた。

　そして保健所相談員会も，試行錯誤しつつ様々な活動に取り組んできた。主管課から依頼されてくる業務と，個別に生じる問題に対応していったのである。

改正精神衛生法時代の大阪府保健所における地域 PSW の推進要因

　改正精神衛生法の時代の大阪府保健所精神衛生相談員業務，つまり大阪府の地域 PSW を推進してきた要因は何であったかを考察する。

　前章や本章第1節から第5節までから，保健所相談員業務の進展に寄与したと思われるキーワードを生成すれば，①自由（←置かれた立場），②主体性（←主管課管理職の方針），③連帯（←相談員会），④意欲（←自己研修，研鑽），⑤育成（する人）（←本庁主管課，嘱託医，優れたリーダーたち），⑥環境（←保健所，大阪府），⑦時代（←地域志向）となるといえよう。番号は，実際に影響が強かったと思える順に①からつけている。

　図5-3は，実践の発展に影響を与えたであろう7要因が相互に影響しあいながら，PSW 実践を推進する方向へと向かうことを示している。

　図にあるように，推進要因は相互に影響しあいながら，業務観・PSW 観（今まで別に表示していたが，専門職観は以後，業務観のなかに包含する）を形成し，

実践へとつながっていく。

　なお，左側の「自由」と「連帯」は組織の状況を指し，右側の「主体性」と「意欲」は個人の内面を指している。「育成（する人）」は，組織と個人の両方に影響を与えていると考えられる。

　それぞれの言葉について説明する。

①　自　由

「自由」は，相談員活動を特色づける，最も多いキーワードであり，相談員が公衆衛生領域で業務を進展させるうえで重要な要因となった。が，既述のように，「放任・無視・孤立」と表裏一体をなしていた。「無視・孤立」は，相談員業務の開拓期後期，1970年代にはなくなっていたようであるが，「放任」は「そりゃ好き勝手よ」の「好き・勝手」とともに，精神保健法が施行された後も続いた。「自由」は徐々に制限されていき，「放任」「組織外戦力」としての立ち位置のしんどさだけが継続していった。歴史の浅さからくる府庁内での人脈の薄さに加えて，衛生部に置かれた福祉職という異端者的立場は，何度もいうように昇任・昇格の遅れを招いた。しかし，こうした負の部分はあっても，相談員に与えられた「自由」は，専門職が成長するには何が必要かを示している。調査対象者の語りのこの部分には，ほとんどの人に自分の思うことをやり終えた満足感が漂っていた。

②　主体性

「主体性」は，「自由」と関連して，大いに相談員の成長に寄与した。「放任」とも関係するが，それを差し引いても，自分が企画し，協力を仰ぎ，業務を展開させていく醍醐味は，「主体性」によって保障されたのであった。

　「（相談員の研修は）自分たちが研修計画を立てて，で，自分たちでそれを実施して，で，やったっていうことがすっごく意味があったと思う」「休みも取らずに，みんなで研修計画を立てた（職場の人からは付き合いが悪いと叱られた）」「（時間内にそういう作業をして，帰ってきて残業してと）時間がある面では自由に使わせてもらえたっていうのはラッキーでした」「地域で人を追っかける。保健所に連れてきて野球，料理，お花などでどんどん変えていく。保健所の職員も変わる」という語りにみられる自由で主体的な仕事ぶりであった。

第5章 大阪府保健所における地域PSWの推進要因

図5-3 大阪府保健所PSWの推進要因
〈推進要因は相互にも影響しあいながら，業務観・PSW観，実践に影響している〉

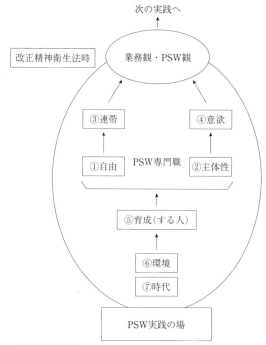

出所：著者作成。

なお，この頃はこうした残業については，多くの相談員はサービス残業として位置づけていた。

③ 連 帯

「連帯」は，相談員会の1970（昭和45）年の結成をもってより強化された。それまでも，ブロック（北，京阪，中，南と4ブロックに分かれていた）では，先輩相談員が，若い相談員たちの，業務の質の向上や事故（Hさんの語りに「Fさんが恐れていたことは，知らなさすぎて入りすぎること」がある）や失敗を防ぐために，私的な研究会等を開いていたが，相談員会の結成により，主管課からの業務依頼を会として受け，会として考え，会とし展開する形をとった。そして，専門職としての自主性，主体性を尊重するリーダーたちのもと，公衆衛生

245

領域に置かれてとまどう相談員たちのアイデンティティの獲得と，業務遂行の
ノウ・ハウを含めた情報の共有と，放置すれば代理受傷になりかねない様々な
体験の癒しと，信頼できる仲間の確保を可能にしたのである。

「連帯」は「安心感」を生み，「やる気」や「ビジョン」を生み出すもととも
なった。「どうやって自分たちで業務としてフィードバックできるかっていう
ことを考えてるから，みんながライバルになることはなかった」と共通の目的
意識で結ばれていた。

④　意　欲

「意欲」は，「やる気」とも「積極性」とも換言できる。調査対象者のうち9
人が，社会福祉を専攻していたし，そのうち，大学入学前から福祉を将来の職
業として選んでいた人が5人いた。しかし，社会福祉を専攻していても，教員
が心理学等ほかの専門の人であって，スピリットは伝わらなかったという人も
いたし，教員が社会福祉実践現場の出身であっても，求めていたものが得られ
なかったという人もいた。一方では，社会福祉のゼミの教員の純粋さに打たれ
て，この人のもつ純粋さを汚すようなことをしてはいけないと思った人もいた。

調査対象者は全員，学ぶことに熱心であった。例えば，Fさんは大阪府に採
用されて，実際に職場に配属になるまで3カ月あり，その間は無給であったが，
その間，「保健婦長の受ける精神衛生研修などが受けれた」「アルバイトよりも
研修を優先したのが後々よかった」と述べている。調査対象者たちの多くは，
既成の研修制度はもちろんのこと，私的な研修，研究，実践，経験を重ねるこ
とに意欲的に取り組んでいた。

大学で満足のいく社会福祉の教えが受けられなかったという人の中には，就
職後，素晴らしい他大学の社会福祉の教員と出会い，その人のもとに足しげく
通うことで，多大の影響を受けていた。この人の場合も，「これだ」と思った
ことには，意欲的に取り組んでいくという姿勢が，後のすぐれた実践家になる
素地をつくったと考えられる。そのほかの人たちも「Fさんの家に集まって
（学んだ）」「夜，K研究所に行った」「ブロックで病院に（見学に）行ったり」
していた。

⑤ 育成（する人）

「育成（する人）」の「育成」は，府庁主管課の管理職の〇7医師，その他病院，クリニックの精神科医，嘱託医，そして保健所 PSW の先輩たちによって行われた。「支援」と呼び換えてもよいであろう。先輩たち自身は，あちこちで教えを乞いながら職業人としての自らを作り上げてきた。「南では F さんがいて，勉強会が始まったのは幸いだった。研修もなしに放り出しておいたら危ないと思われたのだと思う。それは幸いだったとずっと思っている」という語りにあるように，F さんがブロックの研究会を組織し，後輩を護り育てようとした。

嘱託医から大学では習わなかった精神医学・医療の知識，考え方，専門職としての姿勢（よい意味での「責任は自分がとる」といったような）を学んだ人は多い。

「そこでの複数の先生（精神科医）たちとの出会いが良かった」「医療を考えてくれた嘱託医の先生」「ワーカーに直接どうやこうやではないが，嘱託の医師から精神医学の考え方とか，なぜ精神科医になったかを学んだ」「嘱託医の先生，いろいろ教えてもらった」「嘱託医は，〇〇6先生，〇〇7先生。〇〇7先生にいろいろ教えてもらった。病院に私はよく行った。〇〇7先生と〇〇8先生と 3 人で，患者さんと一緒によく遊んでいた（もちろん仕事として，である），卓球したり，病院の盆踊り，運動会」「〇〇a病院で実習させてもらった」「病棟に入って，1 週間に 1 回くらいなんかさせてもらった」「T（保健所）の管内の（嘱託医の本務先の）病院，精神（科）病院の実地指導でトイレや何十畳の大部屋を知った」など，嘱託医から提供された教育的配慮や機会についての語りがある。

本書で何度も出てくる人であるが，府外からの相談員への支援者もいた。積極的に相談員の研修や調査にかかわり，接触した人に多くの影響を与えた社会福祉の大学教員〇22さんなどはそのよい例である。筆者も〇22先生の講演で，「社会福祉学は帝王の学です」と話されたことに強烈なインパクトを受けたことがあった。時代は定着期に入るが，学生の教育や指導を丁寧に行い，結果としてその学生が大阪府の相談員となった例もあった。

⑥　環　境

「環境」もまた，政策を含めて，大阪府保健所 PSW の業務展開に大きな影響を与えた。「大阪府」と「保健所」という環境に置かれたことも，PSW の進展と成長に大いに影響を与えた。大阪府は既述のように，国とは無関係に，必要と思うことに取り組む土壌をもっている。その主管課で保健所勤務の経験のある PSW の発案による，後に政策として国に取り上げられた退院促進事業やピアヘルパー制度が生み出された。

保健所は，専門職集団であった。異物であった PSW も専門職としての感覚の部分は受け入れていた。既述したが，「(時間内にそういう作業をして，帰ってきて残業してと) 時間がある面では自由に使わせてもらえたっていうのはラッキーでした」「それを許してくれた職場。うーんしゃあないなあって言って」「保健所が専門職集団だったこともある」という語りに表れている。

事務職の人は，グループワークでの卓球も「何で勤務時間にするのか」とか，「どたばたとしてうるさい」といった疑問や苦情を呈したところもあったが，おおむね保健所相談員業務の特殊性を理解していたようであった。保健所相談員は組織的にはチーム制になるまで疎外されていたが，これは相談員業務の組み立てが「他の人が，グループ (ワーク) などを除けば，手伝いたくても手伝えないといったものであったこと」とも関連しているので，決して同僚として疎外されていたわけではなかった。ゆえに，それぞれの専門性を尊ぶ専門職集団である保健所を足場にできたことは，業務展開に有利であった。

前述したように福祉事務所から，F さんの自由かつ主体的な仕事ぶりに惹かれて，転勤してきた人もいた。福祉事務所は専門職であっても，基本は法律の枠内の仕事となり，SW の自由さ，主体性は，保健所 PSW に比べると制限があったからであった。

⑦　時　代

「時代」はまさに地域へと向かっていた。地域精神保健を必要としていた。ライシャワー事件で早まり，かつ治安 (保安) 的な要素が加わったが精神衛生法の改正があった。

第5章　大阪府保健所における地域 PSW の推進要因

　以上述べてきたように，①自由，②連帯，③主体性，④意欲，⑤育成（する
人），⑥環境，⑦時代が，改正精神衛生法の時代の大阪府保健所における地域
PSW の推進要因であった。中でも⑤「育成」に努めた「人」の存在は，他府
県にもおられたであろうが，特に大阪府に顕著なこととして特筆すべきであろ
う。

　「育成（する人）」について，さらに述べると，すべてが手探りの中で行われ
た中で相談員たちの可能性を信じて自由に主体的な業務遂行を許した行政主管
課の人たち，特に管理職は優秀であった。すべてお任せではなく自らの方向性
はもちながらも押しつけることなく，よりよい可能性を求めて，自由な業務展
開を許したその度量の広さと先見性は，相談員業務の推進要因として大きな位
置を占めると思われる。

　また，すぐれた嘱託医たちの，同職種である後輩の医師に対してだけでなく，
他職種の相談員に対しても育てようとしたその姿勢は，医師という歴史のある
専門職教育の中で培われたものなのだろうか？　それとも，地域精神医療とい
う多くの人のかかわりを必要とする，当時まだ未知の部分に足を踏み入れてい
る先進的な人たちのもつ独自の積極性，あるいは使命感のゆえだろうか？

　そして，必死で後輩を護り導こうとした少数の相談員のリーダーたち，その
ほかの協力的な他職種，他機関，地域の人，当事者，家族の人等々，多くの
「育成（する人）」が，PSW 業務の推進要因となっていると思われる。7 つの
推進要因の最も基底にあるものは，PSW を「育成（する人）」「育成（される
人）」の「人」であった。

　大阪府保健所精神衛生相談員は，以上の 7 つの推進要因に守られつつ，社会
資源が生活保護以外はないといった状況で，社会資源を作り出す「開拓型支援
モデル」を自然発生的，換言すればやむにやまれずに生み出して，「理解を深
めるのは，相談員一人ではなかなかできないことやけど，まあ保健所のいろん
なかかわりの中でできてくる」「辛いこととか，どしたらいいんやろってこと
はいっぱいあったし，タイトロープ渡ってるってこともいっぱいあったけども，
だけどやめたいと思ったことはないね」といった語りにあるように粘り強くそ
の業務を進展させてきたのである。

249

7 　大阪府保健所における地域 PSW の推進要因

　本章では，改正精神衛生法時代の大阪府保健所 PSW の実践を推進した要因について述べた。第 1 節から第 5 節までは，その実践の構成をカテゴリー化した。第 6 節ではそこから導き出された推進要因について考察している。

　第 1 節から第 5 節ではインタビュー調査のデータ全体と関連資料を概観して，その中から地域 PSW の形成に影響を与え，推進した要因を見出すのに有効と思われた 5 つのリサーチクエッチョン RQ を設定した。⑴業務の内容，⑵業務の仕方，⑶時代の流れと業務状況，⑷業務観・PSW 観とそれを育んだ業務環境，⑸影響を受けた人やこと・強く印象に残っていること等，である。この RQ に従って，コードからサブカテゴリー，カテゴリー，大カテゴリーを導き出した。RQ1 に対しては，大カテゴリーの①当事者に対して，②家族や関係者，他機関専門職に対して，③保健所内に対して，④保健所外に対して，⑤調査・研究，⑥周辺業務を，サブカテゴリーにあるグループワーク等の内容を用いて行っていた。RQ2 に対しては，大カテゴリーの①所内連携，②所外連携，③専門職として成長の機会の活用，④具体的手法，を同行訪問等サブカテゴリーにある方法で行っていた。RQ3 に対しては，①黎明期，②開拓期，③定着期，④発展期，⑤拡充期，⑥変容期という大カテゴリーが設定された。それぞれの内容をサブカテゴリー，コードに従って把握した。RQ4 については，①業務環境，②業務観・専門職観・PSW 観，③精神障害者および医療，④業務で大切なことという大カテゴリーが設定され，やはりサブカテゴリーやコードに従ってその内容を把握した。RQ5 については，①影響を受けた人やこと，②強く印象に残っていること，③その他（サブカテゴリーは Y 問題や昇進）が大カテゴリーとして導き出された。

　大カテゴリー，カテゴリーは範囲が広いので，すべて，サブカテゴリーと，必要に応じてコードに戻り，場合によっては逐語録に戻って，その内容を把握した。

　第 6 節では，第 1 節から第 5 節の業務の構成要因・要素と，関連する行政資

料の中から，推進要因を抽出するための分析・考察を行った。そして，推進要因として抽出された①自由，②主体性，③連帯，④意欲，⑤育成（する人），⑥環境，⑦時代について考察した。

図5-2にあるように，意欲，主体性は個人の内面的なもの，連帯，自由は外的環境に含まれるもの，その両方を保障するのが育成（する人）である。そして，すべてに関係してくるのが時代であり，環境（職場環境や業務環境）である。

①「自由」は相談員活動を特色づける最も多いキーワードであり，相談員が公衆衛生領域でその業務を進展させるうえで重要な要因となったが，「放任・無視・孤立」と表裏一体をなしていた。

②「主体性」は，「自由」と関連して大いに相談員の成長に寄与した。「放任」とも関係するが，それを差し引いても自分が企画し，協力を仰ぎ，業務を展開させていく醍醐味は，「主体性」によって保障されたのであった。

③「連帯」は，相談員会の1970（昭和45）年の結成をもってより強化された。それまでもブロックでは先輩相談員が，若い相談員たちの業務の質の向上や事故や失敗を防ぐために，私的な研究会等を開いていたが，相談員会の結成によりその連帯は強まった。

専門職としての自主性・主体性を尊重するリーダーたちのもと，公衆衛生領域に置かれてとまどう相談員たちのアイデンティティの獲得と，業務遂行のノウ・ハウを含めた情報の共有と，放置すれば代理受傷になりかねない様々な体験の癒しと，そして信頼できる仲間の確保を可能にしたのである。

④「意欲」については，調査対象者は全員，学ぶことに熱心であった。既成の研修制度はもちろんのこと，私的な研修，研究，実践，経験を重ねることに意欲的に取り組んでいた。就職後，学びたい人との出会いがあって，その人のもとに年休をとって，自費で安くはない交通費を払って通うことで，多大の影響を受けていた人もいた。この人の場合も「これだ」と思ったことには，意欲的に取り組んでいくという姿勢が，後のすぐれた実践家になる素地をつくったと考えられる。

⑤「育成（する人）」は，府庁主管課の管理職の○₇医師，その他病院，クリ

ニックの精神科医，嘱託医，そして保健所PSWの先輩たちそして，外部の少数の人たちによって行われた。「支援」と呼び換えてもよいであろう。嘱託医から，大学では習わなかった精神医学・医療の知識，考え方，専門職としての姿勢（よい意味での「責任は自分がとる」といったような）を学んだ人は多い。

⑥「環境」については，政策を含めて「大阪府」と「保健所」という環境に置かれたこともPSWの進展と成長に大いに影響を与えた。大阪府は既述のように国とは無関係に必要と思うことに取り組む土壌をもっている。主管課のバックアップもあった。そして，保健所は専門職集団であって，異物であったPSWも専門職としての感覚の部分は受け入れていた。

⑦「時代」であるが，ライシャワー事件で後戻りしたとはいえ，時代はまさに地域へと向かっていた。地域精神保健を必要としていた。

以上のことが改正精神衛生法時代の保健所PSW業務の推進要因として明らかになった。

注
(1) 保正（2013）は，専門的自己を生成されるものとらえて，その構成概念として，何でも屋からの脱却，客観的視座への移行，黒子への転化，上に立つ腹括り，MSW視点の俯瞰化，業務水準の保持志向化，自信獲得，受け止め方の涵養を挙げている。ここでいうソーシャルワーカー魂は，もっと生来的，感覚的なものである。
(2) 1980（昭和55）年度，1981（昭和56）年度総括案に相談員月報の改正案が出ている。
(3) 大阪府精神保健相談員会（1992：102）は狭山保健所のみパートであったが20人として計上している。加藤薗子（1969：43）は19人として計上している。
(4) 日本においては，世界中の約2割の精神科病床があり，諸外国では地域で暮らしているはずの人まで精神科病院に入院しているという，日本の社会的入院問題を解決するために提案されてきた精神科病床の居住系施設への転換についての問題である。2014年7月1日厚生労働省のもとに設けられた「長期入院精神障害者の地域移行に向けた具体的方策に係る検討会」はこれを容認する取りまとめを提出した。
(5) 嘱託医は通常1人週1回で，週2回の場合は，2人の嘱託医がいたということである。

第5章 大阪府保健所における地域PSWの推進要因

(6) ライン（職階ごとに同職種が，上層部まで続いているということ）があれば，昇進するということでは決してないが，ラインがなければその存在や仕事ぶりを的確に評価や理解してもらうのに，時間がかかるであろう。

第6章
大阪府保健所 PSW の業務観・PSW 観と開拓型支援モデル

　第5章で明らかになった推進7要因の中で業務を展開し，PSW として成長してきた調査対象者たちのもっていた業務観・PSW 観と，そこから浮かび上がってくる初期の地域精神保健医療ソーシャルワークを開拓型支援モデルと名づけてその特徴を述べ，他府県・他職種実践との比較検討を行っている。

1　大阪府保健所 PSW たちの業務観・PSW 観

不足している社会資源は作り出す

　保健所に精神衛生相談員の置かれた意味を，保安処分的な受け止め方ではなく，「あの，鍵かけられてるような状況で家の中で過ごしている人とか，いろんな状況見てですね，精神障害者の問題っていうのはともかく大きいんだ，地域レベルで支えていくという体制がほんとにつくられないといけないんだということ，それは，だから精神衛生相談員，保健所に精神衛生相談員が置かれる意味みたいなことは，それはわかりつつあったと思いますね」という受け止め方が J さんだけではなく，大阪府保健所相談員の間では普通の見方であった。そして，地域レベルでの生活を支えるために，特に開拓期においては誰もが地域で生活するための社会資源のなさを痛感しそれを作り出そうとした。

　「単発の相談を受ける，個別だけでやってることのしんどさ」「バックに使える何もない，本人たちは家にいるか，病院にいるかしか（居場所が）ない」「家におるためには何がやりたいか，そのほか，個別は細かなことを聞きながらやった」といった個別の積み重ねによる業務が地域において社会資源を開発することに力を注ぐソーシャルワークを生み出していった。開拓期初期の○₂

さんの障害児施設，Fさんの障害児歯科診療センターの開設などの活動や，開拓期後期から定着期前期にかけてのグループワークの開始と運営，家族教育から始めて家族会を育成し，そこから地域の共同作業所をつくるという一連の手続きによる社会資源の開発などが，保健所PSWのやるべきこととして受け入れられていった。

横山登志子（2006：110-119）は，精神保健福祉領域のソーシャルワーカーは「精神衛生法時代には，当時の北米での診断主義的なソーシャルワーク理論を学んで研究者らが先導する形で，『臨床（治療）チームの一員』として環境調整や再発予防，アフターケアを担当していた」という（ここには，地域の精神保健医療領域のソーシャルワーカーは含まれていない）。そして，横山は近年の地域生活支援に関しては，医療機関のソーシャルワーカーにとっては，①各種の制度・政策に裏打ちされた新しい医療サービスの担い手として，手厚く丁寧にすればするほど，これまでの医療（治療）至上主義的な思考を，そのまま地域生活に当てはめて利用者の生活を管理・指導するという「ねじれ現象」を起こすのではないかということと，②社会復帰や地域生活支援を行う専門職は何もソーシャルワーカーに限定されているわけではなく，訪問看護師や地域医療を志向する医師，ボランティアなどもその役割を担っている現状の中で，協働や連携を前提としたソーシャルワーカーの固有性に関するジレンマが存在しているという。横山は「ねじれ現象」への警戒感を述べ，地域生活支援の本質的使命について述べ，「いかに利用者と出会うのか」「その関係性を持って何を作り出すのか」にその本質的使命が集約されるとしている。

①に関していえば，筆者は，かつて6年間，公立（当時）の精神科病院に勤務していたが，筆者を含めてそこにいたPSWたちは，決して医療（治療）至上主義的な思考ではなく，Jさんが，精神科専門病院に勤めていた頃のような思考でもって対象者の生活を守ろうとしてきた。これは社会復帰病棟があり，その担当医がヨーロッパで社会復帰を学んできた人という影響は強いと思うが，ワーカーたち自身も患者の生活を守るという視点をごく普通のこととしてもっていた。

ちなみに，筆者が勤めていた公立の精神科病院には思春期病棟があり，そこ

には学齢期の子どもたちが入院していた。その子たちのために院内に家庭教師ならぬ病棟内教師を招き，さらには学習権の保障のために地域の小学校と話し合い，地域の学級に通学させることを主張し実行したのはPSWたちであった。むろん院内の他職種，特に看護師たちの協力はあった。朝，入院中の子どもたちを地域の学級に送って行くのは看護師たちの役割で，迎えに行くのはPSWたちの役割であった。このように精神科病院においてもPSWたちは，決して医療至上主義の考え方はしていなかった。

　また，②のソーシャルワーカーの固有性に関しては，今まで述べてきた保健所相談員たちが行ってきたことの中に述べられているように，不足している社会資源を作り出すという理念のもと，他職種をまとめて，地域活動を先導してきたという歴史がある。

　①に関しては，民間病院のPSWと公立病院のPSWの違いは大きいと思うが，医療（治療）至上主義的思考にくさびを入れるのは，医療機関にいるソーシャルワーカーの役割であると思う。昨今の地域生活支援の流れの中で，医療機関のSWのあり方が揺らぐのを防ぐために本質的使命を確認する必要があるという主張は理解できるが，医療機関のSWは，今までの現場実践の中で，本質的使命が見出せていなかったのだろうか？　②に関しても，医療機関のPSWと地域機関（この場合は保健所）のPSWという立ち場の違いは，これもまた大きいと思うが，地域に向けて活動する場合，医療機関であれ，地域機関であれソーシャルワーカーとしての基本的目的はぶれないのではないだろうか？　そして，医療機関のSWが地域に出ていくからには，同じく地域に向かっている他職種の人と協働して，対象者の暮らしやすい環境づくりや，自立支援や就労支援をするコーディネーターの役割をとることになるのではないだろうか？　たとえ他職種の人がそうしたとしても，その人たちには本来やるべきことがあるであろうから，遠慮なくSWとして手腕を発揮すればよいであろう。やるべきことはいくらでもあるだろう。そして，不足しているものを作り出す（これは主に，地域機関のSWの役割になりそうであるが）ことに目を向けることが必要なのではないだろうか？　地域生活支援の本質的使命については，改正精神衛生法時代の大阪におけるPSWの活動の中にその答えが端的に現れ

ているように思う。

　ここで注目すべきは，「障害者の生活ニーズに合致したサービスを提供するために，既存の社会資源を利用しやすくしたり，利用者のエンパワメントにつながるよう改善し，また，利用者のニーズに合うサービスがない場合には新たな社会資源を行政・民間の協力を得て開発し，地域におけるネットワーク作りに貢献する必要がある（厚生労働省社会・援護局障害保健福祉部）」という障害者ケアガイドラインの方針が，2002（平成14）年に出されたのであるが，大阪府をはじめとする保健所 PSW たちはすでに1970年代にはこの方向で業務を展開していたのである。保健所 PSW たちの実践が施策に影響を与えたと考えられなくもないであろう。

専門職性優先

　秋山智久（2005：206-207）は，援助専門職の専門性，専門職性，専門職制度に分けてそれぞれの特徴を次のように述べている。専門性は学問・研究のレベル，専門職性は職業のレベル，専門職制度は制度・システムのレベルであり，その理念・目的は，専門性は独自の視点，アプローチ，知識の探求，専門職性は実用性・有用性の重視，問題解決・援助，生命・生活・人生への支援，生活と人権の擁護であり，専門職制度はサービス利用者のための社会的発言力の強化，職業的確立，身分安定，社会的承認であるという。ここで言及するのは職業のレベルの専門職性である。

　最初に保健所に置かれた相談員たちは，相談員の置かれた意味については改正精神衛生法との関係では「保安のため」と嘱託医などから言われて，「管理装置」という側面もあるのかと思ったという程度の認識であった。新卒の新規採用者は精神衛生に対する基礎知識がなく，今，何が問題なのかを知らずに保健所 PSW になった人がほとんどであった。ゆえに多くの人が「大阪府としては取り締まりの方向で仕事をするようにとは言っていなかったので専門職として私の方向で仕事した」として，「病気になっても生きていけるには何があればいいかが私たちに期待された役割」という視点をもっていた。この人ほど意識していなかった人もいると思うが，これは相談員全体のコンセンサスでもあ

った。行政職である前に専門職であろうとした。

健康医療部と福祉部，両部のソーシャルワーカーの取り組み方の違いは，「大阪府の民生部（当時）のやり方は，福祉は人や，金やという原則を貫いていく，人を増やしていく，それに予算つけていくっていう方式。だからね，健康福祉（当時）はそうじゃないですよね。人は１人でも２人でもいいっていう形で，ちょぼちょぼ，ちょぼちょぼね，ずっと我慢してやっていくんですよ。抱え込んで。みんな職人，本庁の担当者と直談判して『増やせへんかったらどないすんねん』なんてこと絶対せえへん。そういう（増員を要求する人的）ルートがなかった。はじめから出先にいた。本庁にポストもなかった。せなあかんからやったらええやんっていうとこら辺があって」という言葉に表れている。

また，「民生部（当時）は枠の中で動くのに慣れているので……。民生部の人は行政的にはきっちりしている。民生部の働き方は（組織という枠の中での）トレーニングによる。私らの働き方とは（違う）。相談員はバタバタのうちにコミュニティワークをすることになった。相談員は放任。傍からは自由に見えた」という語りもあった。相談員は最初から行政的な枠とは距離のある存在であった。

福祉部のソーシャルワーカーは組織人であったようである。そして保健所PSWは，逆に組織にいながら良くも悪くも非組織人であったということである。そしてこのことが一匹狼的に「しなければならないことはやろう」という姿勢を貫くことになった，あるいはならざるを得なかったのではないかと思う。大阪府保健所PSWはまず専門職であること，次に相談員会という組織に，そして保健所という組織に，最後に大阪府という組織にコミットしていたと考えられる。

迅速に対応

「しなければならないことはやる」という姿勢は，ニーズのある所どこでも赴くという敏速な対応を生む。前にも引用したが「ちょっと待ってて，すぐ行くからと。こういう対処にならないということがいらつく。あの電話相談ほど無駄なものはないと今でも思ってますねえ」という言葉に表れている。この言

葉には電話で受けつけることを否定しているわけではなく，電話相談は相談の
みで終わるかもしれないし，対面しない状況ではすぐに対応しなければならな
い重要なことも見落とされるかもしれないという危惧が含まれていると思われ
る。心理的なことはカウンセリングという形の電話相談だけですむこともあろ
うが，社会福祉は何らかの具体的な対応を必要とすることが多い。それには
「電話相談」プラス「迅速な具体的対応」という対応システムが必要なのであ
る。とりわけ，精神科領域ではすぐに対応することの重要性は高い。自死など
が懸念される場合もあるからである。

職場研修・教育は必要

① 初期の研修は特に必要

「スーパービジョン（Super Vision：SV），紙で何々について書くように言わ
れた。○○₁さん（米国大学院で社会福祉を修め，アメリカで10年間の精神病院勤
務後，帰国した人で交流分析の専門家）はアメリカのスーパービジョンの話をし
てくれた。4年間の○○₁さんによるスーパービジョン。最初，スーパービジ
ョンが面白かった」「私，研修ばかり受けてた」とFさんは語る。「大阪府の，
最初入ったときに研修期間があって，そのときに実習させてもらったことって
いうのはやっぱりその後どこで仕事するときにも，そのときのことってのはも
のすごく原点になってましたね」とJさんも語る。Jさんはほどなく大阪府を
辞めたので，これが民間機関であれば投資損ということになるのであろう。

　しかし，優秀な人材を育てるというのは公的機関の役割の一つともいえるし，
Jさんがその後の人生において社会福祉実践や教育に多大の貢献をなしたこと
を考えると，この投資（＝研修）は決して無駄にはならなかったといえよう。
現在においても，職場における初期の研修は，実践に根差した研修（現場でし
かできない研修）として，公的機関においては特に良質のものを提供したいも
のであるが，現在，大阪府では改正精神衛生法時代の大阪府の保健所相談員が
受けてきたような，主体的，自発的な相談員の研修はなくなってしまったとい
う。

② 基本的な技術教育——感性，価値，倫理，技術の教育

「○○₁さんの基本的な技術感覚の教育は良かったのでしたいと思っている。○○₁先生が最初に教えてくれたワーカーの基礎トレーニングは必要。基礎っていうね，日常の活動の中でどうしても必要なものっていうのはね，日進月歩している中での日常的なトレーニングは必要」とFさんは基礎的なトレーニングの必要を述べている。日進月歩の社会の動きの中で，新しい法律・制度についての知識教育・研修が必要なのはいわずもがなであるが，その中でも揺るぎのないものとしての，感性と価値，倫理の涵養を含めた基礎的なトレーニングは，対人支援者の基礎になる人格の基盤形成として非常に重要なことである。

なお，○○₁さんは，当時，同志社大学にいたデッソー（Dessau, Dorothy）をK研究所に連れてきたりしている。FさんはK研究所でデッソーとも接している。デッソーは精神分析を，人間を対象にして仕事をするときに必要な根本知識であるとしたが，デッソーの教えるのは「純粋にフロイド派というのではなく，フロイドの大きな貢献（無意識とその働きの発見）から発展した精神医学を基礎にもつソーシャルワークであった」という（加藤博史 2004：85）。

③ 人間性の教育——自分自身に対して

感性・価値・倫理の涵養とも関連するが，「当事者の思いの尊重。自己決定の尊重。人権，自尊感情を守る。セルフヘルプグループの活動をみていて専門家ぶるのはやめよう。絶えず自分を問い直さないといけない（と思った）。対象者と一緒に考えていくということを絶えず絶えず自分に意識化した。謙虚でかかわりを大切にしたい」というAさんの語りには，筆者もまったく同感である。「メンバーさんとは支え支えられお互いに勉強することもある。PSWが専門職として機能するにはスキルよりも人間性。度量を拡げていく。人権への配慮とか（が必要）。嫌なことへの感情を出したらプロではない。人間性にスキルがついてくる。スキルで人とかかわりをもとうと思うことはよくない」とAさんの専門職観は続いた。

Aさんの語りを「社会福祉士の職業倫理と専門性」（京極高宣 1998：121）に示されている図（本書図6-1）に引きつけて考えると，一番頂上にあった倫理が一番底にくるべきことを示す語りではないかと思う。坪上宏（1998：40）も

261

図6-1 社会福祉士の職業倫理と専門性（簡略化）と人間性の教育

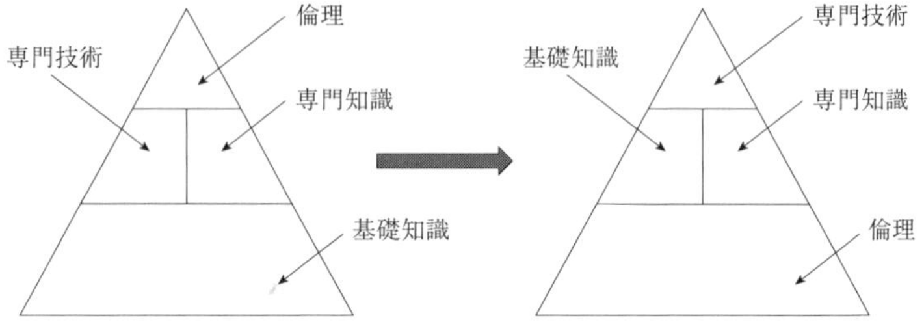

出所：京極高宣（1998）『日本の福祉士制度——日本ソーシャルワーク史序説』中央法規出版，121頁をもとに筆者修正。

ソーシャルワーカーとして一番必要なものは何ですかと聞かれて「人間の成熟だ」と答えている。そして，SW は A さんの言葉にあるように，「対象者と一緒に考えていくということを絶えず絶えず自分に意識化」することが大切である。対人支援職は，ベテランであっても内なる自分への戒めを絶えず行わねばならない専門職である。

そして，このことは，後述するように，ショーン（Schon, D. A. 1983=2001：10）のいう反省的実践家に当てはまる。ショーンは「反省的実践家は状況との対話を展開しているだけでなく，それと併行して自己の対話を展開している」という。

PSW としては精神科領域の病気を知ることは重要

「私は卒業したてのカチカチの頭で行ってるから，この人やっぱり仕事が必要なんですって。病気をどう支えるかを抜きにして仕事が必要だと連れていった」と H さんは病気を抜きにした，若い頃の動き方（就労にすぐ結びつけようとした）について述べている。そして，繰り返すことになるが「○○先生の講義で習ったが，同じ不眠でも，健康な人の不眠はどこかで疲れて寝てしまうけれど，病気の人はそうでないというのを知った」「森永ヒ素の調査で，病気と生活の障害とは違うんだっていうのを学んだ」「病気としては重くなくても仕事に行くうえでは凄い障害になることがわかった」と述べている。精神の病気をもった人を支えるには，病気をどう支えるかを抜きにしてはできないという

262

第6章　大阪府保健所 PSW の業務観・PSW 観と開拓型支援モデル

言葉には重みがある。

またこれも繰り返すことになるが F さんは，3 年間の保健所の相談員を育てる機構をつくることを公立の K 精神科病院に要請し断れられたことがある。F さんは大阪府退職後，かかわった作業所の職員を 5 万円で開業の精神科医の診察に何カ月か就かせてもらって，病気を教えてもらったという。F さんは「医療機関にいなかったっていうのをね，引け目に思う」ともいう。筆者が精神科病院から保健所に転勤した後，前任の病院で院内のクラブ活動（筆者は，その精神科病院で入院患者のクラブ活動として英語教室を担当していた）での筆者の体験について話をするのを，同席して聞いていた F さんが，筆者のことを「病気をもっている人としての患者」を知っていると評価してくれたことがあった。

一時期，相談員の中でも反精神医学の影響か，精神疾患を知る必要がないと精神疾患を知ることを否定する動きがあったが，H さんの述べているように病気をどう支えるかを抜きにして生活を支えることはできないので，精神科の疾病を知ることは PSW にとって大切なことであると思う。

公的機関の SW の役割

大阪府が保健所に福祉職を配置したのは，ある意味，人取り作戦のようなところもあった（本宮忠純 1992）ようであるが，大阪府の場合はそのことが結果として保健所を拠点とする地域精神保健福祉を推進するうえで大いに役立つこととなった。

前出のように，保健所業務経験のある PSW の提案による大阪府の施策が，退院促進事業やピアヘルパー制度として国に影響を与えている。また，40 年前の改正精神衛生法時代に大阪府や神奈川県，川崎市等でなされていた保健所 PSW 実践の社会復帰の部分は，市町村に移譲された。しかし，行政が積極的に対象者に向かって実践した 40 年前と異なり，今は民間中心に地域活動が展開されていることになっているようである。しかし第 7 章で述べるように，地域での実践の多くは書類作成と会議に時間を割かれているようであり，伝えるべき蓄積された保健所 PSW の実践知が切断されてしまっている観がある。

263

もちろん，現在でも，「やどかりの里」「麦の郷」「JHC板橋」「べてるの家」その他多くの先駆的なすぐれた現場の実践があり，それぞれの現場はそれぞれの活動の蓄積と羅針盤をもち，行政に大きな影響を与えて現在の地域精神保健福祉施策の形成にも寄与してきたであろう側面を有している。ただ，それぞれで行われている実践を総括し，広い立場で，互いの良い所を伝播することが次なる良き実践を生み出すことに貢献すると思われるが，現在はその役割を担うところがない。良き伝播のためには。それらを取り入れ，調整し，モデル的に実践していくところが必要である。そしてそのためには，かつて，大阪府の相談員がそうであったように，営利に関係なく，民間同士の協働や，公民の協働を調整し，モデル的な事業（民間から学ぶことも多いと思われるが）を行えるところが必要である。そしてそれを行いやすいのは行政である。

　インタビューでは，地域の他機関に召集をかけたり組織化等のイニシアチブをとるのは，公的機関が適していると考えている人が多かった。リーダーとしてのその人の特性というよりは，利潤追求をしない，他機関と競合しない，責任をとりやすい，公平な立場にある，全体を見渡せる位置にいる，という公的機関としての性質が地域でイニシアチブをとるのに適していると判断されていた。

　ある相談員は在職中に「その地域のソーシャルワーカーの集いを，パートナーの相談員とともに立ち上げた」「地域の嘱託医の集いもはじめた」「今から思うと公的機関が呼びかけたからできたと思う」と語っている。また，大阪府を退職後，大規模であるが一般施設の施設長になった元相談員は，地域機関や家族会の連携をよくするための会議を招集したが，「何の権限があってあなたがそうするのか」と聞かれている。市町村では委託事業として委託先にそうした権限も付与しているところもあるようであるが，民間企業は民間企業同士の立場もあるので，基幹的な役割を委託されている場合でもまったくの公的機関と同じようにふるまうわけにはいかないであろう。対人サービスに従事するどの領域でも同じだと思うが，まだまだ課題の多い保健医療福祉分野には公的機関に，リーダーとまでいかなくても調整役としてのSWが必要である。しかも，そのSWはデスクワークではなく対人支援の現場実践をしていることが必要

264

第**6**章　大阪府保健所 PSW の業務観・PSW 観と開拓型支援モデル

である。

2　インタビュー調査からみえてきた開拓型支援モデル

SW の特徴

　これは，PSW に限定せず，インタビュー調査からみえてきたものを踏まえて，まず，SW がもっていると思われる特徴について述べる。

①　反省的専門家

　三島亜紀子（2007：192）のいう反省的学問理論は，本来おのれに向けられていた批判的言説を内面化することによって正統性を保つ学問領域であるという。ソーシャルワーカーへの本質的な批判と考えられた反専門職の思想を，全面的に受け入れることから反省的学問理論のプロジェクトは始動したという。三島によればポストモダンの新しいソーシャルワークには「エンパワメント」「ストレングス視点」「物語理論」などがある。「エンパワメント」は，周知のように黒人に対するものとして始まり，不利な状態や，抑圧されている集団や人に力を付与するものとしてとらえられている。「ストレングス視点」は木原活信（2003：75-76）によると，利用者の「長所あるいは強さに焦点を置き，その人の残存能力の強みを評価することにより，従来のネガティブなクライエント観からの脱却を図る」ものである。

　「エンパワメント」「ストレングス視点」についていえば，大阪府保健所PSW は，対象者に対して既述のように「エンパワメントなんですよね。変わるための2つの力に火付けする」というような実践を1970年代の初めに行っていた。副田あけみ（2003：190）によると，日本におけるエンパワメントによる実践は，1980〜90年代から始まっているということである。つまりエンパワメントに基づく実践も，大阪府保健所相談員は1970年代には先駆者として行っていたといえる。

②　ディープスマートで動く

　「ディープスマート」は，企業関係の研究で使われた概念である。以下にその説明を引用する。

265

組織のなかには，頭や手に直観や判断力や知識（目に見えるものもあれ
ば，目に見えないものもある）を蓄えている人たちがいる。このようなエキ
スパートと呼ぶべき人たちのもっている知識こそが，ディープスマートだ。
……中略……

　ディープスマートは，その人の直接の経験に立脚し，暗黙の知識に基づ
く洞察を生み出し，その人の信念と社会的影響により形づくられる強力な
専門知識だ。それは，数ある知恵のなかで最も深い知恵である。……中略
……その能力は正式の教育だけでは身につかないが，計画的に育むことは
出来るし，献身的に努力すれば，他人に移転することも再創造を促すこと
もできる。(Leonard, D. & Swap, W. 2005=2005：15-16)

　つまり，経験知と暗黙知とその職業に対するにミッションで形づくられる
"知恵と直感"である。そして，「ディープスマート」をもつ人の専門知識は，
もっぱら抽象的な問題だけを相手にしている人（例えば理論数学者）とは違っ
て，現実の問題に対処している。

　この考え方に従えば，「情緒障害の児童にかかわっていたことが武器になっ
た」という相談員は，その経験と知識で「流動食やないといかんと言っている
意味がわからん。下痢をしている，胃腸が悪いわけではない」「栄養士に相談」
「固形物を食べさせた」という方向で動き，見事「（相談員が）保育所に入れる
ためのいろんな運動をし元気になって保育所に行った」という社会参加に至る
までを支援することができた。単に他職種にお任せではなく，直接の経験に立
脚し，暗黙の知識に基づく洞察を生み出し，"知恵と直感"でもって栄養士と
協力して，効果を生み出す展開をしている。これが「ディープスマート」のな
せる業なのであろう。

　また，別のケースの対処にあたっては「お医者さんがつけた診断名と違って
も，結果的には私のほうが正しいんよ」と言い，自らの判断に信念ともいえる
自信をもっていた。結果が正しくないと困るが，経験に裏づけされた自信は素
晴らしいと思う。

　初期の相談員たちを支えたリーダーの一人である○₂さんもまた「ディープ

スマート」の持ち主であった。「○₂さんはアイデアマン，上手に人を動かした。○₂さんは素晴らしいワーカー」「設計図の書き方は天才的」というほかの相談員からの評価がある。そして，そうした「ディープスマート」を有している人たちと立場は異なるが，相談員業務すなわち福祉の視点からの活動に対する良き理解者たち，主管課の管理職，社会福祉の大学教員，嘱託医，その他の人たちのリードと支援のもとで大阪府保健所 PSW は業務を遂行して行った。

なお，安井理夫（2009：119-120）は，「ソーシャルワークにおいて主流とされるアプローチや技術は，普遍性，論理性，客観性という西洋科学の基準を満たそうとするあまり，利用者の実存状況から発想するという価値とは噛み合わない方法を発達させてしまうこととなった。その限界が，価値と知識。方法との乖離を生み出し，それらを統合するための技術を今度は属人的な資質に求めて，技術を職人技としてブラックボックス化させることになり，徒弟制度のような『非科学的』な方法でしか伝達できないという矛盾を抱え込むことになった」という。

しかし，真摯に取り組めば現場では，ごく自然に対象者の実存状況からの発想をすることになる。そして，それを助けるのが「ディープスマート」である。大学教育の中で実存的発想の基盤を学び，現場実践の中で徒弟制度に一見みえる場合もあるかもしれないが，スーパービジョンから丁寧に見守られ「ディープスマート」を発展させていくことが重要ではないかと思う。

③　不可視性をもつ

これは，現在でも言われていることである。ソーシャルワーカーの宿命かもしれない。行った業績で目に見えるものを残す（組織ができた，施設ができたなど）ということは可能であるが，ソーシャルワークそのものは，詳細な記録を残したとしても，そう容易に可視化できるものではない。

「周りの人がワーカーの技術を視覚化できる武器はワーカーにはない。一番羨ましかったのは保健師のカバン。七つ道具出してくる。私が持ってるのはノートと鉛筆だけ。聴診器持ってるのは信頼されるに有利。ワーカーは武器がない」と言った相談員の語りがある。

可視化の作業として，根拠に基づくソーシャルワーク（EBSW）が言われて

おり，大橋謙作（2005）も，実践には職人芸ではなく「EBSW」の視点が重要であると述べている。「ディープスマート」を職人芸と解するかどうかは別として，前述の「ディープスマート」をいかに伝えるかという志向や作業は必要であろう。EBSW を意識していなくても，結局はそうした作業が，EBSW につながってくると思うからである。

④　触媒性と発信の必要性

不可視性ともつながるが，ソーシャルワーカーは「あの人がいなくては」とか「あの人に任せておけば安心だ」という信頼を周りから受けることが重要である。対象者の主体性を損なうパターナリズムに陥らないように警戒しなければならない（そのために，まず，前述の人間性の教育のところで述べた，自分への絶え間ない問いかけが必要なのである。ただし，問いかけすぎることはよくない）が，信頼は，実績でしか得ることはできない。しかも，ソーシャルワーカーは舵取りであり，ケアマネジャーであり，代弁者でもあるが，介入の仕方は触媒的な面があるので，行っていることそのものは目に映りにくい。可視化しにくいものである。ゆえに，周りの人から「存在感がある，信頼できる，必要である」と思われることが存在証明になる。そうした専門職がソーシャルワーカーなのではないかと思う。

このため，ソーシャルワーカーは絶えず自分の実践を発信していくことが重要であろう。ソーシャルワークは「詳細な記録を残したとしても，そう容易に可視化できるものではない」と前述したが，それでも，行っていることの可視化のために，まず，記録し，発信し，実績として蓄積していかなければならない。EBSW のように科学化を意識するのではなく，そして研究者としての発信ではなく，実践者として何をなしたか，どのようになしたか，結果はこうなったという発信が，ルーティン業務ともいえるほど重要ではないかと思う。日常業務の記録を質的研究でいうコード化しカテゴリー化するような気持ちで，読み返しソーシャルワーカーの介在の意味を問いつつ，節目には活字化して発表し発信する。それは実践報告の域でよいものなので，そうした発信を絶えずしていくという姿勢が必要なのではないかと思う。現場の多忙さの中でもしなければならないことだと思う。

⑤　全人性と職業人格

「全人」とは，『大辞林第3版』によると，知・情・意を調和して備えている人であるという。教育機関の理念としてよく使われる言葉である。つまりはすぐれた人格の人ということである。前の節で述べた人間性の教育とも関連するが，ソーシャルワークは全人である傾向，全人性を要求される専門職でもある。

それはしばしばAさんの語りにみられた。「PSWが専門職として機能するには，スキルよりも人間性。度量を拡げていく。人間性にスキルがついてくる。スキルで人とかかわりをもとうと思うことはよくない」という言葉に表れている。現場に合わせた方法や技術の習得も必要であるが，感性，価値，倫理の教育は，基本的なこととして重要である。ソーシャルワークの基本は人格であり，ソーシャルワークがラポール（信頼関係）を大切なものとする意味はここにある。ただし，ここでいう人格とは専門職であることによって培われている人格，前述の「ディープスマート」をもった人格，いうならば「職業人格」とでもいうべきものである。なお，岡本民夫・平塚良子（2010：90）は，専門的自己を「……中略……価値・倫理さらには専門家として習得してきた専門的自己（professional self），その他の活用……中略……」という文脈の中で，実践活動をしていくうえで必要なものと位置づけている。保正友子（2013）は，専門的自己を，既述のように，生成されるものととらえて，その構成概念として，「何でも屋からの脱却」「客観的視座への移行」「黒子への転化」「上に立つ腹括り」「MSW視点の俯瞰化」「業務水準の保持志向化」「自信獲得」「受け止め方の涵養」を挙げている。筆者は，「職業人格」は，専門的職業あるいは長く一定の仕事に従事することによって培われるもので，その中に「専門的自己」を包含する人格であると思う。そして，職業人格は，対人支援においては，内面的に，より深く大きく成熟していく人格であると思う。

開拓型支援モデルの特徴

インタビュー調査からみえてきた大阪府保健所のPSW実践の特徴をもつ実践のモデルを開拓型支援モデルと名づけ，次にその特徴を整理してみた。ただ，開拓型支援モデルは特殊なモデルではなく，通常の支援モデルに比べて先駆性

と開拓性が非常に強かったという意味で使用している。「開拓型支援モデル」は原則，社会福祉が第一義的目的でない施設・機関で，社会福祉の視点を導入して始められる場合が多い。本書においては保健所における実践にあてはまった。前述したSWの特徴はもちろん有しているが，状況によっては必ずしも地域である必要はない。

　以下に開拓型支援モデルの特徴について述べる。

　①　個別発支援から新しいことへと向かう業務の拡がりを基本とする先駆性

「開拓型支援モデル」は，地域における個別発支援から始まり社会資源の開発に至るソーシャルワーク，つまり本書においてはコミュニティソーシャルワークの中から生まれたモデルである。

　1960年代後半から精神衛生相談員業務が開始され，実践の中からPSWがしなければならないことを感じ，掬い上げ，他職種，他領域，その他に学びながら築いてきたものが，実は現在日本でいうコミュニティソーシャルワークであったということである。社会福祉の支援方法として当時日本に紹介されていたのは，クリニカルなソーシャルワークが主流であり，地域には1951年に誕生した社会福祉協議会が行っていたコミュニティワークがあるのみであった。ゆえに，目の前の精神障害者が必要とする支援の方法を考え出す必要があった。理論に従っていったのではなく必要に迫られて行っていったのが，コミュニティソーシャルワークであった。つまり保健所PSWはコミュニティソーシャルワークを先駆的に実践してきたのである。

　なお，この経緯からすれば開拓型支援モデルは開拓型コミュニティソーシャルワークモデルと言い換えてもよいが，この後述べるように，コミュニティ以外でも該当するということで，呼称として用いることを避けた。そして「開拓」と「支援」を強調して，「開拓型支援」モデルという呼称を採用した。

　②　2つの開拓的ベクトルをもつ

　(1)職場での「ソーシャルワーク環境の開拓」（簡略にいえば，職場の他職種から「隣は何をする人ぞ」といった違和感をもたれた状況から，違和感をもたれず，他職種と協働しながらソーシャルワークができる環境への転換）を行う。

　(2)個別発でありつつ「周囲の社会資源やサービスの開拓（機関・施設の開設

までに至ることが望ましい)」をする。大阪府保健所 PSW の場合は，周囲を地域と置きかえることができよう。そして，地域の場合は，地域組織化だけではなくその先に，新しい施設等をつくること等が必要となってくることがある。時宜にあった説得力のある企画と戦略と多大の時間と労力をかけて，「必要なものはつくっていく」ということである。

つまり開拓型支援モデルは「(1) SW 環境の開拓」「(2)社会資源の開拓・創設」という 2 つのベクトルをもつ。

もう少し詳しく説明すると，SW の実践では「問題」に加えて，「対象者のいる場所」「SW の所属機関」によってその実施の仕方が変化してくる。「問題」は，どの SW も有していることなので説明を省くが，「対象者のいる場所」が，クリニックか，病院か，施設か，在宅か，地域[1]かということは SW 実践に重要な影響を与える。改正精神衛生法時代の保健所 PSW が対象者と接点をもったのは地域であった。社会福祉的には，前述のように社会福祉協議会の活動はあったが，直接的にサービスを提供するという面では未開地に近い「地域」であった。

「SW の所属機関」も SW 実践に大きな影響を与える。大阪府の PSW が所属した機関は公衆衛生領域の保健所であった。

したがって，くりかえすことになるが，保健所 PSW は，はじめて PSW が置かれた公衆衛生の職場での実践と，社会資源のないないづくしの地域での実践，という 2 つの面での実践において開拓者として存在した。そしてこのことは，それまで行われていなかったことを，その方法の開発とともにはじめて行うという先駆性を伴なわざるをえなかった。

③　枠にはまらない自由

これは，改正精神衛生法時代の大阪府保健所 PSW の推進要因として挙げられた，(1)自由，(2)主体性，(3)連帯，(4)意欲，(5)育成（する人），(6)環境，(7)時代，の 7 つの要因のうち，(1)から(4)を支えた基本にあったものである。法律に決められた仕事をすることの多い福祉事務所から保健所に来ることを望んだ人は，この枠にはまらない仕事の仕方を望んだからであった。組織である以上枠はあるが，できるだけ枠にはまらず主体的に裁量のできる自由な仕事の仕方は，

SW という専門職が SW として機能するために必要な「栄養源」なのであるが，組織や状況によってはかなりの程度の枠を狭められてしまう。

同様のことを，イギリスのソーシャルワーカーとして経験を積んだファーガスン（Ferguson, Iain）は，その著『ソーシャルワークの復権——新自由主義への挑戦と社会正義の確立』（2008）の中で，昨今のイギリスのソーシャルワークの市場化の状況やケア・マネジメント・アプローチのあり方を批判して，管理を強化する文化が，ソーシャルワーク本来の目標や目的からソーシャルワークを遠ざけると述べている（Ferguson 2008=2012：207, 15）。ソーシャルワーカーを雇用した側に，ぜひとも心しておいてほしいことである。

④　（さまざまな責任を）引き受ける覚悟

これは，保正（2013：100）が用いた「上に立つ腹括り」と同義である。保正は「ベテランが，何でも屋からの脱却の影響やポジションの変更で先輩や管理職になることにより，腹を括って物事に取り組むこと」としているが，保健所 PSW の場合は最初から保健所には同職種はおらず，直属の上司からも放任され，未知の現場であった地域精神保健医療福祉実践の，その保健所の精神保健に関する責任者のような立場にあり，自分でも専門性はよくわからず，所内の職務状況もよくわからぬまま（さまざまな責任を）「引き受ける覚悟」をするしか仕方がないという状況にあった。アルコール依存症者が来所したら，みないなくなって自分だけになったという語りがあったが，就任のごく初期からも，まったくの1人職種で，かつ新しい職種であるがゆえに「引き受ける覚悟」が必要であった。他領域にはじめて置かれた新しい職種の宿命でもあった。ソーシャルワークがはじめて導入される職場ではこうした覚悟が必要であろう。

⑤　同職種間の連帯

これは，今まで何度も話題に上った「大阪府保健所精神衛生相談員会」での，さまざまなつながりのことである。そこには知識や情報の交換，事例検討を通しての技術の向上や気づきの深まりなどを促し，自分たちの依って立つ根拠を支える強い連帯感があった。この同職種間のわかり合える仲での連帯感が初期の過酷な状況に耐える力を与えた。まさに保健所相談員をエンパワメントしたのであった。

⑥ 汎用性

「開拓型支援モデル」は，地域ほど必要でないかもしれないが，最初に述べたように，地域に限らず，SW がはじめて置かれた領域，機関では，先駆性と開拓性という点で最初に採用する必要があるモデルとなることも考えられる。また，SW が最初に採用された所でなくとも，SW 機能が希薄化している所では，再び先駆性と開拓性が必要となるので，採用されるべきモデルではないかと思う。

もう少し説明を加えると，例えば，ある相談員の語りにあった「（病院から，社会復帰に関する講演会に呼ばれて，終わった後で）全然その場では発言しなかった若い女性が実はここのワーカーです」「ワーカーっていうのは，こういう長期入院の人にね，どんな役割をしたらいいんでしょうかって訊かれた」というような病院の PSW が何をしてよいかわからない状況は，まさしく「開拓型支援モデル」を必要としていると思われる。当然といえば当然のことなのであるが，何が対象者に必要かを，対象者に接触し観察し考えながら，医療の場という社会福祉とは異なる土壌で，周りにその必要性を理解してもらいつつ，必要なものを作り上げていく。このことがなされなければならない。困難を伴うことが多いと思われるが，状況に応じてこれらのことを特に意識して行うこと，戦略として行うこと，これが「開拓型支援モデル」に基づく実践である。このように汎用性は高い。

以上をまとめて，開拓型支援モデルを「他領域にソーシャルワーカーがはじめて配置されたり，あるいは社会福祉領域で以前から配置されていても，ソーシャルワークの行いにくい状況において，個別発支援からはじまり，拡がりをみせつつ，ある一定期間行われる『汎用性』があり，『先駆的』『開拓的』要素が非常に強く，かつ，先駆性や開拓性に必要な『自由』と『（管理職でなくとも管理職的なさまざまなことを）引き受ける覚悟』と『（職業的，情緒的支えとなる）同職種間の連帯』を有しているソーシャルワークのモデルである」と定義することにする。

社会資源の開拓は地域における実践で要求されることが多いので，社会資源

の開拓をする基地として地域機関を挙げてきたが，医療機関の場合も，教育機関の場合も，司法機関の場合も，社会福祉が第二義的な領域では，そこで新しくソーシャルワークが始められる場合は，この開拓型支援モデルが必要である場合は多いであろう。そして，近年のように，障害者分野や高齢者分野の社会福祉サービスにおいてケアマネジメントが主流になると，所属は社会福祉施設であっても，地域空間そのものを所属機関とみなしたソーシャルワーク環境の開拓が必要かもしれない。

なお，開拓性には，前人未踏の土地を切り開いていく先駆性を伴った先発的開拓性と，その切り開かれた土地を耕して耕地にする後続的開拓性の2種類があるといえる。改正精神衛生法時代の開拓型支援モデルは前者の開拓性を強くもっていた。

ちなみに，Dさんの語りにあったように，Dさんが保健所勤務での最後の保健所に行ったときは，相談員の活動が定着し社会資源もすでに多くつくられており，Dさんは「開拓型支援モデル」に則ってSWをする必要はなかった。Dさんはもちろん個別のケースには対応していたが，Dさんに要求されたのは，施設運営の相談と調整が主であった。これらもまた，ソーシャルワークである。基礎が整ってから必要となるソーシャルワークである。

改正精神衛生法時代の保健所PSWたちはするべきことを求めて，しゃにむに歩み，実践してきたことを振り返れば，現在では「コミュニティソーシャルワーク」と呼ばれるソーシャルワークを開発し，また「開拓型支援モデル」と本書で呼称した新しい実践モデルを作り出していたということである。

3　他府県・他職種・他領域における現場実践と開拓型支援モデル

全国精神保健福祉相談員の配置状況

まず，開拓型支援モデルを用いる確率の高いPSWの相談員たちの配置状況をみる。

第2章で述べたように厚生省『昭和42年保健所運営報告』（1968：150）によると，1967（昭和42）年12月末現在，全国で165人の精神衛生相談員（当時）が

第**❻**章　大阪府保健所 PSW の業務観・PSW 観と開拓型支援モデル

おり，そのうち，5人以上の精神衛生相談員を配置したところは，大阪（20人），愛知（19人），東京（12人），福岡（10人），岐阜（7人），三重（7人），和歌山（6人），兵庫（6人），北海道（5人），新潟（5人）であった。相談員の職種は定かでないが，この数字は自治体の熱心さのある程度の目安にはなるであろう（ただし，神奈川県はこの時相談員は PSW で4人であったが，後に実績をあげた県であるし，政令市なのでここには計上されていない川崎市も PSW が活躍した市であった）。なお，46都道府県のうち栃木，群馬，石川，鳥取，徳島，佐賀の6県が非配置であった。

　地域精神保健が声高く叫ばれて1995（平成7）年5月に精神保健福祉法ができたのであるが，そのとき，全国精神保健福祉相談員会と全国精神保健福祉センター長会で行った「保健所精神保健福祉相談員（専従者）配置状況」調査における非配置状況では，1995（平成7）年7月1日現在，47都道府県と31特別区・指定都市・政令指定都市のうち，それぞれ23カ所と3カ所が非配置という結果を示していた。「全く精神保健の専従者は置いていない」が，全国78カ所[2]の自治体のうち26カ所，全国保健所数（支所を除く）843カ所のうち，3分の1が1995年現在，精神保健の専従者を配置していなかったのである。1967年当時の非配置状況よりは多いが，これでよいのか気になるところである。

　1995（平成7）年の調査では，福祉出身（福祉職として受験する大阪府の場合は，心理学を修めた人も福祉とカウントされている）のみの専従者を全保健所に置いているのは，大阪府（50人）と香川県（7人），小樽市（1人）千葉市（4人）川崎市（19人），堺市（10人），熊本市（2人）の7自治体であった。保健所に精神保健専従者を置いているが，全保健所に置いてはいない，あるいは全保健所に専従者を置いているがすべてが福祉職ではない自治体を合わせて福祉職の配置状況をみると，福祉職の多い順からいえば，大阪府（50人），横浜市（37人），愛知県（24人），神奈川県（19人），川崎市（19人），埼玉県（16人），新潟県（14人），千葉県（13人），神戸市（12人），堺市（10人）（以下省略）となる。

　保健師についていうと，保健師の専従者の多い順にみると茨城県（41人），大阪市（26人），広島市（16人），京都市（14人），北九州市（10人）（以下省略）となる。

275

相談員の合計は，全国で福祉職は276人，保健師は142人，心理職は61人，その他は47人となる。PSW の相談員は全相談員（526人）の52.4％，保健師は27％となっているので，これは，PSW の相談員への期待が高まっていた結果といえよう。そして，大阪府には最多の50人の福祉職相談員がいた。2017年現在も53人の精神保健福祉業務担当者のうち，40人の PSW がいる。

なお，全国の保健所数は1993（平成5）年の852カ所がピークであった（助川征雄 2010：4）。2017（平成29）年4月現在では481カ所である（厚生労働省健康局健康課地域健康室調べ）。

他府県——神奈川県との比較的検討

神奈川県，川崎市，大阪府，新潟県などは1966（昭和41）年から PSW の相談員を専任で配置した自治体（天野宗和 1998：91）である。改正精神衛生法施行当時は，活発な精神保健医療福祉実践は，民間ではなくて，最初に PSW を相談員として配置した自治体において芽吹いたと考えられる。ゆえに，ここでは，当時活発に精神保健医療福祉実践を展開した神奈川県の活動を，神奈川県保健所精神保健福祉相談員であった高木秀の論文を参照して，大阪府の実践と対比させながらその状況を把握してみる。なお，高木もその論文の執筆にあたって，比較する保健所のある自治体として大阪府を選んでいる。その理由は行政的環境が似ていること，大きな政令都市をもつという構造が似ていること，ともに専任の精神保健福祉相談員が配置されていること，先駆的な実践をしている所であるということを挙げている（高木 2001：56）。

ここでは，改正精神衛生法時代の神奈川県の状況をみながら，開拓型支援モデルについての考察を深める

① 神奈川県の状況

高木（2001：目次）は，神奈川県保健所における援助活動を大きく，

(1)個別援助活動の時期——第Ⅰ期：公衆衛生業務の再編（昭和20年～25年），第Ⅱ期：精神衛生業務の黎明（昭和25年～40年），第Ⅲ期：個別援助活動の発展（昭和40年～45年）

(2)精神障害者地域ケアシステムの創設——第Ⅳ期：集団援助（グループワー

ク）の時代（昭和45年〜55年），第Ⅴ期：地域作業所支援（コミュイティワーク）の展開（昭和55年〜60年）

(3)精神保健福祉施策の計画化の時代——第Ⅵ期：精神保健（心の健康づくり）の拡大（昭和60年〜平成２年），第Ⅶ期：精神保健〜精神保健福祉へ（平成２年〜７年），第Ⅷ期：精神保健福祉の時代（平成７年〜）

と分類している。

神奈川県は大阪府と同じように保健所PSWの先進県であった⁽³⁾。まず，改正精神衛生法以前であるが，医療社会事業員（大阪府では精神衛生相談員配置後用いられなくなったが，神奈川県ではこの名称は1980年「福祉職」に改名するまで継続した）は1953（昭和28）年に平塚保健所に配置され，1957（昭和32）年５月１日に平塚保健所内に神奈川県精神衛生相談所が開設された（この相談所は1965（昭和40）年の精神衛生法改正まで続いた）。その後，1960（昭和35）年に横浜市に神奈川県中央精神衛生相談所が開設され，これは後に神奈川県立精神衛生センターとなり現在の精神保健福祉センターとなっている（高木 2001：12）。ちなみに，大阪府も1948（昭和23）年に豊中保健所が医療社会事業のモデル保健所に指定され，1951（昭和26）年に医療社会事業員が１人配属されている。1952（昭和27）年には精神衛生相談所が設置され，「大阪府精神衛生５か年計画」に基づき府下４保健所（豊中，吹田，岸和田，布施）で，相談所からの派遣による精神衛生相談が始まっていた。

改正精神衛生法施行後は，神奈川県では社会福祉専門職の医療社会事業員は精神衛生相談員として，相談・訪問指導業務を活発に行ったが，病院を中心とした入院治療の限界が問題となって，地域で精神障害者を治療する「地域精神衛生」の理念が地域における保健所の精神衛生活動の原動力となっていた。個別活動によって様々な精神障害者の福祉援助に関する課題が発見されていったからであった（高木 2001：27）。この状況は大阪府も同じであった。ただ，異なる所は，神奈川県の保健所では，昭和40年代前半までに「生活臨床」に魅せられた保健師たちが個別援助である訪問指導に積極的にかかわっていったことであった。しかし，期待した成果は上がらず，保健師はその業務の中で精神衛生業務の比重を減少させて，1975年（昭和50）度をピークに保健所の精神保健

に関する相談・訪問件数（回数）は頭打ちになってしまったという（神奈川県のように保健師の参加がなかった大阪府では，年々精神保健に関する個別相談・訪問件数は増え続けた）。そしてこの状況の突破口として，精神衛生相談員が集団援助業務を構想し生活指導教室が誕生したという。神奈川県の精神衛生センターでは，1967（昭和42）年からデイケアを実施しており，川崎市でもいわゆる中間施設である社会復帰医療センターが開所しようとしていたので，この影響もあった。保健所の担当者は地域の家族や障害者自身の要望に応えようとして「保健所デイケア」という言葉ではなく，1971（昭和46）年，秦野保健所で「集団生活指導教室」という名称を使って地域における精神障害者の集団援助活動を開始した。個別援助の業務に「生活指導」という項目があったことや，グループワークに関する業務に「教室」とつけるのが流行していたことが関係していたのではないかといわれている（高木 2001：28）。なお，神奈川県で1968（昭和43）年に断酒会，1970（昭和45）年に家族教室（グループワークの先駆けと位置づけられている）も保健所で始まり，毎年のように実施する保健所が増えていった。神奈川県では当事者のグループワークと少し早いか，あるいはほぼ同時並行で家族教室ができていった。全12保健所すべてで実施するようになったのは，1980（昭和55）年からであった。そして，3年から10年の年数をかけてコミュニティワークの先駆けと高木が述べる地域家族会の発足へと至っている（高木 2001：25，巻末資料）。これは，神奈川県では「地域精神障害者家族育成指導事業」が1970年に予算化されていたことと大いに関係があると思われる。

②　神奈川県と大阪府の異同

　昭和40年代は，大阪府では3歳児健診や就学前障害児への取り組みがまだまだ続いていた。しかし，成人精神障害者に対しても1969（昭和44）年に集団援助の試みはなされ，少しずつ実施するところが増えていった。大阪府では1975（昭和50）年にグループワークが予算化された。

　アルコール依存症対策は1966（昭和41）年には民間病院で，アルコール依存症専門病棟がつくられ，1973（昭和48）年には公衆衛生研究所でアルコール依存症外来が始まっていた（著名なアルコール依存症専門の医師がいた）が，アル

コール依存症問題に取り組むのは1975年後半（昭和50年代）になってからであった。成人精神障害者に関していえば，神奈川県の保健所のほうが一歩先んじていたようである。この後，神奈川県保健所では1976（昭和51）年の患者クラブ，1980（昭和55）年の地域作業所，1981（昭和56）年の職親事業の開始へと業務を展開させていった。

大阪府でも1979（昭和45）年代後半，6カ所の保健所に2人制配置ができたあたりから，より業務力をアップさせて，相談員のPSW業務の先駆的，先進的な自治体となった（高木 2001：56-60）。相談員たちの目指す方向は，神奈川県も大阪府も日々のサポートと，当たり前の生活を保障するための社会資源の創設であった。

神奈川県の場合は大阪府と異なり，保健師の協力は最初から得られていたようであった。したがって，PSWの相談員は保健所組織からは浮き上がった存在でもなかったようである。ただ大阪府と同じように，異質な仕事をする人たちという目では見られていたように思われる。例えば，家族会育成に対しては，保健所長のイメージは大多数が「家族会＝圧力団体」であった。精神衛生法改正時における家族会の活動は圧力団体の活動としてとらえられていたのである。家族会が一定の政治的パワーをもっていたことからすれば，的外れの評価ともいえない（高木 2001：25）が，実際は，保健所の地域家族会はそこまでの力は貯えておらず，中間施設の創設に向かって，自らの手でつくろうという構想は，保健所の担当者の胸の内にあるものであった。業務は所長たちを説得して家族会結成へと向かった。神奈川県では保健所長の反対だけが理由ではないが，1970年に「地域精神障害者家族育成指導事業」（大阪府にはなかった）が予算化されているにもかかわらず，家族教室から家族会への結成には，全保健所平均で7年半の歳月がかかったという。

また，神奈川県では集団指導教室と呼ばれていた当事者のグループワークが，月1回，女性を対象者にして，栄養士の参加を得て1971年に始まった。地域にいる精神障害者たちの食生活の貧困さ，ご飯の炊き方もわからない状況を改善しょうということと，誰もが興味をもてることとして始まった。しかし，当時は「料理教室」で「精神病患者に刃物なんか持たせて良いのか？」という声も

保健所内から出る状況であった。したがって，「まず女性からやってみて」という空気が支配していたものと思われる（後には週2回実施する保健所も出現した）。そして栄養士の参加を，栄養指導もあるが所内の理解者を増やすという目的もあって要請した。このことは，保健所内における集団生活指導教室を開始するには，どれだけ多くの保健所職員の理解と協力が得られるかが鍵になるので，所内の「フォーマル・ネットワーキング」だけでなく「インフォーマル・ネットワーク」の活用も図って，ラインにいる上司である「フォーマルなキーパーソン」に対して，「インフォーマルなキーパーソン」の存在を見極めることも必要である（高木 2001：30）と考えたからであった。このあたりはまさしく開拓型支援モデルの第一のベクトル，職場のソーシャルワーク環境の開拓である。

　この後，神奈川県では外に向かった社会資源開拓の時期，コミュニティワーク[4]の展開という第二のベクトルに向かった時期を迎える。職種名も1980年に「医療社会事業員」から「福祉職」に変更され，複数配置も促進されていった。つまり開拓型支援モデルに後続する相談員業務の開拓の隆盛期が始まったのである。

　以上が，大阪府以外の神奈川県で相談員の PSW が行っていた精神保健医療福祉実践である。神奈川県と比較してみると，大阪府では，相談員ははじめの頃には孤独な出発を強いられたので，保健所内での内なる開拓を特に必要としたのであったが，神奈川県でも PSW の精神保健福祉業務を理解されることにかなり留意して動いていたことが示されている。他府県でも PSW の相談員がいるところでは，大なり小なり同じような動きがあったといえよう。

　なお，神奈川県の相談員たちも大阪府と同じように手探りで業務を始め，相談員同士の連携も深く毎週1度，夕方の6時から9時まで抄読会やカンファレンスが開催され，新進気鋭の医師や SW が参加してお互いに学びあっていた[5]（滝沢武久 2003：56）が，大阪府の相談員会のように保健所組織の中で一匹狼というか，はみ出し子というか，組織から浮いた形で，相談員お互いがしっかりと身を寄せ合っていった状況は，大阪府独自のようであった。これは最初に

保健師の協力が得られた所と，得られなかった所の違いであろうか。

他職種の精神保健医療福祉実践および他領域と開拓型支援モデル

① 他職種の精神保健医療福祉実践

他職種の中でも保健師が相談員になることが多かったので，保健師について述べよう。改正精神衛生法時代の保健師の行った精神保健医療活動として，宮城県での保健師と嘱託医の訪問活動，群馬県での生活臨床をベースにした実践，高知県での駐在保健婦活動などがあった（助川 2010：4）。東京都も，最初の1年を除いて保健師が精神保健業務を担当した。形態はデイケアの運営などPSWと同じ動き方であった。ただ，保健師は医療モデル，公衆衛生モデルで動くほうが動きやすいようであるし，そちらに親近感を覚えるようであった。神奈川県でも最初保健師は精神保健業務を「生活臨床」に基づいて行っていた（高木 2001：6-7）。しかし，本書におけるインタビュー調査対象者の元大阪府保健所PSWの一人は，わざわざ自費で大阪から群馬県まで出かけて自己研修として生活臨床を学んできたが，生活臨床は医療モデルであると結論づけていた。PSWの場合は違和感をもったようであった。

また，保健師の精神衛生相談員取得研修を大阪府が行っていた頃（1974年から始まった），その当時相談員として保健所に勤務していた筆者は，他市や他府県の保健師の精神衛生相談員実習を担当したことが何度かあるが，保健師の視点は，やはり疾病管理にあったと思う。いわゆる公衆衛生モデルである。そういう教育のもとに育ってきているのでそれは当然であろう。精神保健医療であればそれでいいが，精神保健医療福祉という福祉の視点が必要になったとき，発想の転換は難しいものがあろうと思った。

同じく筆者が保健所相談員時代に，リーダー格の大阪府保健所相談員と一緒に，大阪市の保健所相談員の保健師たち（既述のように大阪市はすべて保健師が相談員であった）と，会合をもったことがあった。昭和50（1975）年代前半のことである。卓越した力をもつ大阪府のリーダー的相談員に地域精神保健医療福祉活動の進め方についての話が聞きたいと，大阪市の保健師の相談員から申し入れがあったのが会合の開催の理由と聞いている。そのとき，保健師の相談

員たちは，大阪市が保健所相談員としてPSWを置くことを強く希望していた。ただ，保健師の相談員がPSWの業務の進め方を知りたいと思ったのは，地域精神保健医療は公衆衛生モデル（地域住民の保健に関する意識の向上のために衛生教育を行う。この衛生教育はその活動に地区組織化活動を手段とするので，手法としては社会福祉のコミュニティ・オーガニゼーションと似ている）だけでは，行き詰まりがあることを感じていたからではないかと思う。つまり，「コミュニティ・オーガニゼーション　地域組織化」の次にくるものが必要で，しかし，それは自分たちの業務範囲ではないと感じていたからではないかと思う。堺市の場合も1974（昭和49）年から各保健所に社会福祉学等を修めた人を配置した。多数の精神衛生相談員資格をもっている保健師がいるにもかかわらず，公衆衛生・精神保健分野には社会福祉的視点が必要であるという保健師等の要望によるものであった（小出保廣 1999：17）。

　結論としては，個人差はあるが，他職種は開拓型支援モデル的実践の，特に資源開拓を率先して行うことを最優先することにはなじみにくいであろうということである。ここで開拓型支援モデル的実践といったのは，開拓型支援モデルは，業務独占ではないが原則SWによって用いられる実践モデルだからである。

②　他領域と開拓型支援モデル

　ソーシャルワーカーが全国レベルで配置されたのは，戦後医療社会事業員（MSW）としてであった。神奈川県保健所では，相談員は既述のようにこの名称を長らく使用していた。大阪府では保健所MSWは，保健師が任命されておりSW業務とは少し距離があった。

　障害者領域では，昭和40（1965）年代後半，知的障害児や重症心身障害児を抱えた家族などが，施設に入れなかった子らの待機中の代替活動として地域で生活訓練（在宅）援護事業として始めたものが，いわゆる福祉作業所に発展し，それに似せて始まったのが精神障害者地域小規模作業所であった（滝沢 1997：17）という。こうした活動はまさしく開拓なのであるが，民間は社会福祉の団体であるので，組織内部への理解を求める開拓，すなわち組織内部でのソーシャルワーク環境の開拓（新しい試みや新しい事業の説明は必要であろうが）はさ

して必要としなかったであろうと思われる。

4 業務観・PSW 観と開拓型支援モデル

第1節で調査結果と資料の検討による大阪府保健所 PSW たちの業務観・PSW 観を述べた。それには，「不足している社会資源は作り出す」「専門職性優先」「迅速に対応」「職場研修・教育は必要」「PSW としては精神科領域の病気を知ることは必要」「公的機関の SW の役割」が述べられていた。このうち「研修」について述べると，「研修」が必要なのは自明の理といえばいえるが，実践しながら受ける「研修」の重要性，しかも自分たちで企画し，計画するという自主性，主体性の高い「研修」の重要性が調査対象者の語りからうかがえた。

第2節では，まず，インタビュー調査からみえた大阪府保健所 PSW 実践の特徴について述べた。SW に共通する特徴として，「反省的専門家（実践者）」「ディープスマートで働く」「不可視性をもつ」「触媒性と発信の必要性」「全人性と職業人格」を挙げた。これらは実践の中から導き出されてきた SW の特徴である。

次に改正精神衛生法時代の大阪府保健所精神衛生相談員の実践を「開拓型支援モデル」と名づけ，その特徴を①個別発支援からの拡がりを基本とする先駆性。大阪府保健所 PSW の場合は先駆的なコミュニティソーシャルワークを行っていた，②職場内と職場外への開拓という開拓の2つのベクトルをもつ開拓性，③枠にはまらない自由，④さまざまな責任を付言すれば，引き受ける覚悟，⑤同職種間の連帯，⑥汎用性，として挙げた。なお，1982年のイギリス「バークレイ報告」にはじめて登場したコミュニティソーシャルワーク（ただし，日本でいえば，コミュニティワークに近い面があった）が，1960年代末には，それとは気づかれずに，日本の保健所の PSW 実践として行われていたのである。

最後に，開拓型支援モデルと名づけた改正精神衛生法時代の保健所 PSW 実践と他府県・他職種，他領域の実践との関係を述べて，開拓型支援モデルについての考察を深めた。まず，全国の精神保健福祉相談員の配置状況を調べ福祉

職の配置状況をみた。公衆衛生領域での健闘ぶりを知るためであった。その中から類似性が高いといわれる神奈川県（高木秀 2001：56）を選んで比較検討をした。開拓型支援モデルは神奈川県保健所の PSW 実践にもみられたが，そのもつ職場環境への開拓性はより大阪府のほうが必要とされていた。保健師に関しては，堺市のように，保健婦自身，PSW の配置を歓迎する様子があった。一般論としては，社会資源開発を視野に入れる開拓型支援モデルは他職種にはなじみにくいと思われた。民間の社会福祉実践に関しては，少なくとも社会福祉の職場は社会福祉という同じ視点を有する仲間から構成されているので，職場環境の開拓はほとんどの場合，意見の不一致等は別として，大阪府改正精神衛生法時代の保健所 PSW ほど必要はなかったと思われる。

注
(1)　施設と在宅を合わせて地域というとらえ方もあるが，ここでは，施設は地域に含まれない。
(2)　東京都では専従の精神衛生相談員を最初の 1 年を除いて配置しなかった。日常の保健師活動の一環として行われていた（青山玲子 1988：126-127）。
(3)　1960（昭和35）年，世界精神連盟が，世界各国が力を合わせて精神衛生普及の運動を展開することを決め，日本も賛成した。各都道府県にはその下部組織ができていない所も多かったが，1961年には大阪府精神衛生協会の，1962年には神奈川県精神衛生協会の世話で日本の精神衛生全国大会を開催している。両府県は，この頃からすでに，精神保健に関しては先駆的な府県であったようである（日本精神保健福祉連盟 2003：82）。
(4)　個別から出発しない社会資源の開拓をコミュニティワークとしているが，神奈川県の保健所では直接個別対応もしているので，コミュニティソーシャルワークと呼ぶことは可であろう。
(5)　『ルポ・精神病棟』の大熊一夫や，『クラーク報告』のクラーク博士も出席して話題提供している。

第7章
地域精神保健医療福祉の現状と未来への提言

本章では，まず，3障害一緒になった現在の地域PSWの現状と未来と開拓型支援モデルについて述べる。次に，テーマとは少し外れるが，実践をバックアップするものとして大学教育に今，要請されることとして，実践現場との連携と感性教育について述べる。

1　現在の地域精神保健医療福祉実践

地域における精神障害者福祉の現状

既述のように，2002（平成14）年を境にして，市町村への権限移譲と障害者政策の統合化の流れを背景にして精神障害者の社会復帰業務は都道府県の保健所から市役所へと移行していった。入院は保健所が扱うので入院時と退院時の担当者が異なることになる。支援の横割りである。精神保健福祉センターも各都道府県に1カ所必置されているが各専門機関，専門職のSV的機関という位置づけである。

周知のように1993（平成5）年の障害者基本法で精神障害者は障害者福祉の対象となり，1995（平成7）年の精神保健福祉法の改正により「自立と社会参加の促進」という1981年の国際障害者年の理念が法の目的に取り入れられることとなった。こうして3障害分野の統合化が明確になってきて，厚生省でも縦割り行政を改めて1996（平成8）年に，児童家庭局（障害児，知的障害者領域を所管），社会・援護局（身体障害者領域を所管），保健医療局（精神障害者領域を所管）の3局を一本化して，大臣官房障害保健福祉部を設置した。障害の種別を超えた施策の一元化の流れを進めるためであるが，この考えは障害者総合支

援法（「障害者の日常生活及び社会生活を総合的に支援するための法律」）にも大きく引き継がれた（大谷京子 2015：76-78）。

　支援費制度を経て，介護保険制度との統合を目指したといわれる障害者自立支援法の成立をみたが，障害者自立支援法は，財源構成を除けばほぼ介護保険に近いものとなった。これも周知のように精神障害者の利用するサービスも一元化されて，介護給付などのサービスを希望すると障害程度区分（総合支援法では「障害者支援区分」となった）の審査・判定の判定を受けなければならず，精神障害者は軽度とみなされがちであった（金子努 2015：82）。既述の向谷地の言葉にあるような精神障害の特質・しんどさが十分に反映されなかったからである。障害者支援区分において3障害同じように扱われることが，精神障害者にとって適切かどうかは，この頃より今なお課題を残している。

　3障害が統一されて，福祉サービスが同じに受けられるようになったといっても，これまで同様，そして，障害者総合支援法の現在，障害者を対象としたサービスは，自立支援給付と地域生活支援事業に分かれており，自立支援給付には介護給付，訓練等給付，自立支援医療（更生医療，育成医療，精神通院医療），補装具がある。相談支援には，地域相談支援（地域移行相談，地域定着相談），計画相談支援（サービス利用支援，継続サービス利用支援）がある。地域生活支援事業には市町村事業と都道府県事業がある。市町村事業には理解促進研修・自発的活動支援・相談支援・成年後見制度利用支援・成年後見制度法人後見支援・意志疎通支援・日常生活用具の給付等・手話奉仕員養成研修・移動支援・地域活動支援センター・その他の日常生活または社会生活支援がある。都道府県事業には専門性の高い相談支援・広域的な支援・専門性の高い意思疎通支援を行う者の養成，派遣・意志疎通を行う者の派遣に係る連絡調整，その他がある（全国社会福祉協議会ホームページ 2015）。

　この中で，地域相談支援（地域移行相談，地域定着相談）と計画相談支援（障害福祉サービス等の利用計画の作成），地域活動支援センター，福祉ホーム，後述の基幹相談支援センターなどがPSWと特に関係の深い事業・機関である。しかし，その多くは民間を指定，もしくは指定・委託の形で運営している。なお，一般相談支援とは基本相談支援と地域相談支援を行い，特定相談支援とは

基本相談支援と計画相談支援を行う。また，基幹相談支援センターとは，地域における相談支援の中核的な役割を担う機関として，地域の相談支援事業所間の連絡調整や地域の関係機関間の連携支援などを行う機関で，任意設置で市町村または市町村の委託を受けた者（社会福祉法人，NPO法人など）が行う（辻井誠人 2015：104-108）。相談支援専門員（福祉職以外の人も現場経験があり研修を受ければなることができる。介護保険のケアマネジャーに類似している）等の数には一定の決まりがある。

　地域における精神障害者領域の機関では，地域活動支援センターがまず挙げられる。I型，II型，III型がある。I型は専門職員（精神保健福祉士等）を配置し，医療・福祉および地域の社会基盤との連携強化のための調整，地域住民ボランティア育成，障害に対する理解促進を図るための普及啓発等の事業を実施する。なお，相談支援事業を併せて実施または委託を受けていることを要件とする。II型は，地域において雇用・就労が困難な在宅障害者に対し，機能訓練，社会適応訓練，入浴等のサービスを実施する。III型は(ア)地域の障害者のための援護対策として地域の障害者団体等が実施する通所による援護事業の実績をおおむね5年以上有し，安定的な運営が図られている。(イ)このほか，自立支援給付に基づく事業所に併設して実施することも可能である（厚生労働省社会・援護局障害保健福祉部 2006）。I型は従来からの地域活動支援センターであることが多く，ソーシャルワークも行われている。II型は精神障害者の場合は，後述する障害者就労支援事業とともに授産施設から移行している場合が多い。すべて対象は3障害である。

　就労支援には，地域障害者職業センター，障害者就業・生活支援センター，在宅就業支援団体などがある。障害者総合支援法に定められた障害者就労支援事業には，就労移行支援と就労継続支援があり，後者にはさらにA型（雇用契約を結び利用する）とB型が（雇用契約を結ばず利用する）ある。このほか，地域には従来から地域の福祉を担ってきた社会福祉協議会の活動や老人福祉施設等による社会貢献事業[1]もあり，介護系の地域包括支援センターの活動もある。

現場のかかえる問題点

　最初の問題点は対象者の個別化が希薄になっていくことである。精神障害者はICFモデルの障害者観や障害者自立支援法で3障害同じとみなされて以来，福祉の対象となった。このことは非常に喜ばしいことであった。しかし，差別ではなく差異は認めてそれ相応の対処をすることが必要なのであるが，良い意味での個別性もなくなってしまった感のあることである。障害者自立支援法では，福祉サービスを提供する事業者に対する報酬が月単位でなく日割り計算となった。利用者が毎日来ることができる人ばかりではない精神障害者を主体とする事業所では減収となったところも多かった。その対策として事業所側は安定した利用者の確保に努めたり，稼働率を上げるために定員を超える利用者の確保に努めたりした。そのため不安定な人や，個別対応や周囲の環境調整を必要とする利用者など，本来的な意味でソーシャルワークの必要な人ほど排除されるといった問題が起きた（金子努 2015：83）。「やどかりの里」の増田一世は「施設の利潤を護ることが，目の前の利用者を選別し，切り捨てることになる。大切にしてきた職員と障害者の協働が分断される可能性がある」と危惧していた（金子 2015：83）。また，既述のように障害程度区分では，精神障害者は軽度と判定されがちであった（金子 2015：82）。

　こうした危惧や批判を考慮して，障害者総合支援法では，障害程度区分を障害支援区分に改め，実情に沿うように検討を重ねることとなっているが，精神障害者の特性をとらえたうえでの判定には困難が予想される。

　次の問題点はソーシャルワークがこま切れになっていくことである。障害者自立支援法から障害者総合支援法と進むにつれて，地域には相談支援という言葉が氾濫している感がある。相談支援は介護保険法をモデルにしたケアマネジメントの実施の仕方を基本にしているので，このことに対しては，(1)民間は営利を無視することはできない，(2)ケアマネジメントなので，申請者以外の家族にはノータッチである，という特徴をもつことになる。つまり家族を全体的にとらえる視点が乏しいし，かかわる期間も申請されている間に限定され，対象者にも限定がある。そして，担当者はプランの作成と会議とその資料の作成等のデスクワークに追われている。

第7章　地域精神保健医療福祉の現状と未来への提言

　若い人の中には，大学を出て，すぐにケアマネジメント，特にケアプランの作成や会議に追われれば，それでこと足れりと思う人が出てくるかもしれない。なぜならば学ぶべきソーシャルワーカーのモデルが職場に希少だからである。こうして，地域のPSWは減少してマイノリティになっていくかもしれない。

　第3番目の問題点はさまざまな職種が増えすぎていくことである，今回の精神保健福祉法改正では新たに早期退院に向けて，精神科病院の管理者に退院後生活環境相談員（医療保護入院者の退院後の生活環境に関する相談および指導を行う者〔精神保健福祉士〕）等の必置や，地域援助事業者の紹介を努力することとして義務づけた。また，精神障害者地域移行・地域定着支援事業により「地域体制整備コーディネーター」が，保健所等の公的機関や相談支援事業所に配置されている。「地域移行推進員」も相談支援事業所に配置されている。精神障害者を取り巻いてあまりにもさまざまな職種ができて，「船頭多くして船山に上る」にならなければよいのだが，と危惧される。

　これを防ぐには，よほど有効な，実際的な連携が必要である。このためには，次節で述べるが，核になってリードする部署と人が必要である。

2　今，必要なこと

　ソーシャルワークは流れゆく時間と制度・政策の影響を受ける。しかし，対人支援の基本の部分は変わらない。改正精神衛生法時代の地域精神保健医療ソーシャルワーク，開拓型支援モデルを振り返ってみて，今，必要なことを列挙してみよう。

一貫したPSW実践──ケアチームの一員としての，かかりつけSWの配置
　2010年代の精神保健地域福祉の現場は，保健医療は都道府県，福祉は市町村といった分離が進んでいる。保健と福祉の統合が進んでいた1990年代と逆行している。政策面では後述のケア・サービスとしての医療と福祉は，同じ土俵にあがったのであるが，役割分担においては乖離が生じている。精神障害の領域では2002（平成14）年に社会復帰部門が市町村業務となり，保健所は引きこも

289

り，自殺などの治療や入院などの医療ケアの必要な人への対処をすることになり，退院後は福祉ケアを行う相談支援専門員にケアを依頼するので，そこで対象者との関係が途切れてしまう状況になった。保健医療面のニーズが強いときは保健所で，社会福祉面のニーズが強いときは市町村で，と保健医療も福祉も両方の必要な人が，時期によって担当者が変わることになった。

　一貫してその人とともに歩むのがソーシャルワークの特色であり，長所なのであるが，その発想は完全に途切れてしまった。相談支援事業所の多くは，既述のように介護保険モデルのケアマネジメントが中心になされており，ケアプランの作成と関係機関との会議に多くの時間が割かれるようである。ともすれば利用者がケアプランを遂行することに関心が集中しがちであろうことは容易に想像できる。その間に対象者に多大の影響を与える家族の問題があったとしたらどこが相談に応じるのであろうか？　相談支援事業所の担当者は，申請者でない人の相談には，ボランティアとしてなら別であるが，業務としては報酬の関係もあって応じにくいであろう。

　現システムでは，精神障害者にとっては課題別に担当セクションが分かれ，次々と担当者が変わるベルトコンベアに乗っているような感じである。心ならずも再入院ともなれば，担当は保健所相談員から病院 PSW となり退院すればまた担当は相談支援事業所となる。

　改正精神衛生法時代は，入院中は，保健所 PSW が自由に会いに行き（不自由な病院もあったが），病院の医師や PSW と連携し退院の準備を進めて退院を支援した。退院後は保健所 PSW も関係するデイケアに行ったり職親に行ったりしたが，その間もずっと必要に応じて保健所 PSW はかかわった。保健所 PSW は対象者を取り巻く関係のある人たちの相談にも応じてきた。調査対象者の一人である G さんは，インタビューの際に「最初に行った保健所で，そこにずっといて，一生，対象者の人と付き合うつもりであった」と話していた。

　繰り返すことになるが，現システムでは，地域の障害者ケアはケアプランをつくりケアマネジメントをすることが主業務となっており，継続してマネジメント以外のケアをしていくという面が薄くなっている。ケアプランをつくることが主流となれば，サービス提供に重心がかかり，対象者の成長・成熟，エン

パワメントを考える視点も希薄にならざるを得ない。つまり，形態と質において
ソーシャルワークではなくなっている（ただ，相談支援事業所や基幹相談支援
センターなどは，各市町村によってその性格は異なるので，すべてにあてはまるわ
けではない）。

　福祉サービス利用者は，信頼関係の結べる SW を初期の段階で見つけて，
その人と一緒にいろんなセクションを移行していくという形のほうが望ましい。
「かかりつけソーシャルワーカー（PSW を含む）」の登場である。医療ルートに
乗る時点から入退院の相談，退院後の生活の仕方も，自分を見守っていつもサ
ポートしてくれる信頼できる人が身近にいれば，どれほどの安心感が生み出さ
れることであろうか（これは精神障害者だけでなく，他障害の人たちにも，高齢者
の場合にもあてはまるであろう）。相談支援専門員[3]，もしくは誰かが SW の役割
を担い（特に，精神障害者領域は一職種だけでケアできる領域ではないので），医
師，その他のサービス提供組織の担当者たちと，その都度その都度のチームで
はなくて，ある程度恒常的にチームを組み，対象者のケアにあたる（伊勢田堯
2008：14）ことがもっとも望ましい。

　改正精神衛生法の時代より精神疾患が軽症化し，以前ほど隠れ棲む人がいな
くなったとはいえ，精神科の領域では一定の期間の医療は必要な人が多いので，
医師その他の医療職を含めた人たちとチームを組んでケアするシステムがある
ことが望ましい。ACT のような形であるが，ACT の対象者よりもっと軽症
であってもよい。精神障害においては，特に一貫してかかわる人とチームが必
要である。これはパターナリズムからの発想ではなく，精神障害の場合は特に
障害特性に注目すべきで，特性に応じた細やかな対応が必要だからである。

公的機関もしくはそれに準ずる機関の役割の検討

① 　かかりつけソーシャルワークの基地として

　既述のように地域の現在は，ソーシャルワークにとっては危機的状況である。
こうした状況の中での改善策の要は公的機関にあるのではないかと思う。大阪
府の保健所の PSW の果たしてきた役割については前章で述べたが，ここでは，
未来に向かって何ができるかを，前項で述べた「かかりつけソーシャルワーカ

ー（PSW を含む。以後，省略）」に焦点をあてて考えてみたい。そしてこの「かかりつけソーシャルワーカー」は，直接的実践をする施設や機関に所属していることを前提としている。

　では「かかりつけソーシャルワーカー」はどこに配置すればよいだろうか。広井良典（1997：136-138）によると，「福祉」には 2 つの意味があり，一つは，従来からあるもので「低所得者性に着目した施策」であり，生活保護であったり施設の入所であったりホームヘルプサービスであったり，内容はさまざまである。もう一つの意味は「対人社会サービス」であり，内容に着目した意味で，イギリスのシーボーム報告がいわば火付け役となったものである。この発想の切り替えによって，さまざまな福祉サービスが横断的な切口で統一的にとらえられるようになった（ジェネラリスト・ソーシャルワーカーの登場となった）。そして，福祉は医療と同じサービス仲間として同じ土俵に乗り平面的に並ぶこととなったという。

　同じく広井（1997：139-140）はサービスのうち，対人サービスをケア・サービスと呼んでいる。対人サービスはケアそのものであるといえるとして，ケア・サービスをケア産業と呼んでいる。広井はここからケアの科学へと論をすすめるのであるが，筆者はケア・サービスに戻って現在の精神障害者領域におけるケア・サービスの問題点に再び着目する。

　ケアであるから低所得者層も含まれることが多い（ケアが必要となった段階では，多くは生産性が脆弱化している場合が多いからである）し，その結果，サービスの対価を支払う必要がある体制の下でサービスの対価を支払えない人が多いということで，ケア・サービスは障害者総合支援法では応能負担になった。しかしながら，前述のように，精神障害者の領域においてはサービスを提供する事業所は，経営を考えれば安定して事業所に通える利用者に来てもらうことが必要なので，不安定で通所しにくい最も丁寧なソーシャルワークの必要な人たちを切り捨てることになった。「低所得者性に着目した施策」から「対人社会サービス」へ転換してきて生じた問題点である。

　このような，最もソーシャルワークを必要とする人が切り捨てられることを防ぐには，個々の事業所の社会福祉従事者としての使命感に訴えることも大切

第7章　地域精神保健医療福祉の現状と未来への提言

であるし，個々の事業所の報酬を月単位計算に戻すという制度の改正も必要であるが，それらと同時に，次のような機関の存在が必要である。つまり，収益にとらわれないで，地域全体を見渡せて，行政からの情報が得やすく，かつ責任を取りやすい立場にいるということ，モデル事業など先駆的な試みを行いやすい状況にいるということ，また，そうすることが義務であるという機関の存在である。それはつまり公的機関かそれに準ずる所である。イギリスでもまずは自治体のソーシャルワーカーがコミュニティソーシャルワークを始めた。大人数を集める必要はないが利潤に追われず仕事ができる人が，特にものごとの立ち上がりには必要である。このことを検討する必要があるだろう。

　障害者領域では，現状からすれば，基幹相談支援センターが公的機関となりそこの相談支援専門員がその役割を担えることが望ましいように思えるが，しかし，平成25年度障害者総合福祉推進事業の基幹相談支援センターに関する調査によれば，全国機関相談支援センター196カ所（回収109カ所）のうち，行政直営は22カ所（平成26年）であった（橋詰正 2014：7）。前述のように，公的機関に準じるところでもよい。「ここがみなさんの意見を集約するところです」という機関を行政が後押しして，そこがリーダーシップをとる所であると周囲の合意が得られていれば，民間でもよいと思うが，とにかく地域の当該機関・施設の連携を保ち，望ましい SW としての方向性を出す（もちろん強制されてではなく）ことをバックアップする機関が必要である。そこでは実際に収益を意識しないソーシャルワークが行われていることが期待される。そこから，前述の，「かかりつけソーシャルワーカー」体制を民間にも広めていくことが望まれる。

　ゆえに，公的機関もしくはそれに準ずる働きをする機関が，現行の報酬制度の改善等を目指しながら，実際には手厚いケアが必要な人に自らソーシャルワークを行い，要請があれば民間機関の，かかりつけソーシャルワークをいつでも支援できる体制を築いていることが望ましい。

　②　開拓型支援モデルの実施機関として

　前節で地域現場でのソーシャルワークが行われにくい現状について述べ，本節でも公的機関もしくはそれに準ずる機関のこれからの役割について述べた。

293

いずれも，ケアマネジメントや，入院前と退院後の担当者が異なるといった細切れ的ケアが通常のこととなり，一貫したソーシャルワークのできにくい状況への危惧から述べている。

障害者領域の基幹相談支援センターがソーシャルワーク機関として機能しにくいとすれば，地域に残されている精神科関係の公的機関は保健所である。

今，保健所にいる福祉職の精神保健福祉相談員が地域の福祉職の活動に参加することは大切なのではないかと思う。社会復帰業務にかかわらないことになっていても，行政の一員として地域の支援会議への参加も要請があれば可能であろう。そこでケアマネジメントや，その他のサービスの認可された対象者でないということで制度の隙間に置かれている人たちの相談を，側面から支援することも場合によってはできるであろう（筆者としてはこういうときは，再発防止のために，つまり再入院防止のために保健所のPSWの相談員が，そうした認可された対象者以外の家族に対応すること，すなわち，相談支援事業所の担当者と分担してファミリーソーシャルワークをするべきであると思う）。今回のインタビュー調査で，Ｉさんが，保健所のPSWの相談員が，現場の会議に参加しなくなった（あるいは，所内の方針で参加できにくくなったのかもしれないが）ことを憂えていた。保健所のPSWの相談員は入院にかかわるわけであるから，ソーシャルワーカーであるならば，その後の社会復帰の状況は気になっているはずである。地域の社会福祉現場にいる人たちも，積極的に保健所の精神保健福祉相談員の参加を呼びかけることが，ケアの厚みを増すという意味で望ましい。

保健所に関していえば，もう１点，近年は，県型保健所は減少しているが，市区型保健所が増えている。そこにPSWの相談員が配置されていれば，彼らは市区の管轄課とは同じ市区の職員として，県型の保健所のPSWよりも連携しやすい立場にいる。

そしてこうした立場にいる人たち，つまりケアマネジメント・ケアプランの作成に多くの時間をとられずに，ソーシャルワークが行いやすい立場にいる人たちから，率先して質の高い社会復帰もしくは社会再参加のためのソーシャルワークを行ってほしいものである。そして，それには，ソーシャルワーカーがはじめて配置されたとか，ソーシャルワークが希薄化している状況において用

いられることに適している開拓型支援モデルを参考にすることが有効であろうと思う。

開拓型支援モデルの実施には何が必要か

開拓型支援モデルはそのエッセンスをいうと，既述のように「先駆性」「開拓性」「自由」「覚悟」「連帯」「汎用性」から構成されている。先駆性，開拓性に根ざして，もっと具体的に，今の状況では自由，覚悟，連帯が必要であろう。

まず，「枠にはまらない自由」が保証され，「連帯」を育てる研修制度が保証される必要がある。研修制度は制度としてあることが望ましいが，自分たちでつくっていく姿勢も必要である。上から与えられる研修だけではなく，同じ立場にあるソーシャルワーカーたちが自ら考え立ち上げるボトムアップの自由な研修には，関係機関が参加した事例検討会も含まれる。そこでいろんなことを話し合い，対象者のために良いと思うことを考え実行すればよい。組織である以上枠はあるが，その中でも実践者が最大の自由，自主性を保証されれば，豊かな創造性と相互理解，連帯が生まれ，そのことは他職種・他機関連携にも良き波及効果を及ぼし，質の高いソーシャルワークを生み出していく基盤となるであろう。なお，「連帯」は研修を同じくするだけでなく，協働して業務を遂行するところからも生まれる。むしろ，後者のほうが強い連帯─絆は生まれやすい。もし，研修が保証されなければ，協働の中から連帯を生み出して行ってほしい。

次に「（さまざまな責任を引き受ける）覚悟」は，既述のようにソーシャルワーカーとしてやらなければならないことはやるという姿勢，それに伴う責任は果たすという覚悟である。至極当たり前であるがファーガスン（Ferguson, Iain 2008=2012）のいう「ソーシャルワークの復権」を果たすためには，それなりの覚悟は必要である。覚悟はまた，ソーシャルワーカーの連帯によって支えられる。自由，連帯，覚悟は相互につながっている。

最後の汎用性は単純な説明で，ソーシャルワーク機能が希薄の所や，ソーシャルワーカーがはじめて配置される所には，地域に限らず有効であろうということである。

民間機関・施設では，新しい法律のもと，一貫したソーシャルワークの実施が困難な状況になりつつあるようであるが，ぜひ，開拓型支援モデルに学び，ソーシャルワーカーとしての使命を大切にして諸機関のPSWたちが連携し，本来的なソーシャルワークを行ってほしいと思う。

教育機関と実践現場の連携

　本章のテーマからは少し外れるが，憂えるべき現状の打開策についてもう少し言及するならば，大学教育がもっと現場との連携を深めていくことが大切である。このままいくと，障害者福祉現場では大学で習ったことと現場で行われていることの乖離が進むのではないだろうか。実習を通してだけでなく，大学と現場の連携が常時とれていれば，現場のSWは本筋から外れることはないのではないだろうか。大阪の元相談員のGさんが，相談員になった頃，ある大学教員に接する機会をもち，その人の研究室を定期的に訪れ，強い影響を受けたことなどがその例である。出身大学を問わない見事な卒後教育であり実践と教育・研究の連携である。

　一番ケ瀬康子（1998：17）は福祉教育について，人権教育という場面からとらえると感性教育の重要さがあり，体験があるかないかによって感性的にも異なるであろうという。同志社大学で教えていたデッソーも「学生は実地に仕事をして見て，実践によって学んでいかねばならない」と言っている（加藤博史 2004：6）。デッソーは，先輩の実務に就いているソーシャルワーカーからの助言はよい訓練になるかといえば，必ずしもそうではないとスーパービジョンの要件について警告はしているが，しかし，まず実践から学ぶということを勧めている（加藤 2004：11）。調査の中で「当事者は教科書。そこを見てたらいろんなことを勉強できる。今でもそう思ってるけど。逆にそっからしかないと思ってるけど」という語りもあった。筆者も全く同感である。しかし，現行の社会福祉教育の中で，これ以上実習時間を増やすことは，SWとして最低限必要なことも知識として学べなくなるおそれがある。

　筆者の個人的経験であるが，1977年に筆者は，アメリカのオハイオ州のノースセントラル・メンタルヘルスセンターで1年間，PSWの研修を受けていた。

ケネディ教書による脱施設化が進んで各地にメンタルヘルスセンターができていた頃である。そのとき，センターで一緒になったオハイオ州立大学のソーシャルワークコースの大学院生は，修士の期間のうち，1年間のほとんどをそのセンターで実習していた。SV は大学にもいたのかもしれないが，センターでのスーパービジョンは，もちろんセンターの PSW であった。これは修士課程での話であるが，薬学と同じように，社会福祉学も6年制になる必要があるかもしれない。

それからもう一点，再び一番ケ瀬のいう「感性」に話を戻すと，日本の「精神薄弱児の父」と呼ばれた糸賀一雄の最後の講義が「愛と共感の教育」と副題を付けて出版されており，糸賀が生涯をかけた障害児・者の教育と福祉についての深い思索がこの「愛と共感」という言葉に集約されている。糸賀もまた「感性」について語っている。人と人との間柄は共感の世界であり，自分さえ存在すればいいという考え方ではない。その中で「愛」が育っていくと述べている（糸賀 2009：42-48）。

窪田暁子も，援助者は基本的に「共感する他者」であると言い，「自分の言い表しがたい気分に共感を持って接してくれる，安心できる，好感の持てる相手の眼の中に映っている自分と出会うことによって，人は自分自身を新しい眼で見直すこと学ぶのである」という（窪田 2013：53-56）。

共感から信頼関係が始まるのである。対人支援職の大学教育においては，感性，価値，倫理の教育は最も大切である。そこから次の技術教育（面接技術等），方法論教育（実践理論を含めた理論，アプローチ等）への展開があると思う。

現状の大学教育では，受験向き教育が主で，本来的なソーシャルワークを教えていない，あるいは教えることができないという声もある。実践現場との交流が密になれば，大学教育においても，感性・共感性を基本とする本来的なソーシャルワークを教えることへの志向が強まるのではないだろうか？　なぜならば，社会福祉の教育者・研究者は，その成果が現場実践に役立つことを切に願う人たちであろうからである。そして現場の実践家にとっても大学との密なる交流は，多忙にまぎれて忘れかけていたかもしれないソーシャルワークの本質を呼びもどす良い機会になるのではないだろうか？

最後に，専門職は，その職にある限り，学び続ける責任がある。筆者は大学における社会福祉教育は，以下のことを提供するものだと考える。つまり，どんな状況でも，現在のような実践におけるトップダウンの，実践者の自由のない状況でも，卒業生たちが使命を忘れず，学び創造できる専門職としての人生（あるいは，専門職にならずとも，学んだことはその人格形成に影響するであろうから，何らかの形で社会福祉にかかわり続ける人となるであろう人生）との出会いと，専門職にある限り続くことになる学びの基盤とを提供するものである。そして，この延長線上にあるのが卒後教育である。専門職の成長を助けることも大学の重要な役割である。そのことがまた，在学生の教育そのものにも反映されていく。

　すでに，こうした卒後教育を展開している大学もあるようであるが，大学に必要なことは，どの領域にも必要な「思考を鍛える」こと以外に，繰り返すことになるが，在学生のためにも卒業生のためにも，実践現場との関係を密にして，ソーシャルワークの行いがたい状況であれば，そのことに対して疑問をもち，正そうとする，現場でぶれない，感性の豊かな実践の出来る人を育てていくことである。

3　精神障害者福祉の現状と打開策

　本章では，まず，精神障害者福祉の地域における現状について述べた。介護保険の実施方法とドッキングした障害者自立支援法・障害者総合支援法のもとでは，ケアマネジメント機能が最優先されるということ，また，相談支援相談員は医療，介護の他職種の人も一定の要件を満たせば就任可能ということで，一貫したソーシャルワークが実施され難い現状について述べた。

　よって，その打開策として，一貫した「かかりつけソーシャルワーカー（PSWを含む）」の配置を提案した。大阪府をはじめとする保健所PSWの果たした役割を振り返り，その制度に関しては公的機関もしくはそれに準ずる機関が何らかの形で関与することを提案した。なぜならば，公的機関もしくはそれに準ずる機関は，利潤に左右されない性質をもち，地域全体を見渡せる立場に

あり，先駆的な（モデル的な）試みができるはずのところであり，また，そうすることが義務である機関だからである。

　そして，現状で精神保健医療領域でのソーシャルワークを行いやすい機関として保健所をあげ，「開拓型支援モデル」の採用を提案した。

　最後にテーマからは少し外れるが，こうした状況の打開をバックアップするものとして，大学のソーシャルワーク教育において特に感性教育の必要なことを述べた。対人支援職にとって豊かな感性は，その業務の遂行に必要不可欠なものであるからである。そして，それに加えて，卒後教育を含む，大学と実践現場の密な連携が重要であることを述べた。

注
(1)　社会貢献事業とは，「生活困窮」をはじめ「虐待」や「DV」，「障がい」など，複雑で多面的な問題，課題を抱えて制度や社会の狭間で生活困難をきたし支援が必要な人に対して，大阪府社会福祉協議会老人施設部会の「コミュニティソーシャルワーカー（CSW）」と大阪府社協の「社会貢献支援員」が訪問して状況を把握し，問題解決に向けてともに方策を模索し，救済を図る総合生活相談（「生活レスキュー」）の取り組み。急迫した状況には，老人施設部会等が拠出した「社会貢献基金」を活用し，迅速な金銭的援助（現物給付）により問題解決を図る。大阪府社会福祉協議会「社会貢献事業のとりくみについて　大阪府社会福祉協議会」ホームページ（https://osakafusyakyo.or.jp/suisin/pdf/introduce.pdf　2015.5.1.）
(2)　地域援助事業者は(1)一般相談支援事業者および特定相談支援事業者（相談支援専門員の配置される事業者），(2)居宅介護支援事業者等（介護支援専門員の配置される事業者）がなる。
(3)　第2節の相談支援専門員は社会福祉・精神保健福祉士を想定している。
(4)　筆者が，1977年にアメリカのコロンバスで，12カ月間の研修を受けていたメンタルヘルスセンターでの経験からのみであるが，そこでは現場と大学の距離が非常に近いように思った。最初に筆者のSVをしていた人は，ほどなく，博士の学位を取るために大学に戻った。筆者のいたセンターの所長は，大学のソーシャルワークの教員（教授）をしていた人であった（ちなみに，日本では精神保健福祉センターの所長に，医師以外の職種がなることはあり得ないことである）。また，大学での催しが，センターの掲示板にいつも貼られていた。専門職職員は，修士を出ており，中には博士を出て現場で仕事をしている人もいた。つまり，実践と研究の距離が非常に近いと感じ，両者の人的交流も行いやすいと感じた。

終　章
保健所 PSW が精神障害者支援に果した貢献

本章では，すべてを振り返って研究の総括を行い，保健所 PSW が日本の精神障害者支援において果たした貢献について述べ，最後に，今後の研究課題について述べる。

1　研究の総括

本書の目的は主として，1965（昭和40）年に制定された改正精神衛生法から1987年に制定された精神保健法までの期間，つまり改正精神衛生法の時代に焦点を当て，その間に目覚ましい活躍をした保健所精神衛生相談員たち，特に大阪府保健所の精神保健福祉相談員たちの実践を振り返り，ソーシャルワーカーの視点から，その実践の形成過程とその実践を支え推進した要因を探り明らかにすることであった。そして，そこから得た知見を今後の地域精神保健医療福祉の実践に役立てたいと思ったことである。

先行研究とソーシャルワーク関連の概念の整理
本書の第1章では先行研究の検討と概念規定を行った。当時の精神障害者支援について行われた先行研究は実践研究的なものがほとんどで，数も多くはなかった。ソーシャルワーカーに関するものはほとんど最近書かれたものであった。

ソーシャルワーク関係の概念の整理は多岐にわたっていった。開拓型支援モデルについても少し説明を加えた。

301

改正精神衛生法をめぐる精神障害者施策と精神保健医療福祉実践

　本書の第2章で改正精神衛生法成立前後の，国の動きと大阪府の動きについて述べた。1950（昭和25）年に私宅監置を廃止した精神衛生法が成立した。15年後の改正にあたる改正精神衛生法は，早期発見，早期治療，社会復帰を視野に入れた地域精神衛生を目指すものであったが，ライシャワー事件の勃発などにより，治安的，保安的色彩が生じることとなった。そうした中で保健所に配属することができるとされた精神衛生相談員（現，精神保健福祉相談員）の中に，社会福祉を基盤とするPSWの相談員たちがおり，PSWの相談員たちは公衆衛生の中に社会福祉の視点をもたらしたということ等を述べている。

保健所PSW実践の形成過程と推進要因

　本書の第3章，第4章，第5章においては，1965年成立の改正精神衛生法で，保健所に置くことができるとされた精神衛生相談員（現，精神保健福祉相談員），特に福祉職として精神衛生相談員を雇用した大阪府での保健所精神衛生相談員たちの実践をインタビュー調査と文献・資料によって調べ，当時の保健所相談員たちがどのようにして，まだ手探り状態であった地域精神保健医療福祉，つまり精神障害者の在宅ケアを展開してきたか，そしてそれを推進した要因があるとすればそれは何なのか，どのように推進されたのかを解明することを目的とした。

　①　保健所PSW実践の形成過程

　改正精神衛生法の時代に保健所精神衛生相談員として業務を展開してきた人10人を調査対象者として選定し，半構造化面接の形で(1)行ってきた業務について，(2)職場環境を含む業務環境について，(3)PSWについて，の3点を中心に話を聞いた。そのうち4人（最初に保健所精神衛生相談員として配置された第1世代の人3人，第1世代から少し遅れて保健所に勤務した人第1.5世代の人1人）のライフ・ストーリーをまとめ事例とした。

　事例によって，業務展開の詳しい流れを知ることができた。第1世代や第1.5世代の人は保健所でも「何をする人？」という感じであったし，配属された相談員自身も何をしてよいかわからないという中で夢中で業務を開始してい

た。公衆衛生領域の中の異分子であったので，保健所の他職種の人からは理解しがたい言動の人たちであったようであった。しかし「良い」と聞いたことは，私的な時間と費用を費やしてでも教えを乞いに行き業務を作り上げてきた。2人制の世代──第2世代も，やはり，「しんどい」思いをしてきたが，何をするかは第1世代がすでに方向づけをしていたので，ある程度の見通しをもって仕事をすることはできた。

　展開過程は，保健所相談員会資料やその他の行政資料も参考にして考察した。そして，大阪府保健所相談員は時代の流れの中で，以下に述べる業務を行ってきたことが明らかになった。

(1)開拓期前期（相談員会活動の前史としての1970〔昭和45〕年以前）

　児童（特に障害児）を中心として業務を行った時期。

　第1世代が業務を開始し，試行錯誤で必死に本来的な業務を探り当てようとしていた時期である。

(2)開拓期後期（1970〔昭和45〕年の相談員会設立から1974〔昭和49〕年頃まで）

　児童を離れた相談員活動の試行錯誤の時期。

　第1.5世代が先輩たちに教えられながら，あるいはその動きをみながら，しかしやはり手さぐりで業務を理解し進めようとしていた時期である。

　昭和49年に6保健所が複数配置になった。

(3)定着期前期（1975〔昭和50〕年頃から1979〔昭和54〕年頃まで）

　相談員会活動の社会化の時代であった。

　アルコール問題関連対策，成人精神障害者対策の定着時期でもあった。

　第2世代は，保健所勤務になったとたんに，グループワークがあり，断酒会があり……という職場環境であった。

　そしてベテランの先輩相談員に見守られながらの業務展開をしていた。

(4)定着期後期（1980〔昭和55〕年頃から昭和1984〔昭和59〕年頃まで）

　保健所精神保健業務の展開の時期。

　この時期は，やっと，保健所相談員業務が油に乗ってきたとでもいえる時期であった。そして，家族会や，作業所づくりが進展しはじめた時期でもあった。

(5)発展期（1985〔昭和60〕年頃から1994〔平成6〕年頃まで）

　保健所精神保健業務の外に向けての展開の時期。

　1988（昭和63）年に全保健所複数制になった。

　（1987年に精神保健法制定）

(6)拡充期（1995〔平成7〕年頃から1999〔平成11〕年頃まで）

　（1995年に精神保健福祉法制定，2002年に都道府県から精神保健福祉業務の一部が市長村への移行）

(7)変容期（2000〔平成12〕年頃から現在まで）

　保健所精神保健がチーム制になり，業務が保健へ特化してくる。

②　保健所 PSW 実践の推進要因

　次に，こうした業務の展開を助けたと思われる推進要因を検討した。

　全データを概観し，地域 PSW 業務に影響があると思われた推進要因を見出すのに有効と思われた5つの分析課題すなわちリサーチクエスチョンを設定した。

　それは，「業務の内容」「業務の仕方」「時代の流れと業務状況」「業務観・PSW 観とそれを育んだ業務環境」，「影響を受けた人やこと・強く印象に残っていること等」であった。この RQ に基づいてデータから該当する部分を抽出して，共通と思われる業務の構成要素・要因をカテゴリー化した。

　「RQ1　業務の内容」については，大カテゴリーとして当事者に対して，家族や関係者，他機関専門職に対して，保健所内に対して，保健所外に対して，調査・研究，周辺業務，が挙がってきた。

　「RQ2　業務の仕方」については，所内連携，所外連携，専門職として成長の機会の活用，具体的手法，があがってきた。

　「RQ3　時代の流れと業務状況」には，(1)黎明期，(2)開拓期，(3)定着期，(4)発展期，(5)拡充期，(6)変容期に分け，それぞれについて，データを用いて説明した。

　「RQ4　業務観・PSW 観とそれを育んだ業務環境」では理解を助けるために大カテゴリーだけでなくカテゴリーも記述した。業務環境については，カテゴリーが「悲惨・孤独・孤立・無力」「社会資源のなさ」「自由・放任・好き勝

終　章　保健所 PSW が精神障害者支援に果した貢献

手」「相談員会」「苦労したがよい時代」「嘱託医」「保健所」「大阪府」とに分
けられた。業務観・専門職観・PSW 観については「専門職の成長とアイデン
ティティ」「研修」「自由と主体性」「仲間の存在」「福祉の専門性」「行政の
PSW」といったカテゴリーに分けられた。精神障害者および医療については
「精神障害者の状況」「病気を知って対応」「リジリアンス」「人間同士」「病院」
となった。業務で大切なことについては「基盤」「すぐに対応」「基本的な考
え」「グループの効用」「ボランティアの効用」といったカテゴリーに分けられ
た。

　最後の「RQ5　影響を受けた人やこと・強く印象に残っていること等」につ
いては，大カテゴリーは，影響を受けた人やこと，強く印象に残っていること，
その他となった。

　そこから出された大阪府保健所 PSW の推進要因は，(1)自由（←置かれた立
場），(2)主体性（←主管課管理職の方針），(3)連帯（←相談員会），(4)意欲（←自己
研修，研鑽），(5)育成（する人）（←本庁主管課，嘱託医，優れたリーダーたち），
(6)環境（←保健所，大阪府），(7)時代（←地域志向）であった。

　それぞれについて説明を加えると，

　(1)自由

　「自由」は相談員活動を特色づける，最も多いキーワードであり，相談員が
公衆衛生領域で業務を進展させるうえで重要な要因となっていた。相談員に与
えられた自由は，専門職が成長するには何が重要かを示している。調査対象者
の語りのこの部分には，ほとんどの人に，自分の思うことをやり終えた満足感
が漂っている。

　(2)主体性

　「主体性」は自由と関連して，大いに相談員の成長に寄与した。放任とも関
係するが，それを差し引いても，自分が企画し，協力を仰ぎ，業務を展開させ
ていく醍醐味は，主体性によって保障されたのであった。

　(3)連帯

　「連帯」は相談員会の1970（昭和45）年の結成をもってより強化された。相
談員会の結成により，主管課からの業務依頼を会として受け，会として考え，

305

会とし展開する形を取った。そして，専門職としての自主性，主体性を尊重するリーダーたちのもと，公衆衛生領域に置かれてとまどう相談員たちのアイデンティティの獲得と，業務遂行のノウ・ハウを含めた情報の共有と，放置すれば代理受傷になりかねない様々な体験の癒しと，信頼できる仲間の確保を可能にしたのである。

(4)意欲

「意欲」はやる気とも積極性とも換言できる。調査協力者は全員，学ぶことに熱心であった。調査協力者たちの多くは既成の研修制度はもちろんのこと，私的な研修，研究，実践，経験を重ねることに意欲的に取り組んでいた。

(5)育成（する人）

「育成（する人）」は，府庁主管課の管理職の○7医師，保健所PSWの先輩や同僚たち，嘱託医，その他対象者の人たちやその家族，保健所の他職種，関係機関や地域の人たち等，相談員が接して影響を受けたさまざまな人たちが該当する。「支援」と呼び換えてもよいであろう。

(6)環境

「環境」もまた，政策を含めて大阪府保健所PSWの業務展開に大きな影響を与えた。大阪府と保健所という環境に置かれたことも，PSWの進展と成長に大いに影響を与えた。大阪府は既述のように，国とは無関係に必要と思うことに取り組む土壌をもっていた。保健所は専門職集団であったので，異物であったPSWも専門職としての感覚の部分は受け入れていた。既述したが「（時間内にそういう作業をして，帰ってきて残業してと）時間をある面では自由に使わせてもらえたっていうのはラッキーでした」「それを許してくれた職場。うーんしゃあないなあって言って」「保健所が専門職集団だったこともある」という語りに表れている。

(7)時代

時代はまさに地域へと向かっていた。地域精神保健福祉を必要としていた。ライシャワー事件で早まり，かつ治安（保安）的な要素が加わったが精神衛生法の改正後であった。

終　章　保健所 PSW が精神障害者支援に果した貢献

以上述べてきたように，(1)自由，(2)連帯，(3)主体性，(4)意欲，(5)育成（する人），(6)環境，(7)時代が，改正精神衛生法の時代の大阪府保健所における地域PSW の推進要因であったが，中でも(5)「育成（する人）」の影響は，この時代の大阪府に顕著であったこととして特筆すべきであろう。

大阪府保健所 PSW の PSW 観・業務観と開拓型支援モデル

本書第 6 章では，行われていた PSW 実践の基底にある PSW 観・業務観を明らかにすると同時に，行われてきた実践を開拓型支援モデルと名づけて，その特徴を明らかにした。そして他府県保健所 PSW や民間 PSW の実践，保健所保健師の実践との関係を比較検討した。

①　大阪府保健所 PSW たちの業務観・PSW 観

大阪府保健所 PSW たちの業務観・PSW 観は，(1)不足している社会資源は作り出す，(2)専門職性優先，(3)迅速に対応，(4)職場研修・教育は必要，(5)PSW としては精神科領域の病気を知ることは重要，(6)公的機関の SW の役割というものであった。

(1)は，保健所相談員が置かれた状況からすると，するしかなかったということもあるが，社会福祉の現状を考えると，社会資源は不足しているのが常態なので，この(1)の姿勢は，原則としていつでも社会福祉実践には欠かせないものであろう。(2)は，治安（保安）の役割も相談員設置目的の一つといわれた相談員たちであったが，「大阪府としては取り締まりの方向で仕事をするようにとは言っていなかったので，専門職として私の方向で仕事した。病気になっても生きていけるには何があればいいか（を明らかにし，つくり出していくの）が私たちに期待された役割」と専門職性を優先させている。(3)ものごとに迅速に対応することは当然のこととされていた。(4)研修の必要性は，幾度となく繰り返し強調されていた。そして，(5)精神科疾患を知ることの重要性が述べられていた。最後に，地域において，群雄割拠的にそれぞれが業務を行うのではなく，まとまった方向性を示す調整役が必要なのではないかという意見が多く出ていて，(6)公的機関のワーカーの重要な役割として「調整すること」が指摘された。そのほか，SW は小手先の対人技術よりも倫理感が優先されるべきものである

ことと，内省的専門家の一員であることを指摘した人もいた。

② 開拓型支援モデル

推進要因と業務観・PSW 観から導き出された「開拓型支援モデル」の特徴について述べると，「開拓型支援モデル」は，(1)個別発支援から新しいことへと向かう業務の拡がりを基本とする先駆性，大阪府保健所 PSW の場合はコミュニティソーシャルワークとなった。(2)開拓的2つのベクトル（a．職場内へのソーシャルワークが行いやすい環境の開拓，b．個別発でありつつ地域に向かっての社会資源やサービスの開拓〔機関・施設の開設を含む〕）をもつ開拓性，(3)枠にはまらない自由，(4)（さまざまな責任を）引き受ける覚悟，(5)同職種間の連帯，(6)汎用性，という6つの特徴をもつ。

各特徴について説明すると，(1)先駆性については，当時，日本に紹介されていたソーシャルワーク理論は対象者にクリニカルに向かう理論であったために地域実践には向かなかった。改正精神衛生法時代の保健所 PSW が手探りで実践したのは，現在のコミュニティソーシャルワークであった。バークレイ報告以前の1960年代後半から，日本ではすでに保健所 PSW たちが，先駆的にコミュニティソーシャルワークを行っていたのである。

(2)開拓性については，開拓型支援モデルは SW の土壌を開拓するモデルとしての一面があった。既存のソーシャルワーク理論はソーシャルワークの足元がある程度固まっていることを前提にしており，保健所相談員は，まさしく公衆衛生領域に置かれた社会福祉職であったので，職場内の足元を固めるというこの第一のベクトルは重要であった。そして，同時に，対象者の生活支援，在宅ケアに必要な社会資源は皆無に近かったので，「必要なものは作り出す」と地域資源やサービスの開拓に向かう第2のベクトルが，当然のこととして存在していた。

(3)の枠にはまらない自由は，対人支援の専門職がその主体性を発揮して良い支援をしていくうえで，必要不可欠なことであった。

(4)（さまざまな責任を）引き受ける覚悟は，保健所相談員が，新しい職種，はじめて保健所に配置された職種であったので，最初から管理職並みの責任を負ったということである。また，新しい職種が根づくには，それ相応の覚悟が

終　章　保健所 PSW が精神障害者支援に果した貢献

必要であるということである。

(5)同職種間の連帯は，そうした責任の重さゆえのバーンアウトを防ぎ，新し
い知識や技術を吸収するうえで不可欠な仲間との連帯のことである。同職種で
あるのは，同職種のほうが共有することが多いからである。もちろん SW は
他職種，他機関との連携も必要な職種であるが，まずは同職種間の連帯が必要
である。

(6)汎用性は，このモデルが地域だけではなく，病院や，司法機関や，学校な
ど社会福祉が第二義的なところや，希薄なところでは必要で，応用できるもの
であることを伝えている。

　コミュニティソーシャルワークを先駆的に行い，活発に社会資源を創設した
にもかかわらず，改正精神衛生法時代の保健所 PSW の実践を，開拓型コミュ
ニティソーシャルワークと名づけなかったのは，汎用性を広げコミュニティに
限定することを避けたからである。

2　保健所 PSW が精神障害者支援において 果した貢献の小括と実践現場への提言

　1980年代の終わり頃から，外来通院中の統合失調症者を中心に多くの人が新
しい資源である小規模作業所に通うようになった（神奈川県では1980年，大阪府
では1989年に地域作業所が開所した）。岡上和雄（1997：107）によると，医療施
設以外のところに統合失調症の人が通い，地域社会の中でグループとしての活
動が行われたのは，画期的なことであり，これを契機に，主体性を取り戻した
統合失調症の人たちは緘黙から「静かな主張」へと転換したという。岡上はさ
らに「ここに至るまでには，当人の努力だけでなく，先進諸国や時代の影響が
あったし，医療や保健スタッフの努力が働いたことも疑いのない所であろう。
……中略……とりわけ，職業としてはソーシャルワーカーの台頭，場としては
作業所の普及が大きな要因になったと思う」と述べている（岡上 1997：108）。
さらに，医師（医療）では担えないこととして，「伝統的な専門性の傘の下で
は飽き足らぬ人が担い，また，しばしば保健所など他機関のソーシャルワーカ

ーなどが応援したことが重要なポイントとなったようにみえる」と述べている。

　岡上は，民間の PSW の動きに焦点をあて，その協力者として，保健所 PSW を位置づけているが，民間の人はおそらく，例えば「やどかりの里」の谷中輝雄のような先駆的な試みをした人のことを指していると思われる。そうした例を除いて，本研究の結果にみられるように，作業所づくりは保健所 PSW がその仕掛け人となって行った場合も多かったのではないだろうか。

　大阪府の矢内純吉（2014：20）も，相談員は継続的な医療のサポートも，もちろん行っていたとしながら，相談員に教えられたことはたくさんあるとして「精神障害者は，この病の為に，病気克服の苦しさと共に，社会の中での生活のしにくさに苦しんでいる。生活のしにくさをどのようにサポートするのか（か：筆者加筆）が相談員の役目のポイント」という言葉を残している。矢内は，大阪府保健所相談員の活動に注目し，その実践を支持してきた人である。相談員たちは地域において，矢内の言葉にあるような役目，つまり精神障害者の生活をサポートして，その生活のしにくさを解決すべく活動してきたのである。

　そしてまた，保健所相談員の活動は，家族（作業所をつくるときには手弁当で手伝い，資金づくり等に協力した）や地域の協力者たち（場所を提供したり，作業を紹介したり，資金づくり等に協力した）との協働に支えられていたが，別の見方をすれば，このような人々の協働を得るきっかけをつくったともいえた。

　家族に関していえば，滝沢武久は，1970（昭和45）年の「心身障害者対策基本法の定義・対象に含まれていなかった精神障害者の家族は初めて『精神障害者にも福祉の制度が欲しい』と声を上げた」（1997：6）という。そして日本の精神障害者のオピニオンリーダーは家族であったという。確かにそうであったが，ただ，神奈川県においても大阪府においても，もちろん，PSW が支えられることも多く，頭の下がる思いをした家族も多数いたが，家族会が大きな組織として活動するまでには，保健所相談員が中心となって家族教室から家族会へという業務の流れの中で家族を支えて（そして後には，支えられることも多々あって），共に活動してきたという歴史があったことも書き留めておきたい。

　そして，大阪府の相談員の活動の評価については，「大阪の取り組みは国の

注目するところとなり，1－2年遅れては，『社会復帰事業』『社会生活適応訓練事業』『共同作業所』など国が事業化し府単独予算も認知され，福祉が保健法の中に正式に顔をのぞかせました」（堀井富士子 1992：5），「精神保健相談員が設置された当初は具体的な業務指針もない中で，児童期から老年期に至るまでの幅広いライフサイクルやライフステージに応じた援助を……中略……手さぐりで開拓され……中略……現在業務を築いてこられた」（高杉豊 1992：4）等と記されている。

　障害者領域でPSWが希薄化されようとしている今，過去を参考にして未来のソーシャルワークを準備するときがきているように思われる。多くは第7章で述べたが，開拓型支援モデルを参考にしながら，公的機関のPSW・SWを中心としてその動きが拡がっていくことが望まれる。「かかりつけソーシャルワーカー」の設置なども一つの切り口になるのではないかと思う。

3　今後の課題

　日本の保健医療福祉施策では，「入院医療中心から地域生活中心へ」という基本方針が推進されている。これは，2002年の社会保障審議会障害者部会精神障害者分会報告書「今後の精神保健医療福祉施策について」において，精神保健医療福祉サービスは，地域における保健・医療・福祉を中心としたあり方へ転換するための各種施策を進めると記載されたことに始まる。そして，2004年9月，厚生労働省は，「精神保健医療福祉の改革ビジョン」の中で，精神保健医療福祉体系の再編と基盤強化を全体的に進めることを挙げ，「入院医療中心から地域生活中心へ」を基本理念に，10年間で精神医療福祉を見直すための具体的な方向性を示した。そして，後期5カ年の重点施策は，「精神保健医療の改革のための施策」を中核に位置づけたうえで，①精神保健医療体系の再構築，②精神医療の質の向上，③地域生活支援体制の強化，④普及啓発（国民の理解の深化）の重点的実施という4つの柱を設定した（立石宏昭 2010：1）。

　こうしたことを背景に，今後の研究課題を考えていく必要がある。

　第7章で述べたように，現在，地域における障害者ソーシャルワーク分野に

おいて，本来的なソーシャルワークができにくい状況になっている。すなわち，ケアマネジメントの発想に浸食され，ケアが細切れ的に提供されている現場において，ソーシャルワークとは何か，ソーシャルワークの使命は何か，ソーシャルワークを取り戻すために何が必要かを考えなければならない。

「日本ソーシャルワーク学会通信」（108号）において岩間伸之（2015：1-2）も，現在の多様化，深刻化，潜在化の様相を呈している生活等の課題の解決にソーシャルワークが真に寄与できるには，ソーシャルワーク実践が，本来の先駆的・開拓的機能を取り戻せるかどうかにかかっていると述べている。岩間は筆者のように，ケアマネジメントの浸食を憂える直接的な表現はしていないが，ソーシャルワークの使命を問うているところは，共通している。使命を問い直すには，歴史に学ぶことが大切である。

地域にいるPSWの場合は，もう一度，改正精神衛生法時代の原点・出発点に立ち戻って，どうすれば対象者が本当に望むものを提供できるか，それには何が必要かを考えることが，今，重要であると思われる。行政も含めて地域を広く所属機関と考えれば，周りにソーシャルワークができる環境を開拓しつつ，必要なケアや資源を提供すべく努力するという先駆的・開拓的実践を，枠に縛られない自由さと，しんどい業務を支え合う仲間同士の連帯と，管理職的な責任をも専門職として引き受ける覚悟をもって行うことが重要である。このために，改正精神衛生法時代の保健所PSW実践，すなわち開拓型支援モデルをもう一度振り返ることは有意義である。そしてこの振り返りは，公的機関，民間機関を問わず，医療機関にいるPSWにも，他領域のSWにも有意義であろう（開拓型支援モデルの汎用性である）と思う。

特に，地域における公的機関のPSW・SWの役割は，収益にとらわれないで，全体を見渡せて，かつ責任を取りやすい立場にあるということ，モデル事業などを行いやすい状況にいるということ，行政機関としての情報が得やすいということ等から，トップダウンの中継役ではなく，それぞれの施設や機関の調整役として存在する必要があるのではないかということを，今回の調査を分析・考察する中で再認識した。

ゆえに，第一点目として，時代背景が異なるので，当時と今と共有できるこ

とと共有できないことがあるであろうが，そのことに留意しつつソーシャルワークの希薄な現状の打開のために，改正精神衛生法時代の病院 PSW の実践に向ける研究も含めて，本書で述べてきた研究をさらに発展させて，開拓型支援モデルの精緻化を図る必要を感じた。

　第二点目は，上記のことと関連するが，地域の現在の実態をさらに詳しく把握する必要がある。そして市町村への「地域福祉・子育て支援交付金」へと変身した大阪府のコミュニティソーシャルワークの実情と，障害者福祉，高齢者福祉との関連なども調査する必要がある。

補　章

日本と海外における精神障害者の医療と
ソーシャルワークの歴史

　本章ではヨーロッパとアメリカ，日本における精神病者の医療，施策および
ソーシャルワークの歴史を中心に述べる。第1節では近代以前のヨーロッパ・
アメリカ，および日本における精神医療の歴史，第2節では近代以降のイギリ
ス・アメリカ，および日本の精神科医療・施策とソーシャルワークの発展につ
いて述べる。

　保健所の精神保健医療業務の対象者たちがいかなる差別と抑圧の歴史をたど
ってきたかということ，そしてそれに対して政策や，ソーシャルワーカーたち
がいかに対応してきたかを知ることは，本書の理解をより一層深めるであろう
と思われる。

1　精神医療の歴史——近代に至るまで

　ここでは，第1次世界大戦後からを近代と位置づけている。

　精神障害者処遇の歴史は，社会防衛モデル，医療モデル，福祉モデルという
ように分類されることが多いが，本節では，医療の流れを時代に沿ってその
時々の特徴に注目しながら述べていく。なお，本節では「精神障害者」よりも，
「精神病者」という表現を用いているが，歴史上は精神病者という表現が多い
からである。

ヨーロッパ・アメリカにおける精神医療とその周辺
①　第1期　前史……治療の試み
　有史以来，身体の病気とともに精神の病気も存在したことは容易に想像でき

315

る。ただ，精神の病気は，今なお，悪魔の祟りだとか神の罰あるいは逆に神の恩寵だとか考える人たちもいるようで，病気ととらえられにくい歴史をもっていた。

　しかし，ヒポクラテス（Hippocrates）は精神の病気（以後，精神病と表記する）と身体的なものとの相関を考えていた。神殿治療が行われていたこととも関係するであろうが，紀元前2世紀には不要な刺激を避け，散歩や入浴を勧める作業療法やレクレーション療法が行われていた（岡田靖雄 1964：20）。

　②　第2期　収容も放置も保護も，狂気への対処……紀元前後から

　ローマにおいては過去の優れた医師たちの学説や語録，処方の編纂が盛んに行われた。カトリック教会の隆盛とともに修道院は多数の医学書を温存した。ベネディクト派の修道院はヨーロッパ臨床医学の原点となった。封建時代のカソリックの修道院には住み込みの医師がおり，悪魔につかれたとみなされた人たちは，告解ののち，修道院に連れてこられて悪魔払いを受けたが，それは一種の精神療法に近かった。そして，こうした治療を受けられるのは恵まれた階層の人たちであり，多くの人は放置されたと考えられる（中井久夫 1999：21-23）。イギリスにおいては1377年に王立ベスレム病院（ベドラム，Bedlam）が精神病も扱いはじめていた。なお，ベルギーのゲール（Gheel）には，西暦700年頃，父の不倫の愛を逃れてきたアイルランドの王女がここで追っ手に殺され，その遺骨が精神病者の治癒に効果があるという伝説があり，早くから多くの精神病者が集まり自然発生的に回復期にある精神病者をこの地の家庭に委託する家庭保護が起こった。そして，同様なことが各国でも自然発生的に起こっており後に組織化されていった。

　③　第3期　暗黒の時代……15世紀末から

　中井久夫（1999：24-25）によると，1490年頃から始まった魔女狩りはメキシコでは19世紀まで続いた。ルネサンスから近世の転換期に起こった全ヨーロッパ規模における精神病者狩りを含む現象であった。ただ，すべての精神病者が魔女狩りの対象になったわけではなく終焉を迎えつつあった癩者（原文ママ。ハンセン病患者。）にかわって施設に収容された精神病者もいたし，自然の河川や運河を通じて精神病者を都市から都市へたらい回しにする「阿呆船」も現れ

ていた（中井 1999：38-39）。

フーコー（Foucault, Michel）[1]によれば，17世紀からヨーロッパ全土で「大いなる閉じ込め」[2]が始まり各地に巨大な監禁施設がつくられた。そして，精神病者は，犯罪者や失業者，ハンセン病患者，身体障害者などとともに一諸にされて隔離・収容されていた。

④ 第4期 開放の時代，狂気から精神病へ……18世紀後半から

上記のような迫害が起こる一方で，狂人（原文ママ）を治療しようとする試みも広がりが見えはじめていた（小俣和一郎 2005：62）。

そして，イギリスの思想家ロック（Locke, John）の経験主義[3]の影響は大きく，1751年にロンドンの聖ルカ病院を創始したウィリアム・バティ（Battie, William）は「狂気は治療できるものである」と述べ精神医学を誕生させた（Shorter, Edward 1997=1999：25-26）。

産業革命とフランス革命以後，それまでは犯罪者などと混合収容されていた精神病者が，アサイラム[4]と呼ばれる精神病院に精神病者のみで（入院ではなく，実態は）収容されることとなった。精神疾患は内科疾患をモデルとする疾患となった。そして，中井（1999：63）によると，大規模病院への収容は貧困層で，小規模の診療所へ富裕層がかかわるというように二極分化し，治療法も大病院では拘束や衝撃的な治療が行われ，小規模診療所では伝統的なものや特権的な温和なものであった。

アメリカでは1662年に最初の救貧院が設立され，精神病者は救貧院に収容されていたが，90年後の1752年に，クエーカー教徒によってフィラデルフィアの近くに，最初の一般病院が設立された。イギリスでは，1792年にクエーカー教徒で紅茶商のチューク（Tuke, William）がヨーク診療所を設立して，人間性の尊重，自由，労働を大切にする道徳療法を行った。

周知のように，精神医療の第一革命を引き起こしたといわれるフランスのピネル（Pinel, Philippe）は，1793年に看護長とともに入院患者を人間として尊重し，鉄鎖や足枷を外して無拘束の治療を実行した[5]。ピネルの考えはフランスでこれ以上進展はみせなかったが，イギリスで，1839年にコノリー（Conolly, John）が同じように行った無拘束の治療が，ドイツ，フランス，ロシアなどに

広がった。患者の退院率は驚くほど高く，後にその影響を受けたアメリカでは，治療的アサイラムが大西洋西岸のコミュニティ全域に出現した（Shorter, E. 1997=1999：66）。

⑤　第5期　再び暗黒の時代，不治の病として……19世紀から

この時代は精神病の原因を生物学的要因に置いていた（Shorter 1997=1999：43-44）。19世紀初頭には，イギリスでは精神病を道徳的障害（背徳症）と，知的障害に分けていた（高畑直彦 1999：71）。人権革命期によりはっきり目覚めた理性により，社会規範の拠り所が宗教的道徳から法律的倫理に移り精神病者は違法者となった。つまり「狂気をもつ者」は，それまでは，単に「世界観の異なる信仰上の異端者」であったのだが，「精神病者」は「現存社会を撹乱する違法者」となったのである（高畑 1999：70-71）。

それに加えて，19世紀中頃からは，病原菌の発見などで医学的科学が進歩し「狂気」が「精神病」として認知され，医者の守備範囲となる時代がやってきた。つまり，「精神病者」は，「違法者」であると同時に「被治療者」であった。そして，アサイラムの数は急増した（Shorter, E. 1997=1999：68-70）。こうした傾向には，ダーウィン（Darwin, Charles Robert）の適者生存説や，ウィルヒョウ（Virchow, Rudlf Ludwig Karl）の細胞病理学の影響もあった（岡田 1964：22）。19世紀末になると欧米諸国には施設の数の増加とともに，2000床以上の床の増加を伴う巨大な精神病院が乱立するようになった（昼田源四郎 1999：82）。大収容主義とも呼ばれる時代であった。

ここで，取り上げておきたいのは，アメリカにおいて，1817年に，ディックス（Dix, Dorothea）[6]が，治療の場として州立病院の設置とケアの場の必要性を説き，精神医療の改革が行われ，最初の「道徳療法」を行う精神病院（州立）が，1848年に開設されたことである（小俣 2000：224）。しかし，入院患者の増加や予算の削減などにより，1890年以降州立病院は劣悪な医療を行うようになっていた。アダムス（Adams, Jane）によるハル・ハウスがシカゴ市に開設されたのは，1889年のことであった（木原活信 1998：97-102）。セツルメント活動が始まる頃に，精神科医療はその質を低下させていったのである。

また，ここで注目すべきは前述のベルギーなどで行われていた家庭看護が，

補　章　日本と海外における精神障害者の医療とソーシャルワークの歴史

この時期にヨーロッパ各地で広がりをみせたことである。大規模病院で収容し
きれない精神病者や裕福な家庭の患者を一般家庭に下宿させ療養させるように
なった。また，1920年代までに各地の精神病院に次々と外来部門が併設されて
いった。この動きは後の地域精神医療の前史ともいえよう（昼田 1999：81）。

⑥　第6期　再び開放の時代……20世紀から

　少数ではあったが，前時代から引き続いていくつかの病院では作業療法が継
続しており，越野好文（1999：8）によれば，1929年にはドイツのジーモン（Si-
mon, Hermann）が賦活的治療法として作業療法を体系化して発表した。ジー
モンが行った作業療法は精神病院に一大転換をもたらし，次に続く開放の時代
の先鞭をつけた。そして，1952年のフランスにおける向精神薬クロルプロマジ
ンの発見により，精神病者の入院期間の短縮や社会復帰や救急対応がしやすく
なった（Hochmann, Jacques 2006=2007：(2)）。

　なお，オーストリアのウィーンでは19世紀末には，フロイト（Freud, Sig-
mund）が精神分析を提唱していた。無意識の存在を肯定する精神分析は，精
神科治療に新しい局面を与えた。

日本における精神医療とその周辺

①　第1期　前史

　障害者に対する最も古い記述は古事記の「水蛭子」であり，すでに奈良時代
の律令制度の中に生活困窮者の一人として身体障害者は援助の対象となってい
た（丸山一郎 1998：5）。岡田（1970：25）によれば，日本では精神病は病気で
あると早くから考えられており，中世ヨーロッパにみられたような残酷な組織
的迫害はなかった。小俣和一郎（1998：41）によれば，大宝律令改訂版である
養老律令（718年）の第8戸令には，「癲狂（＝精神病）の語が，法律用語とし
て登場し，ほかのいくつかの疾患・障害と並んで「癲狂」の犯罪者に対する刑
罰を減免する規定があるという。

　岩倉村の家庭看護[7]は後三条天皇の御代の1068年以後から始まった。「こもり
屋」ができ，それが4軒の茶屋になり，明治時代に廃止されるまで800年にわ
たって精神病者たちが療養に専念する場所になった（田原明夫 2007：147）。

319

なお，鎌倉時代，南北朝時代，織豊時代と時代が下るにつれて，精神疾患に対応した寺院には，密教系水治療型だけでなく，浄土真宗系漢方治療型寺院も出現してきた（小俣 2005：102-128）。

② 　第2期　放置と収容——江戸時代……17世紀から

　江戸時代になると諸医の著書にもしばしば精神病に関する論述が登場する。この時代も，岡田靖雄（1964：25-26）によれば，精神病者を収容する公共の施設がなかったので，放置されるおとなしい患者と鎖や手錠をかけられたり座敷牢に入れられたりした患者がいた。治療は，吐剤や下剤で病勢を防ごうとしたり，家族が任意に実施した加持祈祷・修法・灌滝・民間薬・迷信などによる民間療法があった。各地の仏閣や神社に参籠する者が多くなると，これらの仏閣や神社がおのずと収容所のような形をとることが多くなった。しかし，武家の法制度における刑罰は，それまでは犯罪者に対しては厳罰主義であったが，8代将軍吉宗の時代にできた「公事方御定書」（1742年）以降は，改悛奨励の教育刑主義へと変化した（小俣 2000：58）。そのこともあって，精神病者の場合は殺人などの場合も親や親類などの永預となっている事例が多かった（板原和子・桑原治雄 2000：191）。この頃には，読経と規則的な参籠生活によって精神病を治療しょうとする日蓮宗系寺院も登場した（小俣 2000：11）。

　フランス革命の頃に日本は江戸時代の後半を迎えた。1790年には前述の石川島人足寄場が設けられ，資料はないが，後には，軽犯罪者や徒刑者と一緒に精神病者も収容された可能性があった。しかし，小伝馬町郎屋敷（＝監獄）附属の診療所に非人溜があり，そこには犯罪者となった精神病者（乱心者）が別に溜預として収容されていた。この施設が上野の養育院の起源となり，1879年の東京府癲狂院となり，現在の松沢病院となった（小俣 2005：113-114）。日本では，早くから精神病者は犯罪者であっても病者として遇されていたようである。

③ 　第3期　法による隔離と医療の兆し——明治・大正期の頃……19世紀半ばから

　日本における近代医学は，近代国家の形成に向けて，殖産興業や富国強兵に対応する医学をどう発展させるかを基本にして西洋医学の導入が図られ，患者の視点よりも行政の側からの視点で行われた。医学もドイツ基礎医学が中心で

あった。一方，従来からの慈善救済と結びついた庶民の医療があり，この間，漢方から西洋医学に移行しながらも開業医による治療が大きな比重を占めていた（永岡正巳 2010：3）。

第3期の精神科医療について，さらに詳しく見ると，以下のように分けられる。

(1)加持祈祷と私宅監置の時代

日本の精神保健行政は明治初期まではまったく法的規制がなかった。既述のように，この頃の治療はほとんど加持祈禱に頼っていた。そして，社寺の楼閣は精神病者の収容施設のようであった。それ以外は在宅で放置か私宅監置であった。

明治政府は1874（明治7）年に医制を発布し，その中に癲狂院の設立に関する規定があった。1899（明治32）年には行旅病人及び行旅死亡人取扱法を公布した。これまでの精神病者の放置から，本格的な治安のための取り締りのはじまりであった（田中英樹 2013：2）。

(2)精神病院の設立

既述のように，明治政府は癲狂院の設立を規定したので，1875（明治8）年には臨済宗南禅寺派の寺院，南禅寺境内に「京都府癲狂院」（現，川越病院）が設立された。これが日本における公立の精神病院の最初であった（小俣 1998：22-24）。1878（明治11）年に私立の加藤癲狂院が東京府から許可されて開設された。翌年，1879（明治12）年には東京府癲狂院が上野公園内に設立された。これが今の東京都立松沢病院となる。

なお，近代以降の精神病院の起源のほとんどは，洋の東西にかかわらず，宗教施設か拘禁施設であった（小俣 1998：86）。小俣は，日本の場合は欧米と違って拘禁施設に由来する精神病院はきわめて少ないという特徴があったが，明治期に成立する精神病院は，歴史的にみて欧米における「徒刑場兼癲狂院」などに対応する性格の施設と考えられなくもないという（小俣 2000：62-63）。

(3)精神病者監護法の成立

こうしたなかで1883（明治16）年，相馬事件[8]が起きた。相馬事件を契機として，1900（明治33）年に精神病者を私宅で監護できる「精神病者監護法」がで

きた。この法律は，精神障害者の社会隔離を目指したものであり，直接の関係行政機関は警察で公安上の理由で私宅監置を認めていた。また，監督義務とその費用は家族にあったため，多くの患者は医療を受けずに放置されていた（的場智子 2012：13）。杉本章（2008：22）は，医療の対象として認められていなかったというが，従来からの日本における精神病者への対処をみているとそうとも言い切れない。以下のように考えるほうが事実に近いのではないかと考える。つまり，日本では国家が一面で家族（「家」）の自立性を認め，家族・家長に政府の機能を代行させて，これに依拠して秩序維持を図ろうとした構造があって，医療の対象かどうかも含めて，すべて家族に委ねたということである。なお，この構造は日本の近代化が，社会福祉・社会保障の未発達なままに産業化・軍事化を推進し得た基盤の一つであるといえる（石原邦雄 1988：17-20）といわれている。

　なお，秋元波留夫（2002：835）は，精神病者監護法の施行は立法者が予期しなかった以下のような悪影響をもたらしたという。(1)精神病院が監置（監禁）を義務づけられたため，欧米諸国では非拘束主義が患者処遇の原則となっていたにもかかわらず，患者の鎖錮（鎖で縛りつけること），教室・病棟の施錠，窓の鉄さくなどが日本の精神病院の特徴となった，(2)私宅，もしくは公立の監置室が全国にわたって激増した。監護法の主旨は私宅（もしくは公立の）監置室を制度化することによって，その構造や処遇を改善することにあったはずであるが，監置室の設置や患者の処遇は監督義務者の責任に委ね，国や道府県は監督するだけで，財政的には面倒をみないというやり方なので，多くの私宅・公的監置室の実情は惨憺たるものであった。

　ただし，吉川武彦（2000：42）は，精神病者監護法の最も大きい欠陥を「福祉の視点が欠けていたこと」としながらも，「監督義務者しか監置できない。監置には行政庁の許可が必要である。監置場所の決定も行政庁が行い恣意的には監置させない。指定医による検診を義務付けた。精神障害者の処遇の適性さについて立ち入ってでも調査することとした。医師などの不正に対する罰則規定が出来た」などから「家族や地域社会が恣意的に行って精神障害者の人権を無視してきた処遇の在り方に，明治政府が危機感をもっていた。精神障害者の

補　章　日本と海外における精神障害者の医療とソーシャルワークの歴史

人権保護を目的としてなされた」と述べている。

　既述のように，1900（明治33）年に精神病者監護法が成立したのであるが，東京帝国大学医学部教授の精神科医，呉秀三は1902（明治35）年には最初の精神衛生団体である「精神病者慈善救治会」を起こし，巣鴨病院その他の精神病院の入院患者の慰安・作業療法用器具の購入・会報・パンフレットの発行や講演会の開催による精神衛生思想の普及の活動を行った。そして，1910（明治43）年に，私宅監置の実情を6年にわたり調査して全国に14.5万人の患者が推定されることを指摘した（岡田 1964：30）。呉はその著『精神病者私宅監置ノ實況及び其統計的觀察』の自序において，「精神病者は自ら知らず自ら救えない疾患にかかって，気の毒な境遇であるところに社会の秩序を危うくし公衆の安寧を破る危険な症状を呈するので，これを救済し保護するのは我々の責任であり義務である」とし，「不治の病ではなく，恰好の時期に入院させて適切な治療をすれば，治る人は少なくないのは，他の疾患と同じである」と述べている（呉秀三・樫田五郎 1918：1）。呉の精神病に関する考え方がよく表れている[9]。

　こうした呉らの熱心な活動や調査や，日本神経学会総会が全国の精神病者の保護治療の設備を整えるという要望の決議を内務大臣に提出したことなどで，1919（大正8）年3月25日に「精神病院法」が公布された（同年同月に，「結核予防法」「トラホーム予防法」も公布された）。1918年の行政当局把握の精神病者の状態は，私宅監置4000弱，病院監置ほぼ5000，未監置4万2000人であった（岡田 1964：33-35）。

(4)精神病院法の成立

　1919（大正8）年の精神病院法の主な内容は，1）内務大臣は都道府県に精神病院の設置を命じることができる，2）入院させることができる精神病者を規定した，3）扶養義務者から入院費の全部または一部を徴収できること，であった。なお，入院させる者として1）精神病者監護法により市区町村長の監護すべき者，2）罪を犯したる者にして司法官庁特に危険の慮ありと認むる者，3）療養の途なき者，等を定めた（岡田 1964：33-35）。

　秋元（2002：840-841）によると，精神病院の設置に関しては前述のようにすべての都道府県に設置を義務づけたわけではなく，国庫負担の予算も最初は大

323

蔵省が認めなかったため，公立病院の建設は遅々として進まなかった。鹿児島保養院（鹿児島：1924〔大正14〕年），中宮病院（大阪：1926〔昭和元〕年），芹香院（神奈川：1929〔昭和 4 年），筑紫保養院（福岡：1931〔昭和 6 〕年），城山病院（愛知：1932〔昭和 7 〕年）が公立病院として建設されており，計2000床の病床数となっただけであった。植松七九郎は精神障害者数を25万人と推定していたので，すべての人に入院が必要ではないにしても，まったく必要数は充たされていなかったということになる。

　その後，公立病院を補完するものとして民間病院を法律上認めたので，民間病院は多数設立された。すでに1935（昭和10）年にはわが国精神病院の84％の病床が民間病院によって占められ，以後，民間病院に依存した精神医療が発展することとなった。

　精神病院法は，いわゆる自由入院を制度化しなかったことや，私立病院の道府県病院への代用制度をつくったことなどで，日本独自の私立病院依存体制をつくる原因となった（秋元 2002：840-841）が，精神障害者対策を監護から医療へと転換させる画期的な法律であったといえる（大谷實 1997：14）という。前述の岡田（1970：33-35）も，精神病院法によって，ようやく取締保護から保護治療への道が開けたと述べている。

　しかし，家族への経済的負担は大きく，患者 1 人を精神科病院に入院させると，田地山林を手放さなければいけなかった（杉本 2008：22）。

　以上をまとめると次のようになる。

　ヨーロッパも日本も，最初は精神病者を病者とみなしていたが，ヨーロッパではその後，精神病者を魔女裁判で組織的に迫害したり，拘禁施設に規範に背くものとして犯罪者と同様に収容したりした。日本では，終始一貫して病者もしくはキツネ憑きなどとみなされていた。しかし，加持祈祷も治療とみなせば，とにかく犯罪者ではなく病者とみなして義務の減免制度や犯罪の減刑制度を適用した。ヨーロッパのように，犯罪者と同様に拘禁施設に収容することはほとんどしなかった。ただし，小俣（2000：62-63）は明治期の精神病院はそのようにも考えられるといっている。

補　章　日本と海外における精神障害者の医療とソーシャルワークの歴史

　ヨーロッパでは修道院が病院であり拘禁施設であったりしたが，日本では寺院・仏閣は参籠等もあって，それぞれの仏教宗派がそれぞれの治療を試みたりはしたが，大規模な組織だった拘禁施設になることはなかった。

　日本の場合，明治になって仏閣の取り壊しなどがあり，治療や参籠を依頼できるところが少なくなったので，多くの場合，手に余る病者は自宅，その他で拘禁するか，おとなしい病者は放置するかしか方法がなくなったことは容易に想像できる。

　明治政府は，富国強兵政策により精神科病院建設よりも軍事費その他に費用を使うことを選び，政府の責任として精神科病院をつくることはせず，費用も出さず，家族に私宅監置を許可することで対応しようとした。吉川（2000：42）のいうように，規制をかけることによって被拘禁者を保護しようとした面はあったにしても，精神障害者が政府の富国強兵政策の犠牲になったことは事実であった。繰り返すことになるが，石原邦雄（1988：19-20）のいうように，明治政府は家族・家長に政府の機能を代行させてこれに依拠して秩序維持を図ろうとした構造を有していて，この構造が，日本の近代化が社会福祉・社会保障の未発達なままに産業化・軍事化を推進し得た基盤の一つとなったと考えられる。「隣保相扶，親族相救」の理念のもと，国家としての社会福祉・社会保障施策を考えることの少なかった土壌・文化があり，そして，為政者の側にも，家制度に組み込まれた国民の間にも人権意識が十分に育っていないこともあって，現在の民間病院に依存した精神科医療問題の原因をつくったといえよう。

　ヨーロッパの場合は，救貧法にみられるように修道院の教区は行政区と重なることがあり，修道院が容易に公的施設あるいはそれに近い施設に転化できる下地があった。したがって，後に国家の責任として公立の精神科病院を用意することができた。精神病者に対する残酷な組織的な迫害や，違法者としての犯罪者扱いはあったが，フランス革命等にみられる市民階級からの人権意識が，常にそれに異議を申し立てる形で精神科医療が進展してきた。

2　近代以降の精神医療・施策と PSW の状況

　1940年代にペニシリンが導入されて精神病理学への期待が高まった。長期に
わたる服薬の副作用は必ずしも明らかになっていないが，精神作用薬が外来患
者を基本とする精神疾患治療を可能にしたので入院患者数は激減した。そして，
古い精神病院への批判と，精神異常者は多様な正常の一部とみなされ，「軽度」
と「境界」の症状へ関心が移っていった（Porter, R. 2002=2006：169-172）。

イギリス
①　精神科領域の施策・その周辺とソーシャルワーク
(1)第 2 次世界大戦以前

　第 2 次世界大戦以前のイギリスでは，1911年の国民保険法（National Insur-
ance Act）を契機に医療施設の整備が促進され，1913年の精神欠陥法（Mental
Deficiency Act）では，施設収容を重視する方針がとられた。この頃はまだ収
容体制であった。第 1 次世界大戦後，これからは，精神疾患は予防と治療に基
本方針を置くべきであるという1930年の精神疾患治療法（Mental Treatment
Act）によって，地方自治体サービスが始まった。しかし，1930年当時の精神
病院の平均患者数は1221人であったように，巨大精神病院や施設への隔離収容
主義は依然として存在していた。

　精神保健医療ソーシャルワークの萌芽としては，すでに，1879年に「貧困孤
立女子癲狂院退院回復者のためのアフターケア協会」が結成され，後には，対
象者を男性や回復途上者にも広げていっていった（大野喜郎 2008：131）という。
その後，PSW ではないが，COS の書記であったスチュワート（Stewart,
Mary）が1895年にロンドンのロイヤルフリー病院の外来患者部門にアーモナ
ー（almoner 病院慈善係）として配属されたのが最初の医療ソーシャルワーカ
ー（Medical Social Worker, 以後 MSW と表記する）といわれている。

(2)第 2 次世界大戦以後

　イギリスにおける社会およびコミュニティ精神医学に決定的な影響を与えた

のは，第2次世界大戦であった。後述するように，アドラー派の精神分析医の
ビエラ（Bierer, Joshua）や，ジョーンズ（Jones, Maxwell）の活躍があった。

　1948年には，国民保健サービス（National Health Service：NHS）が創設され
た。これはすべての国民に予防やリハビリテーションを含めた包括的な医療サ
ービスを，原則，無料で提供する制度であった。健康上の問題は，地域のかか
りつけ医（General Practitioner）の診察を受け，必要に応じて，高度な専門医
療機関に行くことになった（平直子 2013：33）。これは次のコミュニティケア
への傾斜を強めるものであった。

　1968年にシーボーム報告が出され，コミュニティに根差した家庭志向サービ
スを行う部局を地方自治体に創設した。SW が一家庭に積極的にかかわること
が期待された。1970年には地方自治体サービス法（Local Authority Social Ser-
vices Act）が制定されて，1972年に5つの機関が地方自治体の社会サービス部
（Social Service Department：SSD）として統合され，対人サービスの拠点とな
り，1974年には NHS が再編されて，NHS に属していた PSW は SSD（地方自
治体社会サービス部）で勤務することになった。同年，英国ソーシャルワーカ
ー協会が創設された。

　1982年にはバークレイ報告が出され，コミュニティソーシャルワークとして
対人サービスと社会的ケア計画の実施が主張された。PSW はスペシフィッ
ク・ソーシャルワーカーとして位置づけられ，精神福祉官（Mental Welfare
Officer）が家庭医を窓口にチームの中心として入退院から社会復帰までを担う
こととなった。

　1983年には改正精神保健法（Reform of the Mental Health Act）ができて，
認定ソーシャルワーカー（Approved Social Worker：ASW）の制度ができた。
ASW になるには，強制入院の申請などを行うので，精神保健領域で最低2年
の経験と精神保健に関する法律，政策，実践などの専門的訓練を修了すること
が必要であった。

　1988年には「コミュニティケア：行動のための指針（グリフィス報告）」が出
され，混合経済による福祉サービスの民営化，市場主義の導入によるコミュニ
ティケアの促進，SSD によるケアマネジャーの任命，ニーズアセスメント，

327

地域計画の策定などが求められた。

1990年には国民保健サービスおよびコミュニティケア法（NHS and Community Care Act）が成立し，地方自治体がコミュニティケアの責任を負うこと，ケアマネジメントを用いることが法的に定められ，混合経済の導入を決めた1999年には「ナショナル・サービス・フレームワーク（National Service Framework）」で精神保健に関する10年計画を発表した。コミュニティケアの見直しと，関連職種間の競合によるPSWの専門性の問い直しが行われた（平 2013：33-35）。

この後，積極的アウトリーチ（Assertive Outreach：AO）や，SSDのSWのNHSトラストへの配置転換があり，多職種チームで勤務すること等々，SWはNHSの医療改革への参加が求められている状況にある（平 2013：35-36）。2000年にCPA（保健医療領域におけるケアプログラム・アプローチ《Care Program Approach：CPA》）に関する新たな政策が出され，これにより，社会福祉領域と保健医療領域で分断されていたケアマネジメントが統合されて，看護師・作業療法士，ソーシャルワーカーがケアコーディネーターとして，斡旋，調整サービスおよび直接のサービスを行うこととなった（岩上優実・西大明美 2013：49）。

② 精神科医療

イギリスにおける社会およびコミュニティ精神医学に決定的な影響を与えたのは第2次世界大戦であった。アドラー派の精神分析医のビエラ（Bierer, Joshua）は，ユダヤ人であったので，ウィーンからロンドンに逃れてきて，ランウェル病院の入院患者や，ロンドンの2つの公立総合病院の外来の患者に集団精神療法を始めた。完全に患者による自主運営の形であった。ビエラはこのやり方を「コミュニティ治療」と呼んだ。その後，ビエラはPSWとともに1946年に院外に社会精神医学センターを設立し，患者クラブをつくった。この患者クラブが1948年に精神科デイケアとなった（加藤正明・石原幸夫 1977：5-6）。

1946年は，ジョーンズ（Jones, Maxwell）が軍人や市民の戦争神経症を治療するミル・ヒル救急病院での試みから治療共同体理論を唱え，精神病院の開放

補　章　日本と海外における精神障害者の医療とソーシャルワークの歴史

化や地域精神医療の進展に影響を与えた年でもあった（Shorter 1997=1999：281）。

　また，フランス，イタリア，アメリカにも影響した「反精神医学」は，イギリスの精神分析医であったレイン（Laing, R. David）とクーパー（Cooper, David）らが中心であった。「反精神医学とは，一言でいえば，伝統的正統的主流的精神医学の狂気観に対する根本的な異議申し立てである。つまり伝統的精神医学が19世紀以来身体医学の枠組みや概念をそのまま踏襲し，『狂気と正気』の問題を純医学的立場から考察し，狂気イコール疾患とみなしつづけてきたとしての異議申し立てである」（笠原嘉 1976：675）といわれている。

　イギリスではソーシャルワークは医療よりもむしろ施策・行政と結びついてその変遷をたどっている感じがある。本研究の改正精神衛生法時代の保健所PSW たちは別として，行政は一定の枠の中で仕事を進めていかざるを得ない面があるので，イギリスの現状を批判したファーガスン（Ferguson, I. 2008=2012）の主張「ソーシャルワークの復権」には，耳を傾ける価値があるであろう。

アメリカ

①　精神科医療とソーシャルワーク

　1890年以降，州立病院は劣悪な医療を行うようになっていたが，1904年に「精神医学の父」と呼ばれるマイヤー（Meyer, Adolf）はボルチモアのジョンホプキンス病院に勤務していたとき，自分の妻を友愛訪問者と名づけて，患者の家を訪問させ疾病に影響を与えている患者の生活，環境を把握して，それを治療に役立てたといわれている（荒川義子 1982：53）。その翌年にキャボット博士（Cabot, C. Richard）の提唱によって，1905年にボストンのマサチューセッツ一般病院に医療社会事業部が開設された。さらに同年マサチューセッツ一般病院外来部，ニューヨークのベルビュ病院およびコーネル診療所に精神医学ソーシャルワークの部門が開設された。病気の診断・治療にあたっては患者の社会生活上の諸側面が重要であり，これがなくては，正確な診療や治療が不可能であるという認識によるものであった（岡本民夫 1985：32）。そして，1906年

329

には，公的機関であるマンハッタン州立病院にもアフターケアエイジェントという名で精神医学ソーシャルワーカーが採用された（荒川 1982：53）。

1906年や1907年には「学校ソーシャルワーク」の前身の「訪問教員制度」も置かれるようになった。この頃は非行問題が貧困や生活困難と同様に社会問題として認識され，後述の精神衛生運動の一翼を担ったヒーリー（Healy, William）の非行の研究などが行われていた（岡本 1985：33，荒川 1982：56）。

この頃のワーカーは医師が必要とする患者の社会生活上の情報や資料を家庭訪問によって収集することが主たる仕事とされた。なお，キャボット博士は「医療ソーシャルワーカーの父」と呼ばれ，「医薬を与えることは，重すぎる荷をひいて山を登る馬に薬を与えようとするのと同じで，不合理なことが多々ある。本当に必要なことは荷車を解放して馬を休めることである。重荷を軽くすることのできない患者に軽くする方法を工夫してやることである」（中尾仁一 1956：4-5）という言葉は有名である。

1913年には，ジャレット（Jarrett, Mary）が，サウザード医師（Southard, E. Elmer）との協力のもとボストン精神病院にソーシャルサービス部を新設し，PSW という名称をはじめて用いた。彼女たちが始めた PSW の専門教育・訓練は，後にスミス大学社会事業部に発展した（荒川 1982：57）。

「ケースワークの母」と呼ばれるリッチモンド（Richimond, Mary）は1917年に『社会診断』を著し，1922年には『ソーシャル・ケースワークとは何か』を著した。そして，第１次世界大戦中に軍関係病院や野戦病院にアメリカ赤十字社（American Red Cross）が多数の SW を派遣して戦争神経症などに対応していたが，まだ多くのソーシャルワーカーを必要としていたので，1918年にスミス・カレッジ（Smith College）に精神衛生講座を設けて，精神医学ソーシャルワーカーの訓練を始めた。同年，ニューヨーク・スクール（New York School）でも精神衛生学（Mental Hygiene）の部門を設けた（岡本 1985：34-39）。

また，前述のジャレットの設立したサイキアトリック・ソーシャル・ワーカー・クラブが1926年にアメリカ PSW 協会となり，1955年に NASW の設立を機に吸収合併された。この間，ワーカーの役割は従来の病理現象に焦点を当てた援助ではなく患者の人権を尊重しその擁護へと変化してきた（荒川 1982：

補　章　日本と海外における精神障害者の医療とソーシャルワークの歴史

63)。

　なお，アメリカにおいても，1960年代から70年代にかけて，「反精神医学」と呼ばれる動きが起こった。これはフーコーの思想の影響を受けていると言われている。(1)反収容主義，(2)反疾病論，(3)反治療論（笠原 1976：675-682）を共通項として，イギリス，フランス，イタリア，アメリカで起こった。イギリスでは，前述のレインとクーパー，フランスではマノニー（Mannoni, Mauf），イタリアではバザーリア（Basaglia, Franco）——病院解体を推進した，アメリカではサス（Szasz, Thomas）——精神疾患が神話であり，生活に問題をもつ人に押しつけられた医学的な誤解であるとした，ゴフマン（Goffman, Erving）——精神疾患はあり得ない。収容は権力略奪であるとした，が著名である（Shorter 1997=1999：326，大東祥孝 1999：98-99）。

　②　精神科領域の施策とその周辺

　こうした中で，1908年にビアーズ（Beers, Clifford Whittingham）が『わが魂にあうまで』（*A Mind that Found Itself*）を著し，精神病院における自身の（ビアーズはうつ病であったといわれている）過酷な体験と受けた劣悪な処遇の改善を訴え，前述のマイヤーやジェームズなどの支持を受けて精神衛生運動を始めた（Mosher, L. R. & Burti, L. 1989：27）。ビアーズの本が反響を呼んで，コネチカット州に設立された「精神衛生協会」が，1909年，「全国精神衛生委員会」となり，1930年にはワシントンで第1回国際精神衛生会議が開催された。巨大な公的施設（精神病院）を変革するのは困難であった。しかし，入院患者の待遇改善運動や全国精神衛生運動の流れを経て，第2次世界大戦を機に，1945年の精神科医による精神科病院改革，1946年の全国精神保健法（National Mental Health Act）の制定（精神衛生が主要な国民の問題として認識された），1949年の国立精神衛生研究所の設立，1950年の全国精神衛生委員会の全国精神保健協会への改組へと一連の動きが進んだ（白石弘巳 2013：25）。

　精神障害者の置かれている現状を批判し地域でのケアを唱えた1963年の「精神病及び精神薄弱に関する大統領教書」（Special Message to the Congress on Mental Illness and Mental Retardation, いわゆる「ケネディ教書」）に基づいて，1963年に「地域精神保健センター法（Community Mental Health Center Act）」

331

が成立した。この法律によって，(1)入院医療，(2)精神科救急，(3)地域コンサルテーション，(4)デイケア，(5)調査と教育などの機能を有する地域精神保健センターが整備されることとなり，公民権運動の高まりとともに，脱施設化が加速度的に進んだ。そして，1950年代には56万床にまで達していた大規模公的病院の精神病床数は急激に減少したが，退院患者はホームレスや，犯罪者，回転ドア現象で入退院を繰り返す者などになり，新たな問題が生じた（荒田 2013：25-26）という。人とのふれあい，日常生活に必要な枠組み，張りのある暮らし等，人として生きていく環境，居場所が少なく，したがって退院はしたものの，適切なサービスが受けられず，再発や，ホームレスや犯罪者となっていった（日本精神保健福祉士協会 2003：60）のである。

　1960年代半ば以降，アメリカでは「貧困との戦い」政策のもとに多様なサービス・プログラムが開発されていったが，脱施設化運動のもとで増えつつあった地域で暮らす精神障害者，知的障害者，貧困な母子家庭等はこれらのプログラムが分断されていたこともあって，これらのプログラムをうまく活用することは困難であった（久保紘章・副田あけみ 2005：161）。

　こうした中で医療費や福祉費は増加した。この抑制のために，行政によって効果的・効率的な統合的サービス供給システムのあり方が検討されることとなった（副田あけみ 1997）。なお，これが，後のケースマネジメントの発展へとつながっていった。

　従来型のサービスに加えて，居住支援，仲介型のケースマネジメント，権利擁護など包括的なサービスを提供する地域支援システム（Community Support System：CSS）が始まった。これは，1977年，国立精神保健研究所で始まったプログラムを原形とし，有効性が証明されると各地に広がっていった（荒田 2013：26）。そして，この流れは，1948年のニューヨークのファウンテンハウス，シカゴのリハビリテーションセンターなどにおいて，そのあり方が模索されてきた心理的社会的リハビリテーションの隆盛を招いた。

　こうして発展してきた心理社会的アプローチには，職業リハビリテーションモデル[11]，クラブハウスモデル[12]，再発予防モデル，ケアマネジメントモデルがある。1970年代半ば，アメリカでは全米精神保健研究所の助成金による「CSS

補　章　日本と海外における精神障害者の医療とソーシャルワークの歴史

プロジェクト」が各州の公立の精神保健センターなどで実施された（久保・副田 2005：161）。また「包括型コミュニティケアプログラム」（The Program of Assertive Community Treatment：PACT）の「包括型地域生活支援」（Assertive Community Treatment：ACT）や「個別的就労支援」（Individual Placement and Support：IPS）は，日本においても導入の検討段階にあり各地域で試行的な取り組みが行われている（宇野木康子 2011：92）。

　1990年代に入ると「エンパワメント」（empowerment）「リカバリー」（recovery）「レジリアンス」（resilience）といったソーシャルワークに関係の深い概念が台頭してきた（荒田 2013：26-28）。

ドイツ

　なお，ドイツでは，19世紀末にクレペリン（Kraepelin, Emil）が統合失調症を「早発性痴呆」と命名し，患者が反道徳的で精神病質者でほとんど別種の生物であるとして，その治療効果を信じていなかった。1930年代には，ナチス精神医学が，分裂病者（当時）をユダヤ人と同等にみなして排除を始め，1940年から1942年の間に7万723人の精神病患者がガス室送りになった。その人たちを選別したのは著名な精神医学の教授たちと医師たちであった（Porter 2002：154-160，大島巌 1988：10）。

日本におけるソーシャルワーク・精神保健医療ソーシャルワーク実践

　昭和期以降の日本における精神科領域の施策については，第2章で述べているので省略する。ここでは，日本のソーシャルワーク・精神保健医療ソーシャルワーク実践について述べる。

　① MSW の活躍

　日本においても，PSW に先だって，MSW がその活動を開始した。

　日本医療社会事業協会50周年記念誌編集員会（2003：2-7，265）によると，MSW は1919（大正8）年の東京の泉橋慈善病院（現，三井記念病院）に2人の婦人相談員を配置して，「病院相談所」を設立したところから始まるとされている。泉橋慈善病院は市内の貧困者を対象とした救療病院としての性格をもっ

ていた。1909（明治42）年に三井家が中心となって，東京帝国大学医学部の協力のもと設立された病院であった。

1925（大正14）年には，東京市療養所に「社会部」が設置され，東京市小石川の療養所附属に「結核相談所」が開設された。社会事業の知識が必要であると考えられていたが，実際は，当時は社会事業教育や職員養成が進んでいなかったので，医療関係者によって担当されていたのではないかと考えられている。

そして，34歳でアメリカにわたり社会事業論を学び，イギリスでも社会事業を見学して帰国した生江孝之が，1926（大正15）年，恩賜財団済世会芝病院に「済世社会部」を配置し，ようやく，医療機関内に病院社会事業的組織と専任の相談員を置くことができた。1929（昭和4）年には聖路加国際病院にMSWが置かれ，浅賀ふさらがその業務を開始した（一番ケ瀬康子 1994：219-220，日本医療社会事業協会50周年記念誌編集委員会 2003：8）。

なお，1920年の『社会と救済』9月号，10月号にケースワークという言葉が見られた。1922年には東京府社会事業協会の機関誌にリッチモンドの『社会診断』が紹介された。

② PSWの誕生

PSWについては，こうした経緯を踏まえて，1928（昭和3）年に，松沢病院に「遊動事務員」が置かれるという計画があったが実現せず（橋本明 2012：115），1948（昭和23）年に，アメリカ留学で力動精神医学を学んだ村松常雄院長が，国立国府台病院に看護師の2人を社会事業婦という名称で配置したのが最初である。そして，1952年，国立精神衛生研究所の開設に伴い，これも村松の要望でチーム医療が開始されたときに，そのチームの一員として7人のPSWが採用された。チームは精神科医（Psychiatrist），臨床心理師（Clinical Psychologist：CP. この頃は，「師」という漢字を使っていた。後に「士」が用いられるようになった），精神医学ソーシャルワーカー（Psychiatric Social Worker：PSW. この頃は「精神医学」と訳されていた）で構成された。翌1953年には大阪府精神衛生相談所に2人のPSWが配属された（この年には日本医療社会事業家協会が結成された）。村松はその後転出した名古屋大学医学部精神医学教室においてもPSWを採用した。その後，少しずつではあるが，精神衛生相談所や力

動精神医学の影響を受けた精神科医の勤務する病院などに，PSW が誕生した（日本精神保健福祉士協会事業出版企画委員会 2004：18-19）。

1958（昭和33）年には PSW の職能団体の全国組織結成の機運が高まり，国立精神衛生研究所が PSW を対象とした社会福祉課程研修を開始した（この年には，日本医療社会事業家協会は，日本医療社会事業協会と名称を変えて活動の力点を事業の発展に置いた）。1960（昭和35）年には宮城県 PSW 研究会が発足し，翌年には東海 PSW 研究会，関西 PSW 連絡協議会が発足した。1963（昭和38）年には日本社会事業大学において PSW 全国集会が開催され76人が参加した。次いで，精神病院ソーシャルワーク連絡協議会が発足し，1964年に日本精神医学ソーシャルワーカー協会が発足した。しかし，PSW 設置の広がりが始まるのは，1965（昭和40）年の改正精神衛生法制定以降であった（日本精神保健福祉士協会事業出版企画委員会 2004：22-27）。

③　PSW の展開

佐々木敏明（2010：12-22）は，PSW の歴史を，1）導入・試行期，2）混乱・模索期，3）確立・展開期，4）拡大・自立期に分けている。概略を示すと以下のようである。

(1)導入・試行期

1950年代から60年代にかけて少しずつ民間の精神科病院にも PSW が配置されるようになったが，当時精神科病院が急増して収容施設化していく反面，向精神薬の登場で入院患者の社会復帰の可能性が高まるという矛盾の中で，PSW は社会復帰を援助する要員としてだけではなくマンパワーの不足を補う期待もあって採用された。PSW が PSW 的に動けば（例えば，退院を促進するなど）解雇されるなど，不安定な雇用関係で，ともすれば雑用係，便利屋的になるおそれがあったが，「専門性の追求と身分法の確立を求める」という目的のもと，1964（昭和39）年の日本精神医学ソーシャルワーカー協会（現，社団法人日本精神保健福祉士協会）が発足した。

(2)混乱・模索期

ライシャワー駐日アメリカ大使刺傷事件によって，1965（昭和40）年に精神衛生法が改正された。これは隔離収容の傾向の強い精神科病院のあり方や社会

復帰のための基盤整備はほとんどそのままにして，保健所・精神衛生センター体制が法制化され，「早期発見・早期治療」と「アフターケア」を掲げた地域精神衛生活動がスタートしたということでもあった。PSW や保健師がその一翼を担った。

(3)確立・展開期

1984年の宇都宮病院事件を契機にして，1987（昭和62）年，精神保健法が成立し，精神障害者の社会復帰施設が法定化された。多くの PSW が施設の設置・運営にかかわることが期待された。1988年には，日本精神医学ソーシャルワーカー協会は「Y 問題」の総括を踏まえて，「倫理綱領」の制定と「精神科ソーシャルワーカー業務指針」を作成した。PSW は社会的入院の解消などの担い手として期待され，1997（平成 9 ）年に PSW の国家資格化が成立した。

(4)拡大・自立期

精神保健福祉法により位置づけられていた社会復帰施設が，2005（平成17）年の障害者自立支援法の成立により廃止になって，精神保健福祉士の必置義務がなくなり，障害の特性に対応する精神保健福祉士の位置づけがあいまいになってきた。しかし一方，司法関係などへの活動領域が拡大してきた。

筆者の記憶

以上，佐々木（2010）の分類を概観してきた。

混乱・模索期の1960年代当時，精神医療の現場に身を置いた筆者の感想では，PSW を雇用している病院は，一種のランクアップのイメージがあった。しかし，PSW の実態は医事課に籍を置いているところが多く，仕事の多くが医療事務であったり，また医局に籍を置いているところでは院長秘書的な役割を果たしたりしていた。そして，女性が圧倒的に多かった。診療チームの一員として採用されたところは，そうでないところよりも専門性を期待された。PSW の専門性を大いに期待し PSW を育てようとした病院もあったが，多くは，その専門性を大いに期待したわけではなかったようで，ともすれば医事課に配属されそうになる気配があった。

筆者のいた公立の精神科病院も，PSW と CP は医局所属であったが，PSW

のみ，絶えず医事課への所属替えが事務方のほうから取りざたされた。医事課の窓口で，家族がよく相談を持ちかけるからとか，滞納している入院費の取り立てを家庭訪問のついでにしてきてくれれば効率的であるとかいうのが，その配置換え要請の理由であった。その都度，先輩 PSW と 2 人で，ほかの公立病院の状況を調べ，窓口相談は PSW に回してくれればよいことであるし，入院費の取り立てについては，PSW はサービス業務に従事しており管理業務ではないので，2 つの相反する業務を同一職種が行うことは，信頼関係を樹立する妨げになることを大きな理由にして，このこと以外にもあった PSW の立場を混乱させるような要請の一つひとつを退けていったことを覚えている。

　最後になるが，佐々木 (2010) は「拡大・自立期」の PSW の業務の発展を評価する一方，実力で業務を確立させてきた資格のない世代では対応可能であろうが，国家資格以後に養成された世代が，ほかの障害者も含まれる障害者対応や，狭義の精神保健から，広義の精神保健へと拡大していく中で，アイデンティティの拡散に遭遇するのではないかといったあたりを危惧している。拡散に関して言及すると，岡田藤太郎 (1977：158-162) は，拡散はソーシャルワークという技能行動体系がもつ宿命ともいえるとして（この場合は PSW に限定はしていない），①適用される対象領域の広汎さ，②適用される次元の多様性（多次元性），③技術の非純粋性（例えば，いつも純粋の金属として存在することは少なく，いつも合金の形で存在するという総合アート〔技能〕的性格に由来する技術的合金性），④ソーシャルワークが基盤とする学問の多様性，を挙げている。そして拡散性ではないが対象の流動性もソーシャルワークがそれに対応して流動的にならざるを得ず，絶えず更新を迫られるという不安定さを増すものとして挙げている。

　こうしたソーシャルワークの生来的ともいえる特徴に対して，それらの特徴を掘り下げて考えることに役立つ社会福祉の歴史や哲学が，国家資格を意識するがゆえに軽視されている現行の教育のもとで育ち，かつ，業務が上から降りてくるトップダウン路線がほとんどでき上がっている現場状況で，資格取得世代が拡散した対象に向き合うときに，業務の核になる考え方をもち対処することができるのかどうかは，確かに危惧されるところである。

3 精神科領域における医療とソーシャルワークの歴史

　本章を設けたのは，PSW が向き合った人たちはどういう状況を生きてきた人たちかを，明らかにしておくことは，PSW の業務の理解を助けるだろうと思うからである。

　第1節では，精神病者と呼ばれた人たちの，近代に至るまでの歴史をたどり，ヨーロッパと日本の精神障害者処遇の特色をまとめた。ヨーロッパでは，精神病者を病者とみなした時期，狂気をもつ者とみなした時期など変遷はあるが，精神病者に対して大規模な迫害や犯罪者扱いをした歴史があった。日本では精神病者を病気あるいは物狂いとみなして治療・加持祈祷の対象としており，ヨーロッパにおけるような大規模な迫害はなかった。しかし，明治時代の為政者は富国強兵政策のもと，「隣保相扶・親族相救」の理念を掲げて，精神障害者処遇において国家としての責任を果たすことに熱心ではなかった。また，家制度に組み込まれていた国民にも十分な人権意識がなかったことが，日本の精神科医療政策に一貫して現れていることを述べた。

　第2節では，近代以降の精神医療・施策とソーシャルワークの発展について述べた。まず，イギリスおよびアメリカを中心とする海外の状況を述べた。イギリスでは1930年の精神疾患治療法によって地方自治体サービスが始まった。依然として大規模精神科病院への収容はあったが，ビエラが1948年に精神科デイケアを始めた。ジョーンズも治療共同体を提唱した。彼らの影響もあって，1948年に国民保健サービスが始まり，地域のかかりつけ医制度ができた。1965年に反精神医学のレイの活動を経て，1968年にシーボーム報告が出され，1970年の地方自治体サービス法によって，対人サービスが強化された。1982年にはバークレイ報告が出され，コミュニティソーシャルワークとして対人サービスと社会的ケア計画の実施が主張された。1988年の「コミュニティケア──行動のための指針」（グリフィス報告）を経て，1990年には「国民保健サービスおよびコミュニティケア法」が成立し，地方自治体がコミュニティケアの責任を負うこと，ケアマネジメントの導入が法的に定められ，混合経済の導入を決めた。

補　章　日本と海外における精神障害者の医療とソーシャルワークの歴史

以後は2000年のケアプログラムアプローチなど，現在日本の障害者福祉に影響
を与えている施策がとられている。

　アメリカにおいても，1908年のビアーズの精神衛生運動を経て，1950年代半
ばに開発された向精神薬で症状のコントロールができるようになったので，第
2次世界大戦をはさんで，1963年にケネディ教書と地域精神保健センター法が
出て，公民権運動の高まりとともに脱施設化が進んだ。そして，1948年に始ま
っていたファウンテンハウスなどの心理社会的リハビリテーションが隆盛とな
った。包括型コミュニティケアプログラム（PACT）や包括型地域生活支援
（ACT）や，個別的就労支援（IPS）など，最近日本でも多大の関心を集めてい
る実践が出現した。なお，アメリカにおいても反精神医学の動きはあった。

　日本の状況は，1918年に精神病院法ができたが予算が少なく公立の精神科病
院の建設は進まなかった。その後民間病院の設立を認めたので民間病院は多数
建設された。1950年に精神衛生法が公布された。1952年に戦後復興に精神病床
増床第一主義をとって，2年後の実態調査で病床が10分の1に満たないとして，
民間精神科病院の建設や運営にかかる費用に対して国庫補助制度が始まった。
ライシャワー事件を経て，改正精神衛生法ができ，精神保健福祉相談員（当時，
精神衛生相談員）が配置されたが，治安（保安）と治療（保護）の両面をもって
いた。

　PSWの歴史では，イギリスにおいては1879年からその萌芽はあり，アーモ
ナーを経て1929年にヤングハズバンド（Younghusband, Eileen Louise）の精神
保健コースが創設された。1950年代あたりから精神障害者処遇に家族と社会環
境が影響することが認知され，PSWの役割が重要とされた。その後マネジメ
ントの考え方が取り入れられ，PSWはコミュニティケアのチームの一員とし
て活動しているが，SWの資格や立場も変動の中にあり本来的なSWができて
いるかどうか危ぶまれる。

　アメリカにおいては，1905年にボストンのマサチューセッツ一般病院に医療
社会事業部が開設され，同外来部，ニューヨークのベルビュ病院およびコーネ
ル診療所にPSWの部門が新設された。病気の診断・治療にあたっては患者の
社会生活上の諸側面が重要であり，これがなくては正確な診療や治療が不可能

339

であるという認識によるものであった（岡本 1985：32）。1913年にはボストン精神科病院にソーシャルサービス部を新設した。1900年代前半のリッチモンドやアダムスの活躍を経て，SW 教育が始まった。現在 PSW たちは，リカバリー，ACT 等の潮流の中で活躍している。個人開業もある。

　日本では，1919（大正 8）年に MSW とされる人たちが東京の泉橋慈善病院（現，三井記念病院）に配置され，1929（昭和 4）年に浅賀ふさが聖路加国際病院で MSW として業務を開始した。PSW は，1948年に国立国府台病院に院長の村松常雄の要望で「社会事業婦」としてはじめて配置された。国立精神衛生研究所の開設に伴い，これも村松の要望でチーム医療（精神科医，CP，PSW で構成された）が始まった。1964（昭和39）年日本精神医学ソーシャルワーカー協会が発足した。その後改正精神衛生法によって，PSW は保健所の精神衛生相談員（当時）となり，公私の病院や社会復帰施設の PSW たちの活躍もあって，現在は職域は広がりつつある。実務家養成を目指した SW・PSW 教育を受け，高齢者や障害者の分野ではケアマネジメントが主流となりつつある今，寄り添い共生するという形の SW は消えていくのではないかと懸念される。

　注
(1)　フーコー（Foucault, M.）：フランスの構造主義の哲学者。人間の本質や社会に永遠にあてはまる真理とされる基本的な観念が，歴史とともに変化することを示そうとした。「科学／技術—科学者／技術者」（2009）『エンカルタ総合大百科』（DVD）マイクロソフト。

(2)　これには異論もある。この時期に「大いなる閉じ込め」があったのは，フランスだけであるという説もある（Porter, R. 2002=2006：81-82）。が後には，他国にて閉じ込めは広がっていった。

(3)　ロック（Locke, John）は『人間知性論』（1689）において，生まれたばかりの人間の心はタブラ・ラサ（なにも書かれていない板）であり，そのうえに経験によって知識がきざみつけられていくのだと主張した。「科学／技術—科学者／技術者」（2009）『エンカルタ総合大百科』（DVD）マイクロソフト。

(4)　ヨーロッパにおける最も古い精神病院はロンドンのベツレムで，13世紀にベツレムにある聖マリア小修道院として建てられたという。1403年までに他の収容者とともに 6 人の狂った人たちが入っていた。

補　章　日本と海外における精神障害者の医療とソーシャルワークの歴史

(5)　ピネルが世界で最初に，精神病者の鎖からの解放を行ったということについては異論もある（小俣 2005：95-97）。

(6)　ディックスは，ニューイングランド出身の引退した教師で，精神病患者処遇の改革に努力した人。30の精神科施設がこの人の力で設立されたとされる。その多くは巨大州立病院となって，後にまた大改革を受けることになった（岡田 2002：147）。

(7)　京都岩倉村の家庭保護は，ベルギーのゲールに相当する日本で始まった家庭保護である。第71代後三条天皇（1068-1072）の皇女は29歳のときに髪を乱し，言えばわけのわからないことで，心をまったく喪われた。神仏の霊告により，皇女を岩倉大雲寺に籠らせて境内の霊泉を毎日飲ませたところ疾患が癒えたという。その後，うわさを聞いて，精神病者が集まってきたという（岡田 1970：26）。

(8)　これは中村藩の元藩主相馬誠胤が精神病として松沢病院に入院させられたことを陰謀であると元家老の錦織剛清が病院から連れ出し，時の大臣後藤新平に訴えた事件であった。日本の法律が不備であることが世界から注目され，これによって，精神病者に対する社会の関心が高まり，癲狂院に代わって脳病院・精神病院という名前が使われるようになった（岡田 1970：27-28，小俣 2000：44-46）。

(9)　呉秀三の最も有名な言葉には，「我邦十何万ノ精神病者ハ実ニ此病ヲ受ケタルノ不幸外ニ，此邦ニ生レタルノ不幸ヲ重ヌルモノト云フベシ」がある。

(10)　慶應義塾大学教授で，精神病の遺伝は十分に解明されていないなどの理由で断種法（国民優生法の法案段階の呼び名）に反対した。

(11)　職業リハビリテーションとは「障害者に対して職業指導，職業訓練，職業紹介その他この法律に定める措置を講じ，その職業生活における自立を図ることをいう」（障害者の雇用の促進等に関する法律」第2条の七）。

(12)　クラブハウスモデル：1940年代のアメリカ，ニューヨークで始まった精神障害者の自助活動による相互支援を基盤にした活動であり，世界各地に広がっている。デイプログラムと呼ばれるクラブハウス運営維持のための仕事を，メンバーといわれる利用者とスタッフが共に行うことにある。1948年につくられたアメリカのファウンテンハウスが名高い（加納光子 2015：82）。

参考文献・資料

秋元波留夫（2002）『実践　精神医学講義』日本文化科学社。

秋元波留夫（2007）「刊行によせて」東京帝國大學醫科大學精神病學教室，呉秀三・樫田五郎「精神病者私宅監置ノ實況及ビ其統計的觀察」『東京医事新誌』2087（＝復刻版 2007　精神医学・神経学古典刊行会編集，創造出版）。

秋山智久（2005）『社会福祉実践論——方法原理・専門職・価値観』ミネルヴァ書房。

Appleby, L. (2004) *The National Service Framework for Mental Health : Five Years On*, Department of Health-GOV. UK（＝2014　江畑敬介他訳『精神保健に関するナショナル・サービス・フレームワーク——5年の経過』）

天野宗和（1997）「精神保健福祉相談員の現状と課題」『ノーマライゼーション——障害者の福祉』17（通巻196号）日本障害者リハビリテーション協会。

天野宗和（1998）「保健所における PSW の活動」日本精神医学ソーシャル・ワーカー協会（日本 PSW 協会）編『改訂　これからの精神保健福祉——精神保健福祉士ガイドブック』へるす出版。

青山玲子（1988）「保健婦の精神保健活動」寺谷隆子編『精神障害者の社会復帰——生活を支える精神保健活動』中央法規出版。

荒川義子（1982）「アメリカ精神医学ソーシャルワークの歴史」田村健二・坪上宏・浜田晋・岡上和雄編著『精神障害者福祉』相川書房。

荒田寛（2013）「諸外国の精神保健医療福祉制度の変遷」日本精神保健福祉士養成校協会編『精神保健福祉の理論と相談援助の展開Ⅰ』中央法規出版。

Bertaux, D. (1997) *les récits de vie : Perspective ethnosociologique*, Nathan Université.（＝2003　小林多寿子訳『ライフストーリー——エスノ社会学的パースペクティヴ』ミネルヴァ書房）

Clark, H. D. (1968) *Assignment Report.*（＝1969　国立精神衛生研究所（現，国立精神・神経研究センター）訳「日本における地域精神衛生——WHO への報告」『精神衛生資料』16）

Denzin, N. K., & Lincoln, Y. S. (2005) *The Sage Handbook of Qualitative Research*, Third Edition, Sage Publications.

Dorfman, R. A. (1996) *Clinical Social Work : Definition, Practice And Vision*, Routledge.（＝1999　西尾裕吾・上続宏道訳『臨床ソーシャルワーク——定義，実践そしてビジョン』相川書房）

江頭説子（2009）「社会学とオーラル・ヒストリー」法政大学大原社会問題研究所『人文・社会科学研究とオーラル・ヒストリー』御茶の水書房。

Ferguson, I. (2008) *Reclaiming Social Work: Challenging Neo-liberalism and Promoting Social Justice*, SAGE Publication. (＝2012　石倉康次・市井吉興監訳『ソーシャルワークの復権──新自由主義への挑戦と社会正義の確立』クリエイツかもがわ)

藤井博志 (2002)「コミュニティソーシャルワーク」『福祉キーワードシリーズ　ソーシャルワーク』中央法規出版。

藤井達也 (2004)『精神障害者生活支援研究──生活支援モデルにおける関係性の意義』学文社。

藤野ヤヨイ (2005)「我が国における精神障害者処遇の歴史的変遷──法制度を中心に」『新潟青陵大学紀要』5。

Hadley, R., Cooper, M., Dale, P., & Stacy, G. (1987) *A Community Socialworker's Handbook*, Tavistock Publications. (=1993　小田兼三・清水隆則監訳『コミュニティ・ソーシャルワーク──ハンドブック：地域福祉を進める技術』川島書店)

橋本明 (2012)「わが国における精神科ソーシャルワーカーの黎明」『愛知県立大学教育福祉学部論集』61。

橋詰正 (2014)『基幹相談支援センターの実態と在り方に関する調査研究──平成26年度相談支援従事者指導者養成研修』長野県相談支援専門員協会。(http://www.rehab.go.jp/College/japanese/training/26/pdf/soudansien_kougi4-1.pdf. 2015. 4. 10)

蜂矢英彦 (1989)「わが国の精神科医療」加藤正明監修，蜂矢英彦・南雲与志郎編『精神保健と精神科医療』中央法規出版。

広井良典 (1997)『ちくま新書132　ケアを問いなおす──〈深層の時間〉と高齢化社会』筑摩書房。

Hochmann, J. (2006) *Histoire de la psychiatrie*, Presses Universitaires de France. (＝2007　阿部恵一郎訳『精神医学の歴史　新版』白水社)

保正友子・横山豊治 (2008)「経験年数の違いとソーシャルワーカーの援助視点の異同に関する考察──医療ソーシャルワーカーへの紙面による事例検討に基づいて」『立正大学社会福祉学部紀要　人間の福祉』22。

保正友子 (2013)『医療ソーシャルワーカーの成長への道のり──実践能力変容過程に関する質的研究』相川書房。

昼田源四朗 (1999)「病院精神医療から地域精神医療へ」松下正明編『こころの科学』86，日本評論社。

本宮忠純 (1992)「講演：保健所精神保健業務と相談員会，その歴史と展開 (抜粋)」

堀田香織 (2009)「親の離婚を体験した青年の語り」『心理臨床学研究』27(1)。

堀井富士子 (1992)「記念誌発刊によせて」大阪府精神保健相談員会『こころ・大阪・25年──大阪府保健所精神保健業務25周年記念誌』大阪府精神保健相談員会。

伊勢田堯 (2008)『自治体における精神保健活動の課題』萌文社。

参考文献・資料

石神文子（2002）『心病む人々の生活支援――精神保健福祉相談員の記録』やどかり出版。

今道裕之（1986）「『大阪府地域精神医療を考える会』について――その歴史的背景と経過報告」大阪精神衛生協議会『創立30周年記念史―協議会30周年のあゆみと会員論文特集』大阪精神衛生協議会。

石原邦雄（1988）「医療モデルによる処遇と戦後日本の家族関係」岡上和雄・大島巌・荒井元傳編『日本の精神障害者――その生活と家族』ミネルヴァ書房。

板原和子・桑原治雄（2000）「江戸時代後期における精神障害者の処遇(3)」大阪府立大学 OPERA『社會問題研究』49(2)。

一番ケ瀬康子（1994）『一番ケ瀬康子社会福祉著作集第5巻　福祉を担う人びと』労働旬報社。

一番ケ瀬康子（1998）「戦後社会福祉教育のあゆみ」一番ケ瀬康子・大友信勝・日本社会事業学校連盟編『戦後社会福祉教育の五十年』ミネルヴァ書房。

糸賀一雄（2009）『糸賀一雄の最後の講義――愛と共感の教育　改訂版』中川書店。

岩上優実・西大明美（2013）「精神保健における地域医療ネットワークの変遷と現状」『東京保健大学紀要』7(1)。

岩間伸之（2009）「『総合的かつ包括的な相談援助』の本質」ソーシャルワーク研究所編『ソーシャルワーク研究』35(1)，相川書房。

岩間伸之（2015）「『制度のはざま』は誰によって作られたのか――問われるソーシャルワークのミッション」『日本ソーシャルワーク学会通信』108。

岩本操（2012）「ソーシャルワーカーの『役割形成』に関する研究――精神科病院におけるソーシャルワーク実践に焦点をあてて」『大正大学大学院研究論集』37。

岩田泰夫（1996）「ソーシャルワーカーになっていくための過程と課題――大学におけるソーシャルワーカーの教育と課題を中心にして」『桃山学院大学総合研究所紀要』22(1)。

瓦井昇（2015）「コミュニティワーク」成清美治・加納光子編集代表『現代社会福祉用語の基礎知識　第12版』学文社。

笠原嘉（1976）「レインの反精神医学について」『臨床精神医学』5(5)。

川又俊則（2002）『ライフヒストリー研究の基礎――個人の「語り」にみる現代日本のキリスト教』創風社。

金子絵里乃（2007）「小児がんで子どもを亡くした母親の悲嘆過程――『語り』から見るセルフヘルプ・グループ／サポート・グループへの参加の意味」『社会福祉学』47(4)。

金子絵里乃（2009）『ささえあうグリーフケア――小児がんで子どもを亡くした15人の母親のライフ・ストーリー』ミネルヴァ書房。

金子努（2015）「障害者総合支援法成立の背景」日本精神保健福祉士養成校協会編『精神保健福祉に関する制度とサービス　第4版』中央法規出版。

加納光子（2013）「大阪の保健所——進取と必要と」大阪ソーシャルワーカー協会編『大阪の誇り　福祉の先駆者たち——挑戦の軌跡』晃洋書房。

加納光子（2015）「ニンビズム」成清美治・加納光子編集代表『現代社会福祉用語の基礎知識　第12版』学文社。

柏木昭（1993）『改訂　精神医学ソーシャル・ワーク』岩崎学術出版社。

加藤博史（2004）「今に生きるデッソー先生」ドロシー・デッソー顕彰会　葵橋ファミリー・クリニック『ドロシー・デッソーの人と思想——戦後日本のソーシャルワーク』葵橋ファミリー・クリニック。

加藤正明・石原邦雄（1977）『精神障害者のデイ・ケア』医学書院。

加藤薗子（1969）「精神衛生相談員制度に関する研究」『佛教大学社会学部論叢』。

木原活信（1998）『ソーシャルワークの源流——J. アダムスの社会福祉実践思想の研究』川島書店。

木原活信（2003）『対人援助の福祉エートス——ソーシャルワークの原理とスピリチュアリティ』ミネルヴァ書房。

木原活信（2014）『シリーズ・福祉を知る1　社会福祉と人権』ミネルヴァ書房。

吉川武彦（2000）「精神病者監護法から精神病院法へのあゆみ」精神保健福祉行政のあゆみ編集委員会編『精神衛生法施行五十周年（精神病者監護法施行百周年）記念——精神保健福祉行政のあゆみ』中央法規出版。

久保紘章・副田あけみ編著（2005）『ソーシャルワークの実践モデル——心理社会的アプローチからナラティブまで』川島書店。

小林篤子（2004）『高齢者虐待——実態と防止策』中央公論新社。

小出保廣（1999）「保健所における PSW」安西信雄・高橋一編『こころの科学』88，日本評論社。

小池淳一（1989）「言語・伝承・歴史——日本民俗学における個人認識」『族』10。

児島美都子（2003）「フィルム『新しい保健所』を見て」50周年記念誌編集委員会編『日本医療ソーシャルワーク史——日本医療社会事業協会の50年』日本医療社会事業協会。

国立精神衛生研究所（1969）『我が国の精神衛生』国立研究開発法人国立精神・神経医療研究センター。

　　（http://www.ncnp.go.jp/nimh/pdf/fukushi1969.pdf　2017. 6. 15）

小松源助・京極高宣・佐藤久雄ほか（1982）「医療ソーシャルワーカーの専門性に関する調査報告書——社大卒業生のその後」『社会事業の諸門題』（日本社會事業短期大學研究紀要）28。

公益社団法人やどかりの里（2017）「やどかりの里」

　　（http://www.yadokarinosato.org/yadokarinosato/yadokarinosatotoha/　2017. 8. 10）

小坂英世（1966）「精神病院の機能と限界」『精神医学』8(7)，医学書院。

参考文献・資料

厚生省（1968）『昭和42年保健所運営報告』厚生省大臣官房統計情報部。

厚生省保健医療局精神保健課監修（1988）『我が国の精神保健（精神保健ハンドブック）昭和62年度版』厚生出版。

厚生省医務局（1976）『医制百年史　資料編』K. K. ぎょうせい。

厚生労働省大臣官房統計情報部（2015）『地域保健・健康増進事業報告の概況』。
（http://www.mhlw.go.jp/stf/shingi/0000026682.html. 2014. 12. 1）

厚生労働省社会・援護局障害保健福祉部（2002）『障害者ケアガイドライン』。
（http://www.mhlw.go.jp/topics/2002/03/tp0331-1.html. 2014. 12. 1）

厚生労働省社会・援護局障害保健福祉部（2006）『地域生活支援事業の実施について』障発第0801002号）。
（http://www.mhlw.go.jp/bunya/shougaihoken/chiiki/dl/index01.pdf. 2014. 12. 1）

厚生労働省社会・援護局障害保健福祉部（2013）『第6回精神障害者に対する医療の提供を確保するための指針等に関する検討会資料——地域精神保健業務を担う行政機関』。
（http://www.mhlw.go.jp/stf/shingi/0000026682.html. 2014. 12. 1）

小関康之（1997）「臨床ソーシャルワークの定義——クライエントへの直接的な治療的援助」小関康之・西尾祐吾編著『臨床ソーシャルワーク論』中央法規出版。

越野好文（1999）「精神疾患治療の歴史」松下正明編『こころの科学』86，日本評論社。

窪田暁子（2013）『福祉援助の臨床——共感する他者として』誠信書房。

呉秀三・樫田五郎　東京帝國大學醫科大學精神病學教室（1918）「精神病者私宅監置ノ實況及び其統計的觀察」『東京医事新誌』2087（＝復刻版2007　精神医学・神経学古典刊行会編）創造出版。

桑原治雄（1997）「これからの精神保健福祉の展望のために——戦後の精神保健医療政策で保健所の果たしてきた役割とこれからの保健所の精神保健福祉活動について」大阪府立大学 OPERA『社會問題研究』47(1)。

京極高宣（1998）『日本の福祉士制度——日本ソーシャルワーク史序説』中央法規出版。

京極高宣・村上須賀子（2005）『医療ソーシャルワーカー新時代——地域医療と国家資格』勁草書房。

Langness, L. L., & Frank, G.（1981）*Lives: an anthropological approach to biograph*, Chandler and Sharp Publishers Inc.（＝1993　米山俊直・小林多喜子訳『ライフヒストリー研究入門——伝記への人類学的アプローチ』ミネルヴァ書房）

Leonard, D. & Swap, W.（2005）*DEEP SMARTS HOW TO CULTIVATE AND TRANSFER ENDURING BUSINESS WISDOM*, Harvard Business school Press.（＝2005　池村千秋訳『「経験知」を伝える技術——ディープスマートの本質』ランダムハウス講談社）

Lieblich, A., Tuval-Mashiach, R., & Zilber, T.（1998）*Narrative Research Reading, Analysis, and Interpretation*, Sage Publications.

（http://www.japr.jp/pdf/nsf200412.pdf　2014. 12. 1）。

Manns, P. J., & Chad, K. E.（2001）Components of quality of life for persons with a quadriplegic and paraplegic spinal cord injury, *Qualitative health research,* 11 (6).

丸山一郎（1998）『障害者施策の発展――身体障害者福祉法の半世紀』中央法規出版。

的場智子（2012）「日本における心の病をもつ人への処遇――これまでの歴史と現状，近年の動向」山崎喜比古監修，的場智子・菊澤佐江子・坂野純子編著『心の病へのまなざしとスティグマ』金剛出版。

三島亜紀子（2007）『社会福祉学の〈科学〉性――ソーシャルワーカーは専門職か？』勁草書房。

三菱総合研究所（2013）平成24年度老健事業「地域包括支援センターにおける業務実態に関する調査研究事業報告書」。

　　（http://www.mri.co.jp/project_related/hansen/uploadfiles/h24_02.pdf　2014. 12. 1）

Mosher, L. R., & Burti, L.（1989）*COMMUNITY MENTAL HEALTH : Principles and Practice,* W. W. NORTON & COMPANY, INC.（＝2003　公衆衛生精神保健研究会訳『コミュニティメンタルヘルス――新しい地域精神保健活動の理論と実際』中央法規出版）

本岡一夫（1986）「精神衛生協議会30周年に当たって――大阪府の精神衛生対策の現状と課題」大阪精神衛生協議会『創立30周年記念史――協議会30周年のあゆみと会員論文特集』大阪精神衛生協議会。

向谷地生良（2006）『「べてるの家」から吹く風』いのちのことば社。

永井みち子（1978）「会津地区における社会復帰活動」『病院精神医学』53，日本病院・地域精神医学会。

長尾喜八郎（2005）「社団法人大阪精神病院協会の沿革――大阪の精神医療50年」大阪精神保健福祉協議会『大阪精神保健福祉　第50巻　創立50周年記念史』大阪精神保健福祉協議会。

永岡正巳（2010）「大阪医療福祉の源流――ランニング，アダムス，テイラー，山田俊卿と明治期の民間活動」大阪社会福祉史研究会編『大阪における社会福祉の歴史Ⅱ』大阪市社会福祉協議会，大阪市社会福祉研修・情報センター。

永岡正巳（2011）「ソーシャルワークの倫理観」ソーシャルワーク研究所編『ソーシャルワーク研究』相川書房。

長坂五朗（1966）「外来治療の機能と限界」『精神医学』8(7)，医学書院。

中井久夫（1999）『西欧精神医学背景史』みすず書房。

中村伸子（1989）「『社会史』のためのオーラル・ヒストリとその方法――特に語り手の主観の問題を中心に」『現代史研究』35。

中尾仁一（1956）『医療社会事業』メジカルフレンド社。

日本医療社会事業協会50周年記念誌編集委員会編（2003）『日本の医療ソーシャルワーク

史——日本医療社会事業協会の50年』社団法人日本医療社会事業協会。

日本精神保健福祉士協会編（2003）『精神障害者のケアマネジメント』へるす出版。

日本精神保健福祉士協会事業出版企画委員会編（2004）『日本精神保健福祉士協会40年史』日本精神保健福祉士協会。

日本精神保健福祉連盟（2012）『地域精神保健福祉活動における保健所機能強化ガイドラインの作成　報告書』日本精神保健福祉連盟。
（http://renraku-k.jp/pdf/0509suishinjigyo.pdf. 2014. 12. 1）

日本精神保健福祉連盟50周年記念誌編集委員会編（2003）『社団法人日本精神保健福祉連盟50周年記念誌』日本精神保健福祉連盟。

日本精神医学ソーシャル・ワーカー協会（1998）『改訂　これからの精神保健福祉　精神保健福祉士ガイドブック』へるす出版。

小田兼三（2008）『社会福祉学原論——視点・理論・ケア・実践の展開と課題』雄山閣。

岡田藤太郎（1977）『社会福祉とソーシャルワーク——ソーシャルワークの探求』ルガール社。

岡田靖雄（1964）「精神医療の歴史と現状」岡田靖男編『精神医療——精神病はなおせる』勁草書房。

岡田靖雄（2002）『日本精神科医療史』医学書院。

岡上和雄（1997）「地域における精神障害者の福祉的課題の焦点」岡上和雄監修，日本社会事業大学をかこむ地域連絡会・全国精神障害者家族連合会編『精神障害者の地域福祉——試論と実践最前線』相川書房。

岡村正幸（1999）『戦後精神保健行政と精神病者の生活——精神保健福祉序論』法律文化社。

岡村正幸（2002）『まちづくりの中の精神保健・福祉——居宅型支援システムの歩みと思想』高菅出版。

岡本民夫（1985）『ケースワーク研究』ミネルヴァ書房。

岡本民夫・平塚良子編著（2010）『新しいソーシャルワークの展開』ミネルヴァ書房。

大橋謙策（2000）「社会福祉における自己実現サービスの位置とコミュニティソーシャルワークの視点」大橋謙策ほか編『コミュニティソーシャルワークと自己実現サービス』万葉舎。

大橋謙策（2005）「わが国におけるソーシャルワークの理論化を求めて」『ソーシャルワーク研究』31(1)。

大橋謙策（2006）「コミュニティソーシャルワークの展開過程と留意点」日本地域福祉学会編，大橋謙策編集代表『新版　地域福祉事典』中央法規出版。

大橋謙策（2015）日本地域福祉研究所監修／中島修・菱沼幹男共編『コミュニティソーシャルワークの理論と実践』中央法規出版。

大東祥孝（1999）「フーコーと反精神医学」松下正明編『こころの科学』86，日本評論社。

小俣和一郎（1998）『精神病院の起源』太田出版。

小俣和一郎（2000）『精神病院の起源　近代篇』太田出版。

小俣和一郎（2005）『精神医学の歴史』第三文明社　レグルス文庫252。

小野哲郎（2005）『新・ケースワーク要論——構造・主体の理論的統合化』ミネルヴァ書房。

大野喜郎（2008）「イギリス精神保健の脱入院化への転換過程と精神保健ソーシャルワーク」『日本福祉大学社会福祉論集』119。

大阪府公衆衛生協会（1989）『保健所ノート』大阪府公衆衛生協会。

大阪府（2017）「コミュニティソーシャルワーカー」。

（http://www.pref.osaka.lg.jp/chiikifukushi/csw/　2017. 8. 10）

大阪府保健福祉部（2000）『大阪の精神保健福祉　平成11年度版』大阪府保健部。

大阪府福祉部地域福祉推進室地域福祉課（2011）「市町村におけるCSWの配置事業に関する新ガイドライン——市町村における地域福祉セーフティネットの構築に向けて」

（http://www.pref.osaka.lg.jp/attach/1018/00000000/HP-csw-guideline.pdf, 2014）

大阪府精神衛生相談員会（1974—1975）『大阪府精神衛生相談員会総括　昭和49～50年度』大阪府精神衛生相談員会。

大阪府精神衛生相談員会（1976—1983）『大阪府精神衛生相談員会総括（案）　昭和51～58年度』大阪府精神衛生相談員会。

大阪府精神保健相談会（1992）『こころ・大阪・25年——大阪府保健所精神保健業務25周年記念誌』。

大阪府精神保健福祉協議会事務局（2005）「大阪精神保健福祉協議会50年の沿革と事業」大阪精神保健福祉協議会『大阪精神保健福祉第50巻　創立50周年記念史』大阪精神保健福祉協議会。

大阪府精神障害者家族連合会ホームページ。

（http://daikaren.org/about/　2017. 6. 15）

大阪府社会福祉協議会（2015）「社会貢献事業のとりくみについて　大阪府社会福祉協議会」

（https://osakafusyakyo.or.jp/suisin/pdf/introduce.pdf　2015. 5. 1.）

大島巌（1988）「精神障害者の社会的処遇と精神医療」岡上和雄・大島巌・荒井元傳編『日本の精神障害者——その生活と家族』ミネルヴァ書房。

大谷京子（2012）『ソーシャルワーク関係——ソーシャルワーカーと精神障害当事者』相川書房。

大谷京子（2015）「障害者基本法と精神障害者施策とのかかわり」日本精神保健福祉士養成校協会『精神保健福祉に関する制度とサービス　第4版』中央法規出版。

大谷實（1997）『精神保健福祉法講義』成文堂。

Porter, R.（2002）*Madness : A Brief History*, Oxford University Press.（＝2006　田中祐介・内藤あかね・鈴木瑞実訳『狂気』岩波書店）

桜井厚（1992）「社会学におけるライフヒストリー研究——その手法における特質と問題」『ソーシャルワーク研究』18(3)，相川書房。

桜井厚（1993）「方法論としての生活史」松平誠・中嶌邦編『生活史』光生館。

佐々木敏明（2010）「アイデンティティ拡散の危機」柏木昭・佐々木敏明・荒田寛『ソーシャルワーク協働の思想——"クリネー"から"トポス"へ』へるす出版。

澤井勝（2013）「コミュニティの再生と創造を目指して——地域福祉計画とコミュニティ・ソーシャルワーカー」大阪市政調査会自治体セーフティネット研究会報告。
　（http://www.zaiseijoho.com/HUKUSI/tikihukusitocsw130315.html.　2014. 12. 1）

Schön, D. A.（1983）*The Reflective Practitioner : How professionals Think in Action,* Basic Books.（＝2001　佐藤学・秋田喜代美訳『専門家の知恵——反省的実践家は行為しながら考える』ゆみる出版）

精神保健福祉行政のあゆみ編集委員会編（2000）『精神保健福祉行政のあゆみ——精神衛生法施行五十周年（精神病者監護法施行百周年）記念』中央法規出版。

精神保健福祉士養成講座編集委員会編（2003）『精神保健福祉援助技術総論』中央法規出版。

社会福祉法人一麦会（2017）「麦の郷｜麦の郷とは」
　（http://muginosato-jp/muginosato.html　2017. 8. 12）

社会福祉法人 JHC 板橋会（2017）「JHC 板橋会」
　（http://www.jhcitabashi.com　2017. 8. 10）

社会福祉法人「浦河ベテルの家」（2017）「べてるの家」
　（http://www.urakawa-bethel.or.jp/betheltoha.html　2017. 8. 10）

Shorter, E.（1997）*A HISTORY OF PSYCHIATRY From the Era of the Asylum to the Age of Prozac*, John Wiley & Sons, Inc.（＝1999　木村定『精神医学の歴史——隔離の時代から薬物治療の時代まで』青土社）

清水隆則（2012）『ソーシャルワーカー論研究——人間学的考察』川島書店。

白石弘巳（2013）「諸外国の精神保健医療福祉制度の変遷　アメリカ」日本精神保健福祉士養成校協会編『精神保健福祉理論と相談援助の展開Ⅰ』中央法規出版。

白澤政和（2006）「地域における自立支援とケアマネジメント」日本地域福祉学会編，大橋謙策編集代表『新版　地域福祉事典』中央法規出版。

城田勲（1986）「精神衛生協議会30周年に当たって——大阪府の精神衛生対策の現状と課題」大阪精神衛生協議会『創立30周年記念史——協議会30周年のあゆみと会員論文特集』大阪精神衛生協議会。

副田あけみ（1997）『在宅介護支援センターのケアマネジメント』中央法規出版。

副田あけみ（2003）「ソーシャルワークとケアマネジメント——概念の異同を中心に」『ソーシャルワーク研究』29(3)，相川書房。

杉田穏子（2011）「知的障害のある人のディスアビリティ経験と自己評価」『社会福祉学』52(2)。

杉本章（2008）『障害者はどう生きてきたか――戦前・戦後障害者運動史　増補・改訂版』現代書館。

助川征雄（2010）「活動の始まりの頃――全国精神保健福祉相談員会」日本精神衛生学会『こころの健康』25(1)。

社会福祉士養成講座編集委員会編（2012）『相談援助の理論と方法Ⅱ』中央法規出版。

田垣正晋（2008）『これからはじめる医療・福祉の質的研究入門』中央法規出版。

高橋幸彦（2015）「矢内純吉先生を偲んで」『大阪精神保健福祉　大阪精神保健福祉協議会だより』4，大阪精神保健福祉協議会。

高杉豊（1992）「記念誌発刊によせて」大阪府精神保健相談員会『こころ・大阪・25年――大阪府保健所精神保健業務25周年記念誌』大阪府精神保健相談員会。

田原明夫（2007）『こころを病む人を支えるコツ』解放出版社。

平直子（2013）「諸外国の精神保健医療福祉制度の変遷　イギリス」日本精神保健福祉士養成校協会編集『新・精神保健福祉士養成講座4　精神保健福祉理論と相談援助の展開Ⅰ』中央法規出版。

高木秀（2001）「精神障害者の地域生活支援システムの研究――神奈川県保健所における実践過程の検証を中心に」大正大学大学院文学研究科2001年度修士論文。

高畑直彦（1999）「社会因・文化因としての精神疾患」松下正明編『こころの科学』86，日本評論社。

武井麻子（1986）「我が国の精神病院における入院治療の歴史的考察――『病院精神医学』『精神神経学雑誌』『精神医学』三誌による――」東京大学医学部精神衛生学教室博士論文。

竹島正（2012）「保健所及び市区町村における精神保健福祉業務に関する調査」社団法人日本精神保健福祉連盟『厚生労働省平成23年度障害者総合福祉推進事業　保健所機能強化ガイドラインの作成　報告書』社団法人日本精神保健福祉連盟。（http://renraku-k.jp/pdf/0509suishinjigyo.pdf.　2014. 12. 1）

滝沢武久（1997）「精神医療・精神障害者福祉の思想と運動のあゆみ」岡上和雄監修，日本社会事業大学をかこむ地域連絡会・全国精神障害者家族連合会共編『精神障害者の地域福祉――試論と実践最前線』相川書房。

滝沢武久（2003）「社団法人日本精神保健福祉連盟の当時は」日本精神保健福祉連盟50周年記念誌編集委員会編『社団法人日本精神保健福祉連盟50周年記念誌』日本精神保健福祉連盟。

田中英樹（1996）『精神保健福祉法時代のコミュニティワーク』相川書房。

田中英樹（2001）『精神障害者の地域生活支援――統合的生活モデルとコミュニティソーシャルワーク』中央法規出版。

田中英樹（2006）「住民参加とソーシャルワーク」日本地域福祉学会編，大橋謙策編集

参考文献・資料

代表『新版 地域福祉事典』中央法規出版。

田中英樹（2013）「わが国の精神保健医療福祉の歴史と動向」日本精神保健福祉士養成校協会編『精神保健福祉理論と相談援助の展開Ⅰ』中央法規出版。

谷富夫編（1996）『ライフ・ヒストリーを学ぶ人のために』（谷富夫，編）世界思想社。

立石宏昭（2010）『地域精神医療におけるソーシャルワーク実践——IPSを参考にした訪問型個別就労支援』ミネルヴァ書房。

寺谷隆子（2008）『精神障害者の相互支援システムの展開』中央法規出版。

殿村寿敏・野田哲郎（2004）「精神障害者ピア・ホームヘルパーの意義と課題」精神医療編集委員会編『精神医療 新しい共同体の創出へ向けて』35，批評社。

坪上宏（1998-a）「東洋思想と私」坪上宏・谷中輝雄・大野和夫編『精神医学ソーシャルワーク叢書2 援助関係を目指して——坪上宏の世界』やどかり出版。

坪上宏（1998-b）「社会福祉的援助活動とはなにか——ケースワーク論の再検討より試論へ」坪上宏・谷中輝雄・大野和男編『精神医学ソーシャルワーク叢書2 援助関係論を目指して——坪上宏の世界』やどかり出版。

辻井誠人（2015）「相談支援事業」日本精神保健福祉士養成校協会編『精神保健福祉に関する制度とサービス』中央法規出版。

宇野木康子（2011）「精神障害者をめぐる制度と政策㈡——日本とアメリカの就労支援の視座から」『社会関係研究』17(1)。

山田浩之（2001）『ライフヒストリー研究の展開——教師のライフヒストリー』晃洋書房。

山縣文治（1993）「目的と原理」Hadley, R. Cooper, M., Dale, P.,& Stacy, G. (1987) *A COMMUNITY SOCIAL WORKER'S HANDBOOKBOOK* Tavistock Publications（＝1993 小田兼三・清水隆則監訳『ハンドブック：地域福祉を進める技術 コミュニティ・ソーシャルワーク』川島書店）

山口稔（2006）「コミュニティワーカー」日本地域福祉学会編，大橋謙策編集代表『新版 地域福祉事典』中央法規出版。

山崎學（2010）「精神科病床35万床」日本精神科病院協会『日本精神科病院協会誌』巻頭言・2010年10月号，日本精神科病院協会。

矢内純吉（談2008年3月25日）於年金医療会館，14時から16時半まで。

矢内純吉（2005）「ライフワークとしての精神保健医療福祉」大阪精神保健福祉協議会『大阪精神保健福祉第50巻 創立50周年記念史』大阪精神保健福祉協議会。

矢内純吉（2014）「ライフワークとしての精神医療福祉」矢内先生を偲ぶ会実行委員会配布：2014年9月15日（＝2005 大阪府精神衛生協議会『創立50周年記念史』より転載）。

谷中輝雄（2000）「コラム 精神保健福祉のこれまで，これから」精神保健福祉行政のあゆみ編集委員会編『精神保健福祉行政のあゆみ——精神衛生法施行五十周年（精神病者監護法施行百周年）記念』中央法規出版。

353

谷中輝雄（2004）『生活支援——精神障害者生活支援の理念と方法』やどかり出版。

安井理夫（2009）『実存的・科学的ソーシャルワーク——エコシステム構想にもとづく支援技術』明石書店。

横山登志子（2006）「地域生活支援をめぐる精神科ソーシャルワーカーの本質的使命——２つのジレンマを手がかりとして」『社会福祉学』46(3)。

横山登志子（2008）『M-GTA——ソーシャルワーク感覚』弘文堂。

読売新聞（2014.8.4）『編集手帳』朝刊（14版），１面

Younghusband, E. (1978) *Social Work in Britain 1950-1975: a Follow-up Stydy*, Allen and Unwin. (＝1984　本出裕之監訳『英国ソーシャルワーク史　1950-1975（上・下）』誠信書房)

全国保健所長会ホームページ。
（http://www.phcd.jp/　2014.12.2）

全国精神衛生相談員会（1988）『全国精神衛生相談員会会報』10。

全国精神保健福祉センター長会（2017）「沿革年表」『全国精神保健福祉センター長会会報』。
（http://www.zmhwc.jp/history.html　2017.6.15）

全国精神保健福祉相談員会（2007）『精神保健福祉相談ハンドブック』中央法規出版。

全国精神障害者社会復帰施設協会編（2002）『精神障害者の生活支援の体系と方法——市町村精神保健福祉と生活支援センター』中央法規出版。

全国社会福祉協議会（2015）障害者総合支援法のサービス利用説明パンフレット（平成27年４月版）障害福祉サービスの利用について　平成27年４月版
（http://www.shakyo.or.jp/business/pdf/pamphlet_h2704.pdf）

お わ り に

「ソーシャルワークはソーシャルワーカーの働きだけではなく，多くの人の協力があってはじめてより有効に働くものである。そしてそのことがソーシャルワークを必要とする人々のニーズを的確に満たすことにつながってくる。つまりソーシャルワークの核は『人』である」。筆者はこのことを，本書のもととなった博士論文を執筆することによって改めて深く実感することとなった。

　本書のもととなった博士学位論文は，2002（平成14）年を境にして，それまで保健所で行われていた精神障害者に対する社会復帰業務が，市町村に移譲されたのを機会に，①それまで行われていた保健所 PSW 業務をまとめ，形あるものとして残したいと思ったこと，②何をすればよいのか不明の状況から，何とか形あるものに至った保健所 PSW（保健所の福祉職の精神保健福祉相談員〔当時，精神衛生相談員〕）業務の形成過程と推進要因を明らかにしたいと思ったこと，③そこからみえてくるであろう事がらを，今後の地域精神保健医療福祉業務に役立てたいと思ったこと，などが主たる動機となっていた。そして，調査し考察を加えていく過程で，本書が焦点をあてた大阪府の保健所 PSW 業務が，いかに多くの人々に支えられて進展してきたかに気づくこととなった。

　本書の PSW 実践の主たる舞台であった大阪府はもともと，1926（大正15）年の中宮病院（現，大阪精神医療センター）の開設に加えて，精神保健医療の領域において，1952（昭和27）年に精神衛生相談所の設置，1956（昭和31）年の府立病院の精神神経科の開設，1961（昭和36）年の府立公衆衛生研究所の精神衛生部の設置など，早くから精神保健医療関係機関の整備を図っていた。そして改正精神衛生法以降，基幹病院の中宮病院を，通院―入院―リハビリテーションへと一貫した治療体系をもつように整備していた。民間病院に対しては府独自の助成策を講じ，作業療法棟など社会復帰施設の整備，デイケア施設の整備を支援し，看護職員養成にも力を入れてきた。こうして医療の充実を図る一

方，精神障害者の人権の確保は精神医療対策の前提と位置づけ，改正精神衛生法で保健所に置くことができるとされた精神保健福祉相談員（当時，精神衛生相談員）をすべての保健所に，主として社会福祉を専攻した職員を配置した。1967（昭和42）年の時点でPSWが19名（2位の愛知県のPSWが10名）という全国でも異例の多さであった。地域の精神障害者の適正な医療受療の促進と，退院患者への地域ケア，社会復帰活動の推進を図っていた（城田勲 1986：125-126）という。

　大阪府では主管課が，精神障害者の人権保障と，社会復帰に熱意をもっていたのである。そして，行政が具体的なノウハウをもっていなかった点があったとしても，「はじめに」でも述べたように，保健所PSWに「自由」「主体性」「連帯」，研修・自己研鑽などと関連する「意欲」「育成（する人）」「環境」「時代」を得させて，伸び伸びとその業務に邁進できる状況を基本的には（出先機関には，その意が伝わりにくいことも多々あったが）つくっていたのである。

　大阪府の精神保健医療行政がそのように発想するに至ったのは，精神保健医療福祉の黎明期に英明な医師，精神科医たち，優れた社会福祉研究者・実践者たち等が，行政の中に，あるいは行政に近く存在していたからである。それに加えてカリスマ的な実践者も存在していた（これはPSWの活躍が目覚ましい他府県・市・民間にも当てはまるであろう）。また，1955（昭和30）年に創立された大阪府精神衛生協議会も，精神医学だけではなく，心理学，教育学，社会福祉学など各方面の熱心な推進者を得ていた（本岡一夫 1986：130。このこともまた，大阪府保健所に福祉職の相談員を多く置いたことと無関係ではないと思われる）。

　このように，インタビューと平行して，調査と関係のある歴史資料をひもといていくと，その過程で，実に，優れた人材は磁石のように優れた人材を引き寄せ，またその人たちが優れた人たちを育てるという，「人」の問題がいかに重要であるかを，知ることになった（本文中のFさんのスーパーバイザーのように，請われてきた人がその力を発揮できなくて去って行ったという残念なこともあったが，その人は在任中に優れた影響力を発揮して人を育てている）。

　どの領域でも「人」は重要であるが，特に社会福祉（保育，介護を含む）のような対人支援専門職は，技量と同時にその人間性を問われる職種でもある。

356

おわりに

専門職は自らの私的な自己研鑽はもちろん必要であるが，公的な研修環境も必要である。その環境を公に保障できるのは行政である。なぜならば，行政は管理と同時に公に奉仕する役割もあるからである。したがって，行政には行政職員として自らの職員が育つ状況と同時に，行政が公に奉仕するために不可欠な対人支援専門職の，「人が育つ環境」を準備することが必要とされる。その対象は行政職員だけでなく広く民間の人たちも当然含んでいる。行政では，研修はもちろんなされているが，社会福祉ニーズの多様化，増大化につれて，人が育つ研修は今後ますます必要となる。このことは第7章で述べた大学の卒後教育とも関連してくるが，行政にはこれまで以上に，対人支援専門職が主体的に育つ研修環境を提供していただきたいと思う。

そして，ソーシャルワークに関していえば，どの都道府県でも，どの市町村でも精神保健医療領域のソーシャルワーカーのみならず，すべての領域のソーシャルワーカーが「開拓型支援モデル」の意気をもって，この細切れの混沌たる状況に対して，本来的な意味での一貫して寄り添う形のソーシャルワークを再度形成し，実践していってほしいと願っている。冒頭に述べたように，ソーシャルワークは対象者，そのご家族，地域の人々，同職種，関係諸機関の人々など，実に多くの人々に支えられて存在している。そして，その核は「人」である。人には専門職も非専門職も含まれる。ソーシャルワーカーの人たちには言わずもがなと思うが，このことを再度深く理解して，その人たちとの関係を大切にして，対象者の QOL の向上と自己実現のためのソーシャルワークを遂行していっていただきたいと願っている。

なお，本書は，「はじめに」でも述べたように，筆者の博士学位論文を加筆，修正したものである。学位論文執筆にあたっては，研究会や学会での発表を経て考察を深めたが，成果としてまとめたのは学位論文としてであった。

最後になりましたが，博士学位論文の主査，同志社大学教授木原活信先生に心から感謝申し上げます。取りかかってからも，一向に執筆のはかどらない筆者を暖かく気長に見守ってくださいました。木原先生から折々いただいた的確なコメントは大変執筆の励みになりました。本書の出版に際しまして，先生の

大きさを今更のごとく感じております。

　また，副査の同志社大学名誉教授の岡本民夫先生，同志社大学教授の埋橋孝文先生にも心から感謝申し上げます。要のところで貴重なアドバイスをいただきました。同志社大学名誉教授の井岡勉先生やそのほかの先生方にも貴重なアドバイスをいただきました。ありがとうございました。

　そして著者の退職後も嘱託研究員として研究の機会を与えてくださいました武庫川女子大学学院長の大河原量先生，同学長の糸魚川直祐先生にも感謝申し上げます。

　そして本書の調査にご協力いただきました多くのみなさまにも心から感謝申し上げます。特に貴重な時間をさいて，長時間に及ぶインタビューに応じ，貴重な資料や，その存在についてご教示をいただきました元保健所PSWのみなさまには，心より感謝謝申し上げます。みなさまからは調査の過程でも言い尽くせないほどの多くのものを学ばせていただきました。本当にありがとうございました。本来ならばお一人お一人のお名前を挙げて御礼を申し上げたいところですが，インタビューの中に登場する人の特定を避けるために控えました。

　同志社大学の若き学友のみなさまにもお世話になりました。また，ミネルヴァ書房の北坂恭子氏にも大変お世話になりました。ありがとうございました。

　不器用で，一つのことしかできない著者が，何とかここまで仕事と家庭を両立させてくることができたのは，周囲のみなさまのご助力に加えて，わが愛する家族の協力と支えがあったからです。筆者は家にいる時間の少ない母でしたので，子どもたちはさぞ寂しい思いをしたことと思います。夫もさぞ不自由な思いをしたことだろうと思います。夫の加納劫，長男の加納弦，次男の加納淳，そして今は亡き両親に心からのさらなる愛情と感謝の念を捧げたいと思います。

　　2017年盛夏

　　　　　　　　　　　　　　　　　　　　　　　　　　　著　者

索　引

あ 行

アサイラム　*317, 318*
浅賀ふさ　*334, 340*
アダムス，J.　*318, 340*
アパート退院　*55*
アルコール依存症　*59, 115, 130, 135*
医学モデル　*51*
育成（する人）　*243, 247, 306*
意欲　*243, 246, 306*
医療社会事業　*75, 77, 277*
医療社会事業員　*62, 76, 282*
インフォーマル・ネットワーク　*280*
インフォームドコンセント　*23, 43*
ウィルヒョウ，R. L. K.　*318*
宇都宮病院事件　*59*
エンパワメント　*23, 43, 194, 265, 333*
大阪府精神衛生協議会　*77*
大阪方式　*178*
岡村重夫　*188*
　　——理論　*127, 130, 175*
親の会　*113*

か 行

改正精神衛生法　*52, 302*
開拓型支援モデル　*37, 249, 269, 295, 308*
開拓期　*103, 173, 203, 207*
　　——後期　*303*
　　——前期　*303*
かかりつけソーシャルワーカー　*289, 291, 292*
拡充期　*103, 203, 212, 304*

加持祈祷　*320, 321*
家族会　*77, 119, 126, 279, 310*
家族教室　*180, 183, 278*
家庭看護　*319*
家庭保護　*316, 341*
環境　*243, 248, 306*
関係性　*184, 188*
基幹相談支援センター　*287, 293*
基本的な技術教育　*261*
キャボット，C. R.　*329, 330*
京都府癲狂院　*321*
業務観　*219, 255, 307*
クーパー，D.　*329, 331*
クラーク勧告　*56*
クラブハウスモデル　*43, 72, 89, 332, 341*
グリフィス報告　*338*
グループワーク　*85, 113, 132, 158, 226, 278*
呉秀三　*323, 341*
軍人医療　*74*
ケアマネジメント　*30, 33, 328, 338*
計画相談支援　*286*
ゲール　*316*
ケネディ教書　*331, 339*
公衆衛生モデル　*51, 89, 238, 282*
ごく当たり前の生活　*17, 43, 68*
国際ソーシャルワーカー連盟 IFSW　*29*
コノリー，J.　*317*
ゴフマン，E.　*331*
個別的就労支援（IPS）　*333, 339*
コミュニティ・オーガニゼーション　*282*
コミュニティケア　*4, 327, 338*

359

コミュニティソーシャルワーク　30, 31, 38, 270, 293

コミュニティソーシャルワーク機能配置促進事業　31

コミュニティワーク　29, 34

さ　行

サウザード，E. E.　330

作業所　117, 119

　　小規模——　282, 309

　　共同——　238, 311

　　地域——　277, 279

サス，T.　331

参加・協働型地域生活支援システム　23

シーボーム報告　327, 338

ジーモン，H.　319

JHC板橋会　70

ジェネラルソーシャルワーク　30

自主性　202

時代　238, 243, 248, 306

私宅監置制度　48

社会貢献事業　287, 299

社会事業婦　340

社会精神医学　43, 45

社会適応訓練事業　85, 238, 311

ジャレット，M.　330

自由　243, 244, 305

主体性　202, 243, 244, 305

障害児歯科診療センター　115, 256

障害者就労支援事業　287

障害者総合支援法　286

ジョーンズ，M.　327, 328, 338

職業人格　269

職業リハビリテーション　341

職業リハビリテーションモデル　332

嘱託医　85, 115, 130, 146, 199, 218, 232

自立支援給付　286

新人期　107, 166

心神喪失者等医療観察法　3

心理社会的リハビリテーション　339

心理臨床家（CP）　1, 56, 59, 78

スーパービジョン　260

ストレングス視点　265

生活支援　3, 58

生活支援モデル　21

生活指導　278

生活障害　238

生活のしづらさ　20, 58

生活臨床　144, 188, 277

精神衛生相談員　1, 13, 38, 59, 60, 78

精神衛生法　48, 302

精神科ソーシャルワーカー（PSW）　39, 41, 107, 189, 222, 239, 283, 334

精神病院法　49, 323

精神病者監護法　49, 321

精神病者慈善救治会　323

精神保健医療福祉の改革ビジョン　311

精神保健相談員　13, 38, 59, 111

精神保健福祉士　14, 38

精神保健福祉相談員　13, 39

積極的アウトリーチ　328

全人性　269

専門職性　258

専門職制度　258

専門性　258

専門的自己　269

総合的かつ包括的な相談援助　5

総合的生活モデル　20

相談員会　124, 133, 150, 174, 188, 217

相馬事件　321

ソーシャルサポートネットワーク　22, 23, 31

ソーシャルワーク　29, 312

索　引

ソーシャルワーク感覚　*27*

た　行

ダーウィン，C. R.　*318*

退院後生活環境相談員　*289*

退院促進事業　*123, 263*

断酒会　*81, 115, 183*

地域移行推進員　*289*

地域援助事業者　*289, 299*

地域家族会　*278, 279*

地域活動支援センター　*24, 286, 287*

地域生活支援事業　*286*

地域精神保健センター　*339*

地域相談支援　*286*

地域体制整備コーディネーター　*289*

地域福祉・子育て支援交付金　*31*

地域包括支援センター　*140*

チューク，W.　*317*

中堅期　*107, 166*

坪上宏　*15*

ディープスマート　*265, 266*

デイケア　*115, 119*

定着期　*103, 177, 203, 209*

　　──後期　*182, 303*

　　──前期　*177, 303*

ディックス，D.　*318, 341*

デッソー，D.　*110, 261*

東京都立松沢病院　*321*

統合ケアモデル　*19*

統合失調症　*1, 115, 127*

な　行

生江孝之　*334*

ナラティブ分析　*101*

日本医療社会事業協会　*335*

日本精神医学ソーシャルワーカー協会　*335*

日本精神保健福祉連盟　*284*

認知症老人のデイケア　*119*

ニンビズム　*188*

人間性の教育　*261*

は　行

バークレイ報告　*327, 338*

パートナーシップ　*22*

バザーリア，F.　*331*

発展期　*103, 185, 212, 304*

ハル・ハウス　*318*

反精神医学　*329, 331*

反省的実践家　*265*

汎用性　*38, 273, 309*

ビアーズ，C. W.　*331, 339*

ピアカウンセリング　*233*

ピアヘルパー制度　*214, 263*

PSW観　*255, 307*

ヒーリー，W.　*330*

ビエラ，J.　*327, 328, 338*

引き受ける覚悟　*272, 295, 308*

ピネル，P.　*317, 341*

ヒポクラテス　*316*

ファウンテンハウス　*89*

フォーマル・ネットワーキング　*280*

不可視性　*267*

福祉ホーム　*286*

附属池田小事件　*14*

ベスト・プラクティス　*66*

ベツレム　*340*

ベテラン期　*107, 166*

べてるの家　*24, 72*

弁証法的支援　*15, 16*

変容期　*103, 203, 214, 304*

包括型コミュニティケアプログラム（PACT）

　　333, 339

361

包括型地域生活支援（ACT） *333, 339*

保健所 *47, 53, 219*

ボランティア *132, 226*

掘り起こし *195*

ま 行

マイヤー，A. *329, 331*

魔女裁判 *324*

マノニー，M. *331*

向谷地生良 *24*

麦の郷 *68*

無拘束の治療 *317*

村松常雄 *334*

森永ヒ素ミルク問題 *80, 133, 175*

や 行

やどかりの里 *17, 67*

谷中輝雄 *3, 17*

ヤングハズバンド，E. *339*

遊動事務員 *334*

要援護老人の家族会 *119*

ヨーク診療所 *317*

ら・わ行

ライシャワー事件 *52, 302*

ライフ・ストーリー *99*

ライフ・ヒストリー法 *94, 100*

リジリアンス *224*

リッチモンド，M. *330, 340*

臨床（クリニカル）ソーシャルワーク *33*

隣保相扶・親族相救 *325, 338*

黎明期 *203*

レイン，R. D. *329, 331*

連帯 *243, 245, 305*

老人保健事業 *136*

Y問題 *65, 151, 235*

《著者紹介》

加納　光子（かのう・みつこ）

　　1944年　大阪府生まれ。
　　同志社大学大学院社会学研究科社会福祉学専攻博士後期課程修了。
　　博士（社会福祉学）。精神保健福祉士。
　　大阪府の精神科病院，保健所，公衆衛生研究所のPSWとして活躍。
　　公立新見女子短期大学（当時）教授，武庫川女子大学教授を経て，
　現　在　大阪ソーシャルサポートシステム研究所代表。
　　　　　専門領域は，ソーシャルワーク，精神保健福祉，地域福祉。
　主　著　『現代社会と福祉』（共編著）学文社，2009年。
　　　　　『地域福祉のオルタナティブ〈いのちの尊厳〉と〈草の根民主主義〉か
　　　　　らの再構築』（分担執筆）法律文化社，2016年。

MINERVA 社会福祉叢書㊺

改正精神衛生法時代を戦った保健所の PSW たち
——萌芽するコミュニティソーシャルワークを支えた開拓型支援モデル——

2017年10月10日　初版第1刷発行　　　　　　　〈検印省略〉

定価はカバーに
表示しています

著　者　　加　納　光　子
発行者　　杉　田　啓　三
印刷者　　江　戸　孝　典

発行所　株式会社　ミネルヴァ書房

607-8494　京都市山科区日ノ岡堤谷町1
電話代表　075-581-5191
振替口座　01020-0-8076

© 加納光子，2017　　　　　　　　共同印刷工業・新生製本

ISBN978-4-623-08143-1

Printed in Japan

―――――――――― MINERVA 社会福祉叢書 ――――――――――

聴覚障害と精神障害をあわせもつ人の支援と
コミュニケーション

赤畑　淳著　Ａ５判　204頁　本体6000円

精神障害者のための効果的就労支援モデルと制度

山村りつ著　Ａ５判　380頁　本体6500円

ソーシャルワークにおける「生活場モデル」の構築

空閑浩人著　Ａ５判　256頁　本体6000円

―――――――――――― ミネルヴァ書房 ――――――――――――
http://www.minervashobo.co.jp/